陳清泰文集

建言献策

④

社会科学文献出版社
SOCIAL SCIENCES ACADEMIC PRESS (CHINA)

第四卷出版说明

在 2005 年和 2021 年之间（担任全国政协常委、全国政协经济委员会副主任、清华大学公共管理学院院长、中国上市公司协会理事长，兼任清华大学、国家行政学院、南开大学等院校教授等期间），陈清泰同志的著述很多，涵盖社会经济发展、经济体制改革、政府与公共管理、企业改革与发展、科技创新与新技术、国民经济规划与产业发展、资本市场与上市公司、汽车产业与电动汽车等诸多领域。其中部分已分别收录于《国企改革：过关》《国有企业走向市场之路》《自主创新和产业升级》《迎接汽车革命》等专著。

本卷主要收录作者在此期间，有关政协经济工作调研、经济社会政策咨询等方面的主要著述，包括报刊文章、会议讲话、相关报告等。其中许多建议方案、决策文稿，特别是涉及企业改革、制度创新、机制转换、配套环境改善和国有资产管理体制建设等方面的对策建议，对有关领导机关的政策制定发挥了积极的作用。

第四卷　目录

创造有利于非公经济发展的政策环境

（2005 年 1 月 31 日）……………………………………… 1

在全国政协十届三次会议第二次全体会议上发言

（2005 年 3 月 7 日）………………………………………… 8

在"2005 年中越经济改革比较论坛"上的主旨演讲

（2005 年 4 月 16 日）……………………………………… 12

关于国有资产管理体制改革的几个问题

（2005 年 4 月 28 日）……………………………………… 19

在国务院国资委干部学习大会上的报告

（2005 年 8 月 16 日）……………………………………… 24

在"中国企业新领袖培养计划"第二期开班式上的讲话

（2005 年 8 月 17 日）……………………………………… 38

《石油的终结》中文版序言

（2005 年 8 月 30 日）……………………………………… 51

企业并购与"系统集成者"

——剑桥学习心得之一

（2005 年 10 月 13 日）…………………………………… 56

走向成熟的企业经营者

（2006 年 1 月 9 日）………………………………………… 61

公司"软实力"与社会责任

（2006 年 2 月 16 日）……………………………………… 67

1

国资委出资人职能归位应该提上日程
  （2006年3月6日）·················· 73
培育混合所有制跨国公司是中国工业化必须实现的一个目标
  （2006年7月19日）················· 76
设立产业投资基金支持企业改革与发展
  （2006年7月20日）················· 80
企业并购和重组
  ——剑桥学习心得之二
  （2006年12月28日）················ 84
关于大型国有企业整体改制
  （2007年1月5日）·················· 89
企业改革和发展的几个政策性问题
  （2007年1月16日）················· 92
促进企业自主创新的政策思路
  （2007年2月10日）················· 113
在全国政协十届五次会议第二次全体会议上的大会发言
  （2007年3月9日）·················· 120
关于政府改革与国资改革
  （2007年5月22日）················· 124
在"2007中国信息化推进大会"上的讲话
  （2007年9月19日）················· 127
进一步深化国有资产管理体制改革和国有企业改革的几点意见
  （2008年1月7日）·················· 133
高速发展宏观环境下企业的挑战和机遇
  （2008年1月13日）················· 137
现代企业制度提出的背景
  （2008年4月16日）················· 142

关于股票期权的几点政策思考

  （2008 年 6 月 3 日） ················· 146

现代企业制度破解了公有制与市场经济结合的难题

  （2008 年 10 月 14 日） ················· 150

进一步改革国有资产管理体制

  （2008 年 10 月 20 日） ················· 156

经济回落时产业和企业该做什么？

  （2008 年 11 月 20 日） ················· 161

新一轮经济增长的产业支柱

  （2009 年 1 月 15 日） ················· 166

电动汽车产业发展的战略和政策要点

  （2009 年 3 月 20 日） ················· 171

加快我国电动车产业化刻不容缓

  （2009 年 3 月 20 日） ················· 176

培育新的经济增长的产业支柱，占领"后危机时代"经济发展
制高点的几点意见

  （2009 年 4 月 17 日） ················· 180

金融危机的挑战和机遇

  （2009 年 4 月 24 日） ················· 184

在全国工商联十届三次常委会议上的专题报告

  （2009 年 6 月 4 日） ················· 197

在"2009 年中国经济社会论坛"上的发言

  （2009 年 8 月 27 日） ················· 213

在第五届公司治理国际研讨会上的讲话

  （2009 年 9 月 5 日） ················· 220

在新兴战略性产业发展座谈会上的发言

  （2009 年 9 月 21 日） ················· 225

进一步深化国有企业改革的几个问题
　　（2009 年 9 月 27 日） ………………………………… 231

未来改革的几点建议
　　（2009 年 11 月 23 日） ………………………………… 251

读王忠禹同志的《国企改革攻坚纪实》有感
　　（2010 年 3 月 1 日） …………………………………… 253

《人民日报》专访
　　（2010 年 7 月 14 日、15 日） ………………………… 262

进一步深化国有企业改革的几个问题
　　（2010 年 9 月 28 日） ………………………………… 270

企业发展与自主创新的几个问题
　　（2010 年 10 月 29 日） ………………………………… 294

为建立中国企业管理科学做贡献
　　（2011 年 1 月 12 日） ………………………………… 320

在《政府工作报告（征求意见稿）》和《十二五规划纲要（草案）
（征求意见稿）》座谈会上的发言
　　（2011 年 1 月 20 日） ………………………………… 323

大股东应当成为建立有效公司治理的积极力量
　　（2011 年 8 月 20 日） ………………………………… 328

在"第十届中国企业发展高层论坛"上的讲话
　　（2012 年 1 月 8 日） …………………………………… 330

对企业改革几个问题的讨论
　　（2012 年 2 月 14 日） ………………………………… 341

在中国上市公司协会成立大会上的讲话
　　（2012 年 2 月 15 日） ………………………………… 349

建立公平竞争的市场机制
　　（2012 年 11 月 10 日） ………………………………… 355

中小型科技企业创新效率高、试错成本低
　　（2013年1月16日）················· 361

深化企业改革的几个问题
　　（2013年1月18日）················· 363

进一步改善公司治理的几个问题
　　（2013年2月）··················· 368

深化改革的一个突破口
　　（2013年2月26日）················· 382

在"《吴敬琏文集》首发式暨中国改革座谈会"上的发言
　　（2013年5月11日）················· 386

在"2013 CCTV 中国上市公司峰会"上的主旨演讲
　　（2013年8月24日）················· 389

国企改革：从管企业到管资本
　　（2013年12月31日）················ 393

整体改制：国有资产与国有资本
　　（2014年1月9日）·················· 400

国有企业"再改革"八论
　　（2014年3月31日）················· 405

在"国有企业改革回顾暨《国有企业改革实录（1998－2008）》
出版座谈会"上的讲话
　　（2014年6月29日）················· 412

关于划转国有上市公司股权充实社保基金的几个问题
　　（2014年7月28日）················· 415

中集集团发展混合所有制和改善公司治理的启示
　　（2014年8月27日）················· 422

发展混合所有制经济的几个问题
　　（2014年9月19日）················· 427

国有资产管理体制改革的几个问题
　　（2014 年 12 月 20 日）………………………………… 433
在《关于深化国有企业改革的指导意见》（征求意见稿）座谈会上的发言
　　（2015 年 3 月 27 日）…………………………………… 441
以"管资本为主"：国企改革新突破
　　（2015 年 9 月 13 日）…………………………………… 447
有序推进管资本为主的国企改革
　　（2016 年 12 月 30 日）………………………………… 456
在第四届"思想中国论坛"上的主题演讲
　　（2018 年 5 月 12 日）…………………………………… 463
在《新京报》"聚焦民营经济"沙龙上的发言
　　（2019 年 3 月 8 日）……………………………………… 470
中国如何摆脱对国外技术的依赖
　　（2019 年 5 月 10 日）…………………………………… 475
平台经济是一场商业模式革命
　　（2020 年 7 月 9 日）……………………………………… 483
在清华大学公共管理学院成立 20 周年庆典上的讲话
　　（2020 年 10 月 24 日）………………………………… 487
在"《由是之路》新书发布暨企业创新史料研究"座谈会上的讲话
　　（2021 年 12 月 21 日）………………………………… 489

创造有利于非公经济发展的政策环境*

（2005年1月31日）

一 非公经济发展面临的宏观形势和政策环境

改革开放27年，创造了对非公经济发展极为有利的宏观环境。

——中国已经形成消费结构升级、工业化和城市化拉动经济增长的格局。可以预计未来10年或更长时间内中国经济将保持快速稳定增长。持续的经济增长为民营经济创造了极为广阔的发展天地。

——市场准入领域进一步放开、国有经济布局有进有退的调整和中国更深入地融入国际分工，为民间投资和民营经济发展提供了更大的空间、更多的机会。

——市场化改革加快，使民营经济发展的国内市场环境进一步改善；加入WTO，使中国企业获得了平等参与国际竞争的机会。民营企业作为平等的市场主体，凭本事发展、靠竞争力取胜的局面正在到来。

更为重要的是，通过党的一系列理论创新，民营经济进一步发展遇到的理论、政策问题都得到了明确的回答，党中央对民营经济发展做出了一系列十分重要的理论判断。

（1）非公有制经济是我国社会主义市场经济的重要组成部分，多种所有制经济共同发展是国家的一项"基本经济制度"。

个体、私营等非公有制经济是促进我国社会生产力发展的重要力量。要"毫不动摇地巩固和发展公有制经济；毫不动摇地鼓励、支持和引导非

---

* 本文是作者于2005年1月31日出席全国工商联上海会议时的讲话，刊载于2005年2月7日的《中华工商时报》。

公有制经济发展"；不能把两者对立起来。"各种所有制经济完全可以在市场经济竞争中发挥各自优势，相互促进，共同发展"。多种所有制经济共同发展作为党的基本方针和基本国策，具有长期性、稳定性。

（2）继续调整和完善所有制结构，大力支持和积极引导非公经济发展。

要消除所有制结构不合理对生产力发展的阻碍，进一步解放和发展生产力。继续对国有经济布局做有进有退的调整，"充分发挥个体、私营等非公有制经济在促进经济增长、扩大就业和活跃市场等方面的重要作用"。鼓励有条件的个体、私营企业做大做强。

（3）个体户、私营企业主等是社会主义建设者，在国家经济生活中具有平等的政治地位。

民营科技企业创业人员、个体户、私营企业主等社会阶层的人们，"都是中国特色社会主义的建设者"。"对他们都要团结，对他们的创业精神都要鼓励，对他们的合法权益都要保护，对他们的优秀分子都要表彰"。

（4）个私企业作为市场主体，政府为它们创造公平的竞争环境。

党的十五届四中全会已经对关系国家安全和国家必须垄断经营的行业做了限定，其他方面进一步开放，扩大民间投资领域。允许非公有资本进入未禁入的基础设施、公用事业及其他行业领域。非公有制企业在投融资、税收、土地使用和对外贸易等方面，与其他企业享受同等待遇。"一切妨碍发展的思想观念都要坚决冲破，一切束缚发展的做法和规定都要坚决改变，一切影响发展的体制弊端都要坚决革除。"

（5）一切合法劳动收入和合法非劳动收入都受法律保护。

坚持各种生产要素，包括劳动、资本、技术和管理等按贡献参与分配的原则。发挥市场作用，鼓励一部分人通过诚实劳动、合法经营先富起来。同时，加强政府对收入分配的调节职能。

（6）进一步完善私人产权保护的法律。

中央已经明确提出建立"归属清晰、权责明确、保护严格、流转顺畅"的现代产权制度和完善保护私人财产的法律制度，为多种所有制经济共同发展的基本经济制度奠定了产权制度的基础。2003年全国人大已按这一原则修改了宪法。这是一次历史性飞跃，从根本上为民营企业发展创造了稳定、可预见的环境。

民营经济发展的制度基础、民营企业家建设者的政治地位、民营企业公平竞争的环境、生产要素按贡献参与分配的基本原则、稳定的私人产权保护等,这些重要方面汇集起来,就构成了民营经济发展的总体政治环境、体制环境和政策环境,形成了民营经济稳定发展的体制框架。可以认为影响民营经济发展理论上、政治上、体制上的重大原则问题都得到了解决,这为民营经济的健康发展铺平了道路。民营经济发展正进入黄金时期。

二 民营企业要努力提高自身素质

非公经济的政策环境是逐步改善的。就总体而言,20多年来个私企业处在一种特殊环境之下。主要是:法制环境缺乏保障;社会歧视普遍存在;政策环境不平等;融资渠道不畅通;市场秩序不规范;配套服务体系欠缺;等等。

在扭曲的体制环境下创业和成长,多数企业具有先天的弱点,主要表现为:有的初始积累不足,加上市场准入受到限制,低水平重复投资,没有后劲;有的缺乏经验,盲目性较大,成功率较低;有的追求目标短期化,采取不正当竞争手段,不能持续发展;有的产权关系模糊,企业制度不规范,留下不少后遗症;有的缺乏科学管理基础,急于求成,在短期快速膨胀后很快走向衰退;等等。

民营企业家和民营企业要走向成熟,就必须努力提高自身的素质。当前至少有以下几点值得关注。

(1) 明晰产权归属是企业成功的基础。要走出以"红帽子"掩盖产权关系的误区,创业之初就要明确产权归属,形成来自产权的强激励和强约束。一个企业涉及多个利益主体,但从根本上讲,只有投资者才是企业追求长远发展、避免市场风险的主宰。

(2) 选择适宜的企业制度并加以规范。要根据投资者的意愿,选择受法律保护的财产组合形式和企业制度。如独资企业、合伙企业、有限责任公司、股份有限公司等。基于有法律依据的企业制度,可以以法定的制度和章程的约定,明晰所有者之间的权利义务关系;并可在所有者、经营者、劳动者和债权人之间建立规范的权利和责任关系，使各方合法权益受到保护、过分要求受到制衡。这一方面可调动各相关者的积极性，另一方面可以减少内耗和摩擦，保证企业的持续和正常运转。

（3）坚持创新、突出主业，培育核心竞争力。丰富多彩的市场处处都有机会，但一个企业并非进入哪个市场都能盈利。民营企业立足于市场的基础不是"跟风"，而是扬长避短，是坚持创新、突出主业，培育核心竞争力。要防止掉进"企业规模"的陷阱。不要把企业规模做大当作主要目标。有的企业在竞争中发展为大型企业，如近年的微软、海尔、华为；有的则在有限的业务范围内做精、做专、做高，成为"小型巨人"。这些都是非常成功的企业。民营企业要平复浮躁的心，潜心培育自己的核心竞争力，即持续开发独特产品的能力、持续发明专有技术的能力和持续创造先进营销手段的能力。规模只是企业竞争实力的外在表现，而没有核心技术、拳头产品、知名品牌的企业，规模越大，风险越大。

（4）实行科学管理。管理的要害在于科学和有效。民营企业要逐步由家长式管理转向科学管理，用先进管理工具实现管理科学。创业者并不一定是最佳的管理者；家族式企业并不等于必须实行家长式管理；企业规模很小时的管理模式并不一定适应大型企业。本田公司的创业人把公司的经营管理交给职业经理人并长期合作，成为佳话。思科公司创始人在公司发展到相当规模后，急流勇退。"创业者打天下，职业经理人治天下"，使思科公司再现辉煌。管理水平决定企业的效率，民营企业在创业和成长中，不下决心建立良好的管理制度，就不可能获得持续的发展。

（5）提高企业家素质。创业者在民营企业中处于主导地位，企业家是特殊的人才。他们要有对市场的敏感，有决策的艺术，有吸引人才的魅力，有诚信的品格，有推进工作的刚毅。企业家在追求企业长远发展过程中所遭遇的困难之大，所经受的挑战之严峻，所承受的心理压力之沉重，所被要求的动力之持久和强大，远不是一般人所能比拟的。那些有了成绩就自傲、遇到困难就气馁的人成不了企业家。市场是培育企业家的大学校，民营企业家要在市场竞争中不断锤炼自己。

（6）建立信誉，追求持续发展。近年来，我们为失信行为付出了太多的代价。民营企业要下决心创造和培育自己的品牌，抛弃那些造假冒牌、蒙骗欺诈等短视行为，追求持续的发展和效益。

企业之间的竞争，说到底是信誉和品牌的竞争，而品牌又是由信誉凝聚而成的。信誉是无形的，但它有巨大的力量。信誉是一种社会公信。一个企业失去了信誉就失去了客户，就等于自绝于资本市场、信贷市场和商品市场，从而失去了所有未来发展的可能。信誉又是企业对社会、对市场、对客户的承诺。承诺的可信度要接受利益相关者的评判和时间的考验。企业的信誉一旦取得社会认同，就会变成企业的财富。良好的商誉会招揽更多的客户；重信誉、守合同会迎来更多的合作伙伴；言必信、行必果会降低融资成本。

（7）承担社会责任。企业是当今社会除政府以外最有力量的社会组织。在任何时候企业与社会的关系都存在一种基本准则。有的以法律形式表现出来，有的则反映在支配企业决策和行为的道德、惯例、责任感和价值观中。例如，除了守法、守信外，企业还必须善待员工、珍惜资源、保护环境、尊重社区、促进社会和谐和回馈社会等。企业社会责任是企业的一种价值观和文化；它不仅是一种社会道德的约束，而且是企业存在的使命。

民营企业要做"好的企业公民"，就要实践以人为本。在赚取利润的同时，主动履行保护环境、节约资源的责任；在追求企业目标的同时，要尊重人、履行对包括职工在内的利益相关者的责任，遵从社会道德规范。

三 落实中央精神，为民营企业的发展营造环境

民营企业直接感受的环境，与党和政府相关文件上写的还有不小的差距。现在，中国已经成为国际企业在其中角逐的热土，国内企业不出国门就面对世界最强对手的竞争。以开放促改革的战略取得了举世瞩目的成功。但是"对内放开"比对外开放"慢半拍"也造成了不小的损失。在牢牢"卡住"还很弱小的民营企业的同时，却大幅度对外资放开。这一方面使民营企业丧失了很多机会；另一方面使很多领域的民营企业还没有走出摇篮，就面对"泰山压顶"的局面。当前，要以十足的紧迫感抓紧落实中央有关放手发展民营经济的战略决策，给民营企业一个平等竞争的机会。晚

一天就多一分损失。

落实中央有关决策，当前需要着重研究和解决的主要问题有以下几点。

（1）进一步完善私人产权保护制度。"完善私人财产的法律保护"和建立现代产权制度，为多种所有制经济共同发展的基本经济制度，奠定了产权的制度基础。按这一原则，全国人大已经修改了宪法。进一步，要按宪法原则修改各类相关法律法规，并在执法、司法领域消除对私人合法产权的歧视，真正解除投资者的后顾之忧。这是鼓励民营企业发展最重要的前提。

（2）消除市场准入歧视。投资领域过窄，是个私企业低水平重复投资的重要原因。面对入世，很多民营企业提出，允许外资进入的行业和领域，应该首先向国内的投资者开放。这是民营企业无奈的呼唤。贯彻党的十六届三中全会精神，要抓紧落实允许非公有资本进入未禁止进入的基础设施、公用事业及其他行业领域的决定；清理和修订限制非公有制经济发展的法律法规和政策，消除体制性障碍，实现公平竞争。要鼓励民间资本参与国有经济布局的战略性调整和国有企业重组。对民营企业进入哪个市场、投资什么项目，政府可以进行政策引导，但除对社会、环境等有影响的部分外，政府应简化手续、减少审批。

（3）拓宽融资渠道。由于种种原因，国有商业银行主要服务于政府项目和国有企业，对民营企业的融资需求，不论企业和项目如何，大多因为防范风险而较少介入。融资渠道不畅已经成为有前景的民营企业发展的重要制约因素。要鼓励商业银行扩大对民营企业的贷款规模，支持建立以为非国有经济或中小企业服务为主的金融机构。在企业上市、发债等方面消除对民营企业的所有制歧视。要总结经验，发展中小企业担保基金、风险投资基金，为民营企业直接、间接融资拓宽渠道。

（4）改善市场环境。民营企业有和其他企业平等的创业、生存和发展权利。要清理和调整与中央精神不符的各项政策规定，取消对民营经济发展的各种限制性、歧视性条文，制定和落实鼓励民营中小企业，特别是高新技术型企业发展的政策。要降低民间投资的产业门槛，简化工商登记手续，制止乱摊派、乱收费，破除地区分割、行业壁垒，放宽技术入股比例，在税收、土地使用、企业开办、进出口等方面，取消一切不利于民营企业发展的限制。

（5）发展社会服务体系。民营企业的主体是中小企业，它们势单力薄，处于弱势地位。政府的重要责任就是组织社会力量，为它们创造专业化的服务体系。要总结设立创业中心、产业孵化器的经验；发展创业辅导、投资咨询、管理诊断等中介服务；发展为民营中小企业产前、产中、产后服务的体系。亚太经济合作组织部长级会议确定为中小企业优先提供五种服务，即市场准入、信息共享、技术援助、人才开发和资金融通，这完全符合中国的现状。

发展民营企业、鼓励民间投资绝不是权宜之计。从各个地方发展的差异中，人们清楚地看到，改革开放之后并不像人们过去想象的那样，哪里原有经济基础好、国有经济规模大，哪里必然就发展得快。事实是，民营经济活跃的地方，市场就活跃，就业状况就好，居民生活改善的速度就快，经济发展的波动就小，经济增长的速度就快。国有经济要发挥主导作用，这是不容置疑的。但是国有经济并非在各行各业都有优势。靠国有经济包打天下是不能实现健康、快速发展的。大力发展非公经济的方针，就是充分释放亿万居民求富思变的创新、创业潜力，这是解放和发展生产力的重大战略。千百万家具有创业精神的民营企业，是中国经济持续稳定发展的支柱。

在全国政协十届三次会议第二次全体会议上发言[*]

（2005年3月7日）

2005年3月7日下午3时，全国政协十届三次会议在人民大会堂举行第二次全体会议，全国政协副主席廖晖主持，11位全国政协委员做大会发言。

去年的中央经济工作会议强调，国有企业改革依然是经济体制改革的中心环节，处于攻坚阶段，并重申了党的十五大以来中央有关国有企业改革的政策。这对坚定国有企业改革方向、指导当前国有经济结构调整和国有企业改制，有重要的现实针对性。其中进一步完善国有资产管理体制具有基础性意义。

党的十六大后，很快设立国资委，并出台了监管条例，初步形成了国有资产管理体制框架，为建立适应市场经济的国有资产管理体制奠定了基础。为进一步完善国有资产管理体制，有以下几点值得进一步研究和改进。

一　进一步界定出资人机构的权能

国有资产管理体制建设的一个核心问题是国有产权委托代理的有效性。委托代理的链条越长，效率越低；多头管理就会失效。按党的十六大提出的原则，国资委的定位与证监会、银监会不同，它是"代表国家履行出资人职责"的机构，不是"监管出资人的机构"。作为国有资本运营主体，应有清晰的权力边界并排他性地集中统一行使所有权，才能形成强的产权

---

[*] 本文是作者以《进一步完善国有资产管理体制》为题的大会发言。

责任约束，成为"真老板"。但是，国资委直接持股的企业过多，会导致力量分散。可考虑对重要国有企业直接持股，缩短委托代理链条；对其他企业，则可通过若干控股公司持股或控股，保持适度的管理强度。另外，在克服政企不分的同时，也要注意防止"政资不分"。国有资产有关法规、政策的制定等属于公共职能和权力，应与国有资本的市场化运作区分开来；要加强对国有资本运营机构的审计监督，强化产权责任约束。

二 把握"出资人"的定位

国有出资人的职责概括地讲主要有以下几个方面。

（1）通过执行国有资本经营预算，不断优化国有资本布局，保证国有经济在某些重要行业、关键领域的控制力；同时提高国有资本回报率。

（2）推动所投资的企业进行公司制改制，实现股权多元化。出资人机构应成为"积极股东"，通过股东大会认真参与公司治理，维护自身权益，形成内部化的财务预算硬约束机制。

（3）以资产收益和现金收入处理不良债务、解决冗员、补充职工的社保基金。

（4）建立资产负债总表、现金流量表和损益表，监控和改善资产负债结构，保护国有资本的安全。

（5）接受同级财政和审计部门的监督，向本级政府报告监管工作、监管资产状况和其他重大事项，条件成熟时应向公众披露。

三 运营国有资本应承担两个方面责任

国有企业可分作两类。一类是极少数关系经济命脉、国家安全，提供重要公共产品和服务，以及天然垄断行业的重要企业。如电网、电信、军工、石油和大型基础设施等领域的重要企业，要保持"国有经济控制国民经济命脉"，以实现某些社会目标。另一类是竞争性企业，以营利为目标，实现资产保值增值。与此相对应，出资人机构运营国有资本应承担两个方面责任：一是在支撑国民经济增长、保障国家安全方面实现政策目标；二是提高国有资本运作效率，提高投资回报率。因此，国有资产监管应当有两种形态。

第一类企业是政府进行公共管理、实现公共目标的重要资源。在市场经济条件下，政府投资企业的目的不仅仅是资产的增值，更重要的是更好地承担公共责任。对这类企业，出资人机构应直接持股、控股或独资经营，保持对这类企业的控制力，即进行企业形态的监管。

在一般竞争性行业，出资人机构并不偏爱特定的企业，而是以投资回报最大化为目标，运营国有资本，进行有进有退的布局调整并适时向国家必须控制的行业和领域转移，优化国有资本布局。

四　对监管企业的改制

国有企业改制的一条基本经验，就是要使股份制成为公有制的主要实现形式，其中股票上市是更加规范的改制途径。中央提出建立现代企业制度已经10多年，但这一原则在国资委直接监管的国有企业，特别是大型和特大型国有企业中基本没有体现。这种格局使企业内国家所有权缺位的问题基本没有改变，国资委与这一层企业很容易恢复或保持根深蒂固的"行政隶属关系"。通过"授权经营"，把建立现代企业制度的希望寄托于这些保留大量旧体制因素的国有企业控股的下一层公司，包括上市公司。这种改制模式存在结构性缺陷。上一层的问题是，出资人机构对国有企业的产权软约束；下一层则是国有企业控股上市公司，犹如"旧体制控制新体制"。从上到下很难建立有效公司治理，建立现代企业制度的目标也很难实现。例如，由媒体大量披露的存续公司控股上市公司的结构性缺陷，令人触目惊心。

对大型国有企业进行整体改制，国资委直接持有国有股权，这是增强国有产权委托代理有效性、建立现代企业制度的重要途径。但是，这里有很大的难度。可考虑吸取国有银行通过资产管理公司专业处理存续问题的经验，探索将不良资产、冗员等剥离，在国资委监督下，委托专业公司或托管公司处理，实现企业整体改制。

五　出资人机构如何行使所有权

出资人机构如何行使所有权是关键的技术环节。要害是必须从制度和机制上严格区分以股东方式"履行出资人职责"和依照行政隶属关系直接指挥企业经营的本质性差异。

出资人机构集中统一行使所有权，这是必需的。但"管资产与管人、管事相结合"中的"管"，绝不是传统意义上政府进行行政干预或行政审批式的管。出资人机构要"管"的内容是履行出资人职责该"管"的内容，"管"的方式是出资人履行股东权利的方式。

所有权到位，就是出资人机构为行使所有权该管的人和事要管到位。例如，按《中华人民共和国公司法》和公司章程的规定，股东大会该管的人和事，要理直气壮地管，管好、管到位，成为"真老板"，强化来自所有者的激励和约束。这是维护所有者权益必须做到的。

所有权不越位，就是出资人机构只当"老板"，不当"婆婆"。只行使股东权利，绝不直接干预企业的经营。这是增强公司活力和提高公司运行效率所必需的。

在公司治理中既要防止所有权侵犯经营权、管理权，也要防止经营权、管理权架空所有权，排斥监督权。《中华人民共和国公司法》把公司权利划分为所有权、控制权和管理权。这三项权利分别由股东会、董事会和经理层行使，而且有十分明确的条文加以界定。在国有出资人机构与公司关系尚难厘清的时候，以《中华人民共和国公司法》来界定是一个可行的办法。

在"2005年中越经济改革比较论坛"上的主旨演讲[*]

（2005年4月16日）

2005年4月16日，由中国（海南）改革发展研究院与越南中央经济管理研究院联合举办的"2005年中越经济改革比较论坛"在海南省海口市召开，来自中国（国务院发展研究中心、国家发改委、商务部、建设部等部委）、越南（越共中央经济委员会、越南总理研究委员会等机构）以及老挝、乌兹别克斯坦、德国等国家的政府官员、专家学者130多人参会，就中国和越南的经济转轨、国家深化市场改革政策进行了交流和探讨。

作为经济体制改革的中心环节，国有企业改革已经进行了20多年。国有企业为什么要改革？表面来看是效率问题，实质是公有制、国有经济与市场经济能否结合、如何结合的问题。

一　国有企业改革的基本思路

中国企业改革大体可以分作两个阶段。1978～1992年，改革的思路是，通过"简政放权"使企业拥有自主权；通过"减税让利"使企业拥有自主钱，企业有了自主权、自主钱自然就会有活力。但是沿着这一思路而进行的改革并未取得令人满意的结果。1993年提出了一个新的思路，国有企业改革进入了企业制度创新的阶段。

---

[*] 本文是作者在论坛上，以《国有企业改革的思路和国有资产管理体制改革》为题做的主旨演讲，全文刊载于《经济研究参考》2005年第50期。

1992年，中国共产党第十四次全国代表大会明确了中国经济体制改革的方向是建立社会主义市场经济体制。"保留一定的国有制成分，实行市场经济"是最重要的内涵之一。

市场经济的基础是千万个各自独立的市场主体，通过市场主体的竞争，不断优化配置资源。但是，传统国有经济的一个制度性弊端是政企不分，所有权与经营权不分，企业并不独立。巨大的国有资产不可拆分；庞大的国有企业群与国有银行通过政府相互关联，整个国有经济就像一个超级大企业。在国有经济比重超过80%的情况下，这种经济结构从本质上与市场体制无法相容。

建立社会主义市场经济体制，我们必须破解一些制度性难题。即公有制、国有经济与市场体制能否结合，如何结合；公有制、国有资本的经济成分能否构造出各自独立的法人实体和市场主体。

1993年党的十四届三中全会放弃了"简政放权、减税让利"的政策选择，提出了一个全新的思路，即通过企业制度创新，利用公司制度"所有权与经营权分离"的特点，既使投入企业的国有资本保持国家最终所有，又使企业成为独立的市场主体，以此来寻求国有经济与市场体制融合的有效途径。这是我们在建设社会主义市场经济理论上的重大突破。

沿着这一思路进行国有企业改革，必须解决四个方面的问题。

（1）政府从拥有国有企业，转变为持有国有资本，并使其具有流动性。

（2）国有资本由覆盖各个行业领域，向国家必须控制的行业和领域集中，并减少国有资本覆盖企业的数量。

（3）建立适应市场经济的国有资产管理体制，实行政资分开，并保证国家所有权的委托代理关系的有效性。

（4）国有企业要进行公司制改制、实现股权多元化，建立有效的公司治理结构。实行国家所有权与经营权分离，国家所有者拥有股权，承担有限责任，包括国有投资的企业拥有法人财产权，成为独立的市场主体。

回顾20多年国有企业改革的历程，可以清晰地看出一条逻辑主线：

——国有企业改革始终围绕政府、企业和市场三者之间的关系而展开；

——政府和企业的关系又集中于政企要不要分开，能不能分开，如何分开；

——政企分开的核心是建立一套有效的国有产权委托代理体制，实行政资分开，进而实行所有权和经营权分离；

——所有权与经营权分离的关键，在于建立有效的公司治理结构，在两权分离的情况下保障国家所有者权益；

——公司治理的有效性又取决于真正解决国家所有权缺位的问题，关键是国家所有权委托代理的有效性。

至此，可以说国有企业改革的基本思路已经十分清晰。

概括地讲，国有企业改革要解决两个问题——国有经济布局的战略性调整和国有企业制度创新；创造一个前提——建立适应市场经济的国有资产管理体制；创造若干配套条件——处理不良债务、不良资产和解除企业办社会的职能等，最主要的配套条件是建立健全社会保障体制。

重要的实践经验：国有资本的流动和结构调整、国有企业的改制和重组，必须在国家所有权到位的情况下，在国家所有者的主持和监督下进行。在涉及企业的各项改革中，国有资产管理体制改革具有基础性意义。

二 关于建立适应市场经济的国有资产管理体制

国有产权问题涉及国家基本经济制度，国有资产管理体制改革牵动全局，有极大的难度。

（一）改革国有资产管理体制应主要解决四个问题

（1）落实国有资本的管理、监督和经营责任。形成对每一部分经营性国有资产可追溯产权责任的体制和机制。

（2）国有经济布局要进行战略性调整。国有资本由覆盖各行业、各领域，向国家必须控制的行业领域集中，减少国有资本覆盖企业的数量。

（3）政府设立出资人机构，与公共管理职能部门分开，受政府委托集中统一行使国家所有权。

（4）对国有企业进行股份制改制，实行国家所有权与企业经营权分离。出资人机构受国家委托拥有股权，依《中华人民共和国公司法》以股东方式行使出资人权利、履行出资人职责，承担有限责任；企业拥有法人财产权，在公司治理框架下自主经营、自负盈亏，成为独立的市场主体。

（二）设立国有出资人机构，集中统一行使所有权

按照党的十六大要求，中央、省、市三级设立特设机构分别代表国家专职履行出资人职责。

这一决策在落实产权责任方面解决了三个重要问题：（1）在纵向，落实了各级政府间的产权责任；（2）在横向，从制度上改变了政府部门多头管理、无人负责的状况；（3）行使公共权力的部门不再承担所有权职能，行使所有权的部门没有任何公共权力。这从制度上实现了政资分开，是国有资产管理体制建设的重大突破。

由专职机构集中统一行使所有权具有重要意义。国资委的定位与证监会、银监会不同，它是代表国家"履行出资人职责"的机构，不是"监管出资人的机构"。国资委作为国有资本运营主体，应有清晰的权力边界并排他性地集中统一行使所有权，履行出资人职责，形成强的产权责任约束，成为所投资企业的"真老板"。

（三）提高产权委托代理的效率，界定出资人机构的权能

国有资产管理体制建设的一个核心问题是国有产权委托代理的有效性。国有产权委托代理的链条过长，效率就会降低；出资人机构直接持股的企业过多，会导致力量分散。面对数量庞大的国有企业群，必须在委托代理链条的长度和每个出资人机构监管的强度中进行选择。可选择的方案是：出资人机构对重点国有企业直接持股，缩短委托代理链条；对其他企业，则可通过一个或几个控股公司持股或控股，保持适度的管理强度。两者结合比较现实。

（四）把握"出资人"的定位和职责

国有出资人的职责概括地讲主要有以下几个方面。

（1）通过执行国有资本经营预算，不断优化国有资本布局，保证国有经济在某些重要行业和关键领域的控制力。同时，提高国有资本的回报率。

（2）推动所投资的企业进行公司制改制，实现股权多元化。出资人机

构应成为"积极股东",通过股东大会认真参与公司治理,维护自身权益,形成内部化的财务预算硬约束机制。

(3)以资产收益和现金收入处理不良债务、解决冗员、补充职工的社保基金。

(4)建立资产负债总表、现金流量表和损益表,监控和改善资产负债结构,保护受托国有资本的安全。

(5)接受同级财政和审计部门的监督,向本级政府报告监管工作、监管资产状况和其他重大事项,条件成熟时应向公众披露。

(五)运营国有资本应须承担两个方面责任

国有企业可分作两类。一类是极少数关系经济命脉、国家安全,提供重要公共产品和服务,以及天然垄断行业的重要企业,如电网、电信、军工、石油和大型基础设施等领域的重要企业,要保持"国有经济控制国民经济命脉",以实现某些社会目标。另一类是竞争性企业,以营利为目标,实现资产保值增值。与此相对应,出资人机构运营国有资本应承担两个方面责任:一是在支撑国民经济增长、保障国家安全方面实现政策目标;二是提高国有资本运作效率,提高投资回报率。因此,对所投资企业有两种运作模式。

第一类企业是政府进行公共管理、实现公共目标的重要资源。在市场经济条件下,政府投资企业的目的不仅仅是资产的增值,更重要的是更好地承担公共责任。对这类企业,出资人机构应直接持股、控股或独资经营,保持对这类企业的控制力。

在一般竞争性行业,出资人机构并不偏爱特定的企业,而是以投资回报最大化为目标,运营国有资本,进行有进有退的布局调整并适时向国家必须控制的行业领域转移,优化国有资本布局。

(六)出资人机构如何行使所有权

出资人机构如何行使所有权是关键的技术环节。要害是必须从制度和机制上严格区分以股东方式"履行出资人职责"和依照行政隶属关系直接指挥企业经营的本质性差异。

出资人机构集中统一行使所有权,这是必需的。但"管资产与管人、管事相结合"中的"管",绝不是传统意义上政府进行行政干预或行政审批式的管。出资人机构要"管"的内容是履行出资人职责该"管"的内容,"管"的方式是出资人履行股东权利的方式。

所有权到位,就是出资人机构为行使所有权该管的人和事要管到位。例如,按《中华人民共和国公司法》和公司章程的规定,股东大会该管的人和事,要理直气壮地管,管好、管到位,成为"真老板",强化来自所有者的激励和约束。这是维护所有者权益必须做到的。

所有权不越位,就是出资人机构只当"老板",不当"婆婆"。只行使股东权利,绝不直接干预企业的经营。这是增强公司活力和提高公司运行效率所必需的。

在公司治理中既要防止所有权侵犯经营权、管理权,也要防止经营权、管理权架空所有权,排斥监督权。《中华人民共和国公司法》把公司权利划分为所有权、控制权和管理权。这三项权利分别由股东会、董事会和经理层行使,而且有十分明确的条文加以界定。在国有出资人机构与公司关系尚难厘清的时候,以《中华人民共和国公司法》来界定是一个可行的办法。

(七)建立国有资产管理体制的难点

(1)面对庞大的国有企业群,即便中央、省和市三级政府分别管理,将约16万户企业的国有股权分散给各个国有资产管理机构,每个机构也要面对500~1000户企业。这样宽泛的管理几乎不可能做好。但通过调整国有经济布局和"抓大放小",减少国有资本覆盖企业的数量,并不是短期就能做到的。

(2)缺乏坚实的公司治理基础。一方面,国家所有权委托代理关系不清,激励不足,约束软化,内部人控制带有一定的普遍性;另一方面,有政府背景的一股独大普遍存在,大股东行为不端正、小股东无能为力。这些情况如果不能改变,国有资产管理体制改革就难以成功。

(3)新设立的出资人机构如何正确行使所有权。出资人机构由政府机构转制而来,要让它们放弃熟悉的行政管理方式有极大的难度。股东可以通过两种方式行使权利,即"用手投票"和"用脚投票"。目前,国有出资人机构"用脚投票"的条件并不完全具备。在"用脚投票"不成、"用手投票"又难以解决问题的情况下,行政干预再度出现的可能性极大。

(4)缺乏懂得和熟悉资本监管的人才。出资人机构成功的运作,需要有高水平的资本运营、企业评价、财务监管等专业人员;为使投资和控股的企业有良好的公司治理,需要派出合格的股东代表、有能力的董事、称职的监管人员。这些稀缺的人力资源的来源、选聘方式等方面都存在没有解决的问题。

关于国有资产管理体制改革的几个问题[*]

（2005 年 4 月 28 日）

去年的"郎顾之争"，产生了不小的影响。去年年底的中央经济工作会议强调，国有企业改革依然是经济体制改革的中心环节，处于攻坚阶段，并重申了党的十五大以来中央有关国有企业改革的政策。此次会议有重要的现实针对性，具有拨乱反正的意义。

根据同志们提出的问题，我讲几个问题。

一 完善国有资产管理体制具有基础意义

由于涉及复杂的政治因素、利益关系和技术难题，长期以来国有资产管理体制改革一直作为一个敏感问题被搁置。实际上我们是在国有产权委托代理关系十分模糊、产权责任很不清楚的情况下，推进国有经济结构调整、国有企业改制重组的。在这种情况下，出现各种问题具有必然性。

现在令人感到困惑的是，政企分开经过持续 20 多年的努力，至今不能到位；国有经济运营整体效率较低，国有企业改制和重组中不断出现产权转让不透明、管理层收购不规范，甚至官商勾结贪污、转移、侵吞国有资产的现象，使国有资产流失、职工权益受到侵蚀、债权人权益悬空，致使国有经济布局调整和国有企业重组时紧时松、时进时退；有的企业已经改制，但内部人控制带有一定普遍性，有效公司治理迟迟不能到位，甚至一些企业已经上市，但丑闻不断；如此等等。究其原因，从根本上讲，是国家所有权缺位。尽管在企业外各种行政干预多而又多，但不能改变企业内所有权缺位带来的严重后果。在这种情况下，政府处于两难地步：国有产

---

[*] 本文是作者于 2005 年 4 月 28 日，在中共中央党校"国资管理和大型国企改革"论坛上的讲话。

权不流动,就会"坐失";勉强流动,就难免流失。

二 进一步把握"出资人"的定位

按党的十六大提出的原则,国资委的定位与证监会、银监会不同,它是代表国家"履行出资人职责"的机构,不是"监管出资人的机构"。国资委作为国有资本运营主体,应有清晰的责任、权力边界并排他性地集中统一行使所有权。出资人机构与投资的企业不是行政隶属关系,而是股东与公司的关系。另外,在克服政企不分的同时,也要注意防止"政资不分"和行政化倾向。国有资产有关法规、政策的制定等属于公共职能和权力,应与国有资本的市场化运作区分开来;要加强对国有资本运营机构的审计监督,形成强的产权责任约束,使国资委成为所投资企业的"真老板"。

三 出资人机构的权能

国有出资人的职责概括地讲主要有以下几个方面。

(1) 通过执行国有资本经营预算,不断优化国有资本布局,保证国有经济在某些重要行业、关键领域的控制力;同时提高国有资本回报率。

(2) 推动所投资的企业进行公司制改制,实现股权多元化。出资人机构应成为"积极股东",通过股东大会认真参与公司治理,维护自身权益,形成内部化的财务预算硬约束机制。

(3) 以资产收益和现金收入处理不良债务、解决冗员、补充职工的社保基金。

(4) 建立资产负债总表、现金流量表和损益表,监控和改善资产负债结构,保护受托国有资本的安全。

(5) 接受同级财政和审计部门的监督,向本级政府报告监管工作、监管资产状况和其他重大事项,条件成熟时应向公众披露。

四　运营国有资本应承担两个方面责任

国有企业可分作两类。一类是极少数关系经济命脉、国家安全，提供重要公共产品和服务，以及天然垄断行业的重要企业。如电网、电信、军工、石油和大型基础设施等领域的重要企业，要保持"国有经济控制国民经济命脉"，以实现某些社会目标。另一类是竞争性企业，以营利为目标，实现资产保值增值。与此相对应，出资人机构运营国有资本应承担两个方面责任：一是在支撑国民经济增长、保障国家安全方面实现政策目标；二是提高国有资本运作效率，提高投资回报率。因此，对所投资企业有两种运作模式。

第一类企业是政府进行公共管理、实现公共目标的重要资源。在市场经济条件下，政府投资企业的目的不仅仅是资产的增值，更重要的是更好地承担公共责任。对这类企业，出资人机构应直接持股、控股或独资经营，保持对这类企业的控制力。

在一般竞争性行业，出资人机构并不偏爱特定的企业，而是以投资回报最大化为目标，运营国有资本，进行有进有退的布局调整并适时向国家必须控制的行业和领域转移，优化国有资本布局。

五　对所投资企业的改制

国有企业改制的一条基本经验，就是要使股份制成为公有制的主要实现形式，其中股票上市是更加规范的改制途径。中央提出建立现代企业制度已经10多年，但这一原则在国资委直接持股的国有企业，特别是大型和特大型国有企业中基本没有体现。这种格局使企业内国家所有权缺位的问题基本没有改变，国资委与这一层企业很容易恢复或保持根深蒂固的"行政隶属关系"。实际上，通过"授权经营"，我们把建立现代企业制度的希望更多地寄托于这些保留了大量旧体制因素的国有企业控股的下一层公司，包括上市公司。这种改制模式存在结构性缺陷。上一层的问题是，出资人机构对国有企业的产权软约束；下一层则是国有企业控股上市公司，犹如

"旧体制控制新体制"。从上到下很难建立有效公司治理，建立现代企业制度的目标也很难实现。例如，媒体不断披露的存续公司为控制上市公司制造的丑闻，令人触目惊心。

对大型国有企业进行整体改制，国资委直接持有国有股权，这是增强国有产权委托代理有效性、建立现代企业制度的重要途径。但是，这里有很大的难度。可考虑吸取国有银行通过资产管理公司专业处理存续问题的经验，探索将不良资产、冗员等剥离，在国资委监督下，委托专业公司或托管公司处理，实现企业整体改制。

六　出资人机构如何行使所有权

出资人机构如何行使所有权是关键的技术环节。要害是必须从制度和机制上严格区分以股东方式"履行出资人职责"和依照行政隶属关系直接指挥企业经营的本质性差异。

出资人机构集中统一行使所有权，这是必需的。但"管资产与管人、管事相结合"中的"管"，绝不是传统意义上政府进行行政干预或行政审批式的管。出资人机构要"管"的内容是履行出资人职责该"管"的内容，"管"的方式是出资人履行股东权利的方式。

所有权到位，就是出资人机构为行使所有权该管的人和事要管到位。例如，按《中华人民共和国公司法》和公司章程的规定，股东大会该管的人和事，要理直气壮地管，管好、管到位，成为"真老板"，强化来自所有者的激励和约束。这是维护所有者权益必须做到的。

所有权不越位，就是出资人机构只当"老板"，不当"婆婆"。只行使股东权利，绝不直接干预企业的经营。这是增强公司活力和提高公司运行效率所必需的。

在公司治理中既要防止所有权侵犯经营权、管理权，也要防止经营权、管理权架空所有权，排斥监督权。《中华人民共和国公司法》把公司权利划分为所有权、控制权和管理权。这三项权利分别由股东会、董事会和经理层行使，而且有十分明确的条文加以界定。在国有出资人机构与公司关系尚难厘清的时候，以《中华人民共和国公司法》来界定是一个可行的办法。

七 产权转让必须在所有者的决策和监督下进行

原则上讲，国有资本的投向和产权的流动是国家所有者为实现自己意志和获取更高投资回报的主动行为。但是企业改制、重组和产权转让涉及多个利益主体。现在的问题是，每个利益主体都有人格化的代表为各自的利益而尽心竭力地施加影响，唯独出让的主体却十分模糊。实践证明，"自买自卖"不行，"他买他卖"也不行。离开或排斥了国家所有权的决策和监督，不仅会背离国家所有者的意志，而且导致产权流动无异于资产流失。因此，尽管企业经营者可以提出建议，但有权决定并监督产权变动的是国有出资人机构。从这个意义上说，建立有效的国有产权委托代理体制，使所有权到位，形成有效公司治理，是推进国有经济布局调整和国有资本有序流动的基础。

党的十六届三中全会提出了建立"归属清晰、权责明确、保护严格、流转顺畅"的"现代产权制度"的要求。产权"流转顺畅"的前提是"归属清晰"。对于国有资产而言，在有了产权转让规则的情况下，谁是买主并不重要，关键的是必须明确谁是有责任约束的、有资格的卖主。按照《中华人民共和国公司法》的规定，股东持有股份的转让由持股股东决定；公司的法人财产转让则必须由董事会决议，由股东大会决定。公司股权的转让与公司法人产权的转让都属于所有者最终控制权的范畴，但又是必须严格区分而不能混淆的两个层次的权能。就是说，产权转让规则重要，但谁是转让和执行规则的主体同样重要。

在国务院国资委干部学习大会上的报告[*]

(2005年8月16日)

国资委的成立和运行是一件影响深远、具有挑战性的重大改革。在短短两年多的时间里,国资委的同志做了大量的开创性的工作。无论是对国有经济的布局调整、国有资产的有序流动,还是对国有企业的改制重组都发挥了无可替代的积极作用。最近在国有独资公司设立董事会试点方面取得了实质性进展。可以预计国资委在未来国家经济生活中的重要地位会越来越显现。

一 进一步深化国有资产管理体制改革的几个问题

大型国有企业改革的出路,概括地讲就是进行股权多元化的公司制改制,建立有效公司治理;推进国有经济布局调整,向国家必须控制的行业和领域集中。但是有一个重要的前提,就是建立有效的国有产权委托代理体制。

实际上,国有企业改革要解决结构调整和制度创新这两大问题的思路,在20世纪90年代就已经清晰。

1993年党的十四届三中全会之后,我们就大力推进建立现代企业制度试点。1997年党的十五大后,就积极开展"抓大放小"、有进有退的布局调整。但"试点",甚至股票上市,没能促成建立有效公司治理,不少企业很快就面临"二次改制"的任务;"调整"往往伴随着分配不公和国有产权的流失,很快成为社会关注的焦点。因此,无论是"试点",还是

---

[*] 2005年8月16日,作者应邀为国务院国资委干部学习大会做报告,题目是《深化国有企业改革的几个问题》。

"调整"都没有完全取得预期的效果。

问题出现在哪里？改革的思路没有错，改革的方向也没有错。但在改革实践中有一点很值得反思，就是我们总想绕过一个"绕不过去"的前提，企图使改革直奔主题，尽快实现目标。现在看来，"绕不过去"的前提确实绕不过去。这就是建立适应市场经济，责权明晰、约束强劲的国有产权委托代理体制。

重要的实践经验是：国有资本的流动和布局调整是国家所有权的范畴。它应该由国家所有者决策，并在国家所有者主持和监督下进行，才能体现所有者意志，并保证过程安全；有效公司治理主要是为维护投资者权益而设计的企业制度，只有股东认真行使最终控制权，并积极参与治理才能保障自己权益和治理的有效性。所以，无论是资本流动，还是建立有效公司治理，都必须由所有者决策、参与并在所有者监督下进行。离开了国家所有者的决策和参与，内部人则更希望以自己的利益为取向，保持控制地位。现在的很多问题恰恰出现在这里。从这个意义上说，进一步完善国有资产管理体制，构造推进结构调整和建立有效公司治理负责任的主体，对深化大型国企改革具有实质性意义。

例如，在产权交易中的情况是，国有资产的买方是责权清晰、有强烈利益动机、有强劲财务约束的主体，而国有资产卖方的身份和责任往往比较模糊，利益取向不确定或多元化，甚至被扭曲，财务约束比较松弛。由于两个主体状况完全不同，在产权市场的博弈中卖方往往吃亏。从制度建设上看，国家所有权的实质性缺位，说明国有产权委托代理体制还存在缺陷。

建立国有资产管理体制，塑造产权强约束的"国有老板"有很大的难度。在提出"产权清晰"任务10年后，国资委设立了、《企业国有资产监督管理暂行条例》出台了。这是一个良好的开端。如果说建立现代企业制度、调整国有经济结构我们已经积累了一定的实践经验的话，那么建立有效的国有产权委托代理体制，塑造出国有资本的"真老板"，则是一个全新的事物，有极大的难度，还有繁重的探索任务。

例如，按党的十六大提出的原则设立的国资委是"监管出资人"的机构，还是代表国家"履行出资人职责"的机构？党的十五大曾指出，国有资产管理体制包括管理、监督、运营三个部分。国资委是一揽子承担管理、监督、运营职能，还是只是国有资本的一个运营机构？如果只是一个运营机构，它的主要权能如何界定，与投资和持股的企业应建立什么关系？国有资本是特殊资源，国有资本的运作如何体现政府意志，与民营资本的运作有哪些共同点和差异？国资委掌控和运作数量庞大的国有资本，要否接受监督，谁来监督？如此等等，都需要在实践中逐渐明晰，并通过法规加以确定。有了这样一个前提，实际上就构造出了国有产权的主体，再推进国有经济布局调整和国有企业改制，就要顺利得多。

在国有经济布局调整和企业改制中，某些地方确实出现了产权转让不透明、管理层收购不规范，甚至官商勾结贪污、转移、侵吞国有资产的现象。造成国有资产流失、职工利益受到侵蚀、债权人权益悬空等问题。国有资产有序流动而又不流失成为社会关注的一个重点。

原则上讲，只要符合交易规则，谁是买主并不重要，谁有权决定国有资本的进退、谁是有资格的卖主则更具有实质性意义；只要交易正常，遇到问题不应责怪买主占了便宜，而应追究的是谁、为什么以低于市场价格转让国有资产。

产权具有追求效率不竭的动力，只有产权清晰的市场主体才会追求质量－效益型经济增长，而产权的流动性和市场化配置的水平在相当程度上决定经济效率。因此，为防止流失而不流动不是办法。国家就产权交易做出严格规定，规范产权交易行为，这非常必要；但完善国有资产管理体制，增强国有资本委托代理的有效性，塑造国有资本的"真老板"，则更具有本质意义。经验证明，在产权交易中引进行政权力干预市场活动，效果并不理想。因为再严格的行政审批也不能取代产权主体的权能。

党的十六大后，很快设立国资委，并出台了监管条例，初步形成了国有资产管理体制框架，为建立适应市场经济的国有资产管理体制奠定了基础。随着改革的深化，国资委运行的环境和监管的对象也有所变化。因此，国资委面临的任务是一方面推进改革，另一方面也要适应形势变化，探索自身改革。从这个观点出发，有以下几点值得进一步研究。

（一）进一步界定出资人机构的权能

国有资产管理体制建设的一个核心问题是国有产权委托代理的有效性。

委托代理的链条越长，效率越低；多头管理就会失效。国资委与证监会、银监会等虽然都有"监督管理委员会"的名称，但后者是监管他人的机构，而国资委按党的十六大提出的原则，不是"监管出资人的机构"，而是代表国家"履行出资人职责"的机构。国有资本的"出资人"，原则上讲就是国有资本的投资人；国有资本的出资人机构，原则上讲就是国家投资公司。因此，国资委作为国有资本运营主体，应有清晰的权力边界，排他性地集中统一行使所有权，逐步转向以"投资人"的思维方式和行为方式行事，区别于政府的行政行为方式。形成强劲的产权责任约束，成为所投资企业的"真老板"，履行好出资人职责。

但是，国资委直接持股的企业过多，也会导致力量分散。可考虑对重要国有企业直接持股，缩短委托代理链条；对其他企业，则可通过若干控股公司持股或控股，保持适当的管理强度。两者结合比较现实。

另外，在克服政企不分的同时，也要注意防止"政资不分"。国有资产有关法规、政策的制定，国有资本经营预算的核准，国有资产的统计、稽核等属于公共职能和权力，应与国有资本的市场化运作区分开来；国资委掌控和运作数额巨大的国有资本，应接受政府的审计监督，强化产权责任约束。

（二）把握"出资人"的职责定位

国有出资人的职责概括地讲主要有以下几个方面。

（1）通过编制和执行国有资本经营预算，优化配置国有资本，保证国有经济在某些重要行业、关键领域的控制力；同时提高国有资本回报率。

（2）推动所投资的企业进行公司制改制，实现股权多元化，建立有效公司治理，形成内部化的财务预算硬约束机制。

（3）会同财政部门制定财务会计制度，以资产收益和现金收入处理不良债务、解决冗员、补充职工的社保基金。

（4）监督国有及国有控股企业财务报告的真实性；建立资产负债总表、现金流量表和损益表，监控和改善资产负债结构，保护国有资本的安全。

（5）接受同级财政和审计部门的监督，向本级政府报告监管工作、监管资产状况和其他重大事项,条件成熟时应向公众披露。

(三) 运营国有资本应承担两个方面责任

国有企业可分作两类:一类是在某些特殊行业承担或部分承担政策目标的骨干企业,要保持"国有经济控制国民经济命脉";另一类是竞争性企业,以营利为目标,实现资产保值增值。从这个意义上讲,国资委是一个特殊的出资人机构,国资委运营国有资本要承担两个方面责任:一是在支撑国民经济增长、保障国家安全方面实现政策目标;二是提高国有资本运作效率,提高投资回报率。因此,国有资产监管应当有两种形态。

第一类企业是政府进行公共管理、实现公共目标的重要资源。政府投资企业的目的不仅仅是资产的增值,更重要的是更好地承担公共责任。对这类企业,出资人机构应直接持股、控股或独资经营,保持对这类企业的控制力,即进行企业形态的监管。

在一般竞争性行业,出资人机构并不偏爱特定的企业,而是以投资回报最大化为目标,运营国有资本,进行有进有退的布局调整并适时向国家必须控制的行业和领域转移,优化国有资本布局。由"管企业",逐步转向"运营资本"。

划分两类形态监管,目的是严格区分各自的监管目标、监管手段和治理机制,两者不能混淆。

(四) 出资人机构如何行使所有权

出资人机构如何行使所有权是关键的技术细节。要害是必须从制度和机制上严格区分以股东方式"履行出资人职责"和依照行政隶属关系"管企业"的本质性差异。

出资人机构集中统一行使所有权,这是一大进步。但"管资产与管人、管事相结合"中的"管",绝不是传统意义上政府在企业之外进行的行政干预或行政审批式的管。出资人机构要"管"的内容是履行出资人职责该"管"的内容,"管"的方式是出资人履行股东权利的方式。

所有权到位,就是出资人机构为行使所有权该管的人和事要管到位。例如,《中华人民共和国公司法》中股东大会按规定要管的人和事,要理直气壮地管好、管到位，成为"真老板"，强化来自所有者的激励和约束。这是维护所有者权益必须做到的。

所有权不越位，就是出资人机构只当"老板"，不当"婆婆"。只行使股东权利，绝不干预企业的经营、管理。这是增强公司活力和提高公司运行效率所必需的。

在公司治理中既要防止所有权侵犯经营权、管理权，也要防止经营权、管理权架空所有权，排斥监督权。《中华人民共和国公司法》把公司权利划分为所有权、经营权和管理权。这三项权利分别由股东会、董事会和经理层行使，而且有十分明确的条文加以界定。在国有出资人机构与公司关系尚难厘清的时候，以《中华人民共和国公司法》来界定是一个可行的办法。

（五）国资委"履行出资人职责"的职能定位只能分步到位

国资委面对的多数还是以"企业法"调整的国有企业，国资委与这些企业难以摆脱行政关系，如重要人事任命、企业重要决策审批、监事会派出等；国资委还承担着与有关部门协调推进企业改革的任务，包括推进企业改制以及解决历史遗留的国有职工、不良债务和办社会问题等；还包括国务院交办的完善国有产权流动法规以及中央交办的企业工会、青年团、妇联等工作。在新旧体制变更时期这是难以避免的。但值得重视的是，我们必须按党的十六大提出的原则对国有出资人机构的定位有一个清晰的设定。分清国资委职能定位的目标和目前必须做的工作。不应因眼前的工作而忽略目标，更不应因眼前工作而给实现目标设置障碍。

二 关于国有企业改制模式

国有企业改制的一条基本经验，就是要使股份制成为公有制的主要实现形式，其中股票上市是更加规范的改制途径。中央提出建立现代企业制度已经10多年，但这一原则在国资委直接持股的国有企业，特别是大型和特大型国有企业中基本没有体现。

实际上，通过"授权经营"，我们把建立现代企业制度的希望更多地寄托于这些保留了大量旧体制因素的国有企业控股的下一层公司，包括上市公司。这种改制模式存在结构性缺陷。上一层的问题是,国资委与这一层企业很难建立责权明晰、约束有力的产权关系,却很容易保持或恢复根深蒂固的行政隶属关系,出资人机构对国有企业的产权软约束,使"内部人控制"有可乘之机;下一层的问题则是国有企业控股下面的公司,就犹如"旧体制控制新体制"。从上到下很难建立有效公司治理,搞不好就会体制复归。如果上一层国有产权委托代理失效,那么国有资本的安全和效率就无从谈起,建立现代企业制度的目标也随之落空。例如,媒体不断披露的存续公司为控制上市公司制造的丑闻,令人触目惊心。

股票上市是国有企业改制的重要途径。但必须明确无误地确定两个目标:一是使确有良好前景的企业有机会募集资本金,实现更快地发展,并使投资者受益;二是通过股权多元化,改变政企关系,建立和规范公司法人治理结构,转换经营机制。现在的问题是,政府部门、控股股东在大多数情况下更重视上市后的资金筹措,较少关注机制转换。很多公司的问题恰恰就是从这里开始出现的。

大型企业改制中实行一分为二,将核心资产和骨干人员独立出去,通过上市引入新的投资者,完全按新体制和新机制运行;将公司遗留部分,包括一时处理不了的体制问题、历史遗留问题,放在控股公司。应该说,这是一种从旧体制中迅速解放具有发展前景的核心业务,同时又承认历史、稳妥处理遗留问题的现实途径。

问题的关键在于,经过一分为二的改造后,控股公司的目标如何设定、控股公司如何定位。实践证明,要求控股公司一方面负责具体存续问题,另一方面又是上市公司的控股股东,这就产生了诸多负面效果。

一方面,在"授权经营"下,国有产权约束松弛;国有股一股独大而且不参与市场流动,产权市场的约束也十分有限。这就使一些控股股东实际上处于"内部人控制"状态,对上市公司并没有形成"老板机制"。

另一方面,政府给上市公司的控股股东(公司)设置了多元目标,而解决存续问题的资源几乎全在上市公司。在控股公司与上市公司存在多渠道关联性的情况下,除分得红利之外,控股公司还倾向通过其他更灵活的渠道和手段,包括高管人员交叉任职、关联交易、董事会操纵等,从上市公司得到好处。这些特殊好处透明度极低,不仅可以为控股公司解决存续部分的问题提供支持,甚至内部人也可以分享。因此,从利害关系上讲,控股股东并不希望人员、资金、财务"三分开"。

为使公司既成功改制上市又不改变与政府机构的关系,也不更多地触动内部人的利益,这种做法一再被复制,几乎变成了一种普遍的"模式"。

控股公司一方面背起了原企业余留人员和非核心资产,另一方面以绝对控制权控制着可以从资本市场融得资金的上市公司。一般的做法是,在包装上市时,把包袱留在控股公司,上市成功后就倾向于将包袱转嫁给上市公司。因此,多数国有母体与上市公司两个部分形分实合,无论是在管理者兼职、业务关联、公共设施交叉,还是在财务、资金等方面都保持着许许多多不明不白的关系。特别是国有母体与上市公司高管人员大幅度交叉任职,使控股股东和上市公司都失去了独立性。内部人身跨两边,控制两个方面的公司,导致内部交易变得更加灵活和方便、渠道更加宽阔,为暗箱操作留出了很大的空间。同时,高管人员也成了"双面人",他们代表哪一方利益、要实现什么目标变得模糊不清。在现实情况下,由于来自内部人的压力更加具体和现实,控股公司往往企图通过兼职的方便、施用控股权和关联交易,向上市公司转嫁负担,使存续部分的经济状况得以改善。因此,从本质上讲,这个控股股东并不愿意形成有效的公司治理,而宁愿扭曲公司治理,通过地下管道从上市公司抽血,甚至掏空上市公司。此时,不仅少数股东和债权人处于信息弱势和无奈的地位,而且国家股东也由于信息不对称,而难有作为。媒体不断披露的公司丑闻,令人触目惊心。

吸取10多年改制的经验,就是对大型国有企业进行整体改制,重要的企业国家控股。就是说"使股份制成为公有制的主要实现形式",这一重要原则要在大型国有企业中得到体现,国资委直接持有国有股权,是"履行出资人职责"的重要形式,是增强国有产权委托代理有效性、建立现代企业制度的重要途径。

国有企业整体改制的好处有:

(1) 对重要国有企业,国资委直接控股或持股,缩短了委托代理链条,有利于所有权到位,可以增强国有产权的激励与约束作用,降低委托代理成本,体现国家对某些重要经济领域的控制力;

(2) 重要国有企业自身股权多元化,有多元股东参与和制衡,有利于公司把目标集中于投资回报，转换经营机制，提高资本效率和公司透明度，建立有效公司治理；

（3）从制度上改变国家股东不向国有企业收取投资回报的做法，为国资委建立国有资本经营预算奠定基础，为增强国有资本流动性创造条件；

（4）国资委直接运作国有资本的市场进入和退出，推进国有资本布局调整，有利于体现效益原则和国家所有者意志的统一；

（5）有了国有资本经营收入和交易收入，国资委处理冗员、非主业资产、不良债务、办社会负担等，便有了支付成本的资金来源。

对大型国有企业进行整体改制，有很大的难度，重要的是改制企业的存续问题谁来处理？可考虑吸取国有银行通过资产管理公司专业处理存续问题的经验，探索将不良资产、冗员等剥离，在国资委监督下，委托专业公司或托管公司专业化处理，实现企业整体改制。

可以考虑的方案如下。

（1）从改制公司中将存续部分分离出来，由国资委委托一个或几个托管公司处理。

（2）国资委与托管公司建立委托关系，签订委托协议，委托托管公司主要做三件事：

第一，非主营业务和资产的重组；

第二，原国有职工的分流与安置和企业办社会职能的转移；

第三，不良债务的处理。

（3）国资委监督托管公司以最低成本处理存续问题，以上市公司获得的红利或国有股减持的资金支付托管公司的成本。

三　建立有效公司治理

（一）有效公司治理是企业竞争力的基本要素

1999年党的十五届四中全会就明确提出，"公司法人治理结构是公司制的核心"。但是，由传统的政府管企业，转向两权分离情况下建立有效公司治理是极其深刻的制度性变革，有极大的难度。比如，在认识上就有很多障碍。经常可以听到这样的提问，离开了政府的干预和审批，就凭董事会怎能做出重大决策？如果大股东的权利也不过就是用"手"或"脚"投票，怎能保证国家股东的控制地位？国家股东要牢牢掌握董事长、董事的任用权自不必说，如果不直接控制公司经理、副经理及主要部门负责人的任用，怎能保证国家权益？实际上不少人的认识还停留在"政府对企业的经营决策直接管理得越多越可靠""国家股东对经营管理者直接控制的面越宽越安全"的水平。

现代大型经营机构的无论是决策、经营还是管理，都是高度专业化的领域。有投资能力的机构和人并不一定就是经营管理和决策的高手。职业化的专业管理会增加收益，但由于管理者与所有者利益不完全一致，存在委托代理成本。只有通过有法律和一系列合同、章程保障的有效公司治理，既提高专业化决策和管理的效率，又使委托代理成本被控制在可接受的范围，所有者才能以较低的风险获得更多的收益。从这个意义上说，"公司法人治理结构是公司制的核心"。

所谓公司法人治理结构，本质就是要妥善处理由于所有权和经营权相分离而产生的委托代理关系。也就是说，所有者投资设立了经营机构，但是所有者并不直接参与经营，把投资的财产委托给董事会来代为经营；董事会对法人事项做出决策，但是董事会不直接管理，而是聘请职业经理代为实现公司的目标。这样就产生了一系列的委托代理关系，所有者把财产委托给了董事会，董事会做出决策，又委托经理去执行，经理执行的结果如何体现所有者意志、保障所有者的权益由此成为问题。这就必须有一套科学的体制设计做保障，这样一套有国家法律保障、制度严谨的分权制衡的制度安排，就是公司法人治理结构。它可以保障投资者的最终控制权，可以维系公司各个利益相关者之间的平衡，使所有权和经营权的分离成为可能。

有效公司治理的主旨是维护股东权益，因此推进建立有效公司治理的主导力量是股东。国有产权的委托代理链条长，必然带来更大的风险和代理成本。因此，在委托代理的末端建立有效公司治理对国有资本的安全和效率具有更加重要的意义。

从这个意义上说，当前在中国，公司治理是微观经济领域最重要的制度建设；公司治理的有效性强弱关系国有企业改革的成败；公司治理影响经济增长和金融安全；公司治理关系企业的决策机制和风险水平、盈利能力和融资能力，是企业竞争力最重要的基础软件。

（二）始终存在扭曲公司治理的力量

在改革方向上，很多人都承认必须实行所有权与经营权分离，但有些人不太相信公司治理的作用，缺乏推进建立有效公司治理的热情。这里有认识和理解方面的原因，也受到体制性局限影响和利益驱动。有的人更相信所有者在企业外的强力干预，有的则企图从扭曲的公司治理中获得短期非分的好处。这就造成一些国有企业改制为公司甚至已经股票上市，但国有股东与公司尚未建立正常关系。这主要表现在以下方面。

（1）国有股权委托代理体制尚不健全。模糊的股权管理体制、责权不清的产权代理关系，造成国有产权的软约束。离开了所有权的激励和约束，内部人往往会做出损害所有者权益的行为。

（2）国有控股公司与下属公司高管人员大幅度交叉任职，造成两个后果：一是公司董事会有失独立性，二是公司的商业利益失去了独立性。

（3）政府的干预和大股东的行为不端正，使公司关键的决策权力往往通过非正式机制发挥作用，董事会很难承担起应有责任。

（4）国有股东超越《中华人民共和国公司法》对人事安排的干预，打乱了公司控制权的分配，使公司权力机构、决策机构、执行机构之间的分权－分责－制衡体制遭到破坏。

（5）在资本市场上国有股、法人股不流通，没有公司控制权转移的威胁，经营者只要能讨好或联手大股东，就敢于违规运作，存在人为扭曲公司治理的倾向。债权人影响力微弱，往往成为受害者；小股东无能为力，由投资转向投机。

在国有企业改制的公司中，公司治理被扭曲的现象带有相当的普遍性。例如，有的政府部门既向控股企业派董事、董事长，又要直接任免总经理、副总经理，打乱了公司内部控制权的分配规则，搞乱了内部的权责关系，结果是出现劣绩无人负责。有些企业董事长、经理一人兼任，使董事会监督经理的功能失灵。有的董事会成员与经理层高度重合，董事会被经理班子控制，董事会代表股东的作用就失效。有的对董事会集体决策、个人负责的议事规则不以为意，重要的问题还是个人说了算，民主、科学的决策机制没有形成。有的把公司的分权制衡体制看成"董事会领导下的经理负责制"，未经董事会授权，董事长到处以法人代表、一把手自居，事事领导经理。有的企业在股票上市"圈到了钱"之后就把招股说明书抛到一边，随意投资。有的信息披露不真实、不规范，甚至做虚假披露，有意误导。有的国有股占大头，经营者仍然看政府的脸色行事，以为只要把主管部门糊弄住，自己就可以稳坐江山，小股东的利益被忽略。如此等等。

这种被扭曲的公司法人治理，使国有企业的体制、机制并未超出旧体制的范畴；这种"改制"也未能取得预期的效果。公司治理被扭曲，首先受害的是小股东，而最大的受害者是大股东。

（三）改善公司治理的实践经验

1. 国有股东应当成为推进建立有效公司治理的积极力量

现在的问题是，一些政府部门和企业热衷于利用公司的融资功能，通过上市为国有企业解困注入资金，却并不在意建立有效公司治理、转换经营机制，更不愿意按《中华人民共和国公司法》约束股东的权利。

从政府人员到投资者，到公司董事、经理，要从根本上认识公司治理是现代市场经济"必不可少的制度安排"，是当前中国微观经济体制建设中一个最重要的课题。从政府到投资者要着重理解的是：改善公司治理的主旨是保护股东的权利；建立有效公司治理必须有投资者的积极参与；公司治理被扭曲的受害者是股东，最大的受害者是大股东。

中国要加快公司治理觉醒的过程，培育公司治理文化，使维护股东权益，包括小股东必须受到公正对待成为社会的普遍共识和主导倾向，为社会资金、基金甚至国际资本顺利地、源源不断地流向有前景的企业开辟通道。这是中国企业壮大成熟乃至中国经济持续、稳定增长最重要的基础之一。

现实确实存在一种悖论：建立有效公司治理主要是维护股东权益，而扭曲公司治理的力量又主要来自股东，特别是与国有股东行为不端有关。

国家股东包括国资部门和国有控股公司，它们不仅掌握着一般股东无法相比的巨额资源，而且有政府背景，在我国建立公司文化的起步阶段，它们应有良好的股东行为，成为推进建立有效公司治理的基本力量，而不是扭曲公司治理的因素。国有资产管理体制改革的一个重要任务就是将国资部门建造成严格依"公司法"行使股东权利的、负责任的"国有老板"。国资部门设立之初就必须明确，它必须承担产权责任，但没有行政权力。除特殊公司外，所投资公司要接受严格的资本回报考核。国资部门保障国有资本投资收益的主要手段，第一是通过资本不断向国家必须控制的行业和投资回报更高的企业流动，优化配置；第二就是积极参与并促进投资和拥有股份的公司实现良好的公司治理，以保障自己的最终控制权和经济利益。从这个意义上说，国资部门行使职能重要的措施，就是积极参与投资企业的公司治理，成为有效公司治理的积极力量。

2. 改善公司治理的重要途径是改善股权结构

目前，在国有资产管理体制改革不断深化的情况下，国有股东如何真正到位又不越位，这是改善公司治理的一个关键问题。国有股东是特殊股东，因为政府所追求的不只是个别企业的利润，政府更关注的是社会目标。从这个意义上说，政府机构很难成为以追求经济效益为目标的合格股东。

通过调整股权结构防止和矫正国有股东的非正常行为，把企业目标集中于经济效益，是国有企业改制的一条重要经验。

"使以股份制为基础的混合所有制经济成为公有制的主要实现形式""重要的由国家控股"已经成为共识。也就是说，国有企业不仅要改制为"混合所有制"公司，而且除"重要企业"外国有资本可以控股，也可以不控股。引入多元股东，包括另外的国有股东特别是非国有股东、外资股东，有利于所有权到位；有多元股东的制衡，易于实现政企分开，形成规范的公司治理结构。

3. 企业整体改制有利于建立有效公司治理

实践证明，由"存续公司"作为"一股独大"的股东存在诸多弊端，难以建立有效公司治理。国资委是改革的产物，是有产权约束的特设机构，有追求投资回报的动力。由它直接持股或控股，有利于做出正常的国有股东行为。

4. 政府为建立有效公司治理创造环境

公司的分权制衡机制，主要是通过对人的制衡来实现的。为维护合适的公司治理结构，要积极探索适应公司制度和符合法律要求的选人用人新机制。党管干部原则应与《中华人民共和国公司法》中股东会选聘董事、董事会选择经营管理者以及经营者行使用人权的规定相一致。

另外，建立有效公司治理的许多基本条件必须由政府提供：一是应进一步完善"公司法"，夯实有效公司治理的法律基础；二是健全资本市场功能，强化市场监督，使非流通股逐步走向全流通，建立公司控制权转移机制；三是发展中介服务机构，发挥公证、监督、信息传递和服务作用；四是发展经理人市场，为股东会、董事会行使用人权创造条件；五是完善破产机制和股东诉讼机制，设立惩治不良公司治理的最后一道防线。

改善公司治理，培育公司治理文化，需要政府、投资者、经营者、中介机构、新闻媒体达成共识和共同努力。

在"中国企业新领袖培养计划"第二期开班式上的讲话[*]

(2005年8月17日)

为致力于培养具有全球化视野及国际竞争力的创新型企业领导者,国务院发展研究中心企业研究所与美国斯坦福大学材料科学与工程系,于2004年5月28日联合启动了"中国企业新领袖培养计划"。

热烈祝贺新一期国务院发展研究中心企业研究所与斯坦福大学材料科学与工程系联合举办的"中国企业新领袖培养计划"开班。在国家实施人才强国战略中,培育一批高水平的有战略思维能力、有世界眼光和决策驾驭能力的企业领军人物,是中国培育具有国际竞争力企业的一个关键,对提高国家竞争力具有基础性作用。

传统经济增长模式在使国家经济总量不断增长的同时,也制造了经济、社会与资源环境的不平衡。现在这种不平衡已经到了可接受的边缘。调整经济结构、转变经济增长机制、走新型工业化道路,是实现可持续发展的必由之路,已经具有十足的紧迫性。

国有企业改革取得了可喜的进展,但国有经济布局调整的任务还很繁重;国有企业改制与建立现代企业制度的要求还相差很远;国有资产管理体制改革刚刚起步;垄断行业国有企业的重组和改制还在继续。目前国有企业改革仍是中国最重要、最困难的改革,正处于攻坚阶段。

---

[*] 本文是作者于2005年8月17日在"中国企业新领袖培养计划"第二期开班式上,以《企业改革与发展的几个问题》为题的讲话。

在"中国企业新领袖培养计划"第二期开班式上的讲话

一 国有经济的战略定位和有序调整

1997年党的十五大就提出,要消除所有制结构不合理对生产力发展的羁绊。国有经济比重过高、涉足领域过多的状况还没有根本改变。调整国有经济布局,仍是优化配置资源、提高经济效率的重要方面。

(一) 国有经济结构调整具有十足的紧迫性

我国正处于工业化和产业结构升级的重要时期。产业和企业的结构性低效率、工业部门整合步伐迟缓、低效企业退出市场缓慢等,仍是我国转变经济增长方式、发挥经济增长潜力的主要制约因素。在多种所有制经济共同发展的基本经济制度确定后,必须重新确定国有经济的战略地位和作用,并主动地进行调整和重组。这是优化产业和企业结构、发挥国有经济主导作用、提高社会经济效率的必然选择。目前国有经济结构性矛盾充分暴露;国有企业的历史欠账,已经成为一些城市经济社会矛盾的根源;大多数行业和领域国有企业不可替代的地位已经消失;政府、金融机构和企业重组国有经济的动力进一步增强。国有经济结构调整已经具有十足的紧迫性。

(二) 关于国有经济的战略定位

国有经济是一种特殊的经济成分。从深层次含义来说,国家投资兴办企业不是简单地为赚钱,更为重要的是保障国家安全、支撑整体经济健康发展,使国有经济发挥主导作用。对于"主导作用",必须正确理解。

"国有经济的主导作用主要体现为控制力。"什么是"控制力"?按照中央有关文件的精神,控制力主要的表现有三个方面。

一是国有经济在关系国民经济命脉的重要行业和关键领域占支配地位。即对于其他所有制经济不能进入或无力进入,而对国家安全、国民经济发展又必不可少的领域,由国有经济进入,以确保国家安全和支撑国民经济健康发展。

二是国有经济应保持必要的数量,更要注意分布的优化和质的提高。

国有经济发挥主导作用，不是一个静态的概念，不能简单地看数量的多少和比例的高低，必须随形势的变化及时做有进有退的布局调整，不断向国家必须控制的行业和优先发展的领域集中，才能持续地发挥"主导作用"。

三是国有经济发挥主导作用，既可以在某些特殊行业和领域通过国有独资企业来实现，也可以通过大力发展股份制来实现。国有控股或参股的混合所有制也可以体现国家控制力。

国有资本布局调整的方向是向国家必须控制的行业和领域集中。就是说，国有资本要从中小企业向大型企业集中；从弱势企业向优强企业集中；从一般竞争性领域向重要行业、关键领域集中。也就是向"涉及国家安全的行业，自然垄断的行业，提供重要公共产品和服务的行业，以及支柱产业和高新技术产业中的重要骨干企业"转移。这就是国家必须控制的关键少数。

在国有经济布局调整的同时，放手发展非公经济，改善国民经济的所有制结构。

党的十五大已经确立，多种所有制经济共同发展是国家的基本经济制度。在个体、私营等非公有制经济表现出巨大发展潜力的情况下，国有经济作为国家控制的特殊稀缺资源，必须重新定位，发挥民营经济不可替代的作用。正如党的十六大指出，国有经济与非公经济不是对立的，应各自发挥优势，相互促进、共同发展。国有经济有进有退的布局调整，一方面可以加强国家必须控制的行业和领域，另一方面可以为其他所有制经济让出更大的空间。凡是适合民间投资进入的领域，要鼓励、引导集体和个体、私营等非公有制经济的发展，形成各种所有制经济的互补发展格局，把国家经济总量做大。

由此看出，"国有经济全面退出"和"国有经济只能进，不能退"的观点都是不对的。现在的问题不是要不要有进有退，而是向哪里进、由哪里退，特别是如何进、如何退。

（三）国有经济结构调整必须在国家所有者的主持和监督下推进

在过去的国有企业改制和重组中确实出现了产权转让不透明、管理层收购不规范，甚至官商勾结贪污、转移、侵吞国有资产的现象。造成国有资产流失、职工权益受到侵蚀、债权人权益悬空等问题。究其原因，根本上讲，是国家所有权缺位。

国资委的成立和国有企业改制和国有产权转让有关法规的相继出台，为国有产权有序流动创造了条件。

为使这一轮调整健康进行，有以下几点是值得注意的。

（1）产权转让必须在所有者的决策和监督下进行。原则上讲，国有资本的投向和产权的流动必须体现所有者意志。企业改制重组和产权转让涉及多个利益主体，每个利益主体都有人格化的代表为各自的利益而尽心竭力地施加影响。实践证明，离开或排斥了国家所有权的决策和监督，不仅会背离国家所有者的意志，而且导致产权流动无异于财产流失。因此，尽管企业经营者可以提出建议，但有权决定并监督产权变动的是国有出资人机构。困扰政府的国有资产在流动中流失的根本原因是国家所有权缺位。缺位造成的严重后果，用行政审批是无法补救的。深化国有资产管理体制改革，使所有权到位，是推进国有经济布局有序调整的基础。

（2）必须明确谁是有资格的卖主。产权"流转顺畅"的前提是"归属清晰"。原则上讲，只要交易符合规则和程序，谁是买主并不重要，要害是谁是有资格的卖主。在国有产权不到位的情况下，"自买自卖"是十分可怕的。另外，在产权流转中要严格区分股东的所有权与法人的财产权。按照《中华人民共和国公司法》的规定，股东持有股份的转让由持股股东决定；公司的法人财产转让则必须由董事会决议，由股东大会批准。公司股权的转让与公司法人产权的转让都属于所有权的控制范畴，但又是必须严格区分而不能混淆的两个层次的权能。就是说，产权转让规则重要，但谁是转让和执行规则的主体同样重要。

（3）进一步完善有关法律法规、完善资本市场。有关法律法规滞后于中央已经明确的指导原则。由于缺乏法规指导，要么畏首畏尾，行动落后于形势；要么盲目蛮干，造成大量后遗症。国有产权流转中引人关注的一个问题是价格。资产评估只能提供一个基础，最终要靠买主与卖主在产权交易市场的博弈中发现价格。为此要发展产权交易市场，形成有效的价格发现机制。要规范多种产权交易形式，使结构调整和产权流动有多种工具和渠道可以选择。

（4）分类指导、区别对待。面对情况十分复杂、数量庞大的国有企业群，用一种办法解决所有问题是不现实的。分类指导、区别对待是解决问题的基本途径。应区别大型、特大型企业与中小企业，针对垄断行业企业与一般竞争性行业的企业分别制定政策。按照充分发挥中央与地方两个积极性的原则，在国家统一的法律法规的指导下，由中央和地方分别主持进行。

（5）把国有职工问题放到重要位置。经验表明，在企业并购中受到深度影响的一个大的群体是职工。国有企业无论是关闭破产，还是并购调整，都必须把职工问题解决好。

（6）妥善处理并购企业的债务。企业并购必须是履行法律程序的过程，保护债权人利益是绝不能违背的原则。银行作为主要债权人，要拿起法律武器主动承担起保护债权利益的责任。坚决制止逃废债务的行为。

（7）给民营企业以平等的机会。国有经济的布局调整对其他企业往往是重要的发展机会。一些地方只注意与外资嫁接，排斥民营企业的进入。这是不公平的。

二　企业整体改制是建立有效公司治理的重要途径

国有企业改制的一条基本经验，就是要使股份制成为公有制的主要实现形式，其中股票上市是更加规范的改制途径。中央提出建立现代企业制度已经10多年，但这一原则在国资委直接持股的国有企业，特别是大型和特大型国有企业中基本没有体现。

实际上，通过"授权经营"，我们把建立现代企业制度的希望更多地寄托于这些保留了大量旧体制因素的国有企业控股的下一层公司，包括上市公司。这种改制模式存在结构性缺陷。上一层的问题是，国资委与这一层企业很难建立责权明晰、约束有力的产权关系，却很容易保持或恢复根深蒂固的行政隶属关系，出资人机构对国有企业的产权软约束，使"内部人控制"有可乘之机；下一层的问题则是国有企业控股下面的公司，就犹如"旧体制控制新体制"。从上到下很难建立有效公司治理，搞不好就会体制复归。如果上一层国有产权委托代理失效，那么国有资本的安全和效率就无从谈起,建立现代企业制度的目标也随之落空。例如,媒体不断披露的存续公司为控制上市公司制造的丑闻,令人触目惊心。

股票上市是国有企业改制的重要途径。但必须明确无误地确定两个目标:一是使确有良好前景的企业有机会募集资本金,实现更快地发展,并使投资者受益;二是通过股权多元化,改变政企关系,建立和规范公司法人治理结构,转换经营机制。现在的问题是,政府部门、控股股东在大多数情况下更重视上市后的资金筹措,较少关注机制转换。很多公司的问题恰恰就是从这里开始出现的。

大型企业改制中实行一分为二,将核心资产和骨干人员独立出去,通过上市引入新的投资者,完全按新体制和新机制运行;将公司遗留部分,包括一时处理不了的体制问题、历史遗留问题,放在控股公司。应该说,这是一种从旧体制中迅速解放具有发展前景的核心业务,同时又承认历史、稳妥处理遗留问题的现实途径。

问题的关键在于,经过一分为二的改造后,控股公司的目标如何设定、控股公司如何定位。实践证明,要求控股公司一方面负责具体存续问题,另一方面又是上市公司的控股股东,产生了诸多负面效果。

一方面,在"授权经营"下,国有产权约束松弛;国有股一股独大而且不参与市场流动,产权市场的约束也十分有限。这就使一些控股股东实际上处于"内部人控制"状态,对上市公司并没有形成"老板机制"。

另一方面,政府给上市公司的控股股东(公司)设置了多元目标,而解决存续问题的资源几乎全在上市公司。在控股公司与上市公司存在多渠道关联性的情况下,除分得红利之外,控股公司还倾向通过其他更灵活的渠道和手段,包括高管人员交叉任职、关联交易、董事会操纵等,从上市公司得到好处。这些特殊好处透明度极低,不仅可以为控股公司解决存续部分的问题提供支持,甚至内部人也可以分享。因此,从利害关系上讲,控股股东并不希望人员、资金、财务"三分开"。

为使公司既成功改制上市又不改变与政府机构的关系,也不更多地触动内部人的利益,这种做法一再被复制,几乎变成了一种普遍的"模式"。

控股公司一方面背起了原企业余留人员和非核心资产,另一方面以绝对控制权控制着可以从资本市场融得资金的上市公司。一般的做法是,在包装上市时，把包袱留在控股公司，上市成功后就倾向于将包袱转嫁给上市公司。因此，多数国有母体与上市公司两个部分形分实合，无论是在管理者兼职、业务关联、公共设施交叉，还是在财务、资金等方面都保持着许许多多不明不白的关系。特别是国有母体与上市公司高管人员大幅度交叉任职，使控股股东和上市公司都失去了独立性。内部人身跨两边，控制两个方面的公司，导致内部交易变得更加灵活和方便、渠道更加宽阔，为暗箱操作留出了很大的空间。同时，高管人员也成了"双面人"，他们代表哪一方利益、要实现什么目标变得模糊不清。在现实情况下，由于来自内部人的压力更加具体和现实，控股公司往往企图通过兼职的方便、施用控股权和关联交易，向上市公司转嫁负担，使存续部分的经济状况得以改善。因此，从本质上讲，这个控股股东并不愿意形成有效的公司治理，而宁愿扭曲公司治理，通过地下管道从上市公司抽血，甚至掏空上市公司。此时，不仅少数股东和债权人处于信息弱势和无奈的地位，而且国家股东也由于信息不对称，而难有作为。媒体不断披露的公司丑闻，令人触目惊心。

吸取10多年改制的经验，就是对大型国有企业进行整体改制，重要的企业国家控股。就是说"使股份制成为公有制的主要实现形式"，这一重要原则要在大型国有企业中得到体现，国资委直接持有国有股权，是"履行出资人职责"的重要形式，是增强国有产权委托代理有效性、建立现代企业制度的重要途径。

国有企业整体改制的好处有：

（1）对重要国有企业，国资委直接控股或持股，缩短了委托代理链条，有利于所有权到位，可以增强国有产权的激励与约束作用，降低委托代理成本，体现国家对某些重要经济领域的控制力；

（2）重要国有企业自身股权多元化，有多元股东参与和制衡，有利于公司把目标集中于投资回报，转换经营机制，提高资本效率和公司透明度，建立有效公司治理；

（3）从制度上改变国家股东不向国有企业收取投资回报的做法，为国资委建立国有资本经营预算奠定基础，为增强国有资本流动性创造条件；

（4）国资委直接运作国有资本的市场进入和退出，推进国有资本布局调整，有利于体现效益原则和国家所有者意志的统一；

（5）有了国有资本经营收入和交易收入，国资委处理冗员、非主业资产、不良债务、办社会负担等，便有了支付成本的资金来源。

对大型国有企业进行整体改制，有很大的难度，重要的是改制企业的存续问题谁来处理？可考虑吸取国有银行通过资产管理公司专业处理存续问题的经验，探索将不良资产、冗员等剥离，在国资委监督下，委托专业公司或托管公司专业化处理，实现企业整体改制。

可以考虑的方案如下。

（1）从改制公司中将存续部分分离出来，由国资委委托一个或几个托管公司处理。

（2）国资委与托管公司建立委托关系，签订委托协议，委托托管公司主要做三件事：

第一，非主营业务和资产的重组；

第二，原国有职工的分流与安置和企业办社会职能的转移；

第三，不良债务的处理。

（3）国资委监督托管公司以最低成本处理存续问题，以上市公司获得的红利或国有股减持的资金支付托管公司的成本。

三　转变经济增长机制势在必行

我们正进入一个经济结构、社会结构急剧变动以及极为重要的发展时期。一方面，经济、社会转型，提供了经济持续增长的强大动力；另一方面，经济、社会和环境的不均衡，使各种矛盾不断暴露。此外，目前也是消耗资源最多、人与自然较量最为激烈的时期。

我们目前总的情况是：有巨大的经济增长潜力，但增长机制存在缺陷。长期以来，经济增长基本建立在高消耗、高污染、低效率的传统增长模式基础之上。这种以消耗大量资源、牺牲环境为代价实现经济增长的方式，已经产生了严重的后果。在人们基本生活保障条件有所改善的同时，资源约束明显增强，我们还不断遭受自然力量的报复。甚至使人们连喝上干净的水、呼吸上新鲜的空气、吃上放心的食物都成了问题。

转变经济增长方式，就是由主要依赖资本、资源、劳动力投入，转向主要依靠科技进步和提高劳动者素质的轨道，使提高效率成为经济增长的主要源泉。与此相对应，就必须促使由政府主导的经济增长模式，让位给政府调控、市场主导、企业创造经济增长的模式。

转变经济增长方式的关键是推进改革。当前至少有以下几点值得注意。

（一）正确处理经济增长中量与质的关系，奠定科学发展观的基础

过去，我们处于很低的发展水平，总体来看是为解决温饱和生存而努力，注意力几乎全集中于短期经济增长，不惜代价地追求近期经济利益。尽管在当时是不得已的，但在这一过程中形成了顽固的不顾一切、"有水快流"的粗放型经济增长机制。过分追求量的增长和高速度，甚至发展到"GDP崇拜"的程度。

实际上，GDP并不等于财富；经济增长并不等于发展。GDP是按市场价计算的一个国家或地区所有常驻单位和个人在一定时期内生产活动的总量。这是一个"产出量"的概念，它并不能很好地反映要素（包括资源、环境）的投入量和投入结构，也不能反映产出品的质量，更不能反映产出品的分配。搞不好就会出现"没有发展的GDP增长""没有社会进步的经济增长"，离造福人民大众的目标越来越远。

财富是存量的概念，代表现在和将来能带来福利的资源。过分追求速度的粗放型发展模式，使我们所创造的财富，远不如GDP增长的那么多；如果把资源浪费和自然遭到破坏的成本计算在内，中国所创造的财富要大打折扣。这种粗放型经济增长方式一方面使人民可分享的蛋糕比预计的小了许多；另一方面导致无论是经济与社会，还是资源与环境等方面都积累了系统性风险。我们已经一次次地尝到了经济增长方式落后的苦果。

进入新世纪，在传统增长理念的驱使下，在经济增长中又出现了一些新的误区。一是认为中国实现工业化，就是各个地区都要搞自己的"工业化"；二是工业化就是不顾一切地发展制造业，成为"世界制造中心"；三是在"重化工业"舆论引导下，很多地方地将结构调整的目标锁定为本地工业的"重型化"。

为此，很多地方运用手中掌握的土地资源配置权，违规建立开发区，

将大量资源投向资源密集、资本密集的重化工业。这不仅使本来就显得薄弱的服务业比重进一步下降，而且导致在科技投入、结构升级、人力资源开发、效率提高、技术创新上缺乏动力和放松下来。强化了粗放型经济增长方式，使资源配置效率进一步降低。党和政府以怎样的理念把握这一十分重要的发展时期，对居民的福利和发展的可持续性至关重要。

党的十六届三中全会提出的科学发展观，一个重要内涵是引入了"以人为本"的理念。这就进一步明确了"发展是硬道理""发展是第一要务"，发展绝不只是增长高速度和量的扩张，必须同时注重增长质量和协调发展，才能真正惠及人民大众。为此，我们所追求的发展，必须是全面、可持续的发展。其中包含经济发展、社会发展、民主政治、依法治国、机会平等和生态环境的改善等，真正满足人民大众不断增长的物质文化需要。

（二）深化经济体制改革，进一步消除经济增长方式转变的体制性障碍

关键是进一步调整政府、市场与企业的关系，改变以政府为主导的经济增长模式，建立内在的可持续增长机制。实践证明，任何试图以政府力量取代企业创造力的做法都会制约经济活力。政府在宏观调控、市场监管中应发挥主导作用，为市场在配置稀缺资源中发挥基础作用创造条件。但这并不意味着政府有必要代替市场主体决定进入哪个市场、决策投资项目或指挥银行贷款。政府对企业更大的影响力是它设计的体制框架和政策环境，而不是介入竞争过程或直接干预。政策的界限和权能的边界在于，企业的行为必须受法律法规的约束，但政府必须承认企业的独立地位。只要依法经营，企业"内部性"的事务不是政府直接干预的领域。企业行为的那些负"外部性"方面，如不可再生资源的使用、环境保护、土地使用、安全卫生、员工最低工资等是政府必须从公共利益出发，利用经济、法律、技术法规和标准等政策工具进行切实干预的领域。现在的问题是企业"内部性"的事政府管了许多，企业"外部性"的事政府尚未很好地承担起责任。在社会主义市场经济体制下，政府提供政策法制框架，进行经济调节、市场监督、社会管理、公共服务；企业自主决策、自担风险，以效益为目标创造经济增长；社会中介组织在政府与企业、企业与企业间提供信息、沟通、自律、公证等服务。三者各自就位，相互协调、互动才能形成区域经济的内在增长机制。

（三）发展服务业，为经济增长方式转变奠定稳固的产业结构基础

在国内生产总值三次产业的构成中，世界主要国家第三产业增加值占比都在50%~70%，甚至更高。2000年我国第三产业占比只为33.4%，比俄罗斯、印度、巴西都要低许多。2003年我国第三产业占比进一步降低到32.2%。把工业化与第三产业对立起来，是经济增长机制不健全的重要表现。实际上，发达的消费性服务业不仅可以为大众提供良好生活服务，有利于扩大内需；而且生产性服务业所提供的产前、产中、产后服务，是制造业降低交易成本最重要的环节；再有，服务业对制造业的增值功能不能小视。现在的情况是，外国人说中国是世界工厂，中国人也说要成为世界工厂。但是在现代产业发展中，在包括研发、设计、信息、品牌、供应链管理、零售、金融、保险、物流、投资等在内的整个产业链中，"制造"只是一个环节，而且是消耗资源最多、污染环境最严重，而增值量又较少的环节。尽管制造业在一个国家的经济中具有基础地位，但在整个产业链中，现代服务业恰恰处在增值链的高端。服务业不发展，在产业链分工中就只能处于"卖苦力"的地位，不能更多地分享高附加值环节带来的效益。

目前，发达国家有越来越多的白领岗位向境外转移。印度已经捷足先登。

（四）加速技术进步，建立科技创新机制，夯实经济增长方式转变的技术基础

科技创新机制不健全是经济增长方式落后的重要原因。长期以来，企业和政府重生产能力投入，轻技术投入；重硬件投入，轻软件投入；重经营设施投入，轻人力资源开发投入。也就是，重外延式扩张，轻内涵素质提高。从技术来源来看，满足于一轮又一轮的技术引进。从生产经营来看，满足于没有品牌的生产能力。面对新一轮国际竞争，技术越来越成为国家、产业和企业竞争力的核心要素。在今天的经济竞争中，缺乏技术创新能力，已经成为产业和企业的"软肋"。没有自主知识产权的庞大产业、没有自主品牌的巨大生产能力、没有自己核心技术的制造业，是建立在沙滩上的工业经济。今日表面的繁荣，却隐含着日后的风险。我们必须居安思危。科技革命的重大突破，为我们实现超越式发展提供了良好机会。要实行激励科学发展和科技创新的政策，并使其制度化。包括完善科技创新体制、发展风险投资、强化知识产权保护的政策，实施鼓励技术开发投入的财政税收政策，鼓励产学研结合、发展技术市场、增加教育和科技投入的政策等。

信息技术是当代伟大的生产力，它对全社会巨大的渗透力超出了几乎所有人的预料；它对社会结构、产业结构、管理制度和经济增长方式的革命性影响将决定国家竞争力。不同经济增长方式立足于不同的技术基础。历史上，由于政治制度的落后，中国错过了多次科技革命，导致从世界强国，沦落到半殖民地的境地。信息技术为中国实现超越式发展提供了可能。如果错过了这次机会，就会犯历史性错误。就传统技术基础上的工业化而言，我们比发达国家晚了上百年，但就信息技术而言，我们的差距远没有那么大。我们不应把信息技术仅仅当作一种传播工具，而应把它看成当代最伟大的革命性的生产力。面对这一新的生产力，我们必须趋利除弊，但绝不能因噎废食。党和政府以怎样的理念、如何把握这一难得的历史机遇，将决定在这一轮较量中中国的复兴和国家竞争力。

中国人口多，资源相对匮乏，要实现工业化、现代化，资源环境是巨大的制约因素。但是约束条件应当转化为技术、体制和管理创新和突破的动力。如果我们不能有重大技术突破，全面建设小康社会的目标几乎是不能实现的。其中资源利用效率、能源支撑能力和环境改善，是最重要的部分。在这里，中国的工业化、现代化以什么为指导思想，走什么道路具有决定意义。首要的是，中国企业面临重大技术突破的历史任务。

（五）完善国家调控政策，为转变经济增长方式提供良好的宏观环境

在市场经济中，政府这只"看得见的手"是必不可少的。但国家应当尽量减少用行政手段对微观经济进行干预，除极特殊情况外绝不要企图用干预微观（如价格）的办法实现调控宏观的目标。国家应用好财政、税收、利率、汇率、收费等工具；用好价格机制进行调控；通过制定、修订更加严格的能源、资源消耗标准和污染物排放标准，设立投资门槛，公平对待各类企业。

转变经济增长方式—提高经济增长质量—实现可持续发展—走新型工业化道路有三个标志性方面：一是经济发展中资源消耗多少，即资源消耗率；二是环境受损害的程度和可修复性；三是技术进步的贡献和自主知识产权。

面对已经十分严峻的形势，在实现可持续发展中企业扮演特别重要的角色，任何一个负责任的"企业公民"都应抛弃那种唯利是图、急功近利的恶习，应在追求经济效益的过程中努力为社会做出贡献。企业把目标集中于投资回报是一大进步，但绝不应忘却自己的社会责任。实际上，实现全面、协调、可持续发展所要求的提高经济增长质量、转变经济增长方式、走新型工业化道路、发展循环经济、开发绿色产品、推进绿色生产、建设节约型社会等，原则上讲都是必须靠企业来实现的。

企业家是稀缺资源，在中国显得尤为重要。现在，几乎在各个国家，人们都以崇敬的眼光看待企业家。因为企业家的水平决定企业的水平；企业的总体水平决定国家的竞争力。我们高兴地看到，中国企业家在市场竞争的大潮中迅速成长，这是国家的希望。

人们崇敬企业家，有三重意义。一是激励企业家自强不息，发扬企业家精神，创造财富、创造就业岗位，惠及人民大众，做好的"企业公民"，承担应有社会责任。二是启示全社会看到，在创造经济增长和激发经济活力、增强国家经济实力和竞争力中企业家处于特别重要的位置，发挥着特别重要的作用。全社会应尊重企业家、理解企业家，支持他们走向成功。三是督促政府创造良好市场环境，为企业家脱颖而出和施展才能铺平道路。

辉煌的时代应当造就优秀的企业家。我们必须深刻地理解，企业家是特殊的稀缺人才。他要有对市场的敏感，有创新的意识，有决策的艺术，有吸引人才的魅力，有诚信的品格，有推进工作的刚毅。企业家在追求企业长远发展过程中所被要求的创新能力和水平，所经受的挑战之严峻，所遭遇的困难之大，所承受的心理压力之沉重，所被要求的动力之持久和强大，远不是一般人所能比拟的。那些有了成绩就自傲、遇到困难就气馁的人成不了企业家。市场是培育企业家的大学校，企业家要在市场竞争中不断锤炼自己，走向成熟。

《石油的终结》中文版序言[*]

(2005年8月30日)

进入新世纪，石油价格持续大幅度上涨，牵动了全球经济的神经，也成为中国政府和社会关注的一个热点。中信出版社及时翻译出版了保罗·罗伯茨所著的《石油的终结》一书。这本书给我们传达的信息是，不仅廉价石油的时代已经一去不复返，而且由于石油产能已经接近"巅峰"，石油供应的下降将不可避免。这本书还详尽地分析了能源形势，介绍了新能源替代技术的研究与发展，分析了在传统能源与新能源经济博弈背后的经济与政治较量的脉络。对于正受到能源困扰的中国，该书传递的大量信息给我们以启迪。我国正处于工业化中期，是能源和资源消耗量最大的发展期。这一现实，对于中国政府而言是严峻的挑战，本书对现状的分析和提出的建议值得我们重视。

近来石油价格的上涨牵动了全球经济的神经，也成为中国政府和社会关注的一个热点。1998年原油还曾经是10美元一桶，即使在2003年原油价格仍然稳定在25美元一桶左右。但进入2004年以后，原油价格不断上涨，继突破50美元、60美元后，现在又突破70美元一桶。美国投资银行高盛的分析报告甚至认为，原油价格最终将超过100美元一桶。种种迹象表明，廉价石油的时代结束了。石油价格的上涨，除了投机以及地缘政治因素之外，归根结底，是经济发展导致对石油的需求持续增长，而石油作为一种不可再生资源，其供应却日趋紧张。

《石油的终结》这本书要给我们传达的信息是，不仅廉价石油的时代

---

[*] 本文是应中信出版社之邀所写的序言，也是2005年8月30日在该书首发会上的讲话，题目是：《〈石油的终结〉一书给我们的启示》。

已经一去不复返，而且由于石油产能已经接近"巅峰"，石油供应的下降将不可避免。如果人类不改变现有的能源消费方式和能源结构，石油资源的枯竭只是一个时间问题，而且按照目前的速度，这一天的到来或许在本世纪就会出现。这就是"石油的终结"的真正含义。过去的100年中，石油已经成为经济发展不可或缺的动力，可以说现代工业社会就是建立在石油资源的基础之上。今天，世界经济能源消耗的40%、交通运输业能源消耗的90%来自石油。石油资源的枯竭，将对人类的生产和生活方式产生巨大的影响。关键的问题是：我们应该怎么办？

不过，正如本书所指出的，石油的终结并不表示能源的终结。因为石油只是能源的一种，而且成为人类主要的能源也只是这100年来的事。全世界还有丰富的煤炭和天然气储备，足以再支撑人类的能源需求100年以上，而人类使用能源的效率也在不断提高。例如，1975～2000年，美国的经济增长了50%，但其"能源密集度"（即生产1美元GDP所需要的能源量）降低了40%。改革开放的前20年，中国实现了以能源消耗翻一番，创造国内生产总值翻两番的成绩。此外，还有诸多新兴替代能源如风能、太阳能、氢能的技术发展得很快，它们有可能在未来逐渐取代石油，成为人类可以依赖的动力来源。

事实上，西方有些人对能源的未来过于乐观了。这些人相信市场的力量完全可以解决人类能源的一切问题。他们认为，能源的供给和需求同其他商品的一样，受到价格机制的引导。如果石油价格过高，原来很多因为技术和成本原因无法开采的油田就会变得有利可图，石油公司受利润的驱使必然会加大开采力度，结果就是石油的供给必然上升。与此同时，过高的油价会促使消费者以及下游产业寻找节能的方法和替代能源，其结果就是对石油需求的下降。两种因素综合作用下，石油的价格便会自动调节。20世纪70年代石油禁运之后，80年代石油价格暴跌，就是上述观点最好的注释。因此在这些乐观派的眼中，技术进步迟早会使新型能源取代石油，石油价格的高涨无异于是自掘坟墓。

因此，这些人与本书有完全不同的理解。不过，我认为他们忽视了三个问题。首先，不可再生资源终究是有限的，勘探和开采技术的进步只能推迟生产巅峰期的到来，并不能改变巅峰期存在这一事实。而且，按照本书的计算，石油的巅峰期可能很快就要到来，即使考虑到技术进步的因素。其次，没有考虑到以碳氢化合物为基础的矿物燃料对环境特别是气候变化方面的负面影响。最后，或许也是最重要的，就是他们过于迷信通过市场的力量来解决人类面临的能源问题，而忽视了政府可以发挥的必不可少的作用。

我认为，政府的干预可以在两种情况下发挥作用。首先，能源的生产和消费存在外部性的问题。以传统方式计算能源价格时，没有考虑化石能源的不可再生性以及环境恢复的成本，因此普通消费者和企业往往只支付了能源的私人成本，而没有考虑社会成本。结果必然是定价偏低，消费和生产过度，在这种情况下，市场出现了"失灵"。只有政府出面干预，使能源的私人成本转变成"完全成本"，才能解决外部性的问题。此外，能源的外部性问题如气候变化已经走出国界，演变成全球性问题，这时哪一个国家的政府也都无能为力，只有通过国际合作机制才能解决。

其次，在产业政策方面，政府的干预可以起到积极的引导作用。私人企业和消费者，或出于短视，或出于自利，往往拒绝甚至阻碍新型节能技术和新兴替代能源的开发和推广。本书用许多生动的例子说明了美国汽车制造商如何迫使美国政府冻结甚至放松了对汽车燃油效能的规定，美国能源产业又如何说服美国现任政府拒绝承认人类活动对气候的负面影响，等等。由于既得利益者的阻挠，再加上开发新型节能技术和新兴替代能源成本巨大，没有政府政策的引导，私营部门很难通过市场手段解决向新能源的过渡问题。事实上，在西方国家，能源产业本身就是一个高度管制的行业，而能源利益集团对政府的影响力很强，甚至可以说，美国的军事和外交政策背后都能找到能源利益集团的影子。在这种情况下，指望纯粹通过市场手段解决能源问题未免显得天真。

不过，由于政治、经济制度不同，社会、科技发展水平各异，在不同国家，发挥政府的作用有不同的形式。本书更多的是从美国的角度出发，对美国的石油乃至整个能源状况、面临的问题以及相应的政策做了详尽的介绍，并将之与西欧和日本做了比较。同时，作者也没有局限于美国乃至发达国家，而是充分考虑了石油和能源问题的全球性。此外，作者对其他能源，特别是石油的替代能源的现状和前景做了深入浅出的分析。不论是专业人士还是普通读者都能从上述讨论中有所收获。

从中国的角度来看，应该说我们的石油和能源形势要比美国严峻得多。一是石油安全问题日趋显著。中国1993年首次成为原油净进口国，目前进口依存度已达46%，预计到2020年将达到60%。由于世界石油出口集中于少数国家，再加上地缘政治因素，如何长期稳定地、在可接受的价格范围内保证石油供应，是一个不容易解决的问题。二是长期以来粗放型的经济增长方式和较低的技术水平使我们的能源使用效率比较低，一方面大量的能源被浪费，另一方面又造成了比较严重的污染。三是我们近年高耗能工业快速发展，城市化进程也在加速，人民群众改善生活的愿望非常强烈，因此在很长一段时期内，我们对能源的依赖程度会明显提高。

但是，我们国家也有自己的优势。我们的经济刚刚起步，可以充分发挥自己的后发优势，在政策和技术层面都可以借鉴和吸取西方国家的经验和教训，少走弯路。近年能源的瓶颈制约效应使政府对能源问题高度重视，已经从中长期的视角，从统筹资源、环境和经济发展的高度，制定和实施了国家能源战略，与受能源利益集团左右的美国政府相比，这是我们的政治优势。

对于如何解决未来的石油危机，本书的作者，以及许多国外的经济学家和专家，都认为提高燃油税率是一个非常有效的手段。提高汽油的价格，可以直接减少对石油的需求，鼓励节能措施的改进以及新型能源的开发，从而最终减少对石油的依赖和对环境的破坏。作者认为，美国目前的燃油税率与西欧和日本相比仍然偏低，有很大的提升空间。作为世界头号能源消费大国，哪怕是燃油税率小小的提升都会给市场带来强烈的信号，鼓励其他国家一起努力解决能源问题。

我们国家目前还没有燃油税，尽管对是否开征燃油税这个问题已经讨论了很长时间。一提到燃油税，很多人只想到"费改税"，只把它当作一种征税手段的改变，而忽视了燃油税是一种非常有效的引导企业和消费者行为的手段。我一直都认为，中国的汽车产业需要发展，但应以节约资源和改善环境为优先发展方向，要想实现这个目标，必须征收燃油税，而且税率高才能起作用，即使100%的税率也是合理的。由于在今后20年或更长一段时间内，机动车燃油消耗不仅是中国石油消费总量中增长最快的部分，而且所占份额很快就会上升为第一位。目前，在中国大城市，轿车的排气量、车身尺寸、重量的平均水平，不仅比20世纪50年代的欧洲、60~70年代的日本汽车消费起步时高很多，而且比今天欧洲一些大城市的水平还要高，中国轿车平均百公里油耗高于欧洲和日本。近年来，不仅高油耗的SUV（运动型多功能车）销量持续超常增长，而且像宝马、奔驰、凯迪拉克等豪华汽车，纷纷看好中国买主，我认为这过于奢侈。

《石油的终结》就用很大的篇幅来批判美国人的生活方式："所需要的能源是欧洲和日本的两倍，是全球平均数的大约10倍。美国人是能源的最大挥霍者：一个拥有世界人口不到5%的国家却消耗掉了世界能源总量中的25%。"其中很重要的原因正是美国的低燃油税率政策导致美国的轿车普遍偏大、偏重、油耗偏高，而欧洲的高燃油税率政策促进了节油技术的发展和小型车的普遍使用。以汽油为例，美国的税率是30%，日本是120%，德国是260%，法国是300%，最高和最低的税率差了大约9倍。然而，当下在中国燃油价格中是不含税的，与主要国家相比，价格很低，不足欧洲的三分之一。所以，中国目前的汽车消费形态是轿车价格很贵，而燃油价格很便宜。中国的消费者主要考虑汽车购买的一次性支出，而对日常用油考虑较少。从长期来看，中国目前的低油价政策会带来严重的后果。这种类似美国较低的燃油税率政策势必导致类似于美国的车型结构，而这是中国的人口和资源所不能承受的。与规制手段相比，税收通过改变价格信号调节市场供需，造成的扭曲比较少，也减少了寻租的机会，产生的税收收入还能补贴公共交通、环保和新能源开发等，优势是显而易见的。

《石油的终结》还详尽地介绍了新的能源替代技术的研究与发展，分析了在传统能源与新能源经济博弈背后的经济与政治较量的脉络。对于正受到能源困扰的中国，该书传递的大量信息给我们以启迪。

中国正处于工业化、城市化的重要时期，这也是资源消耗最多、人与自然较量最为严重的时期。中国能源战略的要点应当是"节约优先，结构优化，环境友好，政府引导，市场推动"。要真正做到，从政府到全社会要做出持续的、巨大的努力。

《石油的终结》告诉了我们目前问题的严峻程度，而且指出，要想解决这一问题，我们现在就必须行动起来。这或许就是这本书最大的贡献。

企业并购与"系统集成者"[*]

——剑桥学习心得之一

(2005年10月13日)

根据中央领导同志的指示精神,受中央组织部委托,由国务院发展研究中心中国发展研究基金会与英国剑桥大学中国发展信托基金共同主办为期一个月的第一次赴欧洲三国、三校的研修班。学员包括中远集团、中国航天集团、中国工商银行等大型中央企业主要负责人,以及国务院发展研究中心、国务院国资委、中国电监会有关负责同志。本文作者是团长。承担研修工作的是英国剑桥大学嘉治商学院、西班牙艾萨德商学院(世界商学院排名第二)、丹麦哥本哈根商学院(北欧最优秀的商学院)。它们分别为学员提供讲课、组织研讨和考察调研服务。

全球化和科技革命与企业的并购浪潮相互呼应,不仅使产业分工细化,而且迅速改变着全球分工和生产组织方式。产业分工由水平的产品分工,转变为垂直产业链上的分工,行业领先企业成为"系统集成者"。

引人注目的是,大公司收缩业务范围,卖掉"非核心业务",将实力集中于发展核心业务,构造了一些"巨无霸"式的跨国公司,使产业集中度史无前例地上升。若干强大的跨国公司以技术、品牌、市场和资本实力,通过并购重组放大自己的优势,占据所在产业的皇冠和龙头地位,并成为所在产业全球产业链、价值链、供应链中为数不多的组织者,从而掌控着价值链的制高点,被称为"**系统集成者**"。如戴克、波音、GE 等制造商,耐克、麦当劳等品牌控制商,IBM 等系统解决方案提供商等。

---

[*] 本文是2005年10月13日作者的剑桥大学研修班学习心得之一。

为系统集成者或整机生产商提供次级系统，如飞机的导航系统、发动机系统、空调系统，汽车的制动系统、燃油供给系统、转向系统等的企业，在该系统的产业链中处于主导地位，成为"**次级系统集成者**"。

再有，就是**关键技术和关键零部件提供者**，如微软、英特尔。它们"先发制人"，利用客户的路径依赖效应，使自己具有无可比拟的竞争力，处于全球垄断地位。

20多年的全球大规模的企业并购（最高时一年达3万多亿美元）使各行业系统集成者的数量不断减少。在"瀑布效应"作用下，次级和更下层级的系统集成者也迅速向集约化方向调整。

例如，英国石油（BP）公司自1987年起，为将所有资源集中于油气业务，扩大主业规模和全球覆盖范围，下决心用10年时间剥离多元化业务。先后转让了矿产和动物饲料业务，又卖掉当时欧洲第二大软件公司西康（Scicon）、全球领先的耐火材料制造商金刚砂（Carborundum）、欧洲最大的自有品牌清洁剂制造商麦克布莱德（McBrides）和新西兰的森林、泰国的鲜虾养殖场，以及一家印刷油墨公司等。接着在从1997年到2004年短短的7年里，进行了总价值高达1010亿美元的油气业务并购。如1996年成立BP美孚合资公司、1998年与阿莫科（Amoco）合并，又于2000年以270亿美元收购了大西洋里奇费尔德（ARCO）石油公司、嘉实多润滑油，2002年收购了德国维巴石油，成为德国第一大石油销售商，2003年又以50%的股权参与成立了秋明BP。7年并购投资资金达BP公司1997年总资本的三倍多。经这一系列重组，BP公司迅速成为全球规模最大的油气公司。与并购活动开始前的1997年相比，BP公司探明的油气储量增加了157%，油气产量增长了193%，炼油能力增加了111%。

英美资源集团为进一步确立集团经营方向，自1999年以来大约卖掉了100亿美元的非核心业务，收购了170亿美元的新资产，迅速成为世界级的矿业公司。

并购重组的结果是世界"系统集成者"的规模扩大、数量减少。如欧美日独立乘用车生产厂商由60年代的42家减少到今天的12家，波音、空客两大公司几乎垄断了全球大型民用客机供应，碳酸饮料行业仅可口可乐和百事可乐两家公司就占有全球三分之二的市场份额，而微软则长期独家垄断，等等。不仅如此，而且重要制造部门的所有"次级系统"部件也通过并购整合，被少数公司垄断生产。如，汽车零部件厂商由 70 年代的 38000 家减少到今天的 5000 家，其中进入"财富 500 强"的 13 家巨型汽车零部件公司年销售额分别达到 130 亿～410 亿美元。每个汽车厂商由十几家或几十家大型零部件企业主导，提供次级集成系统，包括制动系统、传动系统、发动机燃油供给系统、灯光照明系统、电子电器系统、音响系统、空调系统、排放消音系统以及座椅、玻璃等。这些公司在各自领域有大量的主导技术和专利。按研发投入排名的世界前 700 家公司中，就包括 31 家汽车零部件公司。博世一家包揽了全球汽车柴油机供油系统的一半。大型客机发动机几乎就是 GE 和罗-罗两家公司的天下，米其林、固特异、普利司通是能为大型客机提供轮胎仅有的三家公司。

各层级"系统集成者"几乎都被发达国家公司以技术优势、品牌优势、规模优势所包揽。除某些区域性垄断行业外，中国国内市场也是如此。而这些跨国公司几乎都在只占世界 15% 人口的高收入国家。例如，"财富 500 强"中总部设在高收入国家的公司占 94%；"金融时报 500 强"中总部设在高收入国家的公司占 96%；全球研发 700 强中总部设在高收入国家的公司几乎占 100%。在世界"100 强品牌"中没有一家公司来自低收入国家。

全球工商体系的制高点几乎全部被来自高收入国家的公司所占领，在"瀑布效应"作用下，这就意味着发展中国家的公司所面临的挑战比表面看到的更为严峻。**在全球各行业"系统集成者""次级系统集成者"在并购中不断减少的时候，中国能不能和怎样才能脱颖而出，产生具有全球意义的"系统集成者""次级系统集成者"和关键技术及零部件提供者？**做到这一点对于中国企业和产业的发展是极其严峻的挑战，是中国实质性地提高国际经济竞争力必须闯过的一个关口。如果在这个挑战十分严峻的世界，中国不能脱颖而出，成长出一批具有国际竞争力的大型企业和培育强大的自主创新能力，那么中华民族复兴的希望就变得十分渺茫。

在当前国际形势下，中国企业成长的空间在哪里？

丹尼尔·琼斯教授指出：世界上没有哪个国家能以低成本劳动力长期保持国家竞争力。从这个意义上说，**中国正处于十字路口。也就是温家宝**

总理所说的，中国正在过一个"槛"。

劳动力低成本的优势，不能永久存在。看不到这种严峻的形势或持着走着瞧的态度，就会丧失时机，葬送大好发展形势；而任何悲观的论调和无所作为的观点，都会磨灭我们的意志和进取的勇气。

目前尚好的形势使我们有较大的回旋余地，我们是大国，有改革和发展所创造的坚实基础，有较多的可动用资源，只要认清形势，正确决策，我们就能过好这一关。专家、学者要提出意见和做出判断；政府要制定和实施政策；企业家则要提出解决方案。

培育大型企业的国际竞争力，须做到以下几点。

（1）确定战略方向。

（2）通过业务重组和企业并购壮大实力。

（3）实行整体公司制改制，建立有效公司治理。

（4）提高创新能力（自主创新能力不足，是中国企业竞争力的软肋）。

（5）一些以制造为主的企业要在"制造"上做精，形成过硬的制造技术和制造能力，包括专业生产技术、生产控制技术，进而掌握产业链管理技术、具有市场响应能力，提高产业和技术集成能力，向价值链高端延伸。由"代工企业"转向拥有自主技术、产品和品牌的企业。同时完善产业链各个环节，如制造业次级配套企业，各类产前、产中、产后的服务企业。在这过程中造就高水平的企业领军人物、高素质管理人员队伍和技术工人队伍。这是工业化的基本功，是为产业升级奠定的基础。

培育具有国际竞争力的大型企业和企业集团，作为一项政策目标，需要政府强有力、一致性和稳定的政策支持。

（1）由国家产业政策转向国家产业竞争力政策。国家必须用前瞻性眼光，对全球化背景下重要产业的走向和前景做出判断和战略性分析。把中国的产业放在全球范畴内，以全球视野选择中国已经积累了一定优势，且具有战略性、前瞻性的产业，选准切入点，在WTO框架下，动用国家资源支持优势或潜在优势企业。

（2）进一步消除企业并购重组的体制和政策障碍，在竞争中使优势企业聚集有效资源，首先在国家范围内做强做大。应对过去各个垄断行业都"一分为二"的重组方式进行调整。

（3）目前技术引进的政策比较完善和配套，而鼓励自主创新的政策须进一步完善。要创造更加宽松的创新环境，实施经济激励和市场激励等有利于企业技术创新的政策，鼓励产学研结合。

（4）把国家重要的市场机会留给中国企业。通过国家订货或准国家订货等形式，**使中国企业成为高速铁路、核电站等重大项目的"系统集成者"和"次级系统集成者"**。在对中国企业技术能力做出基本判断后，要敢于冒风险，把订单交给它们。

（5）目前"引进来"的政策比较完善和配套，而鼓励企业"走出去"重组全球资源的政策还存在许多不足。在国内做大做强的基础上，支持企业有选择地参与跨国并购。

走向成熟的企业经营者[*]

（2006年1月9日）

21世纪经济全球化、科技发展以及企业经营管理的新趋势，对企业领导人素质和能力提出了新的挑战。企业在新的竞争形势下可持续发展并不断获得竞争优势，重要的是企业领袖要有战略眼光、全球视野，并从本企业实际出发制定和实施良好的企业发展战略。而要做到这一点，关键是企业领导人应具备相应的领袖才智和驾驭能力。

没有世界级的企业家就难以培育出世界级的企业。中国具有全球意义的大企业正呼之欲出，改革和发展呼唤走向成熟的企业家。

英国沃达丰集团是世界最大的无线通信运营商。沃达丰的CEO阿伦·萨林根据自己多年的经验，把当今企业领导人应具备的领导能力概括为战略领导能力、运营领导能力和人员领导能力。从实际出发的这一十分简要的概括，对我们很有启发意义。

沿着他的思路，就企业领袖提高驾驭企业的能力，我讲两点意见。

一 以全球视角，提高战略思维能力

高瞻远瞩、具有战略思维、统揽全局，应当是企业舵手的基本功和最主要的职责。对所处环境有深刻的洞察力、有把握机会的能力是决定企业成功的前提。

当前，经济全球化已渗透各个方面，不仅生产要素的流动和配置更加全球化，而且制度、规则、环境和观念等也越来越全球化。与沃达丰、戴克、西门子、BP、英美资源、米其林、西班牙电信等国际上成功的公司相

---

[*] 本文是作者于2006年1月9日为"中国企业新领袖培养计划"准备的讲课稿。

比，我们企业的不足不仅表现在资本实力、经营规模、市场占有上，而且表现在全球商业环境、国际贸易规则、产业发展走势、技术创新趋势、企业竞争形势以及公司治理、企业管理、社会责任等方面，在对所面临新形势的理解和把握上差距可能更加明显。

经济全球化对于企业而言就是市场全球化、产业分工全球化、商业规则全球化、竞争对手和合作伙伴全球化。它已经成为企业生存和竞争的大环境和大背景。经济全球化和科技革命以及由此引发的一系列变革，正改变着全球的产业环境、国际分工、商业规则和竞争工具。既创造了机遇，也增加了风险和挑战。对全球化理解的程度、适应的程度将影响企业的前程。

中国是经济大国，虽然人均GDP有限，但经济总量比较大，而且处于快速增长阶段。因此，现在几乎所有国家和地区都直接感受到"中国因素"的影响力。去年，世界银行常务副行长章晟曼说，中国很有可能到2030年或2040年成为世界最大的经济体，而且有可能在2020年之前就成为最大的国际贸易国。汇丰银行董事长庞约翰说："今天几乎在所有的行业，中国经济的影响不仅是重大的，而且是具有决定性的。"庞约翰的话并不夸张，实际上，中国的崛起正在改变着全球的经济和政治格局，成为21世纪人类经济史上最重要的事件。不论是把中国的发展看作机会，还是看成"威胁"，各个国家都紧锣密鼓地根据自己的判断，研究和制定应对措施。跨国公司对"中国因素"的研究和应对已经成为它们全球战略的重要组成部分。

去年，中国进出口总额已经超过GDP的70%；这说明中国经济活动已有一大半与国际贸易密切相关。这个比例在世界各国中处于最高或很高的水平。这些仍在变化的数据，使中国任何一个大企业在自己的经营和战略中都不能不考虑经济全球化因素，不能再把全球化放在企业战略之外，当作一种"外来之物"。可以毫不夸张地说，国际市场上任何大的变化和商业规则调整，都会对中国企业产生重大影响。

相比之下，中国企业对全球化的理解远远落后，对生存和竞争环境研究不够，对机会和挑战考虑得比较肤浅。现在，国际经济和同行任何大的变化都会对中国企业产生影响；而中国大企业一些大的举措也会引起全球同行的关注。现在，中国的很多企业或被跨国公司作为竞争对手而倍加关注，或作为合作伙伴而密切接触，或作为并购对象而虎视眈眈。

因此，中国大企业的发展必须考虑全球化因素，企业扩张、并购要考虑全球化因素，企业技术创新要考虑全球化因素，企业经营和市场战略要考虑全球化因素，企业人力资源开发也要考虑全球化因素。

变革会提供赶超的机会。面对变革着的一切，被动应对全球化的挑战和主动利用全球化的机遇，两种不同的思维模式和精神状态，会有全然不同的结果。中远、华为正是利用国际贸易迅速发展和通信技术变革的机遇，一举进入国际竞争的第一梯队。

二　要由机会导向转向战略导向

中国是经济大国，在一些重要领域，培育具有全球意义的龙头企业，应当是中国工业化时期的一项重要国家战略。我们对这类企业的期望，不只是巨大的规模，更重要的是拥有世界水平的企业领袖和经营团队，有自己的核心技术和技术集成能力，有全球认同的品牌和公司知名度，有跨国投资、并购、整合资源的能力等。

中国企业有扩大规模的强大动力，在经营机制上却存在不少问题。

（1）所有权的软约束与行政干预并存，受非经济性因素干扰，经营机制转换不到位，难以建立有效公司治理。

（2）"机会导向"和"急于求成"的发展模式，使企业追求目标短期化，吝于包括技术创新和人力资源开发在内的长期投入。

（3）技术依赖发展成"技术依赖文化"，很多企业低估了自己的技术创新能力，失去了技术创新的激情和信心，甚至放弃了技术创新的努力，成为"生产能力的巨人""技术能力的矮人"，而包括设计、控制软件在内的技术软件又是"技术矮人"的短腿。

（4）对要素低成本的过度依赖。无限供给的廉价劳动力和土地、能源、环境等要素低价格政策，保护了企业，但使很多企业失去了自主创新的动力，而甘于长期滞留于低附加值领域开展价格战，产业升级缓慢。

现在，无论是企业的状况、经济技术实力，还是国内外体制环境，与改革开放之初相比都发生了巨大变化,企业发展模式必须转型。企业要由速度-扩张型转向效益型;由资源依赖型转向创新驱动型;在做大与做强的关系上把做强放在首位;在技术来源上,已经到了由技术模仿转向技术创新的时候。

造就大型企业必须使企业由转轨时期的机会导向,转向稳定发展期的战略导向。

改革开放以来,较长一段时间内,企业处于机会导向的发展阶段。这是由以下因素促成的。

一是政企不分体制下,企业关注的是近期业绩,创造近期业绩最有效的办法就是水平扩张,简单复制生产能力。

二是体制转轨期间国家政策存在不稳定性,面对不断变化的政策,企业缺乏长远的预期,行为短期化。

三是不同地区实行不同政策、对不同企业实行不同政策,从比较效益出发,企业宁愿下功夫争取政策优惠,而不愿意就提高技术和管理水平做出更大的努力。

四是市场机会和政策机会层出不穷,有巨大的诱惑力。

至90年代中期,不少企业缺乏战略指导,处于机会导向阶段。改革开放使资本来源、技术来源一下子增加了,从而释放出众多的市场机会,同时体制转轨又产生了众多的政策机会。尚未完成原始积累的企业最为关注的是近期经济利益,而能获得近期经济利益最方便的途径,就是获得和掌握政策机会或市场机会。这种明显的"机会导向"特点,使各个企业利用各种关系,纷纷寻找政策的空档和针对市场热点进行排浪式重复投资。例如,一个企业如果能获得进口或出口配额,如果能争取到批租的土地,一般来说肯定可以花小力赚大钱。在短缺经济下,面对大量有待开发的新型产业,如制造业、流通业、进出口、房地产、金融业和其他新型服务业等,只要能获得政府批准,似乎都可以轻而易举地获得高回报。一些企业如果能获得改革"试点",也可能获得改革的先发效应。巨大的利益诱惑使急于求成的心态增强。很多企业并不在意什么战略,也不甘于守住自己的主业,更没有足够的耐心致力于技术开发,积累自己的优势;而是被眼花缭乱的各种机会牵着鼻子走,盲目开展多元化经营。

当然，企业走向成功的重要因素是抓住机遇、利用机遇。但它的前提是这个机遇有利于实现经充分论证而确立的企业发展战略和价值观。以企业战略为导向，将企业的资源集中于所从事的主业，并抓住符合企业战略的机遇，在主业范畴内不断增强核心竞争力，是企业走向成功的重要条件。市场五彩缤纷，不断涌现各种机会，致使企业"多元经营"的舆论一度占了上风。但各个企业资源禀赋不同、比较优势各异，别人能赚钱的领域，自己不一定能盈利。如果企业经营者只顾近期利益，见异思迁，不仅不能积累人才和培育核心竞争力，还要冒巨大的风险。一些企业贸然进入房地产、股市，投机于期货市场，栽了大跟头，就是例证。

企业战略是成熟企业的目标、宗旨和价值观的集中体现，是企业以全球视野，结合自身实际，统筹研究市场定位、目标客户、业务组合、技术竞争力、协同效应之后确立的相对稳定的理念和追求，它是企业立足市场和赢得客户之本。

因此，企业要善于用世界眼光观察现实，用全球意识思考问题，用战略思维谋划未来。

具体而言，以全球视野对世界经济政治进行前瞻性研究，对自己的技术、经济、人才实力做出理性的评估，对所选择产业和行业的今天、明天和后天做出高屋建瓴的判断，是构建企业战略的基础条件。对所选择行业的市场前景、竞争形势、技术趋势、产业周期、政治和社会因素的影响以及财务风险有详尽、清晰的思考和行动准备是保持行业领先者地位的必要条件。企业每项关于技术开发、资本投入、并购行动、营销策略和市场进入及退出的决策，都必须放在企业战略的大背景下进行。符合企业战略要求的机会必须利用，但绝不能被层出不穷的各种机会牵着走。将企业资源集中于主业是实现企业战略目标的基本原则。近年来，GE公司、BP公司、英美资源公司等甩掉辅业、强化主业所获得的成功代表了这一发展趋势。

随着体制和市场环境的变化，政策机会在减少，市场竞争强度增加。一些企业开始转向战略导向。这些企业有明确的市场定位和核心业务，有清晰的战略目标，它们固守所致力的领域，耐得住寂寞，不被各种机会所诱惑，潜心培育核心竞争力；它们不仅关注做大，而且关注做强。它们把创新作为提高自身竞争力的基本要素，把技术作为竞争力要素的核心。深信掌握了核心技术就掌握了市场竞争的主动权，没有核心技术就受制于人。

"人无远虑必有近忧"，"打一枪换一个地方"，不投资于技术积累是不对的。只有经深思熟虑确立了发展战略和市场定位，才有动力开发自己的核心技术，培育核心竞争力。"种瓜得瓜，种豆得豆。"在投入方面，要改变重硬件投入，轻软件投入；重经营设施投入，轻人力资源开发投入。从技术来源来看，不能满足于一轮又一轮的技术引进。从生产经营来看，不能满足于没有品牌的生产能力，也就是要改变重外延式扩张、轻内涵素质提高的状况。

公司"软实力"与社会责任[*]

(2006年2月16日)

2006年2月16日至17日,第四届"跨国公司中国论坛"在北京举行,论坛主题是"中国企业,公司责任与软实力",由商务部国际贸易经济合作研究院、中国集团公司促进会等单位联合主办。

中国企业正在迅速成长。拓展全球视野、提高战略思维能力、建设"软实力"、把社会责任纳入企业战略等,都是中国企业提高国际竞争力的重要课题。

一 必须突破"软实力"瓶颈

发达国家的跨国公司是经济全球化最大的赢家。在全球分工模式变化的情况下,大公司纷纷收缩业务范围,卖掉"非核心业务",将实力集中于发展主业,构造了一个又一个"巨无霸"式的跨国公司,使产业集中度史无前例地上升。这些本来就很强大的公司,通过委托加工、并购和投资把产业链布局于全球,进一步放大了自己的优势,成为所在产业全球产业链、价值链、供应链中为数不多的组织者。剑桥大学彼得·诺兰教授称之为"系统集成者"。如戴克、波音、GE等制造商,耐克、麦当劳等品牌控制商,IBM等系统解决方案提供商等。

这些企业之所以能占据各个产业的皇冠地位,是它们对所在产业有强大的"系统集成能力",而这种集成能力不仅来自资本实力、规模优势,而且无不出自强大的由技术、品牌、信誉、营销体系、供应链网络等构成

---

[*] 本文是作者应商务部研究院跨国公司研究中心之邀,于2006年2月16日在论坛上所做的发言。

的"软实力"。

全球工商体系的制高点几乎全部被来自高收入国家的公司所占领，这就意味着发展中国家的公司包括中国的企业所面临的挑战比表面看到的更为严峻。在全球各行业"系统集成者"在并购中不断减少的时候，中国能不能和怎样才能脱颖而出，产生具有全球意义的"系统集成者""次级系统集成者"和关键技术及零部件提供者？做到这一点对于中国企业和产业是极其严峻的挑战。

中国企业与优秀跨国公司相比，不仅"硬实力"有很大的差距，而且更加难以逾越的是由企业文化构成的"软实力"的差距。

企业"硬实力"主要指资本、厂房、设备和生产经营设施等物化了的能力和企业员工。"软实力"则指企业宗旨、价值观、创新机制、市场信用、社会责任意识和由此凝聚而成的社会声誉、市场信用和品牌影响力。广义地讲，还应包括公司治理结构、营销网络、供应链体系等。

在全球产业分工体系中，如果说，经营设施和生产能力包括资本这些"硬实力"是较容易被复制和替代的话，那么"软实力"则表现出某些"文化"的特征，更多地体现为一种社会认同、亲和力。这些则很难复制，必须靠良好的文化积累和持续的创新，最终唤起社会的认同。这正是后发企业超越前者的最难之处。

后发企业可以以大量资本和资源投入较快形成某种物化了的能力；而优势企业却可以通过强大的"软实力"将这些物化了的产业能力"集成"于自己的系统，放大自己的优势。例如，利用受控企业的厂房、设备、人员以及供应链、营销网络、服务体系等实现自己的目标。实际上已经出现了一些有强大"软实力"支撑，却逐渐放弃了一般性生产阵地的大型公司。

"软实力"在公司内部的表现，是由良好企业文化所构成的凝聚力、创新机制和效率；"软实力"在公司外部的表现，是企业社会信誉、企业品牌、产业集成能力和对网络的实际控制力。拥有这些无法模仿和复制的能力的公司，在资源利用效率、获取市场先机、赢得客户、低成本融资等方面处于绝对优势地位。"软实力"成了大型公司竞争力的灵魂。

受体制和发展阶段的影响，中国企业历来有重硬件、轻软件，重生产设施建设、轻技术创新投入，重生产经营、轻人力资源开发，重规模扩张、轻企业文化建设的倾向。不少企业由小到大，逐渐发展成了生产能力的巨人，却是创新能力的矮人。"软实力"与"硬实力"不协调，"软实力"成了短腿。如果说企业规模小的时候只能首先培育"硬实力"，这是一个必然过程的话；那么在"硬实力"达到一定程度后，要成为具有国际竞争力的龙头企业，则必须十分重视和加强"软实力"建设。"软实力"是很多中国企业的软肋，增强"软实力"正是中国很多企业必须努力补上的一课。

二　可持续发展中的企业社会责任

企业社会责任，是企业文化的重要组成部分，是企业"软实力"的核心内容。

进入新世纪，中国改革和发展进入了一个新阶段。一方面，有巨大的经济增长潜力；另一方面，经济增长方式存在缺陷，可持续发展面临严峻挑战。

时至今日，不惜代价的高投入、低效率、重污染的增长方式已经走到了尽头。近年来，人们的收入增加了，但连呼吸上新鲜的空气、喝上清洁的水、吃上放心的食物都成了问题，这就是大自然不断给我们发出的强烈信号。

除政府外，企业是当今社会最有力量的组织。人与资源环境的和谐，最主要的是企业与资源环境的和谐。企业是社会财富的创造者，但也是直接和间接浪费资源、损害环境的祸首。国家经济技术指标的落后，实质是企业落后；国家经济增长方式落后，实质是企业发展模式落后；国家经济增长质量低，实质是企业效率低。

企业社会责任很难准确地定义，但它的核心是企业为改善利益相关者的生活质量而贡献于可持续发展的承诺。其中包括价值观、尊重人、职业道德、环境意识，以及有利于利益相关者和所在社区的有关政策和实践的集合。

企业社会责任包括两个方面：在企业内，要构造各个利益主体之间和谐、共赢的氛围；在企业外，要主动承担对生态环境、对社会各利益相关者的义务。因此，仅由财务目标不能说明企业存在的全部价值。现代企业是一个"多面体"。作为经济范畴的企业，它追求利润最大化；作为法律范畴的企业，它要做好的"企业公民"；作为道德范畴的企业，它要承担社会责任。

90年代中后期，能源环境问题已经成为全球关注的焦点，企业在赚取利润的同时必须善待员工的呼声高起。越来越多的跨国公司变被动为主动，对企业社会责任逐渐取得认同，不仅将"社会责任"纳入企业战略，而且开始纷纷要求合作方、供应商必须接受劳工保护标准、环保标准的审查。由此，在世界上悄然兴起了一场"企业社会责任运动"，而这场运动逐步演进为一股巨大的企业社会责任浪潮，各国、各企业无不感到它的存在和巨大影响。社会责任已经成为社会和市场评价一个企业的重要方面。

世界上最具影响力的175家大型跨国公司发起成立了"世界可持续发展工商理事会"。这些公司分布在35个国家，年营业收入合计达到5.2万亿美元。它们共同承诺自愿致力于全球可持续发展。这个理事会的宗旨是发展一种世界可持续发展模式，在保护自然生态并实现多种社会目标的同时能继续发展和繁荣。

联合国于1999年制定了企业"全球契约"，推动开展"企业生产守则"运动。

非政府组织在出台ISO14000环境管理体系标准之后，又推出了SA8000企业社会责任管理体系。

这些关于企业社会责任的规范、契约、守则不仅被越来越多的国家、国际组织和企业所接受，而且很多跨国公司率先垂范，并以它们强大的影响力将企业社会责任运动推广到全球。

相比之下，中国企业的社会责任意识与国际先进企业还有很大的差距。在今天，经济社会发展的形势疾呼企业增强社会责任意识。企业社会责任不仅是企业存在的使命，而且是实现可持续发展中企业必须面对的现实；它不仅是一种道德和良知的呼唤，而且正逐步成为道德和制度的约束；不仅是一种理念、文化，而且是企业自愿做出的承诺。在体制转型、经济快速发展的时期这一点显得特别重要。

中国企业增强社会责任意识，是与观念转变、战略调整、机制转换、增长方式转变联系在一起的，具有深刻的改革意义和更强的紧迫性。

至今，还有一些企业把承担社会责任与追求投资回报对立起来，认为地球那么大，污染物排放不多我这一份。甚至认为强调社会责任是跨国公司挤压自己的托辞。这完全是一种落后的观点。它们还不理解，在能源、资源、环境已经成为全球未来最为严峻挑战的时代，居民的环境意识、可持续发展理念不仅表现在对产品的选择、货币选票的投向上，而且反映在对厂商的褒贬和扬弃上。原则上讲，企业承担社会责任与实现经济目标有高度的一致性。在这个客户越来越注重以公信、道德标准选择合作厂商的市场环境下，社会责任缺失的企业，最终会被用户和市场抛弃。

尽管我们与发达国家发展阶段不同，有许多不可比因素，但不管怎么讲，粗放型经济增长方式都使我们浪费了过多的资源。搞不好就会出现，经济总量增加了，但结构恶化了、环境破坏了，地区综合实力和人民生活综合质量并没有相应的提高。实际上，粗放型增长模式所创造的财富，远不如GDP增长表现得那么多。而且还要为资源浪费和自然遭到破坏长期付出代价。这种粗放型增长模式的不可持续性，要求中国企业必须以高度的社会责任感，加快转变增长机制。

改革开放后，在批判"大锅饭"的同时，一些企业走入了另一个误区。在利润至上的引导下，背弃了自己的社会责任。它们不惜以拖欠工资、剥削职工、制假冒牌、坑农害农的方式获取短期利益，甚至偷税走私、圈钱逃债、行贿受贿，走上了犯罪的道路。企业追求利润，必须来之有道；取得社会认同的企业必须有比利润更高层次的追求。应当承认，在任何时候企业与社会的各种关系都存在一种基本准则。有的是以立法的形式表现出来，有的则反映在支配企业决策和行为的道德、惯例、责任感和价值观中。这些准则往往并不像经济现象那么清晰明白，通常较为复杂，甚至含糊不清。例如，企业除了遵守法规、照章纳税外，还必须诚实守信、善待员工、使员工有机会实现自己的价值并分享企业发展的成果，要珍惜资源、保护环境、尊重社区、促进社会和谐和回馈社会等。在这些方面的投机取巧会砸自己的牌子、败坏自己的社会声誉。最终会自绝于资本市场、信贷市场和商品市场，从而失去所有未来发展的可能。

面对越来越激烈的市场竞争和可持续发展的挑战，企业的社会形象、声誉和企业的诚信、品牌一样重要。取得社会公信的企业更会被市场青睐。

企业要获得成功，管理者在做出决策的时候，必须像对待经济问题一样，把承担社会责任作为企业战略的重要组成部分，考虑对员工的法定义务和道德义务，公司的政策和措施应促进公司内部的和谐；必须考虑企业战略是否有利于公众利益、生态环境、社会进步和社区和谐。

国际上"企业社会责任运动"的核心内容与我们构建社会主义和谐社会中企业要承担应有责任的理念有很多共通之处，是增强"软实力"的重要方面，是企业价值观和企业文化的重要内容，是可以借助来增强"软实力"的工具。

国资委出资人职能归位应该提上日程[*]

(2006年3月6日)

2006年3月6日,全国政协委员、国务院发展研究中心原副主任陈清泰对《财经》表示,国资委成立三年之后,需要考虑如何回归到"履行出资人职责"的本位上来。

国务院国有资产监督管理委员会成立于2003年,是党的十六大提出"中央政府和省市两级地方政府设立国有资产管理机构,继续探索有效国有资产经营体制方式的"产物。由于它还有某种探索性,将其定位为国务院直属正部级"特设机构"。国务院授权国有资产监督管理委员会代表国家履行出资人职责,并对归属的国有资产负有管理、监督和运营的责任。

陈清泰指出,1997年党的十五大提出,未来国有资产管理体制应包括管理、监督和运营三个方面。

国有资产"管理"包括制定国有资产的法律法规、确定国有经济布局调整等政策目标、设立国有经济运营的指导原则,以及审查批准国有资本经营预算,统计、稽查全国国有资产等,集中体现国家所有者意志;国有资产"监督"的重点是对国有资产运营的监督,看它是否体现了国家意志并对运营的效率和效果进行监督和评估等。因此,国有资产的管理和监督这两者都属于公共权力。

国有资产的"运营"是指对国有资本在资本和股权市场上的经营运作。通过动态优化资产布局,一方面实现政府的政策目标,另一方面不断提高国有资产投资效率,实现保值增值。就是说,运营的原则要体现国家公共政策,但运营的过程,则是出资人机构以投资者的身份,进入市场、

---

[*] 2006年3月6日,作者在接受《财经》记者采访时,就国资委职能归位问题讲了一些意见。本文是记者整理的采访稿。

运用市场工具、实现运营目标的市场行为。因此，国有资产运营机构处于政府与市场的"界面"，属"两栖类"。

这三类属于不同性质的职能，应当分属不同的部门承担。

陈清泰表示，最初将三种职能都交给国资委，是出资人机构成立初期现实的选择。因为国资委成立之初还面临许多历史遗留问题。最重要的是企业与政府的关系、企业与职工的关系方面还有许多很难解决的问题。政企不分、企业办社会、不良资产、冗员等大量现实问题需要处理。"要使国资委一步就成为纯粹'履行出资人职责'的机构，条件不具备，也不太现实。因为旧体制遗留的问题必须有人来解决。"

"经过这几年的改革和探索，解决问题的途径逐步厘清，一些问题陆续得到了解决，或者是已经进入了解决的轨道。"陈清泰说："接下来就要考虑如何使国资委回归到党的十六大规定的履行出资人职责上来，这件事应该提到日程上来了。"

陈清泰指出，进一步完善国有资产管理体制仍有很大的难度，需要及早研究如何将三块职能分开行使。他建议，从体制来看，国有资产的管理原则上应该放在财政部，国有资产的监督当前来讲应该放在审计署，国有资产的运营则放由国资委承担。

随着华源集团、三九集团等中央企业的重组逐步拉开帷幕，国资委如何筹集资金进行资本运营成为业界讨论的话题。尽管国资委已经展开国有资本经营预算编制，但是迟迟没有公布结果。

对此，陈清泰建议，国资委应考虑对重要国有企业进行整体改制。"假如宝钢、中国移动等能整体上市，国家投入这些企业的资产就成了股权，国资委就成了这些企业国有资本的持股人。这样，既缩短了国有产权委托代理链条，也便于通过股权的市场交易调整国有资本布局；国资委还可以以股东身份参与所投资企业的公司治理，有利于增强委托代理的有效性。而且，其他股东分得红利时，国资委照样可以分红利。有了国有资本收益，就可以进行资本再投入。"陈清泰说："这就可以通过编制国有资本经营预算体现国家意志。"

但他也指出，国资委直接持股的企业太多也会使力量分散。重要企业直接持股，其他企业则可以委托一个或几个控股公司持股，使国资委保持适度的管理强度。国资委直接持有公司股份涉及两大难题。一是需要解决比如中石化等集团公司存续企业的遗留问题；二是如果国资委直接持股中国移动、中国联通等央企，会面临同业竞争和反垄断的问题。这些都是之后需要研究的问题。

培育混合所有制跨国公司是中国工业化必须实现的一个目标[*]

（2006年7月19日）

2006年，按照中央对国企改组、改制的安排和规划，国企改革要在一些重要领域和关键环节实现新的突破，以理顺产权关系为重点，进一步深化。

但到目前为止，国企改革在监管体制建设、国有经济布局结构调整和优化、经营机制转换、产权有序流转和规范改制等方面还只是处在"题目拟就"阶段。尤其是今年两会以来，围绕着国企改制中出现的"国退洋进""国进民退"等现象，社会舆论和学者们对国企改革的方向、思路等都有了一些不同看法和议论，其中人们关注的核心问题是：在目前形势下应该如何进一步推进国企改革和促进企业发展？

近日，国务院发展研究中心原副主任、全国政协经济委员会副主任陈清泰在接受记者采访时围绕此问题做了深入分析，陈清泰认为：我们应该确立一个重要目标，就是要培育一批混合所有制、具有自主技术和品牌、中国自己的跨国公司。

记者：目前社会上对国企改革的方向、思路等都有一些争议和不同认识，您认为应该怎样看待这些争议和不同认识？

陈清泰：国有企业改革20多年来，总体上是成功的。从放权让利到企业制度创新，从战略性调整国有经济布局到构建国有资产管理体制，从建立现代产权制度到大力发展股份制，大的思路非常正确，没有出现大的失

---

[*] 2006年7月19日，《人民政协报》记者就"培育本国有竞争力的跨国公司"话题对作者进行访谈，作者在访谈时强调：培育混合所有制跨国公司是中国工业化必须实现的一个目标。本文是记者的访谈稿。

培育混合所有制跨国公司是中国工业化必须实现的一个目标

误,而且每一步都有理论突破和政策调整。虽然在各个细节上毛病都可以找到,但是不足以引起对国企改革方向大的歧义,我相信社会各界会有这个基本认同。

记者:对目前国企改革的争论中,一个重要的内容是:作为国有出资人的国资委在国企改革中应该发挥什么作用以及如何发挥作用?您认为国资管理体制改革下一步应该怎样走?

陈清泰:党的十五大就国有资产划分出"管理、监督、运营"三类职能,三者不能混为一谈。国有资产的管理,主要包括国有资产的统计、稽核,国有资本有关制度、法规和政策目标的制定等,属于政府的公权力。国有资产的监督,主要是关注国有资产的安全性、制度的完善性和运作的合规性,属于对国有资产的公共监督。国有资产的运营,则包括投资和拥有股份,参与企业的公司治理,通过市场运作在某些特殊领域实现公共目标和确保国有资本配置的持续优化。这是有政府背景的市场行为。因此,国有资产运营机构是国有资产法律的执行单位,而不是制定法律的单位;是被监督的机构,而不是监督别人的机构。在国有资产监管机构成立之初,面对复杂的改革任务,三者分开是不现实的。但从进一步改革的角度来讲,三者分开又是必需的。比如:国有资产的管理属公共权力,可考虑放在财政部门;国有资产的监督属公共监督,将来宜放在人大,目前可由政府委托审计部门负责;国有资产的运营是市场主体的市场行为,应交给一个独立的运营机构,如现在的国资委。

记者:与上世纪的国有企业改革相比,目前的国企改革更强调国有资产的结构调整,为什么会出现这种变化?如果不及时调整会出现什么后果?

陈清泰:由于国有经济比重很大,其有进有退关系全国经营性资产一次大的优化重组。党的十五大就提出要"消除所有制结构不合理对生产力的羁绊"。因此,国有资产布局结构关系重大。如果调整得好,就会改变国民经济的结构性低效率状况。

目前,我国土地资源稀缺的压力、矿产资源紧缺的压力、能源价格上升的压力、人民币升值的压力、劳动力价格上升的压力、环境成本内部化的压力等已经十分巨大。这些压力汇集到一起,给我们发出了一个强烈的信号,就是已经到了产业必须升级、增长方式必须转变的时候。生产要素价格上升会带来的一个挑战是：曾经向中国转移的某些产业会向外转移，对此我们必须早做准备。当年吸引外资进来时，它们对环境、基础设施、政府办事效率、市场配置资源能力、劳动力市场等都有很高的要求。为了吸引外资，我们创造了能够达到国际企业要求的优良条件。这些好的条件，既可以为外资所利用，同时也可以被内资企业所利用。我们必须充分利用这种"溢出效应"，大力培植我们自己的企业。当本土企业真正成长起来，与外资企业的配套关系越来越密切时，外资企业向外转移的可能性就相对较小。否则，外资企业再转移没有任何后顾之忧，对于我们来说就是灾难。

记者： 那么您认为新一轮国企改革的目标是什么？政府和企业方面应该怎样做？

陈清泰： 这一轮大规模结构调整，我们应该确立一个重要目标，就是要培育一批混合所有制的、具有自主技术和品牌、中国自己的跨国公司。不仅仅规模是世界级的，更重要的是由技术、品牌、信誉等构成的"软实力"也能达到世界水平，具有集成、重组国际资源的能力。这是中国工业化过程中必须实现的一个目标。为了实现这个重大目标，在结构调整中，资源应该首先向国内企业聚集。通过市场化途径更多地让国内企业，包括国有企业、民营企业以及中央企业、地方企业聚集实力。为了实现这个重大目标，我们有必要调整现阶段的一些政策。

记者： 今年以来，社会舆论对一些行业中的国有企业引进外资的做法争论很大，比如装备制造业，认为这影响到国家的经济安全，但是企业出于自身的发展考虑，有的认为外资进入挤压了自己的市场，有的认为带来了合作伙伴。对此您怎么看？怎样解决这种矛盾？

陈清泰： 在国有资产重组过程中，把资产保值增值指标提到一个不适当的高度，会带来许多后遗症。比如重要行业的排头兵企业，是谁出的钱最多就卖给谁吗？现在一些中国企业已经具有一定的国际竞争力，有的甚至威胁到竞争对手的地位。此时一些外资为了并购中国的行业龙头，可以不惜代价，目的不是双赢，而是"摘桃子"，然后消灭竞争对手，即进行"斩首行动"。从国家经济安全角度来讲，我们必须对此予以重视。如果中国各个行业中未来有可能成为跨国公司的龙头企业，被外资一个一个地灭掉，那么中国的希望在哪里？因此，国有经济战略性布局调整属于公共政策领域，不能用资产保值、增值以偏概全。如果一味强调保值增值，容易成为一些地方偏好外资的借口，也不利于国家经济安全。

记者：促进非公经济发展的"36条"已经颁布一年多时间，但是很多民营企业认为目前的发展甚至比以前更为困难，一方面是外资的竞争，另一方面是来自国企的大规模并购和垄断，那么政府在推动民营经济发展方面还需要做些什么？

陈清泰：我们利用外资的政策很配套，但是促进民营企业发展的政策，却迟迟不能到位。虽然"36条"出来了，但真正要兑现，没有五年八年不行。当前企业呼吁得比较强烈的就是中国企业在本土受到歧视的问题。例如，在市场准入、融资等许多方面，民营企业仍受到歧视。

记者：最近国家有关部门大力提倡企业"走出去"，您认为中国企业"走出去"应该注意哪些问题？

陈清泰：我国接受产业转移的政策比较配套，而"走出去"的政策还很不完善。最近有关方面鼓励企业"走出去"，这当然是好事，但风险也很大。由于种种障碍，目前有些企业在国内重组不充分，"走出去"后搞不好在国际市场上相互竞争，如摩托车行业等"内仗外打"，造成的损失确实让人痛心。国内企业肯定要"走出去"，但应该是在国内经过充分并购重组之后形成的那些优强企业"走出去"，这样风险会相对较小。

设立产业投资基金支持企业改革与发展

(2006 年 7 月 20 日)

2006 年 7 月 7 日,作者和高尚全同志一起,将"中国产业基金 50 人论坛"近日召开的"国企改制重组与产业投资基金专题座谈会"形成的共识,整理形成《设立产业投资基金支持企业改革与发展的意见》。于 2006 年 7 月 20 日,报送全国人大常委会副委员长成思危同志。

日前,"中国产业基金 50 人论坛"组织了"国企改制重组与产业投资基金"专题座谈会,就如何借助产业投资基金助推国有企业改革和发展,进行了研讨。高尚全、洪虎、王涛、陈清泰和国资委邵宁、国务院发展研究中心刘世锦,国家发改委、社保基金、证监会、保监会有关司局领导,以及中海油、中核集团、建设银行、开发银行等企业负责同志参加了座谈。会议对利用产业投资基金促进产业和企业发展的必要性取得高度共识,并提出了很多积极的建议。

现就设立产业投资基金支持企业改革与发展,汇报整理出以下几点意见。

(1)近期培育出一批具有全球竞争力的领先企业,是我们必须完成的历史性任务。工业化是培育具有国际竞争力的大型企业最重要的时期。改革开放后我们为此做出了极大的努力,但总体看不太成功。恰恰在这一时期,由全球科技革命、商业模式创新、分工模式转换和企业跨国并购等构成的全球商业革命,迅速地改变了企业竞争地位。工业化国家的一批企业脱颖而出,通过经营模式创新、技术创新、业务重组增强了核心竞争力,又利用国际化经营、跨国并购放大自己优势,迅速成为全球范围内产业链、价值链的"系统集成者",占据了各个产业的皇冠地位。这就使我国企业在世界上崛起变得更加艰难。英国剑桥大学中国专家彼得·诺兰教授写道:

设立产业投资基金支持企业改革与发展

"后来居上的工业化国家,不论是19世纪的美国还是20世纪后期的韩国,每个国家都产生了一批具有全球竞争力的企业。中国却是唯一一个没有产生这样企业的后来居上者。"

中国改革发展的大好形势,为培育具有全球竞争力的企业创造了极为有利的条件。机不可失,时不再来。除企业改革迟迟难以到位外,缺乏金融资本有力支持是企业自身不能解决的难题。这个问题至今没有得到有效解决。

(2) 国企改革已经进行了20多年。到现在,不仅仅一些有希望的产业和企业,由于沉重的额外负担而处于严重的不公平竞争地位,更重要的是改革不到位的企业始终没能走出旧体制的阴影。在中国经济快速增长的时候,中国企业错过了许多机会。

实际上,到90年代中期,企业制度创新、产业结构调整、解决历史负担、垄断行业改革等方面的思路已经理清,政策改革也不断有所突破。但是,改革十分艰难,直至现在还处于攻关阶段。

10多年来,就股权多元化改制特别是剥离辅业、分流冗余人员、企业重组等,从中央到地方,政府的行政性努力,可以说已经做到极致,但收效并不相称。缺少战略投资者和托管基金、企业重组基金等金融工具的有效支持是重要原因。

(3) 企业重组并购缺乏国内金融支持,就转而更多地利用外资。传统国有企业布局分散、大而全、小而全,结构性低效率。90年代中期转向买方市场后,持续的恶性竞争和两极分化增强了企业重组的市场驱动力;党的十五大阐明了国有经济布局战略性调整的政策原则;接着"十五"计划提出以结构调整为主线。在市场和政策条件具备的情况下,本应出现业务重组、企业并购的形势。但由于体制上的缺陷和金融支持的缺乏,企业重组进程与经济发展形势不相适应。国内企业并购进展缓慢,有些几近成功的并购也由于融资能力脆弱而最终失败。一些企业就转而向外资求助。这恰与外资瞄准中国排头兵企业收购的意图相吻合。

国有资本是国家资源。它的进退原则上应属于公共政策范畴,不能以"保值增值"单一指标来评价。重要的是有利于本土产业结构优化,在重要领域有利于培育中国具有竞争力的企业,包括民营企业。如果各行业排头兵企业一个个被外资收编，那么培育中国具有国际竞争力的企业的希望就将成为泡影。

因此，在国有经济布局战略性调整和企业重组这一发展阶段，特别需要产业投资基金，包括能体现政府意志的企业重组基金的支持。

（4）从发展阶段和国际收支状况来看，国家采取鼓励企业"走出去"的政策是及时和必要的。但目前国内大多数产业布局分散的状况尚未改变，产业集中度很低，单个企业实力不强。在国内产业和企业整合尚不充分的情况下，贸然"走出去"整合全球产业，有较大的风险。一方面，由于自身实力单薄，国内企业重组整合能力不强，难以抗御风险；另一方面，国内企业的恶性竞争有可能转为"内仗外打"（如摩托车行业），进一步削弱中国企业的竞争力。类似这样的"走出去"也很难得到金融支持。应冲破体制、政策障碍，调整相关政策，鼓励和推动国内企业的重组、并购。在国内资源整合达到一定水平，产业集中度和企业经济技术实力有较大提高后，在金融资本支持下有条件地开展国际并购，成功的可能性将提高。

（5）企业改革和发展的不同阶段需要不同金融工具的支持。缺乏资金支持是制约国企改革由来已久的一大难题。我们曾企图以银行贷款一种形式解决企业改革、发展过程中的所有问题，甚至出现"吃饺子贷款"这样的极端现象。后来又企图通过上市解决国有企业缺乏资金的困难。实践证明，企图用简单的几种金融工具解决企业发展不同阶段的所有问题是不可能的。例如，创业、创新型企业需要风险投资支持；成熟企业可以得到银行贷款；业绩良好的企业可以主板上市；中小企业，包括创新型中小企业可以进入二板市场；对企业不良资产可以委托资产管理公司专业化处理；企业并购可以有企业重组基金、国企改制基金支持；企业做强做大、开拓新产业应当有产业投资基金的参与；分离辅业、分流冗余人员可以委托托管公司专业化进行；等等。国内融资形式单一、渠道不畅，已经成为中国产业和企业做大做强的障碍。

（6）发展产业投资基金，支持国有企业改制重组。四大国有商业银行设立"资产管理公司"市场化处理不良债务，积累了经验；国资委设立"托管公司"专业化处理改制企业辅业和冗员问题的试点，有重要意义。现在，企业改革和发展都处于非常重要的时期，需要有力的金融资本支持。

现在中国不是没有钱，而是缺乏安全、有效的资金通道。

产业投资基金是聚合资本，连接产业和企业，独立市场化运作的非银行金融机构。它不仅可以为企业提供股本支持，还可以通过专业化参与，提高非上市股权的参与水平；作为财务投资者进入，可以扮演积极股东角色；以对国内外产业的前瞻性深度研究为基础，可以识别产业前景和创新价值，并有能力提供包括融资在内的一条龙服务。

设立产业投资基金的条件已经基本成熟。一些有社保基金、保险基金和国有企业参与的产业投资基金，既独立市场化运作，又可以体现国家意志。无论是在培育前瞻性产业，还是在改善企业内部机制、优化企业结构、增强企业发展能力等方面都能发挥积极作用，也可以避免过度依赖外资带来的负面后果。

为此国家应着手制定产业投资基金有关法规。在法规出台前可以在有关部门指导下进行产业投资基金试点，积累经验。

企业并购和重组[*]

——剑桥学习心得之二

（2006年12月28日）

一 规模经济是大型公司竞争力的一个核心要素

"规模"在现代企业的生产、研发、营销和财务等方面都发挥着至关重要的作用。而实现规模经济的一个重要途径就是业务重组和企业并购。

业务重组的目的是将企业的有效资源集中于核心业务，以保持和获得在全国或全球市场上的领先地位。近20年来国际企业业务重组和并购的趋势，是卖掉多元化业务，购进核心业务。

有明确战略目标并操作得当的重组并购，可以提高公司的市场地位，使公司获得尚不具有的技术、人才、品牌等优势，并使公司在采购、研发、营销、供应链等方面长期节约成本。但是并购方在接收目标企业有效资源的同时，如何处理它遗留下来的无效低效资产和冗员，是一个重要问题。因此，并购扩张是关系企业成败的重大决策，存在较大的风险。防范风险重要的是理智地评估自己的财务能力、掌握的信息、文化融合能力以及并购后的整合能力。必须防止"成长致死"。韩国的大宇，中国的德龙、格林柯尔和华源等都是在并购中"成长致死"的案例。

由于体制性障碍，中国的企业重组进程远远落后于经济发展阶段和全球化进程，分散式的产业组织结构不能聚集有效资源，是低水平恶性竞争的重要根源。国有经济的进退和企业重组是企业发展壮大的历史性机会，这一机会应首先留给中国企业。值得警惕的是，重组的机会正在被外资利

---

[*] 本文是2006年12月28日，作者基于"剑桥班"学习心得结合国情撰写的一篇文章。

用。一些外资正虎视眈眈地瞄准各个行业的排头兵企业，而其中有的恰恰是中国培育具有国际竞争力企业的生长点。如果中国各个产业的排头兵企业一个个被外资收购，那么中国具有国际竞争力的企业从哪里产生？另外，经济全球化创造了国际并购的机会，但在国内重组尚不充分的情况下，实力并不强大的内地企业贸然大举参与国际并购，风险是很大的。TCL的经验值得借鉴。

我国正处于工业化和产业结构升级的重要时期。产业和企业结构升级已经成为十分紧迫的任务。目前，所有制结构不合理、产业和企业的结构性低效率、工业部门整合步伐迟缓、低效企业退出市场缓慢等，仍是影响我国提高经济增长质量的主要因素。在多种所有制经济共同发展的基本经济制度确定后，必须重新确定国有经济的战略地位和作用，并对国有经济主动地进行有进有退的调整和通过市场有序地推进企业重组。这是优化产业和企业结构、发挥国有经济主导作用、提高社会经济效率的必然选择。

到现在，产业和企业结构调整取得了可喜的进展，但任务远未完成。培育具有国际竞争力的产业和企业，必须解决结构性低效率问题。

国有经济涉及全国一半以上的经营性资产，它的战略性调整是意义十分深远的调整。这一轮调整应使我们获得结构优化带来的经济增长动力；进一步巩固和增强国有经济在国民经济中的主导作用；将使市场机制更加完善、使多种所有制经济共同发展进入一个新阶段；是中国产业结构升级、企业做强做大的历史机遇。

在国有经济有进有退的调整中注意"保值增值"是十分必要的，但国有经济是国家特殊的经济资源，它的去留必须服从于国家战略，绝不是"卖给好价钱"所能涵盖的。

（1）国有资本要向国家必须控制的行业和领域集中。就是"涉及国家安全的行业，自然垄断的行业，提供重要公共产品和服务的行业，以及支柱产业和高新技术产业中的重要骨干企业"。

（2）促进提高产业集中度，促进企业做强做大。

（3）打破国有经济垄断，为民营经济发展留出空间。

（4）调整与改制结合，即便是国有经济必须进入的领域，除极个别领域外，也"要大力发展股份制"，实现股权多元化。

二　国有资产转让中出现了资产流失

在国有企业改制和重组中确实出现了产权转让不透明、管理层收购不规范，甚至官商勾结贪污、转移、侵吞国有资产的现象。这就使政府处于两难地位：国有产权不流动，就会"坐失"；勉强流动，就难免流失。迫使政府出现了某些政策摇摆。如对国有企业改制重组、管理层收购国有资产、国有资产向民营企业转让等，政府一时鼓励，一时叫停。在舆论压力下，国有产权在流动中的"保值增值"被提到了不适当的高度，成了唯一的政策原则。

与此同时，责怪经营者、攻击民营企业侵吞国有资产的声音高起。实际上，并没有抓住国家所有权实质性缺位这个本质问题。

国有资本的进退是政府为实现国家所有者意志而采取的行动，必须在国家所有者决策和监督下进行。困扰政府的国有资产在流动中流失的根本原因是国家所有权的实质性缺位。一般而言，只要交易符合规则和程序，谁是买主并不重要，要害是谁是有资格的卖主。在有产权强约束的有资格的卖主不到位的情况下，"自买自卖"是十分可怕的。

三　企业并购重组遇到的障碍

（1）本地企业被外资并购缴税地不变；被国内外地企业并购后，则由并购方在其注册地统一缴税，造成税收损失。

（2）本地企业被外地企业并购后，造成统计指标损失。

（3）向外资企业转让是地方政府招商引资的政绩，卖给民企会招来"国有资产的流失"的责难。

（4）向外资转让，企业可以享受中外合资的税收优惠。

（5）向外商转让，高管人员可以获得较高薪酬，甚至有经营者持股的可能。

（6）企业并购缺乏如产业投资基金、企业债等金融支持。

四　关于外资并购中国行业排头兵企业

近年出现了外资踊跃并购中国大型企业特别是有巨大发展潜力的优质大型企业，而且我国大型企业也对外资收购表现出异乎寻常的热情，甚至争相外卖。而地方则宁愿卖给外资也不愿卖给本国收购者。

案例

摩根士丹利收购南孚电池控股权，2003年转手将之卖给后者的宿敌美国吉列公司，南孚电池被迫从迅速增长的海外市场退出，一半生产线闲置（第一财经2007年7月11日）。

佳木斯联合收割机厂是全国唯一生产大型联合收割机的企业，产品占国内市场的95%。1997年与美国约翰迪尔合资，2004年改为外商独资公司，我国失去了在大型农业机械领域自主发展的一个重要平台（第一财经2007年7月11日）。

世界上最大的水泥生产商法国拉法基集团收购四川双马66.5%的国有股。

世界钢铁大王米塔尔以3.38亿美元收购华菱管线36.67%的股份，成为外资收购A股企业最大案。华菱钢铁规模为全国钢铁第8位。2006年投产世界水平的冷轧薄板，总投资106亿元（《中国经济时报》2006年8月25日）。

美国高盛集团收购中国食品行业排头兵双汇集团全部国有股，双汇集团2005年每股收益为0.72元，"双汇"商标评估价达106.36亿元（第一财经2007年7月）。

美国凯雷投资集团拟以20亿元，收购工程机械排头兵徐工集团85%的国有股，徐工集团2005年销售收入为130亿元（第一财经2007年7月11日）；近期传出将可能成交。

2001年12月经协议，德国FAG轴承公司以先进技术和投资，占股51%，进入有铁路轴承生产资质的西北轴承股份有限公司。2002年5月正式运营。FAG轴承公司运来价值100万欧元的两箱图纸，但一直没打开，可是管理成本迅速上升，至2003年12月两年亏损2600万元。西北轴承董事长李树明说，这时西北轴承提出三个解决方案。一是换成中方经理，保障扭亏为盈，但德方不同意。二是回购股份，结束合资。但自治区政府不同意，因为这是宁夏首个引资项目。三是中方卖掉股权，让德方独资，这也是最后的方案。在短短三年中FAG轴承公司就完成了从合资控股、连续亏损到完成收购的三部曲。不仅获得"NXZ"铁路轴承品牌，进入中国铁路轴承行业，而且控制了这一市场25%的份额。

大连电机、大连二电机，都是先合资，然后亏损，接着被外方收购。

外资参与中国企业的并购确有它的优势。例如，它有较强的经济、技术实力，有全球市场优势，有较强的整合能力等。它的进入有利于我国产业和企业走出国门、参与全球分工，有可能使我国产业和企业实现一次历史性跨越。但国家鼓励外资参与我国产业和企业重组，应有明确的"为我所用"政策指向。如吸引外资进入的政策不能超国民待遇；外资的进入不仅仅带来资本，更重要的是带来新的技术、新的管理、新的市场；在一些涉及国家和产业安全的领域要保持自主可控；等等。

关于大型国有企业整体改制[*]

(2007年1月5日)

国有企业改制的基本途径,就是通过股票上市实现股权多元化。中央提出建立现代企业制度已经10多年,但这一原则在国资委直接监管的国有企业,特别是大型和特大型国有企业中基本没有体现。实际上,通过"授权经营",我们把建立现代企业制度的希望更多地寄托于这些保留了大量旧体制因素的国有企业控股的下一层公司,包括上市公司。这种"剥离上市"的改制模式影响了改制效果。

一是容易出现"体制复归"。目前的企业改制形式,使国资部门直接面对的绝大多数企业并未进行股份制改制。这就形成了由脱胎于政府机构的国资部门,面对未经认真改造的国有独资企业的局面。国资部门与这些企业很难建立责权明晰、约束有力的产权关系,却很容易由"管人、管事、管资产"变成"管"企业,使国资部门与这一级企业保持或恢复根深蒂固的行政隶属关系,甚至导致国资委由一个"出资人机构"被拖回到"行政管理机构",最终是体制复归。国资委工作方式的"行政化"倾向,在企业中已经有所反映。

二是国资部门定位模糊,降低了国有产权委托代理效率。按照目前多数国有企业的改制形式,国资部门面对的、管理的不是"国有资产",而是"国有企业"。国资部门并不直接行使资产权利,而是将国有产权"授予"国有企业。这不仅因增加了国有产权委托代理链条,而降低了委托代理效率;而且由于委托的对象恰恰是产权约束历来松弛的国有企业,使企业内国家所有权缺位的问题基本没有改变。这种改制模式使国资部门的资

---

[*] 本文是作者在思考"推进企业整体上市更有利于建立有效公司治理,促进企业机制转换"等问题时,于2007年1月5日写的一篇文章。

产权利仍被虚置，监管对象仍是企业，管人、管事、管资产最后依然是管企业。

三是"旧体制控制新体制"，难以建立有效公司治理。这种改制模式，上一层的问题是，出资人机构对国有企业的产权软约束；下一层的问题则是传统国有企业控股上市公司，犹如"旧体制控制新体制"。建立有效公司治理的动力来自股东。但从披露的大量公司丑闻中，我们可以明显地看出，严重的问题都出自公司治理被扭曲，而根源大多来自股东，特别是控股股东行为不端正。可以设想，如果股东是不承担产权责任的假股东，并没有为维护股东权益而积极参与公司治理的热情，那么内部人则更希望保持自己的控制权，追求自己的利益；如果控股股东由于公司治理被扭曲而可以得到特殊的好处，那么控股股东就会有意扭曲公司治理；如果控股股东的内部人与上市公司经营者结盟或私下交易，那么中小股东的权益也就全无保证。

国有企业股票上市必须实现两个目标，即募集资金和转变机制，建立有效公司治理。"剥离上市"的改制方式，使企业有上市筹资的强烈冲动，却较少有转变机制的动力。一些企业把"剥离上市"当作解困的途径，没有经过彻底改造，却背着沉重的体制包袱和社会负担，摇身一变成为上市公司的"控股股东"。它一方面承担着原企业冗余人员、不良资产和不良债务的处置责任，另一方面控制着有融资能力的上市公司。而解决存续问题的资源几乎全在上市公司。这样的控股股东，很难成为正常的股东，很难成为推动建立有效公司治理的积极力量。搞不好上市公司就会成为控股股东"圈钱"的"提款机"。如果有政府背景的国有控股股东行为不端正，几乎没有什么力量能够控制它。

对大型国有企业进行整体改制，国资委直接持股，这是增强国有产权委托代理有效性、建立现代企业制度的重要途径。但是，这里有很大的难度。近年国有商业银行整体改制的经验很值得借鉴。可考虑吸取国有银行通过资产管理公司专业处理存续问题的经验，探索将剥离的不良资产、冗员、办社会职能等，在国资委监督下，委托专业公司或托管公司处理，使企业主体部分轻装上阵，实现整体改制。

值得注意的是，为使公司能成功改制上市而又不更多地触动内部人的利益，也为了减少政府的麻烦，大多将原企业变为"控股公司"（亦称"存续公司"或"集团公司"），作为上市部分的国有控股机构。这种"剥离上市"方式使国资委直接面对的一级企业几乎都是全资国有。股份制，特别是多元股东持股的股份制并没有成为重要国有企业的组织形式。

  在这种改制形式下，存续公司这个国有母体可支配的资源往往就是上市公司。一般的做法是，在包装上市时，把包袱留在控股公司，上市成功后再将之转嫁给上市公司。因此，多数国有母体与上市公司两个部分形分实合，无论是在管理者兼职、业务关联、公共设施交叉，还是在资产、财务、资金等方面都保持着许许多多不明不白的关系。特别是国有母体与上市公司领导人大幅度交叉任职，使控股股东和上市公司都失去了独立性。高管人员成了"双面人"，追求的目标变得模糊不清。当他们坐在上市公司董事长和经理的位置时，就要做出最大努力，争取上市公司创造良好业绩，实现公司和股东权益最大化；当他们站在国有母体的立场考虑问题时，又企图通过兼职的方便施用控股权和进行关联交易，向上市公司转嫁负担，使存续部分的经济状况得以改善。在现实情况下，由于来自内部人的压力更加具体和现实，控股公司往往不惜牺牲上市公司而保全存续公司的利益。更有甚者，一些高管人员利用身跨两边的便利，牟取私利。因此，这样的存续公司——控股股东很难成为以上市公司效益最大化为目标的称职股东，很难成为推动建立有效公司治理的积极力量。

  从目前情况来看，仅由证监会出面要求控股公司与上市公司"三分开"还不足以解决问题。推进企业整体上市更有利于建立有效公司治理，促进企业机制转换。

企业改革和发展的几个政策性问题[*]

（2007 年 1 月 16 日）

一　中国工业化必须完成两大历史使命

中国处于工业化最重要的时期，培育具有强大的技术能力和国际竞争力的领先企业，从而构建国家竞争力，是这一时期必须完成的两大历史性使命。甚至可以说，"机不可失，时不再来"。改革开放后我们为此付出了极大的努力，但离目标还很远。恰恰在这一时期，科技革命和全球商业革命风起云涌，迅速地改变了全球产业分工，也改变了企业竞争地位。工业化国家的一批企业脱颖而出，它们收缩业务范围，把实力集中于主业；通过经营模式创新、技术创新、品牌战略，不仅壮大了硬实力，而且增强了软实力；又利用国际化经营、跨国并购，大规模整合全球资源，放大了自己的优势，迅速成为全球范围内产业链、价值链中的"系统集成者"，占据了各个产业的皇冠地位。

在新的分工模式下，由跨国公司主导，资源密集型、劳动密集型和环境成本高的加工环节向发展中国家大规模转移；高技术含量、高附加值的设计、研发、技术集成和关键零部件制造则向发达国家大规模集中。表面上看，发达国家制造业产值份额下降、发展中国家制造业产值份额上升，但实质上市场和生产能力迅速向跨国公司集中，跨国公司不仅产业竞争力、盈利能力空前提高，而且通过技术、品牌、投资、关键装备、关键零部件等，越来越强地领导和控制着发展中国家的产业和企业。

这些跨国公司几乎都出自只占世界人口 15% 的高收入国家。例如，

---

[*] 本文是作者于 2007 年 1 月 16 日，在中国国际金融股份有限公司报告会上的讲话。

"财富500强"中总部设在高收入国家的公司占90%以上；以研发投入排序，全球研发700强中来自发达国家的公司几乎占100%；在世界"100强品牌"中没有一家公司来自低收入国家。

到目前为止，我们引进外商投资累计达6000亿美元，中国企业累计对外投资只有500亿美元。这表明，"引进来"还是中国参与全球化的主要形式。这种形式从微观层面来看，是跨国公司以它的全球战略为目标，以资本、技术、品牌、市场以及关键零部件等方面的实力，整合中国的产业、企业和资源。在这种模式下，跨国公司处于主导地位，分享了更多的利益。目前，除垄断行业外，国内高技术含量的行业大多处于外资实际控制之下。

英国《金融时报》首席经济评论家马丁·沃尔夫在接受FT中文网采访时说：中国非常依赖国外的专业技术知识和技能；中国出口的成功，是建立在对国外专业知识高度依赖的基础之上；中国与日本甚至韩国不同，在经济快速发展的同时，在技术创新上没取得多大进展，在创立世界级企业方面也没有多大建树。英国剑桥大学中国专家彼得·诺兰教授写道："后来居上的工业化国家，不论是19世纪的美国还是20世纪后期的韩国，每个国家都产生了一批具有全球竞争力的企业。中国却是唯一一个没有产生这样企业的后来居上者。"日本媒体说："中国整体经济繁荣昌盛，但中国企业的竞争力在下降。"这些评论很值得我们深思。

全球工商体系的制高点几乎全部被来自高收入国家的公司所占领，这就意味着发展中国家的公司包括中国的企业所面临的挑战比表面看到的更为严峻。在全球各行业龙头企业在并购中不断减少的时候，中国能不能和怎样才能脱颖而出，产生具有全球意义的"系统集成者""次级系统集成者"和关键技术及零部件提供者？做到这一点对中国企业和产业的发展是极其严峻的挑战，是中国实质性地增强国际经济竞争力必须闯过的一关。如果在这个挑战十分严峻的世界，中国不能脱颖而出，培育强大的自主创新能力，成长出一批具有国际竞争力的大型企业，那么中华民族复兴的希望将变得渺茫。

中国企业的弱势不仅仅在资本实力和产业规模上，更重要的是缺乏核心竞争力。

在经济全球化背景下，大型企业的成长模式已经变化。企业所需资本并非都得自己积累，重要的是要有良好的信用和公司治理；企业所需的技术并非都得自己研发，重要的是要有核心技术和技术集成能力；企业所需的生产能力并非都得自己建设，重要的是要有拥有自主知识产权的产品和全球认同的品牌。种种迹象表明，软实力已经成为公司竞争力的核心。一些公司正是利用以企业领袖的魅力、企业战略、企业信誉、核心技术、公司治理、品牌影响力以及公司价值观和企业文化为标志的软实力，集成和整合全球资源，成为跨国公司，并登上了所在产业的领导地位。

多年来中国企业就有重硬件轻软件、重生产能力扩张轻技术创新和品牌投入的弊病。面对经济全球化的大好发展形势，中国企业必须十分警惕、不要误入"陷阱"。现在，没有技术可以购买、缺乏资金可以引进、没有生产能力可以接受国际产业转移。如果运用得好，这些极为有利的条件可以成为超越式发展的阶梯。但是，如果在理解上出现偏差或在政策上把握不当，有利条件本身就可能成为陷阱。例如，有了"引进"这样一个便捷的技术来源，一些企业却产生了"技术自卑"心理、深陷"技术依赖"的泥潭，放弃了自主创新的努力，放弃了技术人才和技术能力的积累和培育。引进外资迅速创造了地区繁荣，使一些地方产生了长期依赖外资支撑区域经济发展的幻想，从而忽视了本地企业发展的极端重要性。一些地方吸引国际产业转移取得了很大的成功，但外来资本与本地企业之间没有融和，本地企业没能参与到产业分工之中，在多家外资组成的"封闭型"生产网络中，本地企业实际上被边缘化。这一切表明，经济全球化并不必然能增强本国产业和企业的竞争力。

韩国和中国台湾地区很成功的一点是，在引进技术的过程中培育出了自主创新的能力；在利用外资的过程中培育出了以本地资本为主体、具有国际竞争力的公司；在接受国际产业转移的过程中锻炼出了高素质的职工队伍；在参与全球竞争的过程中造就了世界水平的企业家，并由他们打造了具有世界影响力的企业。如韩国的李秉喆和他的三星、郑周永和他的现代、朴泰俊和他的浦项；如中国台湾地区的王永庆和他的台塑、张忠谋和他的台积电、高清愿和他的统一集团等。这是很值得我们思考的。

在全球企业和国家（及地区）都处于激烈竞争状态的今天，作为一个大国，我们不能长期依赖跨国公司作为技术来源；不能期望主要依赖外资实现工业化。培育具有国际竞争力的龙头企业，培育具有全球意义的产业链、价值链中的"系统集成者"，是提高国家竞争力的实质性步骤。面对那些巨型跨国公司，中国企业要进入世界强者之林，竞争形势是十分严峻的。如果政府不能创造有利于本地企业发展的政策环境，如果企业不能潜心培植核心竞争力，我们就会错过中国产业和企业迎头赶上的难得历史机遇。

工业化时期是培育具有全球意义的领先企业最有利的时期。现在，我们有好的经济政治形势，有改革和发展所创造的较雄厚实力，有较多可动用的资源，我们有较大的回旋余地。重要的是，要把培育具有国际竞争力的产业和企业作为一项国家战略并通过有力政策推动。

二 进一步深化国有企业改革的两个问题

总的判断是，国有企业改革取得了可喜的进展，但国有经济布局调整的任务还很繁重；国有大中型企业与规范的现代企业制度要求还相差很远；国有资产管理体制改革还没有到位。目前国有企业改革仍是中国最重要、最困难的改革之一，正处于攻坚阶段。

经过党的十四届三中全会后 10 多年的改革，国有企业改革理论政策层面的大多数问题已经基本解决，深化国有企业改革的思路越来越清晰。面对实践，某些在中央理论政策层面已经解决的问题，又出现了。

概括地讲，继续深化国企改革主要有两大主题：**结构调整和制度创新**。涉及的主要问题是：

（1）继续推进国有经济布局的战略性调整和国有企业战略性重组；

（2）继续推进规范的公司制改制，建立有效公司治理；

（3）继续深化国有资产管理体制改革；

（4）继续妥善解决历史欠账问题，加速主辅分离，完善国有企业市场退出机制；

（5）继续推进垄断行业改革。

（一）关于进一步完善国有资产管理体制

党的十六大后，很快设立国资委，并出台了监管条例，初步形成了国有资产管理体制框架,迈出了关键的一步。经近四年的工作,国资委应逐步走出设立之初的过渡期,视情况及时从"监管机构"向"履行出资人职责"的机构归位。

1. 进一步界定出资人机构的定位

国资委与证监会、银监会等都是"监督管理委员会",但职能定位完全不同。国资委是代表国家"履行出资人职责"的机构,不是"监管出资人"的机构。把党的十五大提出的国有资产"管理、监督、运营"统统放在一个机构,封闭运行,有悖于权力制衡原则。既不利于政企分开,还会造成"政资不分"的弊端。

2. 把握出资人机构的定位和职责界限

第一,出资人机构受托"履行出资人职责",集中统一行使出资人权利,是国有资本的运营机构,不是国家行政机关。它一方面受政府委托,体现政府意志;另一方面又进入市场运营国有资本。正是基于它"两栖"的特殊性,所以定位为国务院的"特设机构"。

第二,涉及国有资产管理的法规、政策制定等属于公共职能和权力,应当是政府部门的职能。出资人机构是有关法规约束的对象。

第三,对国有资本运营的监督是政府(人大)的职责,出资人机构承担国有资本运营的责任,是被审计监督的对象。

按现行体制,国有资产"管理"职能似应划给财政部,"监督"职能似应划给审计署。

3. 概括国有出资人机构自身的职责

(1) 通过编制和执行国有资本经营预算,通过国有资本的进退不断优化国有资本布局,保证国有经济在某些重要行业、关键领域的控制力;同时提高国有资本回报率。

(2) 推动所投资的企业进行公司制改制(银行已后来居上)。出资人机构应成为"积极股东",通过提名董事和参与股东大会认真参与公司治理,体现政府意志,促使投资的企业形成内部化的财务预算硬约束机制。

(3) 以资产收益和现金收入处理不良债务、解决冗员、补充职工的社保基金。

(4) 建立资产负债总表、现金流量表和损益表,监控和改善资产负债结构，提高资产质量，保持受托国有资本的安全。

（5）接受同级财政和审计部门的监督，向本级政府报告监管工作、监管资产状况和其他重大事项，条件成熟时应向公众披露。

4. 运营国有资本应承担两个方面责任

国有企业可分作两类、有两种运作模式。一类是关系经济命脉、国家安全等的重要企业。这是政府进行公共管理、实现公共目标的重要资源。政府投资企业的目的不仅仅是资产的增值，更重要的是更好地承担公共责任。对这关键的少数，出资人机构应直接持股、控股或独资经营，保持对这类企业的控制力。

另一类是竞争性企业。出资人机构并不偏爱特定的企业，而是以投资回报最大化为目标，运营国有资本，进行有进有退的布局调整，并适时向国家必须控制的行业和领域转移，优化国有资本布局。

与此相对应，出资人机构运营国有资本应承担两个方面责任：一是在支撑国民经济增长、保障国家安全方面实现政策目标；二是提高国有资本运作效率，提高投资回报率。

5. 规范出资人机构的行为，完善公司治理结构

出资人机构如何行使所有权是关键的技术环节。要害是必须从制度和机制上严格区分以股东方式"履行出资人职责"和依照行政隶属关系直接指挥企业经营的本质性差异。

国家所有权必须由出资人机构集中统一行使。但"管资产与管人、管事相结合"中的"管"，绝不是传统意义上政府进行行政干预或行政审批式的管。出资人机构要"管"的内容是履行出资人职责该"管"的内容，"管"的方式是出资人履行股东权利的方式。

所有权到位，就是出资人机构为行使所有权该管的人和事要管到位。例如，按《中华人民共和国公司法》和公司章程的规定，股东大会该管的人和事，要理直气壮地管，管好、管到位，成为"真老板"，强化来自所有者的激励和约束。

所有权不越位，就是出资人机构只当"老板"，不当"婆婆"。只行使股东权利，绝不直接干预企业的经营。

在公司治理中既要防止所有权侵犯经营权、管理权，也要防止经营权、

管理权架空所有权，排斥监督权。《中华人民共和国公司法》把公司权利划分为所有权、控制权和管理权。这三项权利分别由股东会、董事会和经理层行使，而且有十分明确的条文加以界定。在国有出资人机构与公司关系尚难厘清的时候，以《中华人民共和国公司法》来界定是一个可行的办法。

（二）关于大型国有企业整体改制

国有企业改制的基本途径，就是通过股票上市实现股权多元化。中央提出建立现代企业制度已经10多年，但这一原则在国资委直接持股的国有企业，特别是大型和特大型国有企业中基本没有体现。实际上，通过"授权经营"，国家把建立现代企业制度的希望更多地寄托于保留了大量旧体制因素的国有企业控股的下一层公司，包括上市公司。这种"剥离上市"的改制模式存在结构性弊端。

一是很容易"体制复归"。这种改制形式，使国资部门直接面对的企业大多并未进行股份制改制。脱胎于政府机构的国资部门，面对未经认真改造的国有独资企业。国资部门与这些企业很难建立责权明晰、约束有力的产权关系，却很容易由"管人、管事、管资产"，变成"管"企业，从而与这一级企业保持或恢复根深蒂固的"行政隶属关系"，甚至导致国资委由一个"出资人机构"被拖回到"行政管理机构"，最终是体制复归。国资委工作方式的"行政化"倾向，在企业中已经有所反映。

二是国资部门定位模糊，降低了国有产权委托代理效率。按照目前的改制形式，国资部门通过"授权经营"将本可行使的出资人权利让渡给了国有企业。这不仅因延长了国有产权委托代理链条，而降低了代理效率；而且由于委托的对象恰恰是旧体制烙印很深、产权约束历来松弛的国有企业，使企业内国家所有权缺位的问题基本没有改变。这种改制模式使国资部门的资产权利实际上仍被虚置，为内部人控制留出了空间。

三是滥用筹资功能。一些企业把"剥离上市"当作解困的途径，有上市筹资的强烈冲动，却较少有转变机制的动力。存续公司没有经过彻底改造，却背着沉重的体制包袱和社会负担，摇身一变成为上市公司的"控股股东"。它一方面承担着原企业冗余人员、不良资产和不良债务的处置责任，另一方面控制着有融资能力的上市公司。而解决存续问题的资源几乎全在上市公司。这样的控股股东，总有一种通过滥用控股权从上市公司获得非分好处的倾向。搞不好上市公司就会成为控股股东"圈钱"的"提款机"。如果有政府背景的国有控股股东行为不端正，几乎没有什么力量能够控制它。

四是"旧体制控制新体制"，难以建立有效公司治理。在当前的改制模式下，上一层的问题是，出资人机构对"国有控股股东"的产权软约束；下一层的问题则是传统国有企业控股上市公司，犹如"旧体制控制新体制"。建立有效公司治理的要义是维护股东权益。但从披露的大量公司丑闻中可以看出，扭曲公司治理的力量恰恰来自股东，特别是国有控股股东。可以设想，如果股东是不承担产权责任的假股东，并没有为维护股东权益而积极参与公司治理的热情，那么内部人则更希望保持自己的控制权，追求自己的利益；如果控股股东由于公司治理被扭曲而可以得到特殊的好处，那么控股股东就会有意扭曲公司治理；如果控股股东的内部人与上市公司经营者结盟或私下交易，那么中小股东的权益也就全无保证。

对大型国有企业进行整体改制，国资委直接持股，这是增强国有产权委托代理有效性、建立现代企业制度的重要途径。但是，这里有很大的难度。近年国有商业银行整体改制的经验很值得借鉴。可考虑吸取国有银行通过资产管理公司专业处理存续问题的经验，探索将剥离的不良资产、冗员、办社会职能等，在国资委监督下，委托专业公司或托管公司处理，使企业主体部分轻装上阵，实现整体改制。

三 转变经济增长方式需要经济驱动力

进入新世纪，中国发展进入了新阶段。在盘点第十个五年计划辉煌成绩的时候，我们发现，在增长速度、投资规模、进出口总额等"量"的扩张方面，都以较大的比例超额达成目标；而在结构优化、技术进步、资源节约、环境保护直至体制改革等改善经济质量方面，很多的目标落了空。

工业化、城市化时期是对资源需求最旺盛的时期，但绝不能因"重化工业阶段"而忽视能源利用的低效率。由于政策不到位和技术低级化的问题未能很好解决，经济增长对资源投入的依赖性仍较强。增强创新意识，向创新驱动的经济增长转型，是实现可持续发展必须解决的问题。

粗放型发展模式进入门槛比较低，依靠要素低成本可以很快形成竞争优势，有利于短期经济增长。在经济起步阶段，这往往是一个必经的过程。但在经济得到一定程度发展、经济总量扩大之后，土地、矿产资源、能源以及劳动力等生产要素实行的低价、低税政策没有及时调整；环境监管仍不到位。这就使企业仍可以依赖生产要素低价格维持高消耗、高污染、低效率增长方式。

按照一般规律，资源稀缺，价格上升，企业要么提高资源利用效率，要么寻找替代资源，要么放弃资源消耗量大的产业或生产方式，使过量的资源需求得到抑制。同样，有效的环境监管会迫使企业将环境成本内部化，这就会逼迫企业要么创新工艺减少污染，要么改进技术降低污染治理成本，要么退出高污染行业，从而使污染物排放得到有效控制。这样，"资源依赖型"的发展模式就会逐渐转变为"创新驱动型"的发展模式。伴随这一过程，就是技术进步和产业升级。因此，转变经济增长方式是在资源约束增强和环境监管力度加大条件下，市场作用与市场主体选择的结果；而外部的压力会调动技术创新的内在动力。

目前，我国资源环境的压力和要素价格上升的压力日益明显。例如，发达地区土地资源稀缺的压力、能源价格上涨的压力、人民币升值的压力、水和矿产资源税费价上调的压力、劳动力成本上升的压力，以及国际收支失衡、环境成本内部化等的压力都在迅速加大，能量在不断聚集。

这些压力汇集在一起，发出了一个强烈的信号：依赖要素低成本，靠拼资源、拼劳动力，无视环境的企业增长模式已经无以为继，"逼迫"企业走自主创新道路的客观条件已经形成。但是，现在政府还掌握着重要经济资源配置权、控制着重要生产要素的价格，环境监管也不到位。这就使稀缺生产要素涨价和资源环境的压力大多被隔离在了政府层面，没有充分转变为价格信号和更加严格的环境执法，成为转变经济增长方式的经济驱动力。

国家人为地压低要素价格的初衷是保护企业和保持经济较快增长，但产生的效果是向社会传递了失真的经济信息。当各地政府和企业依据扭曲的经济信号各自决策时，就不断地重复出现土地管理失控、投资过热、环境恶化、低成本恶性竞争等突出问题。在企业可以轻易获得廉价生产要素和大量订单、利润还在不断增长的情况下，无论是地方还是企业，谁都不会平白无故地"转变经济增长方式"，谁都不愿冒险技术创新。

扭曲的价格信号产生了"逆导向"作用。高消耗、低效率、重污染的生产能力大行其道，节能环保的先进生产能力反受打压。结果是，进一步巩固了落后的经济结构，推迟了技术进步和产业结构升级的进程，使低成本恶性竞争长期继续。

实际上现在存在一种悖论：一方面，通过中央决定、政府文件等，技术进步、节能优先、建设节约型社会、实现科学发展的"行政信号"已经十分强烈，舆论呼声也高潮迭起；另一方面，由于人为的扭曲，资源环境的压力没有充分转变为价格信号和更加严格的环境执法，大多数地方和企业仍我行我素。一方面国家一次次设定明确的转变经济增长方式的目标；另一方面又不断通过行政干预维护一个"低成本竞争"的发展环境，抑制了市场促进企业技术创新的作用。

政策导向与政策目标背离，这就使经济增长中的很多突出问题长期难以解决。例如，如果矿产资源有偿使用和税费水平不到位，就很难改变粗放型、掠夺式开采；成品油价格倒挂、炼油企业亏损，结果是鼓励燃油消费、抑制生产，也不能激发企业开发节能产品和节能技术的积极性，而且在外贸依存度高达70%的情况下，实际我们还在给中国产品的全球消费者提供补贴；汇率调整不到位，出口产品低级化的状况很难改变；在制造业打工者10年来工资基本没有变化的情况下，企业怎能有通过技术进步提高效率的热情。再如，只要污染物排放可以被原谅，或上缴的罚款比治理成本低，那么，哪个企业会认真治理污染。

面对能源环境的严峻形势，分解节能指标、严格政绩考核是实现"十一五"节能目标的一种重要措施。但面对不同企业、不同产业、不同地区的极其复杂状况，以政府人员的判断层层下达指标，很难做到科学合理。过度使用行政性工具，不仅有技术难度和会增加管理成本，而且会带来社会不公，还可能制造假象和伤害经济发展。重要的是，使政府的政策，包括技术标准、法规、经济激励等措施，通过市场起作用，着重建立全社会的节能环保机制，实现"四两拨千斤"的效果。

转变经济增长方式有极大的难度，没有强大的经济驱动力，谁也不会为之所动；"资源依赖型"发展环境实质上不支持企业创新；包括国家所有者严格的考核，最多也只能让企业"奉命创新"。实际上优越的环境会助长惰性；危机的形势才会调动人们的潜能。1973年世界石油危机，对于能源对外依存度超过90%的日本，是巨大的打击。但日本企业潜心开发节能技术，不仅生产过程节能降耗取得了大的突破，而且以汽车为代表的节能产品一举成为世界抢手货，反而乘石油危机之势而起。80年代前期，短短的几年日元升值超过40%，对于外贸依存度很高的日本企业是巨大的挑战。结果，一批企业倒闭了，但产业结构迅速调整、生产效率大幅度提高，国家竞争力反而上了一个新台阶。这是很值得我们思考的。

市场有强大的调节功能，改变粗放型增长方式主要得靠市场的力量，要素价格起着关键的作用。生产要素价格通过市场充分地反映其稀缺程度和严格的环境成本内部化监督，是转变经济增长方式最重要的驱动力。

政府调控和市场调节都不可少，但各自发挥作用的领域和作用的机理则完全不同。要素价格应通过市场形成，其中国际化程度高的还应与国际接轨，重要的是给供需双方以准确的信号。政府的调控则主要以税收包括转移支付为工具，实现调控目标。

当前，政府应把握时机、控制力度，加快培育和建设生产要素市场，逐步放开对土地、水、成品油、矿产品等生产要素和稀缺资源价格的实际控制，建立适应市场经济的价格形成机制。加快环境成本内部化进程，加快垄断行业改革步伐，同时用税收杠杆进行调控。这样就可以发挥价格、税收、汇率、利率和环境监管、市场监管的作用，促进结构优化和产业升级。使必须释放的资源环境压力成为迫使经济增长方式转变、企业发展模式转型的强大经济驱动力，为通过技术进步、提高劳动者素质，提高效率、创造经济增长开拓空间。

四 对外开放中对内政策面临调整

改革开放之初，引进外资主要是希望以外部的力量促进内部的改革和市场体制建设，形成符合市场经济要求的软环境和硬环境，从而促进中国经济发展。回顾20多年的历程，我们"以开放促改革""以外促内"的战略获得了巨大成功；对外开放政策的大目标很好地实现了。这一政策的实施，不仅促进了体制转轨、经济增长，而且极大地拓展了人们的视野、改变了人们的观念。由这一政策所开拓的新局面，使我们实现了超越式发展、加快了中国工业化进程，为经济全球化背景下中国的崛起奠定了基础。

在国家战略层面，利用外资的动机是十分清晰的。在经济落后和计划体制、国有经济几乎全覆盖的情况下，要建立市场机制、实现经济起飞有极大的意识障碍和体制障碍。实施"以开放促改革"的战略，就是通过引进外资，以外部的力量促进内部的改革和市场体制建设，形成与市场经济国家大体相当的软环境和硬环境。具体而言，为吸引外资进入，就必须创造适合外资发展的环境。如必要的交通、能源、通信等基础设施，包括劳动力在内的要素市场，规范的政企关系，政府行政行为的规制性、透明性和高效率，较好的金融服务，方便的人员进出境制度，快捷的商品进出口通道，健全的商会、行业协会和中介服务组织，如此等等。没有外资进入提供的"模板"，这些条件是很难建立的。这些软硬环境一旦形成，不仅仅外资企业可以利用，更重要的是可以为本国企业发展奠定基础。

另外，以外资进入和接受产业转移为桥梁和纽带，本地产业和企业可以获得资本支持、较快地融入国际分工、走进国际市场、促进转机建制。外资对本地企业和创业者有强大的示范作用，可以大大加快本地企业的创业和学习过程。本地企业在为外资提供配套、服务中可以建立和延长产业链，甚至形成"产业集聚"；在与外资企业的各种交往中，可以方便地吸纳人力资源、技术、管理和现代生产组织方式等的"溢出效应"，少走弯路、快速成长。更加重要的是，可以培育工业文明、商业意识、产业文化，创造产业聚集效应，造就人才。

我们要利用外资，外资也要利用我们，争取的目标是双赢。现在的问题是，外资在进入中国时，对想得到什么、能得到什么、如何得到都有清晰的思路；而我们很多地方在引进外资时却对要得到什么、能得到什么、怎么得到比较模糊。必须弄清的概念是，"引进"了外资，并不等于"利用"了外资。搞不好就可能出现我们被外资利用了，而我们并没有利用外资。

因此，抓住外资进入的机会、发掘外资的"溢出效应"，壮大自己，加快中国的工业化现代化进程，是提高对外开放水平的应有之义。从这个意义上说，引进外资的过程中应培育出以本地资本为主、具有竞争力的企业；引进技术的过程中应培育出本地企业的自主创新能力；接受发达国家产业转移的过程中应使本地产业融入国际分工体系，形成产业聚集效应。

从国家政策层面来看，对外开放之初用更加优惠的政策招引外资进入是十分正确的政策选择，非此谁也不会冒险进入。进入新世纪，情况发生了根本变化。体制环境、基础设施水平已基本与国际接轨，政策体制风险大幅降低，巨大的市场潜力逐步显现，众多的市场机会不断涌现，劳动力优势依然明显。此时，以特殊优惠吸引外资的必要性已经减弱，实行"普惠制""国民待遇"的条件基本形成。

现在一些地方没有深刻理解国家以开放促改革、以外促内的战略意图，把本地发展的希望一门心思寄托于外资，宁愿给外资无限制的"超国民待遇"，而不愿下苦功推进本地企业改革、提高本地企业竞争力。它们把"引进外资"当作目的，在外资进入后，大多满足于短期 GDP、税收、就业的增长。而对"利用外资"却缺乏清晰的思路，没有付出足够的努力，相应的政策也不到位。这种"重引资，轻利用"的现象带有普遍性，使外资对促进本地产业和企业发展的潜力没有充分发挥。

我们必须清醒地看到，经济全球化为后发国家提供了超越式发展和走新型工业化道路的可能。但一个大国，不可能依赖外资实现工业化和现代化。客观地讲，国际投资是具有很强逐利性、流动性的"无根资本"。对于那些以加工组装为代表的制造业的低端而言，当本地有它们可以利用的优势，比如较完善的基础设施、稳定的政治环境、廉价的土地和劳动力等条件时，它们就会迫不及待地进入。但任何地方低成本优势不可能永存。当某些重要条件发生变化，而本地企业又没有深入融入产业链时，它们就会毫不犹豫地再转移。而能"挽留"它们的是当地企业的发展和配套能力。西班牙、韩国、中国台湾等国家和地区都曾经历外资进入和再转出的过程。从进入至转移的周期大约是 25 年。外资的进入会带来本地的繁荣，如无准备，外资一旦撤离就会带来严重后果，甚至会使引进外资的成果化为乌有。

由于国内政策调整迟缓，国内企业，特别是民营企业发展的环境仍不宽松。从80年代起国家就创造条件欢迎外资进入，市场准入条件不断放宽，优惠政策不断完善，超国民待遇逐渐形成；与此同时，民营企业能不能发展却争论了17年。直到1995年才明确多种所有制经济共同发展是一项"基本国策"。虽然中央几次做出决定、调整政策，但直到现在，对民营经济实质性的歧视还没有完全消除。

现实的问题是，中国改革开放创造的非常有利的发展环境，并不能保障首先由中国企业分享。对外资的超国民待遇和对国内企业，特别是民营企业的歧视形成了鲜明的对比。很多政策并不支持本国企业。

（1）不同的市场准入：有的领域（如银行股份制改革）明确规定，必须有外资进入。

（2）不同的税收制度：不仅所得税税率不同，而且税基不同。有专家给出的数据是，2004年全国内资企业所得税的平均税负为26.29%，外资企业所得税的平均税负为13.87%。即内资企业所得税的平均税负大体是外资企业的两倍。

（3）征用土地等不同的优惠条件。

（4）政府订货排斥本国企业。如合肥市国土资源局中央空调设备招标、江西省公路管理局路面设备招标。

（5）有关政策鼓励国内企业接受外资并购，而不支持与国内企业重组。

像上海淮海路这样的"中国橱窗"式商业街都排斥和打压中国品牌。更为重要的是不同类型的企业有不同的话语权，民企最弱。

因此，对外开放中的对内政策必须进行与时俱进的调整。国家关注的重点应由"产业政策"转向"产业竞争政策"，着重培植本国重要产业的国际竞争力，为本地企业的发展创造良好的环境。总的判断是，到目前为止，引进外资的政策完善、配套，但本地企业，特别是民营企业的发展环境还有缺陷；引进技术的政策完善、配套，但自主创新的政策还存在缺陷；吸引发达国家产业转移的政策完善、配套，但本国企业"走出去"的政策才刚刚开始。正是由于对外开放中对内政策的缺陷，制约了开放政策效能的充分发挥。

五　企业技术创新中的几个政策问题

中国企业的技术水平和技术能力远远落后企业规模和国家的经济地位，成为经济持续发展的软肋。中国工业化必须有可靠的技术来源。缺乏核心技术的企业要受制于人；缺乏知识产权的生产能力，规模越大风险越大；缺乏自主品牌的企业，难有高效益。缺乏拥有创新能力的众多企业，我们的工业是建立在沙滩上的工业经济。

（一）构建企业技术创新动力机制具有本质意义

科技部提供的资料显示，中国60%以上的大企业没有自主品牌，99%的企业没有申请过专利，只有万分之三的企业拥有核心知识产权。与此相对应的是，大中型企业研发投入平均只占销售收入的0.71%，规模以上工业企业的这一比例只有0.56%。去年，在很多企业，继续表现出了投资增长过旺，而研发投入严重不足的特点。

企业技术创新能力不足是现象，根源在于创新动力的缺失，构建企业技术创新动力机制具有关键意义。

现实的情况是，资源依赖型的发展环境，不支持企业技术创新；地方政府追求速度的偏好，通过各种行政渠道传递到了企业，成为企业难以抗拒的导向。在现行国企高管人员任用制度下，几乎谁也不愿意见到"我这一届投入自主研发，下一届或再下一届赢得收获"；受不断冒出的市场机会和政策机会诱惑，很多企业急于求成，被眼花缭乱的机会牵着鼻子，技术创新也就无从谈起。既然靠引进和合资可以省时、省力地获得技术，很多企业就认为没有必要再培育自己的技术力量。

如果部分企业不创新，那是企业自身的原因；如果众多企业不创新，就必须从政策体制上找原因。如果说企业是技术创新的主体，那么政府最重要的责任就是创造条件充分调动这个"主体"创新的激情。

创新战略有较高的进入门槛，具有高投入、长周期、高风险的性质。没有强大的外力或内部变革，企业不会轻易放弃低成本竞争战略，不会轻易由技术引进走向自主创新。一般来说，外因主要来自企业外部的压力和吸引力。例如，企业生存环境的压力、市场竞争的压力，会鞭策企业走创新之路；创新成果的高回报和政府的政策激励，会吸引企业投入于创新。内因则主要来自内生的追求和激情，表现在产权强激励、企业战略和企业家精神上。

技术创新能力是一种"内功"。无论是政府的"督促"，还是经济全球化提供的有利条件，都不能替代企业"卧薪尝胆"地修炼。

因此，创新是企业的长期战略，是企业文化、价值观和经营机制的表现。为促使企业成为技术创新的主体，国家已经和正在制定一系列鼓励政策，这充分表明国家促进企业技术创新的决心。但这些只是外因，如果不能调动企业和企业家的内在动力，政府的号召、干部考核的压力最多只能使企业"奉命创新"。这种为完成"交办任务"而进行的创新，很难想象会有好的效果。消除企业技术创新动力不足的体制政策性原因更具有本质意义。

（二）引进技术必须完成技术学习的过程

改革开放后，国家提出"引进、消化、吸收、创新"的技术发展路线，这是一项非常重要的技术跨越战略。例如，三峡工程从引进技术、合作生产，到以我为主制造特大型水轮发动机组的过程，就是通过引进，迅速缩小与世界技术差距的很好例证。但是，这一政策目标在更广的范围内并未很好实现。当人们重新审视"以市场换技术"的历程时，发现国内许多企业尽管让出了市场，甚至让渡了部分所有权，但并没有换来更强的技术开发能力，也没有建立起自己的核心技术，有的甚至掉进了技术依赖的陷阱，技术引进可以有两种模式选择。一是仅为使用而引进；二是为提高自主创新能力而引进。由于机制上的落后，在绝大多数情况下，企业在技术引进上肯于花钱，因为可以立竿见影；而对消化吸收，却吝啬于投入，因为似乎"远水不解近渴"。

有关资料表明，日本引进技术的时期，平均花 1 美元引进技术，要花约 7 美元进行消化吸收和创新。目的是把引进的技术嚼碎吃透，彻底完成一个技术学习的过程，登上新的技术平台。有美国人估计，日本在引进技术经再创新后，新技术的效率相比引进的技术可以提高 30% 或更多。从 50

年代到 80 年代短短的 30 年，日本走过了从引进到创新的过程，进入了技术输出国家的行列。韩国也大体相似。改革开放以来，中国引进技术的项目数和总支出可能比日本与韩国之和还要多，但用于消化吸收的费用只相当引进费用的 7%，与日本差了 100 倍左右。这一点费用只能解释图纸、对引进技术的效果做必要的验证，仅能保证引进的设备可以使用，不可能吃透、消化，更不可能再创新。在消化吸收上少花了钱，带来的是以更多的支出进行第二次引进和再引进。横向来看，多家企业重复购买同一技术；纵向来看，第一轮引进后就是第二轮引进。结果我们的技术费用总量并不少，但大多交给了外国人。更重要的是没有完成技术学习的过程，没有很好地培育出自己的技术创新力量。

差距很大的时候，引进技术是迅速提高技术水平的捷径，但当我们企业的发展威胁到对方竞争地位的时候，他们不仅不会转让技术，而且会封锁技术和利用专利、标准、品牌、知识产权等工具抑制我们企业技术能力的发挥。这是市场竞争铁的规律。在一些产业这一时期已经到来。因此，企图依赖引进构造自己的核心技术，进而打造国际竞争力，这几乎是白日做梦。需要澄清的概念是，某些技术可以购买，但技术能力是买不来的；引进技术的水平，不能代表自己技术创新的水平。即便可以通过委托开发等"买断"技术，但如果没有完成技术学习的过程，那也只能落得"有产权，无知识；有技术，无能力"。技术可以购买，但技术能力是买不来的。技术引进之所以重要，就是它有可能加快技术学习的过程；而技术学习的过程能否完成，则取决于企业的战略好坏和学习者执着的动力强弱。从这个意义上说，技术引进只是走向更高技术平台的一个阶梯，如果有了登高的梯子，却宁愿站在梯子上观望和等待，而不愿下功夫学习奋进，那就永远不会达到更高的技术水平。在技术能力的培育上没有多少捷径可走，不能投机取巧。

（三）探索产学研结合的途径

在科研、转化与生产的长链条中，科研机构与企业处于不同位置，大企业与中小企业之间也有分工。

大学不仅是传播知识和培育人才的园地，而且是知识创新和基础研究最好的场所。大学有跨学科的优势，有教授的知识积累和传承，又有创新意识最强烈而且不断流动的学生作为新生力量；这里较少有技术研究的禁区，可以有长期的科研目标；可以得到政府、企业和社会的资助；还可以通过人员的强流动性实现知识扩散。这些特点已经使大学成为当代科技信息聚集和传播的枢纽、知识创新最重要的源泉。尽管大学可以针对企业的技术难题提供研发支持，某些科技成果也可以被企业直接利用，但大学的科研与企业的研发不存在替代关系，更多的是引领、指导企业的研发。让大学成为企业的"研发中心"，既不可能，也无益处。

大型企业尽管在原始性技术创新中可以发挥重要作用，但它强大的产业能力和在复杂的"技术集成"中的重要地位是其他机构无法替代的。一个复杂的产品涉及研发、工艺、材料、配套、测试、装备等技术难题，以及投资、供应链、市场、营销等众多领域。大公司的核心竞争力往往表现为把复杂的技术汇集在一起，将先进技术成果集成并转化为面向千家万户、有品牌支持的市场主流终端产品。例如，改变世界的移动电话、引起社会关注的混合动力汽车等都不是直接产生于基础科学和"发明"出来的，而是将已有技术集成后又在某些环节加以创新，通过产业化而形成的。因此，大型公司必须拥有强大的核心技术和技术能力，但重要的是能敏锐地捕捉全球相关技术信息、善于发现新技术的市场价值、具有从全球获取技术资源的本领，并具有将新技术集成于特定产品的能力。

中小企业是技术创新的生力军。技术创新具有高风险的性质，有效的创新机制往往需要强烈的产权激励、敏锐的价值发现能力、灵活的决策机制、尊重个人的制度安排，和既鼓励冒险又有利于分散风险的组织和机制。民营科技型中小企业由于更加符合这些特质，而成为技术创新的一支生力军。即便在大型企业十分强盛的美国，技术创新83%的成果仍来自中小企业，就是最好的例证。

建立"以企业为主体，产学研结合的技术创新体系"，应当是在政府提供的政策环境中，院校、科研机构、中小企业、大型企业在市场作用下，各自发挥比较优势，自由选择的结果。

大学与企业"两张皮"的一个重要原因，是在两者之间缺乏一个"结合"的平台。在社会分工越来越精细化的今天，试图以"校办企业"形式，通过内部循环，实现科技成果转化，效果并不理想；试图用院校研发活动替代"企业研发中心"，来解决企业创新能力不足问题，也不会取得好的效果。

产学研结合可以有多种形式。国家大型"专项"是聚集产学研科技力量的重要平台，但这属于特例，数量有限。硅谷等成功的经验表明，依托市场化、专业化的金融服务、技术服务的支撑与撮合，众多创业者和科技型中小企业围绕院校，吸纳院校科技活动的扩散效应、吸引院校流出的人才，开展技术创新活动，对科技成果转化有巨大作用，是产学研结合的一条强有力的纽带。

概括地讲，产学研各有各的优势，都应扬长避短。大学的科研成果不一定都得自己做技术转化；中小企业的每项技术转化成果，并不一定都由自己去产业化；大型企业所需的技术也并非每项都得自主开发。通过市场的对接，大学的"技术扩散效应"为哺育科技型中小企业提供了乳汁；中小企业丰富的创新成果又为大型企业的技术集成提供了资源；大型企业则将大量、分散的科技创新成果进行集成、整合和再创新，并推向市场，创造社会价值。这是产学研结合的重要途径。例如，世界路由器巨头思科、著名的医药公司辉瑞，以及西门子、飞利浦等公司，都是不断集成科技型中小企业技术成果而占据行业领先地位的。

（四）国家发展政策必须与创新政策结合

如果说科技发展规划是实现创新型国家建设目标的阶梯，那么，经济发展规划中的那些新兴领域，就是提高自主创新能力的工程实践机会，是重要创新产品的"市场出口"。从现在到2020年或更长时期里，是中国工业化、城市化和信息化发展的重要时期。快速的经济社会发展，提供了大量的市场机会和工程实践机会。如2005年全国固定资产投资达到8.86万亿元，而且还以每年约20%的速度增长。这就构成了世界上无可比拟的投资类产品大市场。这里包括到2020年前4000万千瓦核电，及风电、水电等清洁能源、替代能源项目；有1.2万公里的高速铁路，及众多城市的轨道交通项目；有三网合一的新一代无线电信网和各种数字化、智能化终端设备；有数量庞大、品种繁多的加工设备、环保设备、冶金、化工、采矿装备和大型工程机械；有每年数以百计的民用飞机和百万至千万计的汽车等。这些是建设创新型国家最可贵的国家资源。这个大市场应该首先由中国企业分享，成为中国企业技术创新的大舞台。

现实的问题是，经济发展与自主创新往往脱节。管发展的部门和项目甲方关心的是速度和"一次成功"。甲方对本国企业的技术能力往往缺乏信心，甚至有崇洋媚外的心理，不愿意给本国企业工程实践的机会。本国企业一次次遭受歧视和挫折，失去了太多的实践机会。更重要的是伤害了它们的自尊和自信。中国改革发展创造的巨大市场，其中高技术含量的部分中国企业没有分享很多，大部分让给了外国企业，从需求侧没有给本国企业提供更多的机会。

在这种情况下，一些企业自主技术创新的斗志磨灭了，"偷懒"了，它们眼高手低，滋生了"技术自卑"心理，甚至掉进了对外技术依赖的泥潭。例如，一些企业以"全套引进"产品、技术、工艺、设备来夸耀自己的技术水平。有的企业则不惜放弃自己在技术和品牌上的积累，更愿意通过合资用上一个洋品牌。在"技不如人""技术自卑"心理的支配下，即便国家要求招投标，甲方也会以没有"首台首套"经历为由，将本国企业拒之门外。在强大的跨国公司面前，实际上本国企业自主创新的市场通道从源头上就已经变得十分狭窄。比如，在规划中国高速铁路时，一开始就在德国方案、法国方案还是日本方案中做选择，本国企业根本不在考虑的范围之内。发展政策与创新政策不协调、经济发展与自主创新"两张皮"，表现出了一种悖论：一方面，国家不断鼓励提高本国的技术创新能力；另一方面，不少重大创新领域、创新项目和新产品订货又往往不支持本国企业的技术实践。

经济快速发展时期，是技术追赶最有利的时期；在全球化背景下，我们有足够的国内外资源和机会，支持实现创新型国家建设的战略目标。如果我们真的将提高自主创新能力确立为国家战略的话，那么，就应该动员国家资源促进实现创新型国家建设的目标。必须使科技发展规划服务于经济发展规划，而经济发展规划以科技发展规划为支撑，调整好两者关系；必须创造良好的创新环境，鼓励更多企业走自主创新之路；通过国家订货或"准国家订货"等形式，从庞大的国内需求侧，给企业创新提供市场和工程实践的机会。

现在中国正成为世界上创新技术的实验场,在跨国公司母国还没有完成工程化过程的创新,例如磁悬浮轨道交通、第三代核电等也可以引进,那么为什么不能给中国企业的创新提供更多的尝试机会呢?

建设创新型国家是国家复兴的重大战略。技术创新必须以体制创新为条件,认真解决障碍企业创新的体制和政策问题。只要各个社会主体创新的内在动力被调动起来,创新成果就将不断涌现。

促进企业自主创新的政策思路[*]

(2007年2月10日)

去年以来,全国政协经济委员会围绕建设创新型国家,重点就促进企业自主创新的体制机制建设问题赴陕西、重庆、山东和深圳进行了专题调研。现将调研中形成的一些意见建议报告如下。

一 技术能力与经济发展水平不相适应

改革开放后,中国企业的技术水平和技术能力有了很大提高。但是,在经济高速增长的同时,企业还没有培育出与国家经济发展水平相匹配的技术能力。现在,中国是世界制造大国,但重要的技术装备和关键零部件还主要依赖进口;我们的出口已位居世界前列,但出口产品中拥有自主品牌或知识产权的只占10%。根据科技部统计,国内99%的企业没有申请过专利,只有万分之三的企业拥有核心知识产权;大中型企业研发投入平均只占销售收入0.71%,规模以上工业企业的这一比例只有0.56%。

改革开放后,在技术差距很大的情况下,我们获得了外部强大的技术支援。但是,中国的崛起最终必须有自主的技术来源。没有自己技术、专利、品牌、标准支持的"世界工厂",不仅不能更多分享高附加值的利益,而且很难立足世界强国之林,甚至国家经济安全都难以保障。

调研中地方政府和企业反映的一个带普遍性的问题是企业自主创新的动力不足。多数企业追求短期利益甚至"政绩",钟情于规模扩张。在技术来源上,满足于引进。横向上看,一个技术多家引进;纵向上看,一次引进,接着是第二次、第三次引进,最终掉进了"技术依赖"的泥潭。结

---

[*] 本文是作者于2007年2月10日将专题调研中形成的一些意见,整理后形成的建议报告。

果是，企业用于技术的钱总量并不少，但大多送给了外国企业，没有培育出自己的技术能力。大家认为，消除企业创新动力不足的内外原因，具有本质意义。

调研中发现，为贯彻全国科技大会精神，相关政府机构都热心推进企业自主创新。在市场驱动企业创新的环境很不完善的情况下，政府部门着力以行政手段推进创新。一些政府机构按自己的权限和财力定政策、定规划，有的还确定创新项目，增加向企业的投入，把创新列入国企考核指标范围，组织创新评审评奖，审批企业设立"国家级""省部级""市级"研发中心，成立政府创新投资公司等。但对如何形成"逼迫"和吸引企业创新的发展环境，如何发挥市场在推动企业创新中的基础性作用，却缺乏深入的研究。政府主导企业创新，企业被扭曲为"奉命创新"，显然这难以有好的结果。

很多企业以自身的实例说明，现在首要的是破除体制束缚，即先"破篱"，在此基础上，那些"支持"类政策才能有效发挥作用。企业反映的外部体制障碍，包括国内企业税负偏重而且与外资企业不平等，招投标中本国企业屡遭排斥，政府采购中本国创新产品得不到应有保护，政府定价的产品中本国产品遭歧视，地区保护和盗版、假冒猖獗，区域分割阻碍企业跨区域重组，军民分割阻碍了技术的流动和传播，对民营企业市场准入的歧视，等等。

二 消除企业创新动力不足的内部因素

调研组认为，中国企业创新能力不强是现象，根源是创新动力的缺失，消除企业创新动力不足的体制原因，调动各个创新主体的积极性比什么都重要。

企业的预期和行为短期化带有相当普遍性。例如，在现有国企高管人员任用制度下，经营者更注重近期业绩，而不愿把资金、人力等稀缺资源投入带有很大不确定性的自主研发上；国企的"行政基因"使其很容易接受政府追求规模和速度的偏好，而忽视创新；一些国企热衷维护自己的行政垄断地位，在创新上却缺乏足够的热情；在国有企业所有权实质性缺位的情况下，企业很难形成良好的公司治理，缺乏长远的并能坚持下去的发展战略。

困扰很多民营企业的是缺乏安全感。民营企业家如果对自有财产和长期投资没有稳定的预期，会更倾向追求短期回报，或干脆将财产转移到海外，而不愿从事高投入、长周期、高风险的创新活动。

为增强国有企业的内生创新动力，必须进一步完善国有资产管理体制，强化所有权的激励与约束，建立有效公司治理；改革国有企业经营者的任用与考核制度，加快国有企业负责人选择任用的市场化进程，培养真正意义上的企业家；加快垄断行业改革，完善产业竞争政策。

要下决心解决制约民营企业发展和创新的重大问题，如"原罪"、私有财产保护等，消除民营企业投身创新的后顾之忧。

三 自主创新需要经济驱动力

创新是企业的自主行为，激励企业创新主要靠经济力量。影响企业行为的主要经济因素是生产要素价格、环保成本、市场环境和需求水平。在生产要素充裕而且价格低廉、环境成本可以"外部化"、寻租机会时而出现、市场竞争不规范的情况下，企业往往愿意选择规模扩张、低成本竞争的战略。在生产要素供应趋紧、环保监管从严、市场竞争充分、需求条件较严格的情况下，优胜劣汰作用强化，多数企业会逐步选择走上创新发展道路。

现阶段，一方面，土地资源稀缺、能源价格上涨、人民币升值、水和矿产资源税费上调，价格上涨、劳动力成本上升、环境成本内部化等的压力已经十分巨大；另一方面，企业似乎对这一切没有反应，还在走拼资源、扩大规模、低成本恶性竞争的老路。重要的原因是，生产要素价格失真和环境监管不到位。现在政府还控制着重要生产要素的价格，为了保护企业和保持经济较快增长，政府人为地压低了要素价格，而且环境监管也不到位。资源环境的压力被挡在了政府层面，政府在经济信号传递中起到了"屏蔽作用"。调控目标与战略目标背离，阻碍了经济增长方式的转变。

当各地政府和企业依据不真实的经济信号各自决策时，就不断地重复出现土地管理失控、投资过热、环境恶化、低成本恶性竞争等突出问题。实践证明，要素价格失真造成的扭曲后果，用行政手段很难矫正。例如，尽管通过中央决定、政府文件等，实践科学发展观、转变经济增长方式的"行政信号"已经十分强烈，舆论准备也高潮迭起，但在企业可以轻易获得廉价生产要素、利润还在增长、环境监管不到位的情况下，无论是地方还是企业，谁都不会平白无故地转变经济增长方式，谁都不愿冒险技术创新。同时，扭曲的价格信号还产生了"逆导向"作用。只要高消耗、低效率、重污染的生产能力有"好日子过"，节能环保的先进生产能力就会受打压。结果是，进一步巩固了落后的经济结构，推迟了技术进步和产业结构升级的进程，使高消耗、低效率、重污染增长长期继续。

建设创新导向型的发展环境，就要加快推进生产要素价格的市场化进程，形成"逼迫"企业创新的要素价格倒逼机制。强化环境监管，严格环境成本内部化进程。进一步放开市场准入，提高竞争水平，打造充分、有序的竞争环境，强化竞争对创新的压力和推动力。努力减少和压缩社会经济转轨过程中的"暴利"机会和寻租空间，为企业提供公平的发展机会。政府要善于利用法律、行政、技术法规等手段提高需求标准，引导国人转变消费观念，形成拉动企业创新的需求牵引机制，

四　创新政策应发挥"四两拨千斤"作用

政府的政策资源是有限的，但运作得好会产生"四两拨千斤"的效果。

政府的科技资金投入主要在三个方面。一是鼓励有社会效益的创新结果。例如，节能、环保效果明显的技术和产品经认证，张贴"节能环保标识"，在一定时期向它们给予补贴或减免税费；按政府采购政策，优先采购本国企业自主创新的产品和服务；建立激励自主创新的政府"首购"和订货制度等。二是支持企业增加研发资金来源。如合理扩大企业研发费进入成本的范围；采取支持风险投资、推动建立多层次资本市场的政策。但企业创新过程的资金由企业和投资机构投入，风险由企业和参与的风险投资机构承担。三是财政资金直接投入。主要用于基础研究、

前沿高技术研究、社会公益性研究、重要科技基础设施建设和某些重大科技专项。

原则上讲，政策重点支持的是创新结果，而不是创新投入过程。那种由企业申报，由政府定项目、分钱、评估、鉴定的做法容易产生"政策失灵"。一方面可能会成为企业编个"故事"就能向政府要钱，从而获利的机会，造成社会不公；另一方面则会进一步扭曲政企关系，成为一些政府部门强化对企业干预、扩展部门权力的工具。

五　统筹经济发展战略与自主创新战略

中国拥有全世界独一无二的巨大市场，其中高技术含量的部分是建设创新型国家最重要的资源。如 2020 年前数千万千瓦的核电；一万多公里的高速铁路、众多城市的轨道交通；三网合一的新一代无线电信网和各种数字化、智能化终端设备；数量庞大、品种繁多的加工设备、环保设备，冶金、化工、采矿装备和大型工程机械；每年数以百计的民用飞机和百万至千万计的汽车等。这些应该首先由中国企业分享，成为中国企业技术创新的载体。但现实是，国内巨大需求中高技术含量的部分大多让给了外国企业，本国企业反而常常遭遇歧视。这不仅使中国企业失去了太多的创新机会，而且打击了它们的创新精神、磨灭了它们的创新意识，向社会传递了一种"技术自卑"心理。这种情况几乎在各个行业都存在。

产生这些问题的根源在于发展政策与创新政策"两张皮"。管发展的部门渴求的是国外先进技术，关心的是速度、希望一次成功，不相信本国企业的创新能力，也不愿意分担本国企业创新可能带来的风险；管创新的部门追求的是国家增加科技投入，关心的是项目审批和资金分配，对如何争取利用经济发展机会重视不足或者无能为力。

对于创新的企业来讲，比提供一般优惠政策更重要的是提供创新机会和"市场出口"。如果把"出口"堵死了，创新的源头就枯竭了。因此，必须从国家层面统筹经济发展战略与自主创新战略。动用国家资源支持建设创新型国家、支持本国企业创新，这是一个值得深入研究的大战略。一个带有示范效应的做法是，通过国家订货或准国家订货等形式，给国内企业创新提供重大工程实践机会和创新产品的市场出口，恢复国民的技术自信。

六 开放战略要支持创新战略

改革开放以来，我们"以开放促改革""以外促内"的战略获得了巨大成功。由这一战略所开拓的新局面，使我们实现了超越式发展、加快了工业化进程，为经济全球化背景下中国的崛起奠定了基础。

进入新世纪，中央提出"提高利用外资水平"。重要含义是对外开放要更加注意实现我们自己的目标，有利于培育本国产业和企业的竞争力。调研中我们发现，外资在进入中国时对想得到什么、能得到什么、怎样得到，都非常清晰；而我们一些地方对引进外资有很高的热情，但对从中要得到什么、能得到什么和怎么得到比较模糊。一些地方没有深刻理解国家"以外促内"的战略意图，把本地发展的希望过多地寄托于外资，宁愿给外资无限制的"超国民待遇"，而不愿下苦功推进本地企业改革、提高本地企业竞争力。它们把"引进外资"当作目的，而对"利用外资"却缺乏清晰的思路。这种"重引资，轻利用"的现象带有普遍性。

实践证明，如果在对对外开放创造的极为有利的条件的理解上出现偏差，或在工作中把握不当，有利条件本身就可能成为"陷阱"。例如，有了"引进"这一便捷的技术来源，一些企业却产生了"技术自卑"心理、深陷"技术依赖"的泥潭，放弃了自主创新的努力；引进外资迅速创造了地区繁荣，却使一些地方产生了长期依赖外资支撑区域经济发展的幻想，从而忽视了本地企业发展的极端重要性；一些地方吸引国际产业转移取得了很大的成功，但本地企业没能参与到产业分工之中，在多家外资组成的"封闭型"生产网络中，本地企业实际上被边缘化；有的地方长期满足于一般加工组装，在外资企业"货比三家"的压力下，随着产量增加和出口增长，当地经济活动的收益反而不断下降。

调研组认为，必须弄清的是：引进外资是为了利用外资；对外开放是为了壮大自己。为此必须进一步明晰"以外促内"战略、理清利用外资的思路、完善对外开放中的对内政策，使在引进技术的过程中能培育出本地企业的自主创新能力；在引进外资的过程中能培育出以本地资本为主、具有国际竞争力的产业和企业；在接受发达国家产业转移的过程中能锻炼出高素质员工队伍，使本地产业融入国际分工体系，形成产业聚集效应；在参与全球竞争中造就世界级的企业家。

在全国政协十届五次会议第二次全体会议上的大会发言[*]

(2007年3月9日)

2007年3月9日15时,全国政协十届五次会议在人民大会堂举行第二次全体会议,中国政府网、新华网、央视国际对此次会议进行文字、图片、视频实时报道。

早在1995年中央就提出转变经济增长方式。多年来不断重复的一种情景是,全国各地在增长速度、投资规模、进出口总额等"量"的扩张方面总是以较大的比例超额完成任务;而在结构优化、技术创新、环境保护、资源节约,直至体制改革等改善经济质量方面,很多的目标却没有实现。

一个总的判断是:我国社会主义市场经济体制已经初步建立,但政府主导经济增长的状况没有根本改观;经济增长有巨大潜力,但增长机制存在缺欠。主要表现在以下方面。

一是政府通过控制国企、批租土地、项目审批、价格管制、行政垄断、地区保护等仍掌握着过多的资源配置权,在一些重要领域排斥了市场配置资源的功能。

二是一些地方运用政府的动员能力,不惜以很大的资源、环境代价和扭曲性政策实现GDP的高增长,表现出强烈的追求短期经济增长的倾向。

三是政府介入微观经济领域,使自己在"市场参与者"和"市场监督者"之间很难有一个准确的定位,削弱了政府对市场活动合规性监管的职能。

四是要么由于政府对价格的行政管制,一些重要资源的价格不能正确

---

[*] 本文是作者以《以政府行政改革促进经济增长方式的转变》为题做的大会发言。

反映资源稀缺程度,误导了企业;要么由于企业改革不到位,对市场信号做出非理性反应,破坏了市场配置资源的功能。

转变经济增长方式,表面上看,是由高消耗、重污染、低效率的经济增长,转向低消耗、少污染、高效率的经济增长;深层次来看,则是由政府主导经济增长,转向政府调控、市场主导、企业创造经济增长。

经济增长方式不会自然转变。政府在这一转变中处于中心地位,应当发挥主导作用。一方面要搞好自身的改革,另一方面要实施促进增长方式转变的政策;最重要的,则是创造经济增长方式转变的制度环境。

一 深化行政体制改革,消除经济增长方式转变的体制性障碍

(一)转变政府经济管理职能

政府应改变"驾驭市场"的地位,并从各种形式的市场参与者角色中淡出,把经济管理职能的重点转向创造和维护一个有效率的市场。需要政府提供的是关于市场经济的法律、法规;需要政府调控的是市场顾及不到的领域,如总供给与总需求、再分配关系、城乡和区域平衡;需要政府提供服务的是市场失灵的领域,如公共产品的提供、社会保障体制的建立;需要政府干预的是有内部效益,但可能损害社会公众利益的领域,如土地、资源、环境、安全;需要政府投入的是外部效益大于内部效益的领域,如基础教育、公共卫生、部分基础设施等。在其他领域,应充分发挥市场和市场主体不可替代的作用。

(二)改革政绩考核的方法和指标体系

改变主要靠从上至下考核的办法,逐步加强公民及其代表在政绩考核、人员任用和升迁中的作用。应研究制定能全面反映经济社会协调发展的指标体系,使政府人员追求政绩的努力与实现协调和可持续发展相一致。

(三)科学划分中央与地方的事权与财权

有的基层政府盲目追求GDP,其中确有迫于财政压力的原因。建议进

一步完善财权与事权相对称的体制,削弱基层政府为获得必要的财政收入,不顾一切地追求 GDP 的动机。

(四) 改进宏观调控方式,深化投资体制改革

宏观调控是针对短期经济总量过度失衡的政府干预,主要应使用货币、财政等总量手段。试图以政府的眼光审视微观项目,并决定哪个该"上"、哪个该"下",以干预微观来平衡宏观,不仅本末倒置、事倍功半;还因破坏了市场机制,而带来诸多后遗症。建议真正确立企业的投资主体地位,政府通过发布信息,设立水平越来越高的能耗、环保、安全、卫生等技术法规和市场准入门槛,促进结构优化和产业升级。其中关系经济安全、影响环境和涉及不可再生资源利用的部分应依法办理许可手续。

(五) 增强政府对市场交易合规性监管的职能

目前,市场法规不完善与法规执行不力并存,而执行不力使法规的严肃性遇到了挑战;市场监管不力和监管行为扭曲并存,而监管行为扭曲成为寻租和腐败的温床;地区保护与跨区域的公平竞争监管缺位并存,而跨区域监管缺位使地区保护可以大行其道。政府应尽快从对微观经济的干预中退出,公平对待各类市场主体,有效地承担市场交易合规性监管的职能。

二 创造经济增长方式转变的体制环境

改变粗放型经济增长方式是一个艰难的过程,需要付出高昂的代价,离开强大的市场力量,无论是地方还是企业,谁都不会平白无故地"转变经济增长方式",谁都不愿冒险技术创新。其中生产要素价格起着关键的作用。

进入新世纪,土地资源稀缺的压力、能源价格上涨的压力、人民币升值的压力、水和矿产资源税费价上调的压力、劳动力成本上升的压力,以及国际收支失衡、环境成本内部化等的压力都在迅速加大。

影响企业经济行为最大的力量是价格;资源环境的巨大压力亮起了"黄灯":"逼迫"经济增长方式转型的客观条件已经形成。但目前政府还

掌握着重要经济资源的配置权、控制着重要生产要素的价格，环境监管也不到位，这就使稀缺生产要素涨价和环境成本内部化的压力大多被隔离在政府层面，没有充分转变为价格信号和更加严格的环境执法，使粗放型经济增长方式可以延续。

　　当前，政府应把握时机、控制力度，加快培育和建设生产要素市场，逐步放开对土地、水、成品油、矿产品等生产要素和稀缺资源价格的实际控制，建立符合市场经济要求的价格形成机制。加快环境成本内部化进程，加快垄断行业改革步伐。这样就可以发挥价格、税收、汇率、利率和环境监管、市场监管的作用，促进结构优化和产业升级，使必须释放的资源环境压力成为迫使经济增长方式转变、企业发展模式转型的强大经济驱动力，为通过技术进步、提高劳动者素质、提高效率、创造经济增长开拓空间。

关于政府改革与国资改革*

（2007 年 5 月 22 日）

20 年的改革开放过程也是政府改革的过程。正是我们不断地、主动地改革政府机构，转变政府职能，清除那些不利于经济发展的体制障碍，调整生产关系，才为经济持续稳定快速增长和各项事业不断推进创造了条件。

经济体制转轨实际上就是经济资源配置的机制由计划转向市场；经济资源配置的主体由政府转向千万个独立的市场主体；经济资源配置的方式由政府集中统一决策，转向市场主体分散决策。显然，在这一转变中政府、市场和企业三者之间的关系必须重新界定，政府的经济管理职能和发挥作用的方式必须改变。

20 年来，为适应经济体制转轨的进程，政府改革不断深化，政府职能已经发生了多方面的积极变化。

——以间接手段为主的宏观调控体系框架初步建立。基本形成了财政、金融、计划相互配合的调控机制。近几年，面对需求不足，国家采取积极的财政政策、稳健的货币政策、加强西部大开发等宏观手段调控经济，取得了良好效果。

——培育、规范、监管市场的体系基本建立。市场法规陆续出台，价格已逐步放开，市场监管力度在增大，要素市场不断发育，市场配置资源的基础性作用日益明显。

——国有资产管理体制初步建立，政府与国有企业的关系正在改变。国有经济有进有退的调整陆续展开，国有企业有生有死的局面开始出现，政府对企业的直接干预在减少，多种所有制经济共同发展的条件越来越宽松。

---

* 本文是作者于 2007 年 5 月 22 日，提供给中央电视台的一篇短文约稿。

关于政府改革与国资改革

——涉外经济管理逐步向国际惯例靠拢。贸易和投资壁垒逐步减少，初步形成了符合国际通行规则的外贸、外汇运行机制。

——政府的公共管理、社会服务职能得到加强。政府在大力推进社会保障体系建设，制定和实施了可持续发展战略和科教兴国战略。

——政府自身改革取得进展。确立了依法治国、依法行政的基本行政原则，转变职能、精简机构、减少人员的改革取得进展。

中国各级政府的职能转变取得了不同程度的进展，同时仍然存在诸多问题。从总体上看，目前的情况是政府自身改革仍然落后于经济体制转轨的进程；政府职能转变力度小于机构改革的力度。在经济社会生活中政府职能越位、缺位和错位的问题还没有解决，在政府与企业、政府与市场、政府与社会自主治理的关系上，还有一系列深层次问题尚待解决。

——政府对微观经济特别是国有企业的直接干预依然过多，有效的国有资产管理体制尚需完善。计划经济时期形成的、经济转轨时期又有某种拓展的行政审批制依然广泛存在，特别是企业设立、领导人任免、投资、外贸等领域的行政审批亟待清理、削减。值得注意的是，在推进国有企业改革的过程中，某些政策的实施又产生了强化行政审批和个案处理的副作用。

——投融资管理体制改革滞后。在投融资领域，存在着政府以直接干预微观投融资活动达到宏观调控目标的倾向，结果是往往达不到宏观调控的预期目的，同时又加强了政府对投融资活动的不正常干预。

——规范、监管市场秩序的能力不足、力度不够。规范市场秩序的法律法规仍不健全。执法不严，甚至有法不依，违法不究，致使已有的法律、规章和制度形同虚设。地方保护主义和部门分割不断变换手法，阻碍全国统一市场的形成。这些因素导致市场秩序比较混乱，突出表现为假冒伪劣商品泛滥，偷税、逃税、骗税、骗汇和走私活动猖獗，社会信用关系紊乱，逃废债务现象相当普遍。

——一些政府机构出现权力和利益部门化倾向，公共服务职能弱化，乃至体制性腐败加剧。目前一些政府部门兼有制定规划、方案、法规和执行、监督职能，在执政中积累了部门的既得利益，在处理公共事务时，往往受本部门或所管辖的行业利益的局限，弱化了公共意识和服务意识，使一些行政权力刚性化，或留恋行政审批权，体制性腐败难以得到有效遏制。

随着市场化改革向垄断性行业的逐步深入，相关领域的部门利益、行业利益与社会公共利益的矛盾已经成为深化改革的障碍，成了社会各界关注的焦点。

——中央和地方的责权利关系尚未理顺。国家财权财力在中央和地方间的分配关系尚不合理。行政性集权－分权－收权的框架还没有根本突破，按市场经济规律合理划分中央和地方经济社会职能、责任和权力的框架还不清晰。不适当的权力划分容易导致宏观经济失控、地区差距扩大和市场分割、地方保护主义盛行。

——依法行政的统一性不强和透明度不高。经济体制转轨进程与立法进程不协调，政出多门，法规、文件"撞车"的现象时有发生，使企业和百姓无所适从。在行政执法实践中，出现内部文件的权威大于部门法规、部门法规的权威大于国家法律的现象，影响了执法效果。对有法不依、执法不严甚至违法不究的行为缺乏有力的监督制约，人治大于法治、以内部文件甚或长官意志作为判决依据的现象在许多地方屡见不鲜，严重损害司法独立和司法公正。

在"2007中国信息化推进大会"上的讲话*

(2007年9月19日)

2007年9月19日，国务院信息化工作办公室、信息产业部、国家发展和改革委员会、商务部和国家信息化专家咨询委员会，在北京京丰宾馆举办"2007中国信息化推进大会"。

很荣幸参加中国信息化推进大会。下面我就信息化助推经济增长方式转变讲三点意见。

一 转变经济增长方式势在必行

早在1995年中央就提出"转变经济增长方式"。10多年来，发展模式转型取得了一定进展，但总体而言，效果还不理想，有些方面情况还在恶化。

进入新世纪，中国进入了新的经济增长期。这一轮经济增长主要依赖资本投入的特点越发明显。全社会固定资产投资占GDP的比重由2000年的36.4%，上升到2006年的52.5%。过度投资导致投资效率呈下降趋势。每增加1亿元GDP需要的投资由1997年前的2亿~3亿元，上升到目前的5亿~7亿元。①

自90年代后期开始，"重化工业"浪潮席卷全国，各地纷纷把结构调整的目标锁定为"本地产业的重型化"。改革开放的前20年，我们做到了

---

* 作者是国家信息化专家咨询委员会成员，会议邀请作者就信息化与经济转型做一演讲。本文是作者在这次会上的讲稿，题目是《信息化助推发展方式转变》。
① 《中国增量资本产出率达到危险水平》，《现代企业教育》2007年第9期。

能源消耗翻一番，国内生产总值翻两番，能源弹性系数保持在0.5左右。进入新世纪，能源弹性系数迅速超过1.0。与此同时，投资与消费比例不当、加工业与服务业不协调、高耗能与高技术产业结构失衡等问题加剧。例如，高耗能、高污染的产业超常规增长，在工业中的占比迅速上升，而有利于提高经济效率的服务业在GDP中的比重却在下降；居民消费率由2000年的63.8%，一路降至2005年的38.5%。

我国正处于快速工业化和城市化的过程中，土地和大宗工业品消耗强度较高具有一定必然性，而与较低的资源配置效率和技术效率相叠加，就放大了资源环境方面的矛盾。据国家发改委提供的数据，2006年我国GDP占世界的5.5%，但消耗的能源占世界总量的15%，钢铁占30%，水泥占54%。从资源利用效率来看，与世界先进水平相比，我国吨钢能耗高15%、火电供电煤耗高20%、水泥综合能耗高23.6%，机动车百公里油耗高20%~25%，矿产资源总回收率约为30%，比先进水平低了20个百分点。

大量资源消耗的另一面，就是生态环境的恶化。全国耕地由2000年的19.2亿亩，降至2006年的18.3亿亩。我国二氧化硫排放总量早已跃居世界第一，二氧化碳排放总量仅次于美国，为世界第二；七大水系"劣五类"水质已占30%，酸雨面积占国土面积的比例已达1/3。据对2004年绿色GDP的核算，当年环境成本高达5118亿元，占GDP的3.05%。由此造成的损失"吃掉了"当年经济增长的近1/3。

情况表明，中国的经济增长很快，但资源利用效率很低。如果把不可再生资源的浪费和环境成本计算在内，经济增长所创造的财富远不如GDP表现的那么多。实践一再告诫我们，这种以大量的资本、土地、能源、矿产资源、劳动力和环境为代价维持的低效经济扩张，已经到了极限。经济结构失衡的矛盾已经十分突出，资源环境的约束已经十分强劲，各类社会矛盾逐渐显现。转变经济增长方式已十分紧迫。

二 信息化是提高经济效率的"倍增器"

转变经济增长方式，是指由主要依赖资源投入和环境代价维持国内生产总值增长，转向主要以提高效率实现经济的持续发展。

信息化是当代伟大的生产力，是经济现代化最重要的手段，是提高国民经济和社会效率的源泉。如何利用信息化对结构升级、管理创新的革命性推动作用，直接影响经济增长方式转型的效果。

基于信息化，现代经济提高效率有三个支柱。首先，是发挥科技对经济增长的支撑作用。

我国资源利用效率低的一个原因是经济中的技术含量偏低。

——提高高新技术产业的比重。2006年我国高新技术产业增加值占制造业增加值的比重只有10.7%。而重工业增加值在工业增加值中的比重已高达60%，而且增长速度仍快于其他工业。这种增长结构加重了资源环境的压力。以电子信息技术为代表，科学研究成果转化为创新产品的周期迅速缩短，使高新技术产业成为引领现代经济增长的生力军。高新技术产业以较少的资源消耗，创造更多的附加值，在相当程度上可以减少资源消耗而获得经济增长。提高高新技术产业的比重，改变过度依赖重工业的增长结构，是提高经济效率、缓解资源环境制约的重要途径。

——提高创新能力，改变在国际分工中的地位。较长时间以来，由于起点较低，在国际产业分工中我们大多处于技术含量和附加值最低的加工制造环节，相应地只能分享较少的附加值。随着我国经济技术实力的增强，应提高自主创新能力和品牌影响力，向国际分工中高增值环节攀升，向低消耗、少污染、高效率的增长模式转变。

——以现代技术改造传统产业。传统产业在今后较长一段时间内仍是我国工业的主体，用现代技术提高资源利用效率有巨大的空间；特别是信息通信技术一旦与传统产业结合，就可以大大提高产品的生产效率。积极开发和推广对资源利用效率有突破性和重大带动作用的共用技术，是缓解资源、能源瓶颈约束的重要途径。

其次，是大力发展现代服务业。

随着产业分工向专业化、精细化方向转型，经济效率大幅度提高。分工和协作的深化使各生产单元之间交易和协作的频次及规模迅速增加和扩大，在每件商品中加工制造成本比重下降，交易和物流成本比重上升。这就使降低交易成本对提高经济效率的作用越来越重要。而生产性服务业在降低交易成本中可以发挥至关重要的作用。

我国已经成了名副其实的"制造大国"。但本已落后的服务业，在国内生产总值中的比重徘徊不前。满足于加工制造、把工业化与服务业对立起来，是经济效率不高、增长机制不健全的重要表现。在现代产业中，包括研发、设计、信息、品牌、供应链管理、零售、金融、保险、电信、物流、投资、广告、会计、法律咨询等在内的生产性服务业同加工制造环节一起，构成了一个个完整的产业链。现代的"制造"已经与"服务"融为一体。生产性服务业不仅可以为交易活动提供全程服务，具有"提高商品价值"的功能，而且本身就是附加值最高的环节。服务业发展，社会效益提高；谁能掌握现代服务业，谁就能处于龙头地位。"制造"是人类离不开的生产活动，但它也是消耗资源最多、污染环境最严重，而增值量又较少的环节。不改变在国际分工中"卖苦力"的地位，就不能更多分享高附加值环节带来的效益。

正如有人无奈地说："我们消耗了大量不可再生资源，承受着环境污染，还背负着'倾销'的恶名，而利润的大头却让别人拿走了。"

服务业是信息密集的产业。信息化正深刻地改变着生产性服务业的业态和竞争格局。抓住机遇，利用信息技术大力发展生产性服务业是提高增长质量和增长效率的战略举措。

最后，就是发挥信息化对提高经济效率的"倍增器"作用。

信息化是当代科技革命最大的亮点。它的渗透力和影响力远远超越了任何其他技术，对提高经济效率有划时代的意义。信息通信产业因技术前景广阔、消耗资源少、附加值高、发展迅速而成为经济增长的"发动机"，更加重要的是信息革命完全改变了信息收集、存储、传输、处理的方式和能力。当信息技术与各类产业和服务业的专业技术及管理融合时，信息化就改变了相关产业的技术和管理基础，成为提高效率的"倍增器"。

历史上，由于政治制度的落后，中国错过了多次科技革命的机会，使我们由世界强国沦落为半殖民地国家。就传统技术基础上的工业化而言，我们比发达国家晚了上百年。但就现代信息通信技术而言，我们的差距远没有那么大。更重要的是，经过去30年特别是最近10多年的发展，我们奠定了规模巨大的产业基础，建立了正迅速提升的技术能力，为以信息技术实现超越式发展提供了可能。面对信息化这一新生的、当代最伟大的生产力，以怎样的理念和政策把握这一难得的历史机遇，将决定在这一轮较量中中国的复兴与否和国家竞争力强弱。

三 信息化助推经济增长方式转变需要经济驱动力

信息化连同技术进步、现代服务业是提高经济效率的三大支柱。但是，政府和市场主体转变经济增长方式的内在动机则决定这些支柱所能产生的效果。因此，形成转变经济增长方式的经济驱动力具有本质意义。

在盘点"十五"时期辉煌成绩的时候，我们发现，在增长速度、投资规模、进出口总额等"量"的扩张方面，都以大比例超额完成任务；而在结构优化、技术进步、资源节约、环境保护，直至体制改革等改善经济质量方面，很多的目标落了空。

改革开放后，为尽快恢复经济，政府对生产要素采取了低价、低税政策。但随着经济的发展和总量扩大，要素价格市场化进程滞后、资源税调整不到位，这就提供了一种"资源依赖型"的发展环境。扭曲的要素价格导致稀缺资源的粗放、低效使用，使粗放型增长方式得以持续。

近年来，资源环境的压力和要素价格上升的压力日益明显。例如，发达地区土地资源稀缺的压力、能源价格上涨的压力、利率上调和人民币升值的压力、水和矿产资源税费价上调的压力、劳动力成本上升的压力、环境成本内部化的压力，以及国际收支失衡等的压力都在迅速积累。这些压力汇集在一起，发出了一个强烈的信号：依赖要素低成本，靠拼资源、拼劳动力而无视环境的低效增长已经走到极限；"逼迫"企业走信息化和自主创新道路的客观条件已经形成。

按照一般规律，资源稀缺程度提高，价格上升，企业要么提高资源利用效率，要么寻找替代资源，要么放弃资源消耗量大的产业或生产方式，使过量的资源需求得到抑制。同样，有效的环境监管会迫使企业将环境成本内部化，越来越高的环境成本逼迫企业要么创新工艺减少污染，要么改进技术减少治理成本，要么退出高污染行业，从而使环境污染得到有效控制。这样，"资源依赖型"的经济增长就会转变为"创新驱动型"的发展模式。伴随这一过程，就是信息化、技术进步和产业升级。

但是，现在政府还掌握着重要经济资源配置权、控制着重要生产要素的价格，环境监管也不到位。这就使稀缺生产要素涨价和资源环境的压力被隔离在了政府层面，没有充分转变为价格信号和更加严格的环境执法，成为转变经济增长方式的经济驱动力。

当各地政府和企业依据失真的经济信息各自决策时，就不断地重复出现土地管理失控、投资过热、环境恶化、低成本恶性竞争等突出问题。在企业可以轻易获得廉价生产要素和大量订单、利润还在不断增长的情况下，无论是地方还是企业，追求速度和规模扩张的冲动都很强烈，谁都不愿平白无故地"转变经济增长方式"、谁都不愿冒险技术创新。

改变粗放型增长方式，要素价格有"四两拨千斤"的作用。当生产要素价格通过市场充分地反映稀缺程度，加之政府节约资源、保护环境的政策，包括税收、技术标准、法规、环境监管、经济激励等措施，通过市场起作用的时候，必须释放的资源环境压力，就会成为迫使经济增长方式转变的强大经济驱动力；各个市场主体为获取自身利益的努力就将与提高整体经济效率的目标相一致，转变发展模式就会成为各个市场主体的自愿选择和强烈追求。此时，信息通信技术就会在发展方式转变中发挥强大的"助推器"作用。

进一步深化国有资产管理体制改革和国有企业改革的几点意见[*]

(2008年1月7日)

国资委自成立以来做了大量卓有成效的工作，国有企业的产权约束机制初步形成，国有资产管理体制框架初步建立。国资委较好地完成了成立后第一任期的任务。

目前，企业状况比较好，有人认为状况这么好，还要改革吗？也有人认为，应当趁经济形势较好的时机加快推进改革。

如果说第一任期面临大量遗留问题需要处理、面临组建初期许多问题需要探索的话，那么第二任期就应朝党的十六大确定的目标模式加快推进改革。

一　进一步深化国有资产管理体制改革

国资委作为"特设机构"的设立，是2003年政府改革最大的亮点。基于初设时期面临的复杂情况，有大量遗留问题要处理，国资委行使职能的方式和监管条例带有明显的过渡性。在顺利走过国有资产管理体制建立的过渡期后，应由国有资产的监管者向党的十六大要求的"履行出资人职责"的目标模式转变。也就是，所有者由在外部监督管理企业，转向到企业内部行使所有权。

在过渡期，国资委较多地以"审批"等管理方式履行职能，使自己依然像一个政府行政机构；国家所有权还没有进入企业，从而未通过每个企业的股东会、董事会发挥作用。现行管理方式好像"赶羊群"，一方面看

---

[*] 本文是作者于2008年1月7日的一篇文章。

着"头羊"有没有走错方向,另一方面看着后边的羊有没有离群或拖后腿。同时,在企业内所有权依然缺位,内部人控制的问题也很难解决。

国资委的设立与简政放权、承包制、转机条例等改革措施相比,最大的突破是企业改革进入产权层次。国资委进一步深化改革的主题是,应当按照建立现代企业制度和现代产权制度的原则建立有效的产权委托代理关系。国家和国资委之间,国家是委托方,国资委是代理方;国资委和企业之间,国资委行使股东权利,公司依法自主经营。

因此,国资委与证监会和银监会等功能不同。后者是受托监督市场主体的机构,而国资委是对受托的经营性国有资本集中履行出资人的职责,也就是对国家投资和拥有股份的公司行使股东权利的机构,就国家委托资本的安全、增值和实现国家目标的状况接受特定机构的监督。为此,国资委应进一步明晰国有资本布局战略性调整的思路,探索以通过所属公司的整体改制建立股东会或董事会等形式解决企业内所有权缺位问题的途径,逐步就国家投资和拥有股份的公司合并报表,建立自身的资产负债总表,完善国有资本经营预算,形成对国有资本的硬约束。

二 进一步深化国有企业改革

(一)创造条件推进国有企业整体改制

国有企业改制的一条基本经验,就是要使股份制成为公有制的主要实现形式,其中股票上市是更加规范的改制途径。10多年来,受条件的限制,国有企业改制基本上都采取了"剥离上市"的形式。中央提出建立现代企业制度的原则在国资委直接持股的国有企业,特别是大型和特大型国有企业中基本没有体现。这种改制模式存在结构性缺陷。这种"旧体制控制新体制"的模式导致很难建立有效公司治理。

整体改制、实现股权多元化是国有企业制度创新的"牛鼻子",是规范国资委与持股企业产权关系的基本途径,是缩短委托代理链条、增强国有产权委托代理有效性的主要措施,是建立规范公司治理结构的保障,是国有资本布局调整的主要载体,是企业做强做大的基本途径。

大型国有企业进行整体改制，有很大的难度。可考虑吸取国有银行通过资产管理公司专业处理存续问题的经验，探索将不良资产、冗员等剥离，在国资委监督下，委托专业公司或托管公司处理，实现企业整体改制。

(二) 对不同类型国有企业分类改制

对于功能不同、目标不同的国有企业，统统把利润和保值增值作为主要目标，会产生很多问题。

国有企业可分作两类：一类是极少数关系经济命脉、国家安全，提供重要公共产品和服务，以及天然垄断行业的重要企业，如电网、电信、军工、石油和大型基础设施等领域的重要企业，要保持"国有经济控制国民经济命脉"，以实现某些社会目标；另一类是竞争性企业，以营利为目标，实现资产保值增值。两类企业性质不同、目标不同，与政府的关系也不同。

第一类企业是政府进行公共管理、实现公共目标的重要资源。在市场经济条件下，政府投资企业的目的不仅仅是资产的增值，更重要的是更好地承担公共责任。对这类企业，出资人机构应直接持股、控股或独资经营，保持对这类企业的控制力。

(三) 进一步完善公司治理

要精心探索符合国情的公司治理结构。例如，目前对改制企业的多重监督、越位监督说明国有产权委托代理的链条还不清晰。

应明确界定国资委与董事会和经理层的责权，并明确国资委行使权能的途径是规范公司治理的一个关键。按《中华人民共和国公司法》界定国资委的股东权利和权利的行使方式是比较现实的选择。现在，既要防止所有权侵犯经营权、管理权，也要防止经营权、管理权架空所有权，排斥监督权。一方面，所有权不要越位；另一方面，股东权利也不能轻易地授出。

公司治理中的激励与约束，是通过对人的制衡来实现的。目前国资委不完全的选人权与越位的选人权并存。这对国资委履行出资人职责和建立规范的公司治理结构是不利的。8年前，党的十五届四中全会就要求"探索适应现代企业制度要求的选人用人新机制""把党管干部原则与董事会依法选择经管理营者以及经营管理者依法行使用人权结合""避免一个班子多头管理""对企业及企业领导人不再确定行政级别"。这些重要原则应当尽快落实。

三　国有资本布局的战略性调整

各个领域国有企业的状况都很好，国有资本布局还要不要调整？企业状况不好的时候大讲"民进国退"，企业状况好的时候又说"国进民退"，这些都不符合中央的既定方针。在国有企业和资本市场状况较好的时候应加快国有资本布局调整。

国有资本是国家掌握的特殊资源，它的运作应该实现国家目标。也就是要发挥三个方面的作用，即有利于国家经济总量做大、保障国家安全和国有资产保值增值。

国有资本又是稀缺的资源，它应该用于刀刃上。国有资本应布局涉及国家安全、经济技术发展有需要，而民营资本不愿进入，或无力进入，或不允许进入的行业，在市场失灵的领域发挥民营资本不可替代的作用。基于国有资本的稀缺性，一般而言，凡是民营资本被允许、愿意并有能力进入的领域，国有资本应有序退出。退出的国有资本一方面可以支持建立社会保障体系；另一方面向国民经济需要和国家必须控制的行业和领域集中。设想，如果将一万亿元、两万亿元甚至三万亿元竞争性行业的国有资本退出，由民营资本承接，对经济总量、国家安全不会有太大影响，而这些宝贵资源如果能集中于国家的航天、集中于航母、集中于第四代战机、集中于第三代核电、集中于新能源开发等，整个国家的实力和国家安全水平将大大提高。

这种战略性布局调整，靠一个个国有企业是做不到的，只能由国资委来主持和进行。重要的方式是通过资本市场改变股权结构，逐步实现。

高速发展宏观环境下企业的挑战和机遇*

(2008 年 1 月 13 日)

一 经济发展形势大好，但存在某些不确定性

2007 年中国经济保持了两位数的增长，财政收入大幅增加、企业效益大幅提高。在纷繁复杂的世界经济环境下，可以说中国经济是一枝独秀。

刚刚结束的党的十七大在肯定过去五年经济成就的同时，把"转变经济发展方式"提上了更高的高度。党的十七大在讲到面临的困难和问题时，列在首位的就是"经济增长的资源环境代价过大"。

实际上，早在 1995 年中央就提出"转变经济增长方式"，在"十五"计划中提出以"结构调整为主线"。10 多年来，在这些方面取得了一定进展，但总体而言，效果还不理想。

进入新世纪，中国进入了新的经济增长期。在盘点"十五"时期成就的时候，可以清楚地看出，无论是 GDP，还是固定资产投资、能源生产、产品产量、进出口总额等，在量的扩张方面，都以很大的比例超额实现目标；而在节能环保、改善增长结构、提高增长质量方面，很多的目标落了空。一系列数据显示，这一轮经济增长依靠投资拉动的势头强劲；最终消费在 GDP 中的比重一路下滑；内需不足，净出口对 GDP 增长的贡献率上升；在三次产业中工业比重持续走强，其中高耗能产业超常增长，而服务业比重在徘徊中略有下降；能源消费弹性系数跃升；主要污染物排放不降反增；19.2 亿亩耕地的"红线"失守；国际收支不平衡加剧了流动性过

---

* 本文是作者于 2008 年 1 月 13 日在"2008 国研·企业发展高层论坛"上的讲话稿，刊载在《中国民营科技与经济》2008 年第 Z1 期。

剩。如此等等。进入"十一五",如上的某些情景似乎还在延续。

种种迹象表明,依赖大量资源投入,靠量的扩张实现经济增长的粗放型经济增长方式基本没有改变;经济结构、增长结构失调加剧。针对这一情况,党的十七大要求经济增长方式实现三个转变:由主要依靠投资、出口拉动,向依靠消费、投资、出口协调拉动转变;由主要依靠第二产业带动,向依靠第一、第二、第三产业协同带动转变;由主要依靠物质资源消耗,向主要依靠科技进步、劳动者素质提高、管理创新转变。

随着我国经济规模扩大和持续快速增长,土地、矿产资源、能源、劳动力和环境补偿等基础生产要素成本必然上升;随着大量贸易入超,人民币升值的压力加大。现在,中国重要基础生产要素的税费价体系还没有真正反映资源稀缺程度、供求关系和环境代价。要素成本被低估,是资源依赖型经济增长方式转变迟缓的一个重要原因。进入"十一五",资源的有限性和环境容量对现行增长方式形成了越来越强劲的制约。为改变这种不可持续的经济增长结构,促进"三个转变",政府必将进行一系列的政策调整。如果说过去资源环境的压力大多还被隔离在政府层面的话,那么近年来,政府已着手通过经济、法律、技术法规和必要的行政手段把资源环境的压力从中央向地方、从政府向企业传递。这是必然出现的大趋势。比如,节能减排已经作为约束性指标分解下达,人民币升值步伐加快,出口退税政策不断调整,《中华人民共和国劳动合同法》已出台实施;再如,矿产资源税费改革正酝酿出台,成品油价格改革和燃油税政策呼之欲出,等等。这些都是政府政策调整的组成部分。但是,这只是开始,相应政策出台的时机和政策的力度存在诸多不确定性。这对于企业无疑既是挑战也是机遇。

二 外部环境变化趋势对企业的影响

目前,政府的政策目标是改变资源依赖型的经济增长条件;创造有利于技术进步、产业升级的发展环境,形成转变经济发展方式的倒逼机制。其中主要的经济措施是改变基础生产要素的税、费、价形成机制,逐步释放土地资源稀缺的压力、能源价格上涨的压力、人民币升值的压力、矿产资源税费价上调的压力、劳动力成本上升的压力，以及国际收支失衡、环境成本内部化等的压力。随着这些政策的出台和到位，可以预计：资源约束加强，生产要素低税、低价和排放无成本的时代即将过去。依赖拼资源、拼劳动力而无视环境的低成本优势将弱化或消失；依靠技术进步，以提高效率求发展的环境将改善。

面对这一不可逆转的趋势，正可谓"顺我者昌，逆我者亡"。对这个政策趋势的判断和把握将决定企业的未来。

三 工业化重要时期，企业应当做什么？

中国处于工业化最重要的时期，这一时期必须完成两大历史性使命。一是培育强大的自主创新能力；二是锤炼出具有全球竞争力的龙头企业。

到目前为止，中国主要还是以"引进来"作为参与全球分工的主要形式。这种"被动全球化"形式从微观层面来看，是跨国公司以它的全球战略为依据，以资本、技术、品牌、市场以及关键零部件等方面的实力，整合中国的产业、企业和资源。在这种模式下，尽管中国企业也是受益者，但跨国公司处于主导地位，分享了更多的利益，而且除垄断行业外，国内高技术含量、高增值的部分大多处于外资实际控制之下。

英国《金融时报》首席经济评论家马丁·沃尔夫在接受采访时说：中国非常依赖国外的专业技术知识和技能；中国出口的成功，是建立在对国外专业知识高度依赖的基础之上；中国与日本甚至韩国不同，在经济快速发展的同时，在技术创新上没取得多大进展，在创立世界级企业方面也没有多大建树。这些评论很值得我们深思。

工业化时期是培育具有全球意义的领先企业最有利的时期。国内持续、巨大的需求，为造就世界级企业奠定了基础；巨大需求中高技术含量的部分为企业自主创新提供了宽广的舞台。但是，在全球化背景下，中国发展的有利形势并不能由中国企业所独享；快速发展的过程中并不必然能成长出强大的产业和有全球竞争力的龙头企业。如果企业不能潜心培植核心竞争力，如果国家不能把培育具有国际竞争力的产业和企业作为一项国家战略，并通过有力政策推动战略实施，我们就会错过中国产业和企业迎头赶上的难得历史机遇。

面对全球激烈的竞争形势，培育具有全球竞争力的大企业涉及诸多方面，有极大的难度。这里涉及深化国有企业改革改制和建立有效公司治理；涉及产业升级和结构调整；涉及工业经济布局调整和企业重组；涉及企业自主创新能力建设和发展模式转型；涉及企业品牌战略、"走出去"战略；涉及人力资源开发和企业家成长。

经过 20 多年工业文明的洗礼，一批批优秀企业家和优秀企业脱颖而出，这是中国的亮点。具备条件的企业要有自信、要有长远的战略。应当突出主业、立足参与全球竞争，潜心积累人才、培育技术能力，构造自己的核心竞争力，在竞争中锤炼重组和系统集成全球资源的能力，使自己成为所在产业的"系统集成者"，挤入跨国公司"俱乐部"。这是国家的希望、人民的期待。

四　利用对外开放的机遇壮大自己

党的十七大指出，"发挥利用外资在推动自主创新、产业升级……方面的积极作用""加快培育我国的跨国公司和国际知名品牌"。

我们要利用外资，外资也要利用我们。这是不同利益主体之间的竞合关系，存在着激烈的博弈。现在的问题是，外资对要得到什么、能得到什么、怎么得到，都非常清晰。而在微观层面我们要得到什么、能得到什么、怎么得到，对于一些地方和企业来说却比较含糊，或十分肤浅。

在差距很大的情况下，引进资金、引进技术是实现超越式发展的有效途径，为此我们获得了巨大的利益。但实践一再告诫我们，如果在理解上出现偏差或在工作中把握不当，有利条件本身就可能成为"陷阱"。例如，一些地方企图依赖外资建立长期稳定的经济结构，忽视了培育本地企业的重要性。有了"引进"这一省力、省时的技术来源，一些企业便产生了技术依赖，放弃了对自主创新力量的积累。

现在，一些中国龙头企业正在成为跨国公司捕捉的对象。它们抓住中国企业缺乏软实力的致命弱点，以强大的技术实力、品牌影响力和对全球产业链的控制力，通过并购、代工等多种形式轻易地将中国企业多年积累的硬实力收入自己的体系，以消灭一个个潜在竞争对手。徐工、娃哈哈、南孚等案例已经引起全社会的关注。如果中国各个行业的龙头企业一个个被跨国公司"摘了桃子"，那么中国具有国际竞争力的企业又从哪里产生？

中央提出提高对外开放水平，其中应有之义就是要改变"重引进，轻利用"的现象。在引进技术、引进外资、接受产业转移时要更加注意实现我们的目标；国家在制定开放政策时应更加注意培植本国企业的自主创新能力，更加注意培育本国产业和企业的竞争力。曾经发挥了重要作用、取得很好效果的政策正面临调整和完善。例如，到现在，技术引进的政策比较完善，而自主创新的政策却存在缺陷；利用外资的政策比较完善，而促进本地企业特别是民营企业发展的政策却存在缺陷；吸收发达国家产业转移的政策比较完善，而企业"走出去"的政策却存在缺陷。

韩国和中国台湾地区很成功的一点是，在引进技术的过程中培育出了自主创新的能力；在利用外资的过程中培育出了以本地资本为主体、具有国际竞争力的公司；在接受国际产业转移的过程中锻炼出了高素质的职工队伍，使本地产业融入国际分工体系，形成产业聚集效应；在参与全球竞争的过程中造就了世界水平的企业家，并由他们打造了具有世界影响力的企业。这是很值得我们借鉴的。

现代企业制度提出的背景[*]

（2008年4月16日）

1992年党的十四大提出，"我国经济体制改革的目标是建立社会主义市场经济体制"。重要的内涵是指"使市场在社会主义国家宏观调控下对经济资源配置起基础性作用"；"通过价格杠杆和竞争机制的功能，把资源配置到效益较好的环节中去，并给企业以动力和压力"；"运用市场对各种经济信号反应比较灵敏的优点，促进生产和需求的及时协调"。

党的十四大报告在建立新体制应认真抓好几个相互联系的重要环节中，把企业改革放到了第一位，并指出："转换国有企业特别是大中型企业的经营机制，把企业推向市场，增强它们的活力，提高它们的素质。"

从党的十一届三中全会到党的十四大的14年间，企业外部环境和企业发生了巨大变化，企业改革逐年深入。从1979年起，国家就提出要扩大企业自主权，通过简政放权、减税让利，增强企业的自我积累能力和发展活力。1981年试行承包制，朝政企分离迈出了可喜的一步。1982年，提出了"利改税"的方案，在一部分企业中试行。1983年提出发展企业间横向经济联合，鼓励组建企业集团，实行产业结构和组织结构调整，开始实行"拨改贷"。1985年在上海开始股份制试点，探索新的企业组织形式。1986年颁布了《中华人民共和国企业破产法》，为实行优胜劣汰创造了条件。1987年，决定在全国普遍推行承包制，全国性的第一轮承包开始。1988年颁布了《中华人民共和国全民所有制工业企业法》，使国家对企业的管理、国家与企业的关系逐步走上法制化的轨道；同年还设置了国有资产管理局，着手研究国有资产的管理问题。1991年专题召开了中央工作会议，把国有企业的改革转向更深层次，即政府转变职能，企业转换机制，把企业推向

---

[*] 本文是作者于2008年4月16日撰写的一篇回顾文章。

市场；同年开始了税利分流的试点。1992年颁布了《全民所有制工业企业转换经营机制条例》，把中央工作会议上所确定的政府转变职能、企业转换机制、把企业推向市场这个企业改革任务加以具体化，形成了一个可操作性的文件。

通过十几年的改革，国有企业的状况发生了较大变化，一批企业的活力得到明显的增强，如首钢、宝钢、吉化、上海二纺机等，使我们看到了国有企业改革和发展的希望。另外，一些企业集团如东风汽车集团、赛格集团、熊猫电子集团、东方电气集团等得到了较快的发展，使我们看到了以企业为主体调整和改造产业结构的希望。企业状况的变化还表现为企业适应市场的能力有了明显增强，一些企业开始走上多元经营，也有一些企业开始跨国经营，还有一些企业试行股份制，引进外资进行嫁接。

但是，国有企业不适应经济改革和发展形势的状况依然严重，很多国有企业的状况堪忧。1993年8月，江泽民同志在大连召开的华北、东北地区部分大中型国有企业座谈会上指出：近年来，国有大中型企业在发展中出现了历史包袱大，潜亏和亏损挂账严重，债务负担、人员负担、企业办社会负担重等问题。加之企业产品结构和组织结构不合理，技术装备落后，产品老化，使一批国有大中型企业缺乏竞争力。主要表现为以下方面。

（1）企业补偿不足，设备老化。这是计划经济体制遗留下来的问题。国有企业维持简单再生产的折旧本来就提留不足，还要上交，后来又要上交"两金"，这样，企业连简单再生产都难以维持，只好吃老本，设备老化。据对辽宁老企业的统计，设备达到当代水平的不足5%，相当一部分"老掉牙"的设备超期服役；企业的固定资产净值逐渐减少。天津做过统计，固定资产净值率大约是60%。

（2）注资无源，债务沉重。在实行"拨改贷"以后，有许多重大的企业改造、建设项目全部靠贷款，没有资本金注入，企业债务包袱逐年沉重。《中华人民共和国中外合资经营企业法》规定，合资企业注册资本不得少于1/3，这就是说企业建设和重大改造一定要有本金，而国有企业却是在做"无本生意"。企业流动资金也没有来源。据统计，1981年国有企业自有流动资金占流动资金的64%，到1991年只有20%。去年国有企业的留利只有220亿元，而流动资金的利息却达350亿元。专项基金贷款余额大约是4500亿元，每年连利息都难还清，更不用说还本了。企业普遍反映，不改造没有后劲，要改造就背包袱，两条路都走不通。

（3）历史包袱成堆，亏损挂账严重。国有企业去年亏损额虽有所降低，但仍有289亿元，多年累计的潜亏和亏损挂账大约有1300亿元，其中很多和过去计划经济的政策有关，如价格倒挂、企业不合理负担等。

（4）企业的社会包袱严重。企业多余人员社会不能消化，职工子女就业也由企业负担，现在东北老企业的离退休人员相当于在职人员总数的20%~25%。不少大型企业除火葬场外几乎什么社会职能都有，生老病死全要企业包下来，企业所在地方的医院、学校，甚至公、检、法、消防、国防，企业都要负责，"小社会"办得相当彻底。

（5）税赋沉重，企业效益下降。目前对不同所有制企业采用不同的税收办法，国有企业税赋最重，实现的利税中上交国家的逐年增加。有资料表明，每100元销售收入中，国有企业上交11元，集体企业上交6元，三资企业上交4元。

（6）企业内部机制落后，管理不善。国有企业在原计划体制下可以维持生产，但难以适应市场经济的变化。有人这样描述国有企业："背着老的，抱着小的，扛着国家，拖着社会，老态龙钟，步履蹒跚。"所以，国有企业一进入市场，一系列矛盾都暴露无遗。

江泽民同志指出，造成这种状况的原因是多方面的，最重要的是体制方面的原因。

——市场发育程度不断提高。1984年10月党的十二届三中全会提出"社会主义经济是公有制基础上的有计划的商品经济"；1987年党的十三大再次肯定了"有计划的商品经济"，并提出"国家调节市场，市场引导企业""私营经济一定程度的发展，有利于促进生产，活跃生产，扩大就业，更好地满足人民多方面的生活需求，是公有制经济必要的和有益的补充"。这些重大的理论突破，促使一连串的以市场为取向的经济体制变革加快。一是指令性计划涉及的范围迅速缩小，国有企业产销中通过计划实现的部分已由80%~90%降到10%~15%。二是价格逐步放开，如生产资料方面，1992年之前，国家控制的价格有737种，1992年下半年已降到89种；1990年生产资料市场中国家定价的部分是44.6%、国家指导价的部分占

19.0%，到 1992 年，国家定价部分降到了 20.0%。消费品的价格已基本上放开，在企业的营业额中，指令性价格部分已降到 15% 以下，粮食价格也逐渐放开。三是商品"票证时代"已经过去，商品市场形成，生产资料市场逐渐建立，证券市场开始推出。在供需关系上，在某些领域开始出现买方市场。四是乡镇企业异军突起，民营经济得到了发展，三资企业在沿海开放地区发展。市场竞争的形势逐渐形成。

——政资不分、政企不分、所有权经营权混淆的状况没有改变。当时的政府经济职能，大体上表现在两个方面：一方面，政府是社会资源分配的主体，通过计划分配各种资源，通过资源配置来管理经济；另一方面，它又是国有企业的经营主体，企业重大经营决策的权力实际在政府，实行国有国营。政府集这双重身份于一身，就造成了许多弊端。当它行使政府职能的时候，必然要照顾企业，对国有企业显得过于宽厚。而在考虑企业发展的时候，又把企业作为行使职能的一种载体，把很多社会责任加到企业头上。在计划经济体制下，从组织结构设计上就是政企不分的。国家就像工厂调度生产一样来行使国家权力，来管理企业，整个国家很像一个大工厂。而每个企业又有与政府相对应的机构，行使大量社会职能，很像个"小政府"。中央、地方和企业在面貌上都像"国家"，而管理手段又都像"工厂"；国家和企业的财产边界不清、经济责任不清。因此，这是政企不分，也是企政不分。

——国家与企业的财务关系不规范。到 1992 年，实行经营承包制的国有企业占总数的 85% 以上。1983 年普遍实行"利改税"，由于生产要素的计划分配和价格扭曲，加之各个企业"销售自主权"不同和价格双轨制，行业和企业之间利润水平差距很大。政府不得不对大多数企业加征了一户一率的调节税。税率可以不同、留利比例可以协商，这就导致企业与政府无休止的讨价还价。制定承包协议时企业状况差，承包基数低，以后日子就好过，反之日子就不好过。这就弱化而不是强化了企业的财务约束，也弱化了引入利润留成所产生的激励作用。

——企业办社会造成企业身份的不确定性，使企业具有明显的非经济组织特性。

关于股票期权的几点政策思考[*]

(2008年6月3日)

几年前改制上市的大型国有企业,部分实行了股票期权激励,近期已经到了行权期。期权持有人可能获得不菲的期权收入,引起了社会的关注,也引发了一些争议。股票期权激励符合市场化改革方向,是企业改革的一项重要突破。但这又是一个政策性很强的新事物,需要不断总结经验,从公司治理和政策环境、市场环境等方面为用好这一有效激励工具创造条件。

(1)薪酬性股票期权是20世纪中期兴起,80年代之后在西方国家大公司中流行起来的一种激励方式。它是利用股票价格涨落对公司经营者绩效的度量作用,对他们进行评价和激励。很多公司的实践证明,这是一种有效的长期激励方式。1999年党的十五届四中全会通过的《中共中央关于国有企业改革和发展若干重大问题的决定》从理论上解决了职工和经理人持股的问题,为实行股票期权激励奠定了基础。

(2)股票期权的激励,是在股东大会认可的条件下,董事会与公司管理层的一个约定。即后者在未来一段时间或某一时点,以约定的价格、约定的数额购买本公司股票的选择权。

股票期权对于现阶段中国是一种可选择的激励方式。国家投资企业的职业经理人既非出资人,又存在信息不对称因素,如果不能建立起一套公司发展与经营者切身利益密切相关的机制,则存在不尽职尽责的道德风险。股票期权是与公司价值相联系的中长期、存在不确定性的收益,是与经营者努力程度和贡献相关的预期。中国处于体制转轨时期,高水平经理人是

---

[*] 2002年,国务院发展研究中心与中国证监会共同设立了一个关于股票期权激励机制的课题。这一制度在被逐步引入上市公司后,产生了较好的效果。但当一部分股票期权到了行权期时,社会上出现了一些争议。本文是2008年6月3日针对此种现象写的一篇文章。

极为稀缺的资源。但是我们不具备以国际人才市场上的"价码"聘用人才的条件。由于中国经济的持续快速增长，很多中国企业具有高成长性。此时引入股票期权激励方式就更具有积极意义。一是股票期权给经营者戴上了"金手铐"，使经营者为获取自身利益的努力与提高股东回报水平相一致。有利于降低监督成本、克服短期行为、稳定经营者队伍。二是有股票期权的强激励，货币工资即便保持在一个适度的、与其岗位相称的保障性底线，也能产生足够的激励强度。三是股票价值上升，所有股东受益，与此同时，对公司成长有决定作用的经营者从股市（而不是公司）中分享一部分利益，有其合理性。他们分享的是公司"增长的利益"，没有"吃老本"，比较容易被社会接受。

（3）股票期权是一种市场化的激励工具，实行股票期权激励是有条件的。除法律、税收等政策环境之外，一是有较好的公司治理。激励的主体是投资者，激励的对象是公司的经营团队。所有权到位，建立所有者与经营者的正常关系是一个基础条件。二是有比较健全的经理和专业人才市场，建立起市场化配置和评价经理人的平台。三是有比较成熟的资本市场。包括完整的相关法律制度和会计准则等，以及透明程度较高的公司信息披露制度等，使股票价值能反映公司的基本面。目前，如上的基本条件建设已经有了一定的基础，但尚不健全。

（4）薪酬激励制度的实质是企业人事制度，即人事制度决定激励制度。现行国企高管的人事制度是双轨制，即行政选拔任用与市场化选聘并存，以前者为主。

行政选拔任用的经营者受到三重激励：一是货币性工资、奖金；二是职务消费、福利和社会保障；三是岗位稳定和职位晋升。能获得行政任命的都是体制内的人员，一旦成为体制内的高管，实际上就得到了某种承诺。只要不犯大的错误，就没有"岗位"和职务的后顾之忧；还可以按年限等规则晋升和调动。这里有企业内的职务晋升，更有比照政府公务员级别的晋升，显得更加珍贵。因此，与市场评价相比，他们更看重的是体制内的评价和激励。

市场化选聘的经营者受到三个因素的激励：一是承担经营的资产规模的大小和所在行业、企业的发展前景；二是与人才市场价格相比，满意的薪酬水平；三是由投资者的信赖和岗位重要性所表现的自身在人才市场上的价值。这样的经理人没有"铁交椅""铁饭碗"的保障，他们的进出、升降都是他们与雇用方按市场原则谈判和选择的结果。因此，职业经理人更看重的是市场评价、激励水平和自身的市场价值。

（5）近年来，大型国企管理层股票期权行权问题引发的争论主要反映在两个方面。一是对行政任命的经营者在保持原有激励机制的情况下，再叠加一重市场化激励，社会舆论难以认同。二是垄断行业存在很多非经济因素，是市场很难评价的领域。这类企业股价的涨落与经理层贡献之间具有较弱的相关性，使用基于市场评价的股票期权激励方式，就显得有欠妥当。

（6）原则上讲，对行政选拔任用的经营者，很难使用市场化激励工具。凭着一纸红头文件就能获得很高收入，很容易引起社会质疑。企图通过"从严从紧"控制、"期权收入封顶"、设置"业绩约束"等措施，克服实施股票期权计划出现的问题，不大现实。不仅这种"变了形"的股票期权还有多大激励作用令人怀疑，而且由此可能引发更多的矛盾和问题。当前，国企实施股票期权计划必须改善公司治理结构和深化垄断行业改革。而这两者正是国有企业进一步改革的重要内容。与其以扭曲"股票期权"来适应传统的用人机制和垄断行业，不如进一步深化企业人事制度改革，完善公司治理结构，加快垄断行业的改革，创造对经营者进行市场化激励的条件，包括股权激励的条件。

（7）关于"过度激励"。有人担心股票期权持有人收入过高，因此提出"期权收入封顶"的政策方案。股票期权收入有很大的不确定性，如果上要"封顶"，那么下要不要"保底"？更重要的是"期权收入封顶"造成一种导向，即股票升值达到"封顶"的限度，经营者就不必再做努力。带来的结果是公司价值的封顶、股东收益的封顶。到头来吃亏的还是投资者。

情况表明，现在，在依法经营、照章纳税的情况下，通过高水平的经营运作以货币资本或实物资本，获取较高的回报，社会已逐渐接受。例如，一些成功的房地产商，甚至炒股能手。但是，以智力资本、经营管理能力，在创造良好经营业绩的同时获得较高收入，似乎大家还不能接受。在中国经济发展的洪流中，职业经理人是一种极为宝贵的资源，正可谓"千军易得，一将难求"。目前，我们对高水平职业经理人的社会价值还缺乏广泛认同，这是认识落后于形势的表现。随着市场经济的进一步成熟，这种社会认识会逐步改变。

（8）建立股票期权激励机制需要一个试验和探索的过程。股票期权激励的奥妙在于期权持有人的利益与股东利益的一致性。期权持有者为获取自身利益的努力将使股东获得更大的利益。现在，股东担心经营者期权收入过高，这是一种特别奇怪的现象。在正常情况下，股东绝不会担心经理人因期权而"发财"。因为只有期权持有人发财，股东才能发更大的财。我们的问题出现在哪里？对于那些有争议的案例，可以研究的是，它的公司治理和行业垄断程度是否适用于市场化评价和激励？期权计划是否得到了股东认同和批准？它是内部人控制"自我激励"的产物吗？如果不是，那么期权授予的总量和分配是否合理？行权价定得是否妥当？

现代企业制度破解了公有制
与市场经济结合的难题[*]

（2008 年 10 月 14 日）

改革开放后，我从不同层面参与了国有企业改革的全过程。其中影响改革全局、影响深远的是 1993 年党的十四届三中全会关于现代企业制度的理论突破。

1993 年党的十四届三中全会通过的《中共中央关于建立社会主义市场经济体制若干问题的决定》指出，"以公有制为主体的现代企业制度是社会主义市场经济体制的基础"。这是党在十四大确立社会主义市场经济体制改革目标后，在总结此前经济体制转轨和国有企业改革经验基础上做出的重要论断。

一 公有制与市场经济结合的难题

80 年代初，农村改革首先取得突破，改革迅速向城市扩展。人们很快认识到了国有企业改革的极端重要性。1984 年党的十二届三中全会提出"增强企业活力是经济体制改革的中心环节"。在之后的 20 多年间，几乎所有涉及经济体制改革的重要文件都一再重申"国有企业改革是经济体制改革的中心环节"这一重要判断。

计划体制和国有企业是中国传统经济在宏观和微观层面的两大支柱。由于两者有紧密的依存关系，无论是计划体制转型还是国有企业改革，哪一个都不可能一步到位，只能左脚迈一步，右脚再迈一步。

到 1992 年，单一的计划经济体制已经被打破，市场配置资源的作用明

---

[*] 本文是作者于 2008 年 10 月 14 日撰写的一篇回顾文章。

显增强。一方面，指令性计划涉及的范围大幅度缩小，国有企业产销中通过计划实现的部分已由80%～90%降到10%左右。另一方面，消费品的价格已基本放开。在生产资料中，国家控制价格的产品由1992年前的737种，降到1993年的89种。在企业的营业额中，指令性价格部分已降到15%左右。

与此同时，企业改革的措施发挥了作用。简政放权、减税让利的政策增强了企业活力；经营承包责任制激励企业创造效益；《中华人民共和国全民所有制工业企业法》和"利改税"政策着手划分政府与企业的关系；《中华人民共和国破产法》和多种所有制经济竞争的形势增强了国有企业改革的压力和动力；《全民所有制工业企业转换经营机制条例》扩大了企业的自主权；政企分开、所有权与经营权分离的命题反复提出，促成了社会的共识。

但是，这些终究是在传统体制框架下的改进。产权不清、政企不分、责权不明、机制不顺、效益不好的状况并未根本改变，传统国有经济实现形式无法适应逐步市场化的外部环境。到1992年，国有企业亏损面在1/4和1/3之间徘徊，加上潜亏就要超过50%，企业效益指标跌至历史最低或较低的水平，很多国有企业的状况令人担忧。

国有经济涉及国家基本制度，具有高度敏感性，在1992年以前的14年间，尽管采取了简政放权、减税让利等多种改革措施，但是，有关企业的所有改革还没有触动传统产权制度，企业制度也受其制约而没有实质性突破，国有企业改革还带有很大的局限性，国有企业与市场经济不相融的问题没有解决。主要表现在以下方面。

（1）从1979年国务院发布扩大企业自主权的若干规定，到1992年出台《全民所有制工业企业转换经营机制条例》，简政放权已经走到极致。但是，这是在没有清晰界定政府与企业的财产关系、权能边界，所有权与经营权混淆的情况下向企业的放权。当为增强活力向企业放权时，往往把某些所有权一起下放；当发现企业滥用权力而向上收权时，又把企业的经营权一并上收。这就在政府与企业之间的权力划分上，陷入了周而复始的"一放就乱、一收就死、一死就放"的循环。

（2）在产权不清晰的情况下，试图通过承包制清楚地划分国家和企业的责权利关系。承包制是"一厂一策"、讨价还价、区别优惠的办法，带有很强的不确定性和随意性。企业"政策寻租"的好处远远大于改善经营管理。这就引导企业千方百计地从政府那里寻找政策机会。出现了国有企业"假三资""披羊（洋）皮"、民营企业带"红帽子"等现象。强化了企业的短期行为，扰乱了市场环境。

（3）随着外资企业和民营企业的出现，利益主体多元化的格局逐渐形成。在多种所有制经济的交易中，国有企业所有权缺位的问题进一步显现。此时，国有经济面临两难选择：为提高效率，就要改善国有经济布局和企业结构，但产权流动往往伴随资产流失；如果为防止流失，禁止产权流动，那么低效资产、低效企业连同与这些资产和企业捆绑在一起的职工的困境就无法改变和确解。

（4）所有权缺位，从企业制度上无法保障所有者权益。国有企业的相关者，无论是政府部门、厂长经理，还是职工，都想从企业中分享更多的权力，但在企业内外无人真正关心资产收益，并承担产权责任。企业制度上的缺陷为"内部人控制"留出了空间。

（5）"政府办企业、企业办社会"，构成了双向的"政企不分"。政府像董事会一样决策企业事务、像调度生产一样管理企业，整个政府就像一个"超级企业"；企业则像政府一样保障职工的就业、住房，保障职工子女的上学、就业，就像一个"小政府"。企业领导人员既是经营者，又有行政级别，是小社会的管理者，他们的身份不确定，追求的目标多元化。职工及其家属没有社会保障，把企业作为自己生老病死唯一的依托。这不仅造成国有资产被蚕食，而且导致产权不能流动、人员不能流动，结构性矛盾不断积累，国有企业的低效率越发明显。

二 现代企业制度在中国经济体制改革中有特别重要的地位

建立社会主义市场经济体制涉及诸多方面问题，其中一个绕不过去的就是市场主体建设问题。

为使市场配置资源，除价格真实反映商品和生产要素的短缺程度，建

现代企业制度破解了公有制与市场经济结合的难题

立公平的、有法律保障的市场平台之外，构造千万个各自独立的市场主体就是最为关键的一步。非公经济和自然人是独立的主体，这是不容置疑的。而在庞大的国有经济范畴中能否构造、如何构造众多各自独立的市场主体呢？

在传统体制下，国有企业产权不独立、决策不独立，没有盈亏的责任。在"国有国营"的制度体制下，企业的"计划国家统一下达，材料国家统一调拨，产品国家统购包销，财务国家统收统支"。占城市经济80%以上的国有经济实际上是由政府操控的一个主体。

掌握公共权力的政府又是庞大的国有经济唯一的主宰，市场经济体制怎么建立？庞大的国有经济是一个主体，其他市场主体怎么参加竞争？因此，当时国内外舆论普遍认为，国有经济对应的只能是计划经济体制；选择市场经济就只能私有化。

在起草党的十四届三中全会通过的《中共中央关于建立社会主义市场经济体制若干问题的决定》（以下简称《决定》）时，江泽民同志几次提出并要参与起草的同志回答的重大问题是：公有制、国有经济与市场经济能不能结合？怎样结合？

实际上当时我们面临严峻的政治选择。在公有制、国有资本的范畴，如果能找到与市场经济对接的新的实现形式，构造出独立的市场主体，那么我们就可以实现社会主义市场经济的建设目标。如果找不到公有制、国有经济与市场机制的结合点，要么为坚持公有制、国有经济，只好退回到计划体制；要么为坚持利用市场机制，提高资源配置效率，就得私有化。显然，这些都是我们不愿接受的结果。

1993年党的十四届三中全会放弃了通过简政放权、减税让利和对不同所有制企业轮番进行政策调整搞活企业的思路，提出以产权制度改革和企业制度创新建立市场经济微观基础。《决定》指出，以"产权清晰、权责明确、政企分开、管理科学"为特征的现代企业制度是国有企业改革的方向。即通过创新国有经济实现形式和国有产权制度改革，实现国有经济与市场体制的融合。这是我们建设社会主义市场经济体制理论的重大突破，是向建立社会主义市场经济体制迈出的具有重大意义的一步。

企业制度是微观经济的制度基础。企业制度不仅仅指企业内部的组织制度和管理制度，更是在市场中调节诸多利害相关者关系的制度安排。这里包括界定和调整企业与投资者（包括国家投资者）、企业与经营者、企业与债权人、企业与企业、企业与金融市场、企业与职工、企业与社区，以及企业和消费者等企业内外复杂的关系。从这个意义上说，企业制度是一种社会生产关系。

基于现代企业制度在建立社会主义市场经济中的特别重要地位，《决定》做出了一个非常重要的理论判断："以公有制为主体的现代企业制度是社会主义市场经济体制的基础"。

通过企业制度创新和配套改革，我们必须解决的问题是：如何将有国家投资的企业构造成一个个独立的市场主体；这些脱胎于旧体制的"市场主体"能否在市场环境下生存；它们的市场定位和发展空间在哪里。

《决定》描述了现代企业制度的基本特征，包括："企业中的国有资产所有权属于国家，企业拥有包括国家在内的出资者投资形成的全部法人财产权，成为享有民事权利、承担民事责任的法人实体"；"企业以其全部法人财产，依法自主经营，自负盈亏，照章纳税，对出资者承担资产保值增值责任"；"出资者按投入企业的资本额享受所有者的权益，即资产受益、重大决策和选择管理者等权利。企业破产时，出资者只以投入企业的资本额对企业债务负有限责任"；"建立科学的企业领导体制和组织管理制度"。

三 现代企业制度的改革意义

现代企业制度是对传统国有企业制度的一次伟大革命。以"产权清晰、权责明确、政企分开、管理科学"为特征的现代企业制度广泛吸纳了现代公司的发展成就，解决了公有制、国有经济如何适应市场经济的一系列重要问题。

现代企业制度具有重要的改革意义。

（1）现代企业制度在确认企业法人制度和法人财产权这两个方面的突破，为国家投资的企业成为独立的市场主体奠定了基础。

（2）现代企业制度引入了产权的概念，这就改变了政府与企业的"行政隶属关系"，转而以法定形式规范投资者与企业的产权关系，为政企分开创造了条件。

（3）所有者（代表）依法进入企业，在企业内建立权力机构、决策机构、执行机构，形成科学的法人治理结构，为所有权与经营权分离以及企业作为一个市场主体独立决策、运营、管理创造了条件。

（4）有限责任制度使公司以全部法人财产对自己的债务承担责任，这就从根本上改变了"企业负债、国家兜底"的状况；投资者责任的有限性降低了国家投资者的风险，使所有权不干预经营权成为可能。

（5）股份制的财产组织形式，使国有资本获得了流动性，可以根据政府意志方便地进行有进有退的布局调整，也为引进非公有股东、发展混合所有制经济创造了条件。

（6）现代企业制度打破了国企依赖政府投资的格局。经营状况良好、有发展前景的企业，可以通过多种渠道迅速融得资金，有利于做强做大、培育以本国资本为主的世界级企业。财政资金则转向公共领域。

15年以后再来看，国有企业按现代企业制度改制、深化国有资产管理体制改革的方向是完全正确的，但改革的进程是艰难和曲折的。现在的企业状况已经有了很大变化，但并不意味着国有企业改革已经大功告成。研究总结中国企业改革30年的历程、经验，可以为展望未来提供借鉴。

进一步改革国有资产管理体制[*]

(2008年10月20日)

　　国资委自成立以来,向集中统一行使所有权的方向跨进了一大步,但还没有从"管企业"转换为"管资产"。国资委为"行使国家所有权"的机构,改革还没有到位。

　　"国有资产法"的设立已经提上日程,但实际上现在还不具备条件。如果把带有明显过渡性的国有资产管理形式通过立法加以固定,就将对日后的改革造成障碍。

国有资产管理体制改革涉及国家基本经济制度,是一个十分敏感的问题,中央采取了非常审慎的态度。直到2002年党的十六大明确了国有资产管理体制改革的指导原则,才把这项改革推进到了可实施阶段。国务院国有资产监督管理委员会自2003年成立以来,做了大量卓有成效的工作。改变了国有资产多头管理、无人负责的状况,有力地推进了国有企业重组和改制,对解决历史遗留问题发挥了重要作用,向集中统一行使所有权的方向跨进了一大步。

"国有资产法"的设立已经提上日程,但绝不应把现在带有明显过渡性的国有资产管理形式通过立法加以固定。认真总结党的十四届三中全会以来特别是国资委成立以来的经验,明确进一步改革国有资产管理体制的要点和任务,有利于明晰和理清"国有资产法"的立法宗旨和思路。

一　现行国有资产管理带有明显的过渡性

　　(1) 国资委成立前没有经历类似银行系统设立资产管理公司、处理历

---

[*] 本文是2008年10月20日,作者撰写的一篇政策建言,送《财经》。

史问题的阶段。2003年国资委成立时，国有企业刚刚经历了"三年脱困"，尚有大量历史遗留问题，如冗员多、债务重、办社会等现实问题必须处理，而解决这些问题的职能和资源都在政府。这就使国资委不得不以"国务院特设机构"的身份在政府与企业之间进行协调，并用行政的办法领导处理这些问题。

（2）国资委面对的几乎全是尚未改制的、按《中华人民共和国全民所有制工业企业法》注册的传统国有企业。这就使国资委承担着繁重的指导企业进行结构重组和公司制改制的任务，不具备立即"行使股东权利""运营国有资本"的条件；只能按政府授权，通过"管人、管事、管资产"，"管理"国有企业。在此期间，在国资委与国有企业关系上，行政性色彩基本没有改变，行政纽带强于产权纽带。

（3）国资委与金融系统的汇金公司不同，从财产关系上看，其下属企业的国有资本没有注入国资委。无论是在法律上还是在工商注册层面，国资委都不是"法人实体"，没有运营国有资本的主体地位，企业国有资本持有者是谁的问题还没有真正解决，有效的国有资产委托代理关系尚未建立。通过正式或非正式的"授权经营"，实际上国家把国有资本运营的权能下放给了企业，使企业自己成了自己的老板。

（4）国资委把各个部门的多头管理，变为集中统一管理，改变了"九龙治水"的局面，这是国有资产管理的一大进步。但是，国资委是国有资本的管理者，是运营者，还是监督者，还无法准确定位。在政府层面，国有资本的管理职能、运营职能及监督职能的划分尚不清晰，权责尚不到位，有效的制衡机制尚未建立。

很明显，随着形势的发展，现行的国有资产管理方式面临向更加适应市场经济的管理体制转型。

二 进一步改革国有资产管理体制着重解决四个问题

国资委按《企业国有资产监督管理暂行条例》的规定，在推进国有资产优化配置、指导和促进国有企业改制、指导和协调解决国有企业的困难和问题，以及探索有效国有资产经营体制和方式等方面付出了巨大努力，取得了积极进展，并积累了宝贵经验。在此基础上，应着手向更加完善的国有资产管理体制过渡。

按照党的十五大的界定，国有资产管理体制包括国有资产的管理、运营和监督三大部分。这是全面履行国家出资人职责的三个性质完全不同的领域，应由不同机构负责。应按照党的十五大的要求建立起权责分明、有制衡关系的国有资产管理、运营、监督体制。

（1）完善国家所有权委托代理体制。国有资产管理体制改革的一个要点，是由以行政方式"管理企业"，转向以资本形态管理和运营国有产权。而国有产权的管理需要通过一系列委托代理关系才能实现。由于资产数量庞大、涉及复杂的利益关系、委托代理的链条又很长，需要建立一套严格的法律制度，分层明确委托主体和受托主体、明晰委托财产的边界、明确双方的责任和权利，保障委托代理的有效性。例如，国家（财政部）将国有资本注入（一个或几个）国有资本投资控股公司（后称国投公司），国投公司将国有资本注入国有独资公司、国有控股公司和参股公司。财政部和国投公司分别建立资产负债表，形成可以量化评价和可追溯产权责任的体制和机制。

（2）构建国有资产管理的体制框架。国有资产的管理职能和监督职能由政府机构承担；设立国投公司，受政府委托，运营国有资本，对持股的企业集中统一行使国家所有权，使国有企业与国家由"行政关系"转变为"股权关系"。

（3）厘清国有经济的定位和布局政策，对国有资本做有进有退的调整，优化国有资本布局。国有资本由覆盖各行业、各领域，向国家必须控制的行业和领域集中；国有资本从分布于庞大的国有企业群，转向控股重要企业，减少国有资本涉足的领域和企业的数量，发挥非公经济不可替代的作用。

（4）国有企业进行整体改制，国投公司持有股权，依《中华人民共和国公司法》以股东方式行使出资人权利、履行出资人职责，实行所有权与经营权分离。企业拥有法人财产权，在公司治理框架下自主经营、自负盈亏，成为独立的市场主体。

三 建立健全国有资产管理、运营、监督体制

（一）完善国有资产的管理

如国有资产的立法，建立关于国有资产的资产负债总表，制定国家所有权政策、国有资产战略布局和结构调整政策，编制国有资本经营预算，以及国有产权的界定、会计制度、统计、稽核、评估和纠纷协调等。这些属于国有资产的公共政策、公共权力和公共管理的范畴，可由现在的国资委转型后负责，形成全国上下的管理系统。

（二）对国有资本的运营

中央和地方政府分别注资，按《中华人民共和国公司法》，经工商注册分别成立国有资本运营机构，即独资国投公司。国投公司是国有资本的运营机构，有独立的法律地位、建立有效公司治理、承担经济与法律责任。它处于政府与市场的"界面"，是实现政资分开、政企分开和所有权与经营权分开的最重要的"节点"。国投公司经营运作的目标、国有资本"进"和"退"的原则应遵循国有资本经营预算和国有经济布局调整政策，体现政府意志；而经营运作的操作应按照市场方式、遵循市场规则。

（三）对国有资本运营的监督

政府授权监督的部门，如财政部、审计署对受托国有资本运营状况、运作的合规性进行审计监督。

四 国有资本投资控股公司的权能

（1）编制受托财产的资产负债表、现金流量表和损益表，改善资产负债结构，保护受托国有资本的安全。

（2）通过参与制定和执行国有资本经营预算，使受托国有资本在不同行业和领域进行有进有退的调整，优化国有资本布局，发挥非公资本不可

替代的作用；保证国有及国有控股企业在某些重要行业、关键领域的控制地位。

（3）推动所投资的企业进行公司制改制，以"积极的股东"身份，参与投资企业的公司治理，监督投资及控股企业财务报告的真实性，形成内部化的财务预算硬约束机制，保障国有资本的权益。

（4）以资产收益和现金收入处理不良债务，补充职工的社会保障基金，消化国有企业历史遗留问题。

（5）向本级政府（股东）报告受托资产状况和其他重大事项，条件成熟时应向公众披露。

（6）接受财政和审计部门的监督。

现实的一种可选择方式是，及早设立国投公司，在国资委推动下，财政部将条件成熟企业的国有资本注入国投公司，对这个企业进行整体改制，并按《中华人民共和国公司法》重新登记。由国资委"管理"的企业成熟一个，向国投公司持股的公司"转移"一个。与此同时，国资委逐步向国有资产管理部门转型。

国有资产流失，在前一段时期是较为突出的问题。在国资委加强管理后情况已经变化，现在已经不是主要问题。从长远来看，国家是特殊所有者，国有资本是政府掌握的特殊资源。它存在的价值在于保障国家的政治和经济安全、支撑经济健康发展。因此，政府之所以投资和拥有企业，重要的是更好地实现公共政策目标，关键的是优化国有经济的布局和提高国有资本的效率。而做到这两点需要建立一系列法律关系，绝不是用保值增值所能概括的。目前，国资委下面第一层国有企业基本尚未改制，国有资产管理还处于改革和变动之中，研究准备不足、经验积累不够；金融国有资产管理与产业国有资产管理走的两条路，还没有趋向一致，国有资产的立法应给下一步改革留出足够的空间。

经济回落时产业和企业该做什么？*

（2008年11月20日）

2008年11月20日和25日，国务院总理温家宝在中南海主持召开经济专家和企业界人士座谈会，听取对当前经济形势和宏观经济政策的看法和建议。国务院副总理李克强、回良玉、张德江、王岐山，国务委员兼国务院秘书长马凯出席会议。

面对当前形势，从产业和企业角度，可以考虑有两个政策重点：一是培育企业的创新能力，转变增长方式，实现产业升级；二是加快企业并购重组，制定和实施产业振兴计划。

产业升级、企业重组需要经济驱动力。目前，市场约束增强，优胜劣汰作用强化，产业和企业的结构性矛盾暴露得更加充分，倒逼产业升级、企业重组的形势已经形成。这个时候企业和职工的承受能力也较强。在市场红火时政府想做却很难做的事，现在出现了机会，国家以较少的政策和资金投入就有可能产生较大的效果。

因此，国家在采取政策措施帮助企业克服短期困难的同时，更重要的是下大功夫创造更加良好的发展环境，支持企业实现技术进步、调整产品和市场结构，支持企业的资产重组，实现产业升级。就是说，政府支持企业和产业克服困难，但并不意味着要维护现有产业结构、保护企业的现状。下面讲三点意见。

---

* 本文是作者在2008年11月20日座谈会上的发言，围绕"经济回落时产业和企业该做什么"，谈了三点意见。会前准备发言提纲时，作者就此专门与吴敬琏同志进行了讨论。

一　促进企业并购重组

多年来，经济快速增长、外部环境相对宽松，使多数企业缺乏转变增长方式、实现资产重组的紧迫性。目前，中国很多产业呈现重复、分散、落后的结构，低成本恶性竞争此起彼伏。提高产业竞争力，客观上需要经过一轮并购重组过程，淘汰落后、提高产业集中度。并购重组对于企业来说是一把双刃剑，对于优势企业是低成本扩张的机会，对于劣势企业是存量资产再生的机会。但这里蕴含着巨大风险，需要政府为此创造必要的环境条件。政府可以在三个方面做好工作。

（一）完善企业并购的法律法规

证券法、公司法、破产法修改后，与过去相比，企业并购重组的障碍很多已经消除，而且在并购便利化、降低成本方面都有进步。但是，如公司法规定新成立的公司注册资本中必须有30%的现金、贷款规则规定不能将贷款用作并购资金等尚需进一步研究，或用变通办法减少阻力。

（二）完善企业并购的支撑条件

（1）完善融资条件。除多种形式的股权并购外，并购重组往往短期需要大量资金支持。某些对产业发展具有重要意义的并购，应有政策性融资支持，如来自国家开发银行。国有经济有进有退的调整，应当被纳入国有资本经营预算。发挥产业投资基金、私募基金的作用。

（2）对破产企业实施公司法中的"破产重整"程序是减少损失、减少失业，维护社会稳定的重要途径，应出台司法解释以便于操作。

（3）加快社保体系建设。在并购过程中应允许必要的人员下岗分流。

（三）明确当前企业重组的政策取向

（1）并购重组的政策组合主要针对国内企业间的并购重组。这样的话，风险较易控制。中国企业在走出去跨国并购时应采取更为审慎的态度。

（2）应破除地方保护主义和市场分割。最难改变的是认识上的障碍。

同时,也应改革有关税收政策,合理考虑跨区域并购重组中地方的利益,消除跨区域并购重组的阻力。

(3)大型国有企业辅业十分庞大。这个企业的辅业就是那个企业的主业。要把资产重组与转换机制、有进有退、剥离辅业结合起来。

(4)企业并购重组不应排斥民营企业。如复星公司并购南钢、天钢、海南铁矿等。

(5)外资企业跃跃欲试,想要并购我国各行业龙头企业。经30年积累培育出的龙头企业如果一个个被跨国公司摘了"桃子",那么以中国资本为主的跨国公司从哪里产生?如徐工、汇源、娃哈哈等。应制定政策,鼓励国内企业间的并购。

(6)政府应着力创造外部环境。一般情况下,不要"拉郎配"和过度干预。

二 制定和实施产业振兴计划

淘汰落后生产能力要以振兴有前景的产业为前提。四万亿元可以稳住经济增长态势,但还不能解决优化结构的问题。国务院促进经济增长的十项措施强调,既促进经济增长,又要有利于推动结构调整、增强企业发展后劲。这一指导原则在产业和企业如何落实?如果选准目标、大力推进,一些产业有可能进入世界先进行列。建议选择若干带动能力强、条件成熟的产业,制定和实施振兴计划(方案)。以政府有限的引导资金,带动企业(民间)投资,实现产业升级、技术进步,培育新的居民消费热点。

(一)力争在消费类电子领域有新的突破

大力推进三网合一,推出地面高清电视,推广手机电视。在这些领域已经完成前期技术准备,我们的国家标准在世界上处于领先水平,以此为切入点,我们有可能进入最高层次的国际产业竞争——标准的竞争,拉动电子信息产业迈上一个大的台阶,并形成可持续较长时间的消费热点。一些国家看好我国地面高清电视和手机电视标准,但它们的选用以我国自己采用为前提。在这些领域我们有可能成为技术输出国,并增强话语权。这个十分难得的机会绝对不应错过。

（二）选择一些城市推行电动汽车示范工程

就传统汽车而言我们与国外有很大差距，但就新能源汽车而言差距并没有那么大。在科技部的组织推动下，有自主知识产权的新能源汽车有了很大进步。今年奥运会已有部分电动汽车试用。目前中国高能动力电池达到国际水平，这成了中国的一个强项，每年有大量出口。我国电动汽车向美国出口已近两千辆。台湾地区已向大陆企业订购330辆全电驱动公交汽车。比亚迪插电式复合电动汽车将于明年底上市。迹象表明，中国汽车产业由于存量包袱相对较小，在汽车新动力方面有可能实现一次超越。

三　改善企业发展环境

（1）有控制地改变能源、矿产资源的低税、低价政策。企业转变或不转变发展模式是一个经济问题。在依赖要素低价政策、靠规模扩张可以大赚其钱的情况下，哪个企业也不会平白无故地转变增长方式，多数企业不会冒险进行技术创新。现行的能源和矿产资源的价税政策是落后的增长方式的一个保护伞。即便在目前形势下，只要把握好力度，改革还是可以进行的。应该创造适度偏紧的要素条件，把新一轮增长引向技术进步、淘汰落后、转变增长方式。

（2）政府投资只能起引导作用，避免出现"挤出效应"。应降低利率，鼓励民间投资。

（3）这次扩大内需，包括政府采购和"准政府采购"（国有企业），应体现国内企业优先和支持"首台首套"的原则，包括公平对待国有企业和民营企业。

（4）扩大民间投资准入领域。认真贯彻党的十六届三中全会通过的决定，除国家规定禁止进入的领域外都应允许民间资本公平进入。

（5）中小企业的转型升级是现阶段的必然过程，但是必须指导和告诉它们怎么做。应效仿日本"中小企业事业团"、中国台湾地区"生产力中心"和美国中小企业管理局的做法，鼓励地方政府成立专业机构（非政府组织），为中小企业的结构升级提供诊断、咨询、培训和指导服务，帮助中小企业迈过这个"坎"。

（6）改善科技型中小企业的融资状况。在缺乏国内融资支持的情况下，技术创新型企业一些很好的科技成果，甚至整个公司，不得不寻找国外买主；一些跨国公司围着一些技术创新型企业捕捉技术亮点。这种做法显然对建设创新型国家非常不利。

新一轮经济增长的产业支柱[*]

（2009年1月15日）

中国的实体经济正面临严峻考验。一个基本的判断是，经历这场金融危机后，全球经济的增长机制和产业结构都不可能回归原点；相应地，中国经济的增长机制和产业结构也不可能重复过去。这场危机不仅使中国在快速经济增长中长期积累的诸多产业结构方面矛盾充分暴露，而且促使形成了推动产业升级的强大外部力量。

在国内经济基本面尚好的情况下，面对严重的经济下滑，政府政策必须兼顾短期效应和长期效果。启动基础设施投资，风险较小，增加需求的效果来得较快，能发挥应急作用，但是仅此并不足以为经济增长树立稳固的产业支柱。重要的是及时发现、培育和尽快启动若干新的产业领域，替代增长乏力的旧领域，形成新的产业投资和市场热点。

一 传统的经济增长的产业支柱正进入调整期

较长时期以来，推动中国经济快速增长的主要是工业，其中钢铁、造船、纺织服装、电子产品和家用电器的加工组装、轻工、有色、建材等产业发挥了较大作用。由于持续的大规模投资，这些产业的规模迅速扩大、产能大多处于过剩状态。在当前国内外需求减少的情况下，这些产业能维持原有市场规模已实属不易，很难再吸收大量投资和增加销售。相应地也很难承担起拉动经济增长的重任。必须看到，在金融危机促使下，这类产

---

[*] 本文是"培育新一轮经济增长的产业支柱"课题报告的摘要稿，2009年1月15日以择要形式报出。"培育新一轮经济增长的产业支柱"课题组，由作者和吴敬琏担任课题负责人，成员有高世楫、张永伟、王青，报告由作者执笔。

业已经进入调整期。而这一调整恰恰是中国工业化发展阶段所必需的，经过一轮大的调整，实现产业升级，才能为新的崛起注入动力。

传统产业在调整时期的主要任务有以下几点。

第一，改变结构性低效率的状态。目前许多产业的总体生产规模虽然已经很大，但单个企业规模不经济、专业化分工不充分、生产组织方式落后等问题仍然是制约产业竞争力的重要因素。很多产业的生产能力布局分散，长期在低层面处于同类、同档次产品的恶性竞争状态；一些企业主业不突出、辅业占用了大量资源；一些企业大而全、小而全的状况还没有改变；一些企业盲目多元化，背上了沉重的包袱；一些企业达到了一定生产规模，但研发能力、营销能力不匹配，没有取得高效益。提高产业和企业竞争力，客观上需要经过一轮并购重组过程，提高产业集中度，需要深化专业化分工，优化产业生产组织模式，提高产业整体竞争力。

第二，淘汰落后产能。在需求特别旺盛、生产要素价格扭曲、环境监管不到位和地方保护的情况下，一些企业长期维持拼资源、无视环境的生产经营模式。国内很多产业的产能是在很低的起点上起步的，单位产出品的能耗、资源消耗以及产品质量、污染物排放、生产安全保障等指标都表现较差。在相对成本上升、环境监管趋严，特别是外部需求萎缩的情况下很多企业已经很难继续生存。此时，对那些落后的生产能力不应再用"输血"的办法实施挽救，而应继续执行严格的能耗、资源消耗标准；继续加强环境监管，淘汰高污染产能；继续矿产资源等生产要素价税改革，通过市场力量淘汰低效产能。从而促使那些丧失竞争力的企业或抓紧技术改造，或调整经营结构，或转产其他产品，或通过重组将有效资产转让以收回资本。

第三，推动产业深度发展，由做大转向做强。钢铁、造船、纺织服装、家电、轻工等领域的很多产品，我们不仅生产能力世界第一，而且市场占有率处于世界最高水平。然而"大而不强"是我们很多产业致命的弱点。例如，美国人穿的鞋70%以上是中国企业生产的，日本人穿的衣服75%以上是中国企业做的，在量的扩张上还能有多大空间？但是，我们在实物量已经做到极致的同时，在价值链上始终处于低端，靠拼价格维持销量，形成产品数量扩张但盈利率降低的困局。在这次金融危机向实体经济传导的过程中，首当其冲的是那些"三来一补""两头在外"，没有研发能力、没有自主品牌、没有自己的营销渠道、完全靠加工订单"吃饭"的企业。这场危机正逼迫中国众多产业由专注做大转向做强。实际上，中国企业在为他人打工的过程中，不仅掌握了一般加工制造技术和管理能力，有了原始积累，而且了解了所在产业链的分工格局以及所在产业的技术发展趋势、竞争形势，逐渐具备了推动产业深度发展的条件。在调整期，企业必须重新审视自己的发展战略，着力提高研发和设计能力、实施品牌战略、创新营销模式，向产业链的高附加值环节延伸。这里对于中国企业来说还有无限的空间。

二 培育新的经济增长的产业支柱

面对危机，可以有两种思路、两种结果。如果为保增长，政策关注点仅仅放在原有的经济增长的产业支柱上，大量使用"输血"的办法挽救那些产能过剩、增长乏力的产业和丧失竞争力的企业，力图在原有的增长模式下保持经济总量，那么将错失难得的结构调整时机，为后续的发展埋下隐患。如果抓住时机，加紧对传统产业的结构调整，着力培育更具前景的、引领新一轮经济增长的带头产业，并使其成为新的经济增长的产业支柱，那么危机就将造就技术进步和产业升级的效果，为今后持续、稳定的增长奠定坚实的基础。

目前，一些新的产业发展前景已经明朗；经多年努力，我们在技术和产业化上已经有了较充分的准备；相应的市场需求不断释放、光明的消费前景已依稀可见；加之外部和内部经济驱动力已十分强劲，制定和实施产业调整和振兴规划，培育一批新的高技术、高增长产业，实现产业升级有了非常有利的条件。例如，在电子信息产业，三代和超三代无线通信、三网合一、地面高清电视、手机电视等信息领域我们已经完成了大量的前期技术准备工作，正处于升级突破、跨入世界先进行列重要的临界点。如果国家及时启动这些领域的产业化进程，不仅可以引导每年几千亿元的企业投资和形成几千亿元的市场规模，而且可以以此为切入点，加快国家数字化、信息化、网络化进程，跃入世界先进行列。在汽车领域，就传统动力汽车，我们与国外有很大差距；但就油电混合动力、全电动等新能源汽车而言，差距并没有那么大。目前高能动力电池达到了国际水平，成了中国一个强项，每年都有批量动力电池和全电动汽车出口。中国汽车产业存量包袱相对较小，在汽车新动力方面相比发达国家更有可能实现一次超越。

从产业领域来看，新的经济增长的产业支柱既可能是独立完整的新兴产业，也可能来自传统产业中的某个环节或领域。这类产业应具备几个条件：一是具有先导性，体现技术和产业发展趋势，通过努力可以进入世界先进行列；二是能形成较长时期、较大规模的市场；三是有较大的规模，产业链长、带动能力强；四是产业化条件比较成熟，具备立即启动的条件。

三　新兴产业的成长需要国家政策支持

金融危机后，一些国家自顾不暇，为我国产业和企业的快速追赶、缩小差距，甚至后来居上提供了机会。经历这场金融危机，如果传统产业能完成一次大的调整，并实现结构升级；如果能成长出一批新兴产业，并成为新的经济增长的产业支柱，那么我们就将成为这场金融危机的一个成功应对者。但是我国毕竟是一个后起的国家，发展新的经济增长的产业支柱往往需要较大的先期投入，而且在没有达到一定的生产批量时产品成本往往较高，因此在发展早期需要国家一定程度的扶持。国家应抓住时机，调整政策，积极支持新兴产业发展。

要对新兴产业实施更大胆的准入政策。政府投资来得快，对抑制经济快速下滑有重要作用，但要防止"挤出效应"。以政府有限投资调动和引导企业投资，特别是民间投资是恢复经济增长的基础。民间资本对新兴产业有很高的投资热情，除国家明文规定禁止进入的领域外都应允许民间资本公平地进入。

要下决心打破垄断和部门分割格局，为新兴产业发展消除体制障碍。如三网合一、新能源汽车等产业化和大规模应用都涉及按传统产业分工而形成的壁垒和障碍。要加快改革，确立政企分开、政事分开、政监分离的管理体制，破除地方保护和部门保护，加强国家层面的统一领导和协调，消除新兴产业在跨部门、跨行业、跨地区领域发展的体制障碍。

政府应为新兴产业发展提供及时甚至适度超前的引导、规制和服务。针对特定产业应制定明确的发展战略和目标，使企业看到政府的决心和明确的投资信号，从而企业可放心地做好研发和生产准备。在信息通信、新能源、电动汽车等新兴产业启动初期，政府还要严格按照公平、公正、公开的程序遴选制定国家标准，积极支持我国企业参与制定国际标准，指定第三方机构提供检测和评价服务，为产业链各个环节提供规制和接口。

尽早出台产业支持政策。首先，要进一步落实国家科技发展纲要及配套政策，特别是有关科技投入、税收激励、政府采购等的政策。其次，针对一些产业在发展初期面临的市场应用难题，尽快出台有关鼓励新产品应用的财税和补贴政策，完善相关配套条件，加大政府推广力度等。国家的扶持政策要注意与市场的激励和筛选作用相结合，主要采用补助"竞争前开发活动"和"补需求方"的办法，避免由领导机关和官员主观认定扶助项目和补贴对象的偏差，防止寻租发生和不公平竞争。

电动汽车产业发展的战略和政策要点[*]

(2009 年 3 月 20 日)

虽然包括电动汽车在内的新能源汽车大规模替代传统燃油汽车的历程将非常漫长，且面临技术、经济、政治等多方面的障碍，但新能源汽车的曙光已经出现，其发展速度会比目前的许多预测要快得多。可喜的是，我国已经在部分关键技术和产品方面站在了这一轮汽车技术革命的前列。

汽车制造业可以带动的行业和产业面之宽，能包容和吸收的各种新技术、新材料、新工艺、新装备之广，可形成的生产规模、市场规模之大，可创造的产值、税收和就业岗位之多，对国民经济拉动作用之大、之持久，对改善人民生活质量作用之显要，是任何制其他造业难以替代的。在保增长、调结构的重要时刻，面对我国汽车产业的技术追赶，甚至后来居上这一难得历史性机遇，国家应当把发展电动汽车上升到一项国家战略，采取综合措施实现跨越。

一 制定和实施电动汽车产业发展战略

进一步明确电动汽车产业在短期拉动投资和消费、中长期增强汽车产业竞争能力和推进产业结构升级，适应和改善我国能源和环境条件中的战略地位。动员各方面力量参与和支持电动汽车产业发展。

制定电动汽车技术发展战略。在技术发展战略中明确电动汽车技术发展方向、中短期规划、国家支持的重点领域等。

---

[*] 本文是作者执笔的课题研究报告《培育新一轮经济增长的产业支柱与建设经济长期发展的体制环境》中的产业发展战略与政策要点。课题研究报告全文见载于作者所著的《迎接汽车革命》（中信出版社 2018 年 1 月出版）一书。

建立国家层面的协调机制。科技部门应重点抓好电动汽车关键技术的研发，发改、工业等部门要大力推动电动汽车的产业化，要避免职能错位和部门保护。电动汽车产业政策与国家能源政策相协调，以电动汽车的发展改善能源结构；以能源政策支持电动汽车的发展。

制定有关电动汽车发展的资源战略。电动汽车发展所需的主要战略性资源是锂和稀土。我国是世界锂资源大国之一，同时拥有全球95%的稀土资源。必须加紧制定长远的资源开采和使用规划，包括尽早布局获取南美的卤水锂资源，努力实现国家利益和产业发展有机统一。

二　加快制定技术标准，完善产品认证和检测体系，实施更开放的准入政策

加快制定技术标准。参照国际上相对先进的标准成果，结合我国电动汽车发展情况，加快制定和完善电池及相关零部件、整车等的技术标准、试验规程和评价方法，以利于电动汽车尽快进入市场。尽快制定动力电池回收管理办法。

完善产品认证和检测体系。组织中立和权威认证检测机构对拟上市的电动汽车产品进行标准认证和安全检测，涉及大众消费者的检测结果向社会公布，并将之作为国家政策支持的重要依据。

实践证明，在电动汽车有关技术的突破中，一些民营企业表现出很强的创新活力。在严格控制国家技术法规和安全标准的前提下，应允许经检测符合标准的零部件和电动汽车进入市场。政府应努力创造一个公平竞争的环境，使不同所有制的企业、不同技术路线、曾得到和没得到"863计划"等科技专项支持的企业公平竞争。

三　对电动汽车关键技术进行持续大规模研发投入

加大对科技中长期发展规划中"低能耗和新能源汽车"优先主体的支持力度。在"十一五"立项的基础上，加强相关的基础力量，形成若干重要公用技术平台，培养一批新能源技术领域的专业人才。

持续大力支持动力电池这一关键技术的研发，以巩固和提高我国在这一领域的领先地位。

加大对电池管理系统、电机及其控制系统、汽车操作系统、高压电子器件和嵌入式软件等关键技术和共性技术研发的支持力度，力争突破和拥有一批关键核心技术、培养一批高端人才。

在使用政府资金支持企事业的研发活动时，必须做到对各种技术路线和不同所有制单位一视同仁，而且资金主要用于竞争前的基础研究和应用研究。

四 为电动汽车发展创造良好的配套环境

加快建设充电基础设施。中央和地方政府应在资金、税收等方面积极支持电力公司、汽车制造商、停车场所以及相关投资者建立电动汽车充电网络，鼓励充电站运营管理模式创新。

加大燃油税改革的力度，在燃油价格中增加并提高污染排放税，并利用这部分税收补贴新能源汽车包括电动汽车的发展，以解决汽车使用中的负外部性问题。

加强电动汽车的宣传推广，包括电动汽车发展对我国环境改善和持续发展的重要意义，为电动汽车的大面积普及营造氛围，培育新的汽车消费模式。

五 制定和实施支持电动汽车商业普及的激励性政策

在财政部刚出台的《关于开展节能与新能源汽车示范推广试点工作的通知》（财建〔2009〕6号）基础上，出台电动汽车大规模商用的产业支持政策，提高对纯电动汽车的补贴标准。还应当参照各国支持低能耗和新能源汽车的激励政策，减免相关税收和支持出口。

对电动汽车购买者进行补贴的范围可包括公共交通车辆、公务用车、公益用车（环卫车、邮政车、电力服务车）、出租车以及普通乘用车。补贴标准应在国家财力允许的范围内适当提高,以增强电动汽车的价格竞争力。补贴惠及的产品应有统一的经济指标,如乘用轿车纯电动模式下续驶里程不低于80公里等(美国的标准是40英里)。不宜按照电动汽车成本的固定比例进行补贴。对某项技术或某类车型的补贴有一个终止点(如像美国那样补贴前15万台车的购买者),以促进厂商迅速降低成本。

对供需双方实行税收优惠。对电动汽车应免征购置税、消费税、车船使用税。对企业用于生产电动汽车的生产性资产的投资,作为当期成本列支;生产企业的税收进行适当减免;切实落实企业研发费用加计扣除政策。

对车用电价实行优惠。在推广初期,对电动汽车采用居民用电价格,波谷充电实行优惠电价。

尽快制定电动汽车出口的支持政策,包括产品出口退税、信贷支持等。

其他政策还包括:增加车辆年检和出租车强制报废年限;为企业出口电动汽车提供信贷支持等。

要建立方便消费者、透明化的补贴机制。对购车补贴应采取"补需方"的原则,而不宜规定具体的品牌和车型,以便避免不公正竞争和保持对供方的竞争压力。

六 完善电动汽车应用示范项目

除目前已经准备实施的"十城千辆"示范项目外,可选择一些城市,由中央和地方共同出资,通过政府采购、集团采购在出租车、物流车等领域推广电动汽车应用。政府采购必须按照统一的技术经济标准,通过公开、透明的程序择优选用国内厂商的电动汽车。涉及的政策既要能充分调动各地政府支持电动汽车的积极性,又要避免地方保护主义。

七 正确处理政策支持与市场机制的关系

电动汽车能否大规模商业化,终究取决于其经济性强弱,即在全球石油价格有所回落以及传统燃油汽车能耗效率提高、污染排放减少的情况下,电动汽车的技术和经济特征能否赢得消费者的青睐。所以，我们必须将政府政策支持同市场竞争机制结合起来，政府在支持技术研发时，要注意创造电动汽车同传统汽车公平竞争的环境，使各种不同的电动汽车平等地参与竞争，确保电动汽车产业能够健康可持续地发展。

加快我国电动车产业化刻不容缓[*]

（2009年3月20日）

全球新能源汽车发展势态表明，在节能与新能源汽车的多种技术中，电动车技术已经脱颖而出，2009年将是电动车发展起步之年。中国企业在动力电池这一关键技术上取得了突破，进入了国际先进行列，使我国汽车企业在新技术革命中第一次同国际巨头基本站在同一起跑线上。这是一次难得的历史机遇。当前，在保增长、调结构中政府应把电动车作为新兴产业发展和产业振兴的重点，加大政策投入力度，在汽车技术革命曙光初现的时候，力争实现超越。

一 电动车为我国汽车产业缩短差距、实现跨越提供了重大战略机遇

（1）电动车研究开发布局较早，已经形成了比较完整的研究开发格局，奠定了进一步发展的基础。我国从"十五"时期开始制定和实施新能源汽车科技发展规划，产、学、研几十家参与，对各种主要技术路线都有跟踪研究。国家"863计划"共投入20亿元的研发经费，形成了以纯电动车、油电混合动力汽车、燃料电池车三种车型为"三纵"，以多能源动力总成控制系统、驱动电机及其控制系统、动力蓄电池及其管理系统三种共性技术为"三横"的电动车研发格局。目前，关键核心技术已有突破，形成了小批量的整车生产能力，开始了区域性商业化示范运行，在2008年北

---

[*] 本文是作者在国务院召开的经济专家和企业界人士座谈会发言稿，以及课题研究报告《培育新一轮经济增长的产业支柱与建设经济长期发展的体制环境》的基础上，写成的一个专稿，也是作者在相关会议上的发言重点内容，曾被一些媒体采用，还是作者于2009年9月6日在"中国汽车产业发展国际论坛"上演讲的主要内容。吴敬琏同志对本文提供了修改意见。

京奥运会期间得到集中展示。

（2）动力电池技术进入了世界先进行列，具备了产业化的基础。我国目前有大小几十家车用动力电池开发与生产企业，其中比亚迪、雷天、力神等厂家，开发出了储能密度大、安全、稳定、寿命长的动力电池；并实现了规模化生产。巴菲特积极投资比亚迪电动车、博世公司要求投资比亚迪动力电池，从一个侧面说明我国动力电池技术已经达到世界水平。现在中国是世界最大的车用动力电池供应国。

（3）本土制造商有技术、资源和成本优势，有可能在电动车领域走在世界前列。使用成本低是电动车的一大优势，其电费不足燃油费的1/4。从经济上决定大规模商业化的重要因素是整车的价格；决定电动车竞争力的重要因素是动力电池的质量和成本。我国是动力电池主要原材料锂和永磁电机所必需的稀土的资源大国，还有自主知识产权和低成本制造优势。例如，比亚迪采取深度纵向整合的生产组织方式，既保证了产品质量，又使制造成本降到极致，它的锂铁电池在技术上与日美企业相当，而成本不足它们的一半。天津清源的低速纯电动车向美国出口2000多辆。这显示，我国电动车具有较强的潜在竞争优势

（4）技术转换成本相对较低，转换阻力相对较小。发达国家汽车企业、石油公司和零部件、维修服务企业在燃油汽车方面沉淀了大量的技术、专利、人才、专用装备以及基础设施等资产。其中很多在电动车时代将会被搁置或改造。巨大的转换成本谁来承担已经成为很大的社会问题。这就是20世纪90年代中期美国加州的电动车已经起步但被扼杀的一个重要原因。我国汽车产业在最近10年才有大的发展，因而技术上的路径依赖相对较弱，技术转换成本相对较低。把发展电动车作为国家战略，在我国所面临的阻力相对要小很多。

二　电动车是我国振兴汽车产业、保障能源安全、提高环境质量的重要突破口

（1）借助电动车对传统技术和产业格局的革命性冲击，摆脱对国外技术的过度依赖，是我国车企实现自主创新、自主品牌的一个突破口。在

传统汽车动力-传动技术领域我们与先进国家还有较大差距,在较长时间内难以摆脱受制于人的窘境。但就电动车而言,我国在决定未来发展的动力电池技术方面处于领先地位,在电池与整车的匹配、配套电机和关键零部件等方面也积累了一定的经验。在此基础上进一步加大研发投入力度,适时推进产业化,有可能成长出一批新能源汽车时代的领跑者,实现我国汽车产业的跨越式发展。

(2)有利于摆脱对石油的过度依赖,保障国家能源和经济安全。电动车是改变能源结构、实现节能目标的重要战略支撑点。汽车在新增石油消费中占有很大的比重,今后较长一段时间内汽车产销量仍将以10%的速度增长。初步估计,若到2030年我国的电动车占汽车保有量的20%~30%,我国的石油进口则可以减少20%。

(3)有利于减少污染物和温室气体排放。在北京、上海、广州等大城市的市区,汽车已经成为氮化物、一氧化碳、碳氢化物等污染物的第一大来源。汽车还是二氧化碳的重要来源。发展电动车是改善市区空气质量的根本措施,还可以通过碳排放权交易获得经济利益,在国际事务谈判中掌握主动。

(4)可以促进相关产业发展,培育新的产业支柱。动力电池是战略性技术产品,可以广泛地应用于通信、交通、电子乃至军事领域,激发相关产业的技术突破和增长。电池-储能技术的突破,不仅可以解决太阳能、风能等新能源存储瓶颈问题,而且会对均衡峰谷电、提高电力系统能源效率产生重大影响。

(5)有利于创造和培育新的市场、扩大汽车出口。如果以国内市场为基础,形成规模化生产,具有较高性价比的电动车就可以大批量出口到急需降低温室气体排放的发达国家。目前已经有迹象表明,发达国家可能会成为我国电动车启动最快、规模最大的市场。

三 我国电动车领域的技术和产业化优势十分脆弱,如果不能采取有力措施加快发展,机遇可能稍纵即逝

(1)比亚迪宣布于2008年推出商用化的插入式双模电动车后,丰田、

通用、奔驰、雷诺等厂商加快了插入式混合动力汽车的研发和生产步伐，纷纷将其电动车产品上市的时间提前。这些跨国巨头的总体实力是本土汽车企业无法企及的，它们一旦下决心投入研发和产业化，就很可能利用自身雄厚的资本和品牌资源，有效整合全球的资源，在电动车领域"后发先至"，导致我们百年难遇的机会转瞬即逝。

（2）各国政府最近加大了对电动车关键技术研发的支持力度。今年3月美国总统签署生效的经济刺激计划，把电动车作为拯救汽车业的一张王牌，用于电动车技术开发、生产和消费鼓励的政府资金高达141亿美元，力度之大前所未有。进入21世纪特别是最近几年，插入式电动车的发展前景比较明朗，美日等国政府把先进电池技术作为影响未来产业发展、能源安全和国家竞争力的战略技术加以支持。韩国政府为LG Chem公司的动力电池提供了巨大支持，它已被通用公司选为Volt电动车的动力电池供应商。美国的A123公司拥有先进的锂电池技术，并已实现商用，目前正申请18.4亿美元的政府特殊贷款，在美国本土建设车用动力电池生产基地。

（3）我国电动车虽然拥有一定的技术和产业化优势，但是这种领先优势十分脆弱，如果不抓紧机会迅速实现产业化，并建立市场先入优势，我们就可能失去在新能源汽车时代实现产业振兴、建立有全球竞争力汽车产业的重大历史机遇。50年前在半导体、激光等研发阶段我们与国外差距较小，随着产业化发展我们就落伍了，至今没有翻身。今天的电动车不应再重蹈覆辙。

培育新的经济增长的产业支柱，占领"后危机时代"经济发展制高点的几点意见*

（2009 年 4 月 17 日）

一　一个值得特别注意的趋势

目前，严峻的危机驱使各国争相通过技术创新寻求出路。在全球金融风暴影响还在的今天，发达国家和跨国企业已经在寻找有助于走出危机和危机后引领全球经济的经济增长的产业支柱和新的技术。在金融危机的底层已经激烈涌动着以新能源为代表的新一轮产业革命。这一趋势值得我们高度关注。

奥巴马政府的经济复苏计划着眼于危机后的国家竞争力，核心是培植新技术和绿色产业，并把新能源作为战略重点，促其成为经济复苏的"发动机"；把电动汽车作为减少对外国石油依赖、拯救汽车产业的一张王牌；把普及宽带网络和建立"21世纪教室"作为提升美国长期竞争力的战略措施。法国去年11月公布了一揽子可再生能源计划，要求到2020年可再生能源在能源消费总量中的比重提高到23%。日本通过实施"绿色新政"，计划将太阳能发电量增加20倍，新型环保汽车用量增加40%；德国计划在2020年前使可再生能源产业就业规模超过汽车产业；欧盟于3月9日公布在2013年前投资1050亿欧元支持欧盟区的"绿色经济"发展。各发达国家紧锣密鼓地制定规划、大规模投资新兴产业，近期是刺

---

* 本文是作者针对"占领后危机时代经济发展制高点"，提出的产业政策建议。于 2009 年 4 月 17 日，刊发在国务院研究室《信息研究》第 5 期。2009 年 6 月 8 日，作者应邀为"深圳市自主创新大讲堂"做首场报告，本文亦是报告的主要内容。

培育新的经济增长的产业支柱，占领"后危机时代"经济发展制高点的几点意见

激经济、增加就业；而中长期则是占领"后危机时代"经济发展的制高点。

从各国振兴经济的动向中，我们不仅看到了以新能源为代表的产业革命已悄然兴起，而且嗅到了新一轮产业竞争的硝烟。显然，这是一场争夺未来的竞争，我们对形势的判断、采取的战略和政策，将影响危机后的国家竞争地位。

二 选择若干新兴领域，加快产业化

目前，国内十大产业振兴的安排部署已经基本就绪。这不仅稳定了经济大局，而且为传统产业的结构升级奠定了基础。接下来，政府关注的重点应及时转向能引领未来发展的那些新的经济增长的产业支柱，力争在危机后的全球竞争中占据更加有利的位置。

新的经济增长的产业支柱既可能是独立完整的新兴产业，也可能来自传统产业中的某个环节或领域。这类产业应具备几个条件：一是具有先导性，体现技术和产业发展趋势，通过努力可以缩小与世界先进水平的差距；二是能形成较长时期、较大规模的市场和最终消费；三是有较大的规模，产业链长、带动能力强；四是产业化条件比较成熟，具备立即启动的条件。

新兴产业应由有关部门、专家集思广益选择、认定，最后纳入国家战略。根据我们的调研，列举几个值得关注的领域。

（一）清洁能源、新能源和节能环保产业

调整能源结构是长期任务，但必须从现在开始。除发展风电、太阳能利用外，我国在煤的多联产技术、储能电池技术和第四代核电技术等技术上已经取得重大突破，应支持相关重大科技成果尽快实现产业化应用。值得一提的是，我国具有自主知识产权的高温气冷堆（核电）是世界第一个具有"固有安全性"的反应堆，处于世界领先地位，是我国发展清洁能源重要的技术选择。2004年在国际原子能机构的安排下，30多个国家、60多位专家在清华大学"200号"现场，观看了世界范围内有史以来第一次进行的"不插入控制棒下反应堆丧失冷却的事故演示"，演示获得成功。

高温气冷堆是目前美国开发第四代核电的目标堆型。我们应当十分珍惜这一重大技术的世界领先地位，加速 20 万千瓦高温气冷堆示范电站建设，并及早安排应用推广，构建具有自主知识产权的我国先进核电发展的技术路线，力争引领新一轮全球核电发展。

我国总体能源利用效率偏低，节能减排有极大的空间。应大力发展节能技术，推广节能产品；大力开发先进环保产品，加快重要环保设施建设。多联产是煤清洁、高效利用的重要途径，到了下决心大力推广的时候。

（二）"三网融合"及相关业务

我国数字地面电视系统技术全球领先，产业化准备充分，可立即启动；已经遴选和评审完结的手机电视标准，技术水平世界领先，应加快发布并推广手机电视业务；加快宽带网络建设，鼓励或强制要求城市住房建设时做到"光纤到户"；利用国产芯片和开源式操作系统，从"上网本"等新产品市场起步，通过政府采购与市场驱动相结合的方式，推动我国基础芯片产业进入良性发展轨道；等等。

（三）电动汽车

在多种节能和新能源汽车中，电动汽车脱颖而出，美国和其他主要汽车生产国都认定它为主攻方向。奥巴马政府在其经济刺激计划中，拨出 141 亿美元用于支持电动汽车技术开发、生产和消费；德、日等政府和企业也把电动汽车进入市场的时间大大前提。电动汽车领域国家与国家的竞争已经开始。我国在动力电池这一关键技术上取得了重要进展，进入了世界先进行列；在电池管理系统、动力控制系统方面也有相当的积累，我国汽车产业在新的技术革命中有可能实现一次跨越。我国发展电动汽车的技术转换成本较低，转换阻力较小，应把大力发展电动汽车作为引领未来汽车产业发展和节能减排的重大战略，动用国家的力量推进实施。据初步测算，如果到 2030 年我国的电动汽车能占到汽车保有量的 20%～30%，我国石油进口量可以减少 20%。

培育新的经济增长的产业支柱，占领"后危机时代"经济发展制高点的几点意见

三 为新兴产业发展消除体制障碍

某些现行体制已经成为一些关系国家竞争力的重要新技术、新兴产业发展不可逾越的障碍，使我国一些具有自主知识产权的重大科技创新成果被束之高阁，令很多科技人员心急如焚。如"第四代核电""三网融合"、数字地面电视、手机电视、新能源汽车等产业化都涉及传统产业分工的壁垒或垄断的障碍。克服体制障碍确实有极大的难度。锦涛同志在去年的中央经济工作会议上指出，要把深化重点领域和关键环节改革作为保增长的强大动力。这是一个十分重要的指导原则。"保增长"、战胜危机是中央的重大决策，当前所有党政部门都应以大局为重，使"生产关系适应生产力的发展"。

为此，要加快行政管理体制改革，打破部门利益藩篱，消除新兴产业跨部门、跨行业和跨地区发展的障碍。如果经历这场危机后，能形成国家管理体制动态地适应"第一生产力"发展的机制，那么就将打破"转化瓶颈"，形成科技向生产力转化的新局面。

金融危机的挑战和机遇[*]

（2009 年 4 月 24 日）

一 保增长的基本思路

全球金融危机不仅使中国经济在快速增长中长期积累的诸多矛盾充分暴露，而且促使形成了推动产业升级的强大外部力量。针对受全球金融危机冲击，国内经济迅速下滑的形势，中央政治局会议指出：当前的问题是，受全球金融危机的影响，经济下行压力较大，企业经营困难，就业问题突出；从长期来看，是发展方式粗放，产业结构不合理，自主创新能力不强，经济增长的资源环境代价过大。中央政治局会议的这个对短期问题的长期分析至关重要，是制定经济振兴政策的基础。

面对如此剧烈的全球经济动荡，几乎各个国家都在反思既有的经济结构和增长模式。

早在 1995 年，中央就发现了落后的经济增长方式的不可持续性和调整经济结构的紧迫性，及时提出了转变经济增长方式和以结构调整为主线的方针。现在已经过去了 10 多年，但情况没有根本转变，有些方面还在恶化。

经济结构和经济增长结构不合理的主要表现包括以下方面。

（1）投资与消费比例不当，经济增长过度依赖投资拉动。全社会固定资产投资占 GDP 的比重由 2000 年的 36.4%，上升到 2008 年的 56%。过度

---

[*] 2009 年 4 月 19 日至 6 月 19 日，在中组部支持下，第七期公共管理高级培训班在清华大学和美国哈佛大学举行。本文是作者于 2009 年 4 月 24 日，在清华大学公共管理学院为第七期公共管理高级培训班授课所用内容。

投资导致投资效率呈下降趋势。居民消费率由2000年的63.8%，一路降至2008年的37%（美国大于70%）。

（2）第二产业与第三产业不协调，过度依赖第二产业。加工制造业超常规增长，服务业比重在徘徊中不前。服务业占比：2000年39%、2004年40.4%、2007年40.7%。

（3）过度依赖高耗能产业，重化工业的占比迅速上升，不可再生资源消耗过度。一般加工组装业与高技术含量、高附加值产业不协调，具有自主知识产权的高新技术产业发展迟缓。

（4）内需与外需不协调，过度依赖外需，内需成了"短腿"。净出口对经济增长的拉动维持在2.2~2.6个百分点。累计外汇盈余近2万亿美元。

（5）国际收支失衡。

结构不合理带来的问题有以下几点。

（1）经济增长过度依赖工业特别是重化工业，造成投资效率下降、就业成本上升、资源环境代价过大，粗放型增长方式延续时间过长。

（2）消费率过低，意味着居民没能更多分享经济增长带来的收益。人均消费水平提高缓慢。

（3）过度投资造成产能严重过剩。产能过剩的规模可以用贸易盈余来衡量，有专家估计与1929年美国不相上下，大约是全球GDP的0.5%。这样就形成了一个"循环"：高储蓄—高投资—产能过剩—低价出口—外汇盈余—国外，购买美国国债；国内，人民币流动性过剩—再增加投资、出口、盈余。

（4）"出口泡沫"的破灭，促使我们必须寻找新的增长模式。如果说改革开放以来我们特别看重"外贸"这条腿，那么在资产泡沫破灭后，在美国人也要"多储蓄、多投资、少消费"的情况下，真正解决危机意味着必须强化国内消费这"另一条腿"。内需与外需两条腿都强壮起来，我们就能稳稳当当地屹立于世界。

（5）产业升级缓慢。无论是日本、西班牙还是韩国、中国台湾，从技术引进到自主创新，再到技术输出，都在25年左右。我国改革开放已经30年，至今研发能力与生产规模不相适应，对外国技术依赖持续的时间过长；在国际分工中长期处于技术含量和附加值的低端；经济增长过度依赖资源密集型高耗能、高污染产业；对国外的技术装备、关键零部件和市场过度依赖等状况迟迟未能改变。技术低级化造成附加值低、经济效益低，员工收入也低。

在去年12月的中央经济工作会议上，锦涛同志指出，把加快发展方式转变和结构调整作为保增长的主攻方向。温家宝同志说：把推进结构调整和自主创新作为转变发展方式的主攻方向。无论是政府投资还是企业投资都要把重点放在结构调整和自主创新上来。这充分体现了中央保增长的基本思路：透过眼前困难，应当更深刻地认识到深层次的结构性矛盾；缓解当前的压力，应当着眼于解决长期要解决而未能解决的问题。因此，在基本面尚好的情况下，抑制经济下行的政策，必须盯住危机后的持续发展；出台抑制经济下滑的措施，必须着眼于改善经济结构、调动科技这一第一生产力，促进增长方式转变、推进产业结构升级。

从这个意义上看，当前保增长确实存在"怎样保增长"和"保怎样的增长"的问题。如果思路不清，可能出现的是，为渡过今天的困难，而给今后造成更大的困难。

结构性调整是一个艰难、长期的过程，但当有利时机到来的时候，利用机遇，顺水推舟，在短期有可能实现某些重要突破，为后续的改革铺平道路。

面对全球金融危机的挑战和机遇，党和政府以怎样的理念、选择什么样的发展模式来驾驭这一至关重要时期，对国家的发展历程具有关键意义。

二 培育新的经济增长的产业支柱

（一）一个值得特别注意的趋势

从历史上看，无论是早期的美国、70年代的日本，还是亚洲金融危机后的韩国，摆脱危机并为后续发展奠定基础的都是科技创新。目前，严峻的危机驱使各国争相通过技术创新寻求出路。在全球金融风暴影响还在的今天，发达国家和跨国企业已经在寻找有助于走出危机和危机后引领全球经济的新的经济增长的产业支柱和新的技术。在金融危机的底层已经激烈涌动着以新能源为代表的新一轮产业革命。这一趋势值得我们高度关注。

奥巴马政府的经济复苏计划着眼于危机后的国家竞争力,核心是培植新技术和绿色产业。把新能源作为战略重点,并促其成为经济复苏的"发动机";把电动汽车作为减少对外国石油依赖、拯救汽车产业的一张王牌;把普及宽带网络和建立"21世纪教室"作为提升美国长期竞争力的战略措施。法国去年11月公布了一揽子可再生能源计划,要求到2020年可再生能源在能源消费总量中的比重提高到23%。日本通过实施"绿色新政",计划将太阳能发电量增加20倍,新型环保汽车用量增加40%;德国计划于2020年前使可再生能源产业就业规模超过汽车产业;欧盟于3月9日公布在2013年前投资1050亿欧元支持欧盟区的"绿色经济"发展。很多跨国公司在销售收入锐减、经营亏损的情况下不仅没有减少,反而增加了研发投入,力图通过技术突破,创造新需求,赢得未来的领导地位。各发达国家紧锣密鼓地制定规划、大规模投资新兴产业,近期是刺激经济、增加就业;而中长期则是占领"后危机时代"经济发展的制高点。

从各国振兴经济的动向中,我们不仅看到了以新能源为代表的产业革命已悄然兴起,而且嗅到了新一轮产业竞争的硝烟。显然,这是一场争夺未来的竞争,我们对形势的判断、采取的战略和政策,将影响危机后的国家竞争地位。

(二) 传统的经济增长的产业支柱已经进入调整期

10多年前中央就提出"转变经济增长方式""结构调整为主线",但发展粗放、结构失调、自主创新能力不强的状况没有根本改变。其中一个重要原因是与快速的经济增长相比,技术进步相对迟缓,科技没能站上第一生产力的高位。

保增长是当前战胜金融危机的重大措施,但这里也有"怎样保增长"和"保怎样的增长"的问题。

较长时期以来,推动中国经济快速增长的主要是工业,其中钢铁、造船、纺织服装、轻工、有色、建材和一般加工组装等产业发挥了较大作用。现在,这些产业的产能大多处于严重过剩状态。国内消费一时很难填补外需留下的空白,能维持原有市场规模已实属不易,很难再吸收大量投资和增加销售。相应地也很难承担起拉动经济增长的重任。必须看到，这类产业已经进入调整期。而这一调整恰恰是中国工业化发展阶段所必需的。

调整期的主要任务有以下几点。

第一，改变结构性低效率的状态。目前许多产业的总体生产规模虽然已经很大，但单个企业规模不经济、专业化分工不充分、生产组织方式落后等问题仍然是制约产业竞争力的重要因素。客观上需要经过一轮并购重组过程，提高产业集中度，深化专业化分工，优化产业生产组织模式，提高产业生产效率。

第二，淘汰落后产能。在相对成本上升、环境监管趋严，特别是外部需求萎缩的情况下，对那些落后的生产能力不应用"输血"的办法挽救，而应继续加强环境监管，淘汰高污染产能；继续矿产资源等生产要素价税改革，通过市场力量淘汰低效产能。

第三，推动产业深度发展，由做大转向做强。很多产业在实物量上已经做到极致，但在价值链上始终处于低端。这些产业在产能扩张上已经没有什么余地，但在提高研发和设计能力、实施品牌战略、创新营销模式，向产业链的高附加值环节延伸等领域有无限的空间。

（三）培育引领未来的新兴领域

目前，国内十大产业振兴的安排部署已经基本就绪。这不仅稳住了经济大局，而且为传统产业的结构升级奠定了基础。接下来，政府关注的重点应及时转向能引领未来发展的那些战略性产业，致力于培育危机后的国家竞争力。

能引领未来的既可能是独立完整的新兴产业，也可能来自传统产业中的某个环节或领域。这类产业应具备几个条件：一是体现技术和产业发展趋势，具有先导性、战略性，可以提高国家竞争力；二是能形成较长时期、较大规模的市场和最终消费；三是有较大的规模，产业链长、带动能力强；四是产业化条件比较成熟，具备立即启动的条件。

1. 清洁能源、新能源和节能环保产业

调整能源结构是长期任务，但必须从现在开始。除发展风电、太阳能利用外，我国在煤的多联产技术、储能电池技术和第四代核电技术等技术上已经取得重大突破,应支持相关重大科技成果尽快实现产业化应用。值得一提的是,我国具有自主知识产权的高温气冷堆(核电)是世界第一个具有"固有安全性"的反应堆,处于世界领先地位,是我国发展清洁能源重要的技术选择。2004年在国际原子能机构的安排下,30多个国家、60多位专家在清华大学"200号"现场,观看了世界范围内有史以来第一次进行的"不插入控制棒下反应堆丧失冷却的事故演示",演示获得成功。高温气冷堆是目前美国开发第四代核电的目标堆型。我们应当十分珍惜这一重大技术的世界领先地位,加速20万千瓦高温气冷堆示范电站建设,并及早安排应用推广,构建具有自主知识产权的我国先进核电发展的技术路线,力争引领新一轮全球核电发展。

我国总体能源利用效率偏低,节能减排有极大的空间。应大力发展节能技术,推广节能产品;大力开发先进环保产品,加快重要环保设施建设。多联产是煤清洁、高效利用的重要途径,到了下决心大力推广的时候。

2. "三网融合"及相关业务

"三网融合"早已没有技术障碍、数字地面电视系统技术全球领先,产业化准备充分,可立即启动;已经遴选和评审完结的手机电视标准,技术先进性已被很多国家认可,应加快发布并推广应用;加快宽带网络建设,鼓励或强制要求城市住房建设时做到"光纤入户";利用国产芯片和操作系统,从"上网本"等新产品市场起步,通过政府采购与市场驱动相结合的方式,推动我国基础芯片产业进入良性发展轨道;等等。

3. 电动汽车

在多种节能和新能源汽车中,电动汽车脱颖而出,美国和其他主要汽车生产国都认定它为主攻方向。奥巴马政府在其经济刺激计划中,拨出141亿美元用于支持电动汽车技术开发、生产和消费;德、日等政府和企业也把电动汽车进入市场的时间大大前提。电动汽车领域国家与国家的竞争已经开始。我国在动力电池这一关键技术上取得了重要进展,进入了世界先进行列;在电池管理系统、动力控制系统方面也有相当的积累,我国汽车产业在新的技术革命中有可能实现一次跨越。我国发展电动汽车的技术转换成本较低,转换阻力较小,应把大力发展电动汽车作为引领未来汽车产业发展和节能减排的重大战略,动用国家的力量推进实施。据初步测算，如果到 2030 年我国的电动汽车能占到汽车保有量的 20%～30%，我国石油进口量可以减少 20%。

（四）为新兴产业发展消除体制障碍

某些现行体制已经成为一些重要技术向生产力转化不可逾越的障碍，使我国一些具有自主知识产权的重大科技创新成果被束之高阁，令很多科技人员心急如焚。如"第四代核电""三网融合"、数字地面电视、手机电视、新能源汽车等产业化都涉及传统产业分工的壁垒或垄断的障碍。锦涛同志在去年的中央经济工作会议上指出，要"把深化重点领域和关键环节改革作为保增长的强大动力"。这是一个十分重要的指导原则。"保增长"、战胜危机是中央的重大决策，面对危机，所有党政部门都应以大局为重，保障"生产关系适应生产力的发展"。

（1）进一步明确技术创新在保增长中的地位。科技进步是保增长的革命性因素。不仅技术创新可以创造能主导未来的新需求；而且保增长所形成的巨大投资和庞大市场如果能转化为企业技术创新的大舞台和创新产品的市场出口，那么拉动创新能力提升的"附加效应"，长期来看，甚至会超出单个投资项目自身的价值。如果在战胜这场危机中我们能实质性确立科技的"第一生产力"地位，那么将为建设创新型国家奠定更加坚实的基础。

（2）打破垄断和部门分割格局，为新兴产业发展消除体制障碍。要加快行政管理体制改革，打破部门利益藩篱，消除新兴产业跨部门、跨行业和跨地区发展的障碍。如果经历这场危机后，能形成国家管理体制动态地适应"第一生产力"发展的机制，那么就将打破"转化瓶颈"，形成科技向生产力转化的新局面。

（3）实施更大胆的准入政策，扩大民间投资领域。宽松的市场进出政策是对企业创新最有效的激励。民营企业特别是科技型民营企业是技术创新的生力军，对它们放宽市场准入，是扩大投资、增加就业、增强市场活力、恢复经济增长的基础。如果借此机会，党的十六届三中全会关于"允许非公有资本进入法律未禁入的基础设施、公用事业及其他行业和领域。非公有制企业在投融资、税收、土地使用和对外贸易等方面，与其他企业享受同等待遇"的决定得以彻底贯彻，那么在民营经济发展上将留下一份宝贵的财产。

三 科技"第一生产力"是战胜危机最有利的武器

把危机转变为机遇，最重要的是利用危机形成的"倒逼"机制，推动解决经济结构中的深层次问题，以转变发展方式、优化经济结构、实现产业升级。而主导这一变革的是"科技第一生产力"。

我们必须清醒地看到，经历这场金融危机后，全球经济的增长机制和增长结构都不可能回归原点；相应地，中国的经济结构和增长结构也不可能重复过去。全球金融危机使我国产业的结构性问题充分暴露，眼前的困难向我们明确发出的信号是，现在的增长机制、发展方式、产业结构必须改变。危机的形势已经形成强大的"倒逼"力量，我们应审时度势，由主要依赖消耗资源、污染环境，以外延扩张实现增长，转向调动科技力量、提高劳动者素质，以提高效率创造经济发展。因此，我们的着眼点是危机后的国家、地区、产业和企业的竞争力，绝不应幻想恢复原有的经济环境，维持原有产业结构和增长方式，以不变应万变。

（一）自主创新需要"倒逼机制"

情况表明，中国的经济增长很快，但技术低级化的状况改变迟缓，资源利用效率很低，为此我们支付了过多的资源环境成本。

在经济快速增长、生产要素低成本、订单雪片般飞来、低技术产品大赚其钱的情况下，大多数企业不会平白无故地冒险进行技术创新。

随着形势的发展，中国的比较优势正在变化。经济起飞之初，生产要素包括劳动力低成本，加之环境容量相对较大，从而提供了一种门槛较低的"资源依赖型"的经济增长环境，使经济获得了较快增长。加入WTO后，要素低成本与大市场结合，很快使中国成了"世界工厂"，中国工业化向前跨进了一大步。随着经济总量增加，中国经济发展进入了新阶段。一个重要标志是资源环境的压力变得十分强劲。土地资源稀缺的压力、能源价格上涨的压力、环境成本内部化的压力、人民币升值的压力、水和矿产资源税费价上调的压力、劳动力成本上升的压力，以及国际收支失衡的压力等向我们传递了一个强烈的信号：主要靠消耗资源、污染环境，以低技术含量、低附加值产品实现量的扩张，已经走到尽头；与后发展国家相比，传统比较优势迅速弱化。从西班牙、亚洲四小龙的经历来看，每个国家或地区低成本制造优势不可能永存。产业转移，从进入到转出，大体有25年。中国发展高度不均衡，但在低端制造业上还有多大的发展空间？倒逼企业转变发展模式的力量已经形成。

在传统比较优势弱化的同时，经过工业化洗礼，无论是资本还是技术、人才积累，以及对全球产业链的参与都达到了一定程度，加之中国知识型人力资源优势迅速增强，企业转变增长方式、实现结构升级具备了基本条件。例如，华为、中兴、比亚迪、迈瑞、和利时等企业正是利用由中国廉价、聪明、勤奋的工程师构造的研发优势奠定了国际竞争力的基础。在我们这样一个欠发达国家，这些公司可拥有几千甚至几万名研发工程师。华为技术专利年申请量已跃居世界第一，振华港机、三一重工则在智力与劳动"双密集"的行业取得了巨大成功。跨国公司纷纷在中国设立研发机构，正是看中了中国廉价知识型人力资源优势。目前，"大学毕业生就业难"，意味着我们有庞大的知识型人力资源后备；说明中国企业已经具备以创新求发展的基本条件。

我们要承认传统优势正在弱化这一现实；要发现新优势、捕捉新机会、创造新的竞争力。

目前，基础生产要素成本上升、环境成本内部化的压力大多被隔离在了政府层面，目的是给企业创造更好的经营环境，但维护了粗放型增长的经济环境，使本已形成的倒逼企业转变增长方式的经济力量受阻，抑制了自主创新和结构升级的潜能。

实际上，中国人不乏聪明才智、企业有顽强的生命力。凡是无法从国外引进的技术，如宇宙飞船、核潜艇、新一代战机等，在只能从侧面吸收和借鉴国际科技成果的情况下，经潜心努力，都研发出来了；在汽车行业，曾经被打入另册、没有引进和合资条件的企业，反而在聚集研发人才、自主创新、打造自主品牌上走到了前面。曾经作为行业主力军的企业，应该承认，在这些方面反而落后了。

实践证明，宽松的环境会助长惰性；危机的形势却会调动人们的潜能；没有经济压力的逼迫，或经济利益的吸引，企业就缺乏创新的动力。政府应当把握时机、控制力度，有序释放压力，创造鼓励创新的环境，把企业推上自主创新的道路。

（二）技术引进与技术依赖"陷阱"

改革开放后，遵循国家"引进、消化、吸收、创新"的技术跨越战略，中国大多数产业的技术水平和生产水平上了一个大的台阶，为今天产业和企业的辉煌奠定了基础。但是，当人们重新评估"以市场换技术"的历程时，发现国内许多企业尽管让出了市场，甚至让渡了部分所有权，但并没有换来更强的自主技术创新能力，也没有建立起自己的核心技术，有的企业技术能力实际上在衰退。更加值得注意的是，不少人忽略了一个基本现实：中国企业要挤入世界强者之林，必须立足于自主创新能力这一基石。

技术引进最本质的意义在于缩短技术学习的时间。但大多数情况下企业重引进后的使用，轻引进后的学习。最明显的表现是资金投入结构不合理。平均而言，花1美元引进技术，日本当年要花约7美元进行消化吸收和创新，而中国只有7分钱。从这100倍的差别中可以清晰地看出，日本人最看重的是技术学习的过程，我们更注重的则是引进本身；他们把主要的投入用到了对自己技术能力的培养上，而我们却把投入资金的绝大部分送给了外国人。两种思路、两种资金投入结构，产生了两种结果。从50年代到80年代短短的30年，日本走过了从引进到创新的过程，进入了技术输出国的行列。从改革开放至今已30年，我们对外技术依存度仍高达50%，主要技术受制于人的状况没有根本转变。

在消化吸收上"不到家"，很多企业就陷入了技术依赖的泥潭，在没有自生的技术来源的情况下，当"正在应用"的技术需要更新的时候，只能再引进。在"引进—落后—再引进"的不断循环中，我们成了世界最大的"技术消费"国和先进设备的消费者。与此同时，本国技术人员实际上被边缘化。企业的技术研发费用总量并不少，但没有多少用于培育自己的技术能力。另外，在大多数合资企业中，外资控制着技术和技术来源，中国技术人员不可能参与核心技术的研发过程，在技术创新方面很难有用武之地。因此，即便企业的新产品、新工艺、新装备层出不穷，但也没有给本国技术人员留下多少技术创新的实践机会。

在差距很大的情况下，技术引进是缩短技术学习时间最有效的途径。但实践一再告诫我们，如果对对外开放创造的极为有利的条件在理解上出现偏差，或在工作中把握不当，有利条件本身就可能成为"陷阱"。例如，有了"引进"这一省力、省时的技术来源，一些企业便产生了幻想，企图依赖引进的技术构建自己的核心竞争力，放弃了自主创新力量的积累。一些地方误将加工组装产品中体现的高新技术看作本地企业的技术水平，将外资企业的技术能力看作本地的技术能力，放松了培育本地企业技术能力的努力。

世界上几乎没有哪一个国家，消耗如此之多的资金引进如此之多的技术，而主要技术仍受制于人、技术对外依存度仍高达50%。

在这个激烈竞争的世界，没有免费的午餐。核心技术是核心竞争力的精髓，谁也不会转让；没有技术独立，就要受制于人。要丢掉一切不切实际的幻想，以最大的决心持之以恒地培育自己的技术能力。

（三）建立技术创新的风险分担机制

1%的技术成果往往以99%的失败为基础。企图不冒任何风险，就取得技术创新的成功；企图不进行必要的资源投入，就获得技术成果；企图离开必要的工程实践，就获得技术能力。这些都是不切实际的。为了获得影响国家竞争力和国家安全的重大技术，有时国家必须勇于冒一定风险。

重大技术创新决策关系企业的兴衰。成功的技术创新可以为消费者甚至全社会带来巨大利益，但创新失败的风险谁来承担？企业技术创新的风险分担机制，影响企业技术创新的决策。

企业是技术创新决策的主体，成功的技术创新加上良好的商业运作，可以使企业通过市场获得高利润，但它们必须为自己的创新决策承担责任；风险投资机构自主决策投资项目，承担项目风险，并在成功与失败的项目中发挥均衡风险的作用。用户不愿意承担创新的风险，但他们可以为成功的创新产品和服务支付更高的价格。政府则处于特殊地位，在一些重要领域国家不主动承担某些技术创新的风险，就可能遭遇受制于人的更大风险，国家安全就没有保证。因此，政府应为某些公共利益大于用户自身利益的创新产品（如节能、环保产品）提供政策支持或财政补贴；在涉及国家安全、影响国家竞争力的某些重要领域，如军工、重大技术装备、基础性公共技术平台等，提供科技创新扶持资金，特别是通过政府订货等，以政府资源分担部分创新风险。

分担技术创新风险还应该开发多种有效的工具。如风险投资、产业基金等金融工具；技术市场、二板市场、政府采购等市场工具；"有限合伙制"、关闭破产等制度安排；以及科技中介服务、科技园区、创新企业"孵化器"等创新服务体系等。

（四）国家发展政策与科技政策结合

如果说科技发展规划是实现创新型国家建设目标的阶梯，那么，经济发展规划中的那些新兴领域，就是提高自主创新能力的工程实践机会和创新产品的"市场出口"。从现在到2020年或更长时期内，是中国工业化、城市化和信息化发展的重要时期。快速的经济社会发展，提供了巨大的市场和众多技术创新的机会。如2008年全国固定资产投资达到17万亿元，而且还以每年约20%的速度增长。这就构成了世界上无可比拟的投资类产品大市场。这里包括到2020年前8000万千瓦核电，及风电、水电等清洁能源、替代能源项目；有1.2万公里的高速铁路，及众多城市的轨道交通项目；有"三网合一"的新一代无线电信网和各种数字化、智能化终端设备；有数量庞大、品种繁多的加工设备、环保设备，冶金、化工、采矿装备和大型工程机械；有每年数以百计的民用飞机和百万至千万计的汽车等。这些都是建设创新型国家最可贵的国家资源。

现实的问题是，如何防止经济发展政策与自主创新政策脱节。项目甲方关心的是速度和"一次成功"，不愿承担技术创新的风险；期望一步达到"世界一流水平"，对本国企业的技术能力缺乏信心，不愿意给本国企业提供工程实践的舞台。在这种崇洋心理的作用下，中国改革发展创造的巨大市场，其中高技术含量的部分大多让给了外国企业，中国企业没有分享更多，从需求侧没有给本国企业提供更多的机会。

经济发展与自主创新"两张皮",表现出了一种悖论:一方面,国家不断加大资金和政策投入力度,致力于提高本国的技术创新能力;另一方面,不少重大创新领域、创新项目和新产品订货又往往不支持本国企业的技术实践。

经济快速发展期,是技术追赶的黄金期,我们有足够的国内外资源支持实现创新型国家建设的战略目标。如果我们真的将提高自主创新能力确立为国家意志、国家战略,那么,就应该动员国家资源促进实现创新型国家建设的目标。

现在中国正成为世界上创新技术的实验场,在跨国公司母国还没有完成工程化过程的创新,如磁悬浮轨道交通、第三代核电等也可以引进,那么为什么不能给中国企业的创新提供更多的尝试机会呢?

我们应当明白,经历这场危机后的美国不再是危机前的美国;经历这场危机后的世界经济也不再是之前的格局。中国与金融危机重灾区国家不同,我们有较大的回旋余地,如果经历这场危机我们真的能促进转变发展方式、增强创新能力、实现产业升级,从而缩小与世界先进水平的差距,那么我们就将成为这场金融危机的一个成功应对者。

在全国工商联十届三次常委会议上的专题报告[*]

（2009年6月4日）

2009年6月3~4日，全国工商联十届三次常委会议在辽宁省大连市召开，会议集中研究了全球金融危机影响下非公有制企业自身发展与社会责任问题。

中国经济发展粗放、经济结构失调、自主创新能力不强、经济增长的资源环境代价过大的状况长期没有改变的一个重要原因，是与快速的经济增长相比，技术进步相对迟缓，科技没能站上第一生产力的高位。例如，技术低级化状况改变缓慢；研发能力与生产规模不相适应，一些企业大而不强；技术对外依存度过高；在国际分工中长期处于技术含量的低端；经济增长过度依赖资源密集型高耗能、高污染产业；对国外的技术装备、关键零部件和市场过度依赖等状况迟迟未能改变。

面对严峻的金融危机，政府的对策就是保增长，并在保增长中推进转变经济增长方式，调整经济结构，实现产业升级，为下一轮发展创造条件、孕育力量。

那么企业应该做什么？

经济回落，企业感受到的是市场约束增强，优胜劣汰作用强化，两极分化进程加快。实际上，市场红火时，充满机遇；经济回落时也存在机会，甚至企业顺利时看不到、想不到、做不到的事，现在看到了，想到了，也可以做了。

---

[*] 本文是作者应邀在2009年6月4日，以《全球金融危机面前企业该怎么办》为题，为出席全国工商联十届三次常委会议的全体代表做的专题报告。

总体上看，中国的经济形势与欧美等重灾区不同。企业领导层要总揽全局、对形势有清醒判断，以前瞻性思维、以进取的姿态，发现机遇、利用机遇、实现超越。中国企业要有一个总体判断：只要把握得当，机遇大于挑战。

一　正视形势变化，捕捉发展机遇

面对如此剧烈的全球经济动荡，几乎各个国家都在反思既有的经济结构和增长模式。

早在1995年，中央就发现了落后经济增长方式和经济结构不合理的弊端，及时提出了转变经济增长方式和以结构调整为主线的方针。现在已经过去了10多年，但情况没有根本转变，有些方面还在恶化。

全球金融危机使增长方式转变的任务更加紧迫。一个基本的判断是：经历这场危机，全球经济的增长机制和产业结构都不可能回归原点；相应地，中国经济的增长机制、经济结构和产业结构也不可能重复过去。在去年的中央经济工作会议上，胡锦涛同志指出，把加快发展方式转变和结构调整作为保增长的主攻方向；温家宝同志说，把推进结构调整和自主创新作为转变发展方式的主攻方向。这两段话集中体现了中央保增长的基本思路。

在全球金融危机的冲击下，我们更清楚地看出，我国传统比较优势正在弱化，在东部甚至在消失；而新的比较优势正在形成，并展现出良好前景。这是我们分析国内外因素时可以做出的一个重要判断，它在今后较长一段时间内将对所有企业产生较大的影响。

传统比较优势正在弱化。

——土地、矿产、水等自然资源由较充裕变为稀缺，由发展的保障因素转化为制约要素；基础生产要素因稀缺而导致价格上涨；过量的外汇储备面临本币升值的压力。

——一般加工制造业普遍产能过剩，靠量的扩张实现增长的空间已经消失。

——新修订的《中华人民共和国劳动合同法》出台，最低工资逐渐提高，劳动力成本上升。

——环保法规趋严、环境成本内部化进程加快。

情况表明，随着基础生产要素价格上涨、传统产业投资空间收窄、资源环境问题严重，较长时间内保障经济增长的那些优势条件正在消失。

与此同时，新的比较优势逐渐形成。

——经历了初始工业化的洗礼，工业文明、产业体系、研发体系初步建立；国家经济实力增强，社会资金充裕，为增加科技投入提供了保障。

——企业改革取得突破，民营企业成长，初始资本积累完成，企业家队伍形成，产业工人、研发力量迅速成长。

——全社会受教育程度提高，职业培训逐渐普及，本科生和研究生在校及毕业规模扩大，知识型人力资源优势显现。

——工业化、城市化和信息化迅速发展，加之产业升级、消费结构升级，社会需求层次提高，为较高附加值和技术含量产品提供了广阔的市场空间。

——资源、环境成本上升和外部市场约束增强，高投入、低技术，高消耗、低效率的生产遇到越来越严峻的挑战，经济转型的"倒逼"力量已经形成。

新的比较优势的形成为中国升级产业、提高自主创新能力、培育具有全球竞争力的企业创造了良好的条件。但是，中国新的比较优势并不能保证首先被中国企业所享有。在国内一些地方和企业对新比较优势缺乏敏感，还在抱怨、哀叹、惋惜，甚至企图用行政力量留住、再造传统比较优势，希望传统增长方式继续延续的时候，很多外资企业捷足先登。它们不仅曾因充分利用中国廉价资源、廉价劳动力而获得了丰厚的收益，提高了国际竞争力，而且今天又要抢先利用中国的新比较优势，再创新自己的辉煌。有些地方政府则迫不及待地希望外资在本地建立研发机构，利用中国的新比较优势，而对本地企业如何转型升级却缺乏应有的战略部署，政策支持的力度也显不足。

中国经济总量已经很大，但自主研发能力不足以支撑经济规模，这已经成为中国经济的一个软肋。世界上几乎没有哪一个国家，消耗如此之多的资金引进如此之多的技术，且持续如此之长的时间，而主要技术仍受制于人、技术对外依存度仍高达50%。现在已经到了必须改变这一状况的时候。

如果说过去30年我国的一大优势是有"无限供给"的"农民工",在缺乏资金、缺乏技术的情况下创造了"中国制造"的奇迹的话;那么现在较高层次的比较优势已经形成。如果我们能充分利用资金相对充裕、初始技术积累已经完成、较高层次市场需求不断扩大的有利条件,充分发挥数量庞大的知识型人力资源优势,就可能在智力劳动密集的领域——无论是自主设计和产品研发,还是高技术含量、高附加值的新兴产业和现代服务业,建立自己的竞争优势,提高自身在国际分工中的地位。

例如,华为、中兴、腾讯、迈瑞、和利时等企业正是利用由中国廉价、聪明、勤奋的工程师创造的研发优势奠定了自己的国际竞争地位。在我们这样一个欠发达国家,这些公司可拥有几千甚至几万名研发工程师,这在发达国家是难以想象的。华为技术专利年申请量已跃居世界第一,振华港机、三一重工则在智力与劳动"双密集"的行业取得了巨大成功。跨国公司纷纷在中国设立研发机构,正是看中了中国廉价知识型人力资源优势。目前,"大学毕业生就业难",意味着我们有庞大的知识型人力资源后备;说明中国企业已经具备以创新求发展的基本条件。

比较优势的变化首先从东部开始,预示依赖资源、依赖投资以量的扩张实现增长的条件逐渐消失,向创新驱动发展阶段转型已是大势所趋。在这不可逆转的大趋势面前,正可谓,顺者昌,逆者亡。哪个地方、哪些企业较早地发现并能很好地利用新的比较优势,在未来的竞争中就将处于主动地位。

最近,黄孟复主席指出,在全球金融危机和国内复杂多变的经济形势下,民营企业自身存在的问题和不足清晰地显现。民营企业已经到了必须通过调整结构、转型升级来不断提高市场竞争力和应对冲击能力的新阶段。

"新阶段"可以理解为,曾经使中国企业创造了辉煌业绩的外部环境正在发生变化,迫使增长方式转变、结构调整、产业升级的"倒逼"力量逐渐形成。在很多行业,对于很多企业来说,企图以不变应万变,无异于等死。面对传统优势大势已去的现实,与其抱怨、哀叹、惋惜,甚至企图用行政力量留住、再造传统优势;不如以向前看的眼光发现新优势、捕捉新机遇，努力创造危机后的竞争力。

危机的形势，使民营企业的问题"水落石出"，重要的是，利用当前的有利形势，通过调整和转型着重弥补自身的弱点，再造新的优势：

第一，调整企业的战略和思路，"走出规模扩张的陷阱，打造核心技术和核心竞争力""从制造的窄路，转型到创造的大道""摆脱投机的短期诱惑，转型到长期投资的界面""跳出微笑曲线的底端，占据微笑曲线的两翼"；

第二，充分认识中国廉价智力型人力资源优势，加大技术投入力度，培育创新能力和核心技术，创造自主品牌，打造核心竞争力；

第三，从产业链的低端向上游和下游更高附加值的环节延伸，改变卖苦力、低效益和受制于人的地位；

第四，积极推行科学管理，提高产品质量和层次，优化业务流程、组织架构和供应链，提高运营效率；

第五，完善公司治理结构，处理好投资者、经营者和劳动者之间的关系。

二 传统的经济增长的产业支柱正进入调整期

较长时期以来，推动中国经济快速增长的主要是工业，其中钢铁、造船、纺织服装、轻工家用、有色、建材和一般加工组装等产业发挥了较大作用。由于持续的大规模投资，这些产业的规模迅速扩大、产能大多处于过剩状态。国内消费一时很难填补外需留下的空白，这些产业能维持原有市场规模已实属不易，很难再吸收大量投资和增加销售。相应地也很难承担起拉动经济增长的重任。必须看到，在金融危机促使下，这类产业已经进入调整期。而这一调整恰恰是中国工业化发展阶段所必需的，经过一轮大的调整，实现产业升级，才能为新的崛起注入动力。

传统产业在调整时期的主要任务有以下几点。

第一，改变结构性低效率的状态。目前许多产业的总体生产规模虽然已经很大，但单个企业规模不经济、专业化分工不充分、生产组织方式落后等问题仍然是制约产业竞争力的重要因素。很多产业的生产能力布局分散，长期在低层面处于同类、同档次产品的恶性竞争状态；一些企业主业不突出、辅业占用了大量资源；一些企业大而全、小而全的状况还没有改变；一些企业盲目多元化，背上了沉重的包袱；一些企业达到了一定生产规模，但研发能力、营销能力不匹配，没有取得高效益。提高产业和企业竞争力，客观上需要经过一轮并购重组过程，提高产业集中度，深化专业化分工，优化产业生产组织模式，提高产业整体竞争力。

第二，淘汰落后产能。在需求特别旺盛、生产要素价格扭曲、环境监管不到位和地方保护的情况下，很多产业的产能是在很低的起点上起步的。它们靠拼资源、无视环境的生产经营模式获得利润。在相对成本上升、环境监管趋严，特别是需求萎缩、产能严重过剩的情况下很多企业已经很难继续生存。此时，对那些企业不应再用"输血"的办法实施挽救，而应继续矿产资源等生产要素价税改革，通过市场力量淘汰低效产能；继续加强环境监管，淘汰高污染产能，从而促使那些丧失竞争力的企业或抓紧技术改造，或调整经营结构，或转产其他产品，或通过重组将有效资产转让以收回资本。

第三，推动产业深度发展，由做大转向做强。钢铁、造船、纺织服装、家电、轻工等领域的很多产品，我们不仅生产能力世界第一，而且市场占有率也都处于世界最高水平。然而"大而不强"是我们很多产业致命的弱点。例如，美国人穿的鞋70%以上是中国企业生产的，日本人穿的衣服75%以上是中国企业做的，在量的扩张上还能有多大空间？但是，我们在实物量已经做到极致的同时，在价值链上始终处于低端，靠拼价格维持销量，形成产品数量扩张但盈利率降低的困局。在这次金融危机向实体经济传导的过程中，首当其冲的是那些"三来一补""两头在外"，没有研发能力、没有自主品牌、没有自己的营销渠道、完全靠加工订单"吃饭"的企业。这场危机正逼迫中国众多产业由专注做大转向做强。实际上，中国企业在为他人打工的过程中，不仅掌握了一般加工制造技术和管理能力，有了原始积累，而且了解了所在产业链的分工格局以及所在产业的技术发展趋势、竞争形势，逐渐具备了推动产业深度发展的条件。在调整期，企业必须重新审视自己的发展战略，着力提高研发和设计能力、实施品牌战略、创新营销模式，向产业链的高附加值环节延伸。这里对于中国企业来说还有无限的空间。

三 培育引领未来的新兴产业

（一）一个值得特别注意的趋势

从历史上看，无论是早期的美国、70年代的日本，还是亚洲金融危机后的韩国，摆脱危机并为后续发展奠定基础的都是科技创新。目前，严峻的危机驱使各国争相通过技术创新寻求出路。在全球金融风暴影响还在的今天，发达国家和跨国企业已经在寻找有助于走出危机和危机后引领全球经济的新的经济增长的产业支柱和新的技术。在金融危机的底层已经激烈涌动着以新能源为代表的新一轮产业革命。这一趋势值得我们高度关注。

奥巴马政府的经济复苏计划着眼于危机后的国家竞争力，核心是培植新技术和绿色产业。把新能源作为战略重点，并促其成为经济复苏的"发动机"；把电动汽车作为减少对外国石油依赖、拯救汽车产业的一张王牌；把普及宽带网络和建立"21世纪教室"作为提升美国长期竞争力的战略措施。法国去年11月公布了一揽子可再生能源计划，要求到2020年可再生能源在能源消费总量中的比重提高到23%。日本通过实施"绿色新政"，计划将太阳能发电量增加20倍，新型环保汽车用量增加40%；德国计划于2020年前使可再生能源产业就业规模超过汽车产业；欧盟于3月9日公布在2013年前投资1050亿欧元支持欧盟区的"绿色经济"发展。很多跨国公司在销售收入锐减、经营亏损的情况下不仅没有减少，反而增加了研发投入，力图通过技术突破，创造新需求，赢得未来的领导地位。各发达国家紧锣密鼓地制定规划、大规模投资新兴产业，近期是刺激经济、增加就业；而中长期则是占领"后危机时代"经济发展的制高点。

从各国振兴经济的动向中，我们不仅看到了以新能源为代表的产业革命已悄然兴起，而且嗅到了新一轮产业竞争的硝烟。显然，这是一场争夺未来的竞争，我们对形势的判断、采取的战略和政策，将影响危机后的国家竞争地位。

（二）培育引领未来的新兴领域

目前，国内十大产业振兴的安排部署已经基本就绪。这不仅稳住了经济大局，而且为传统产业的结构升级奠定了基础。接下来，政府关注的重点应及时转向能引领未来发展的那些战略性产业，致力于培育危机后的国家竞争力。

能引领未来的既可能是独立完整的新兴产业，也可能来自传统产业中的某个环节或领域。这类产业应具备几个条件：一是体现技术和产业发展趋势，具有先导性、战略性，可以提高国家竞争力；二是能形成较长时期、较大规模的市场和最终消费；三是有较大的规模，产业链长、带动能力强；四是产业化条件比较成熟，具备立即启动的条件。

1. 清洁能源、新能源和节能环保产业

调整能源结构是长期任务，但必须从现在开始。除发展风电、太阳能利用外，我国在煤的多联产技术、储能电池技术和第四代核电技术等技术上已经取得重大突破，应支持相关重大科技成果尽快实现产业化应用，并及早安排应用推广，构建具有自主知识产权的新能源发展的技术路线，力争引领新一轮全球核电发展。

我国总体能源利用效率偏低，节能减排有极大的空间。应大力发展节能技术，推广节能产品；大力开发先进环保产品，加快重要环保设施建设。多联产是煤清洁、高效利用的重要途径，到了下决心大力推广的时候。

2. "三网融合"及相关业务

"三网融合"早已没有技术障碍、数字地面电视系统技术全球领先，产业化准备充分，可立即启动；已经遴选和评审完结的手机电视标准，技术先进性已被很多国家认可，应加快发布并推广应用；加快宽带网络建设，鼓励或强制要求城市住房建设时做到"光纤入户"；利用国产芯片和操作系统，从"上网本"等新产品市场起步，通过政府采购与市场驱动相结合的方式，推动我国基础芯片产业进入良性发展轨道；等等。

3. 电动汽车

在多种节能和新能源汽车中，电动汽车脱颖而出，美国和其他主要汽车生产国都认定它为主攻方向。奥巴马政府在其经济刺激计划中，拨出141亿美元用于支持电动汽车技术开发、生产和消费；德、日等政府和企业也把电动汽车进入市场的时间大大前提。我国发展电动汽车的技术转换成本较低，转换阻力较小，应把大力发展电动汽车作为引领未来汽车产业发展和节能减排的重大战略，动用国家的力量推进实施。我国具有自主知识产权、自主品牌的汽车有可能从电动汽车上突破。

四 技术进步对企业影响的再认识

英国《金融时报》首席经济评论家马丁·沃尔夫在接受 FT 中文网采访时说：中国非常依赖国外的专业技术知识和技能；中国出口的成功，是建立在对国外专业知识高度依赖的基础之上；中国与日本甚至韩国不同，在经济快速发展的同时，在技术创新上没取得多大进展，在创立世界级企业方面也没有多大建树。英国剑桥大学中国专家彼得·诺兰教授写道："后来居上的工业化国家，不论是 19 世纪的美国还是 20 世纪后期的韩国，每个国家都产生了一批具有全球竞争力的企业。中国却是唯一一个没有产生这样企业的后来居上者。"日本媒体说："中国整体经济繁荣昌盛，但中国企业的竞争力在下降。"这些评论很值得我们深思。

经验表明，战胜危机最有利的武器是"科技第一生产力"；自主创新是保增长、促内需、调结构和实现产业升级最重要的节点。以清洁能源和可再生能源为代表的新一轮产业革命已经悄然兴起，这里充满挑战和机遇，政府和企业对这一形势的敏感、决策和政策将决定危机后的国家竞争力，也决定了企业的竞争地位。对于中国企业而言，应该就科技革命对产业和企业的影响有一个再认识。

（1）信息技术以无可比拟的扩散能力，越来越成为产业和企业竞争力的中心环节。企业间的竞争已由单元竞争转向整体竞争。企业过去关注的往往是自身的技术能力，而今则要看由产业链连接的整个网络的技术水平；过去主要是看组织管理本企业的能力，现在则看参与、组织和管理所在网络的能力。

（2）技术对资源有替代作用，技术创新是提高资源利用效率的基本途径。技术已经渗透到各个产业和产业链的各个环节，赋予各个产业部门以新的内涵，并给产业链的各个环节带来了全新的增值空间。

（3）技术发展促进了产业分工模式的变化。产业链各环节可以分离，研发全球化程度提高。一个企业不可能也没有必要开发产业链各个环节的技术，但掌握相关技术信息、拥有自己的核心技术，以及掌握技术集成能力，则成为企业竞争力的基本要素。

（4）技术更新周期缩短，技术投入在一定意义上成为比任何硬件投入收益更高但风险更大的投入。技术投入产生效益所需要的环境条件比硬件投入要求的要复杂得多，而且产生效益的周期较长、风险较大。政府创造创新环境与企业自主创新的互动显得特别重要。

（5）新技术商业化的周期缩短，对市场快速反应的能力越来越成为企业竞争力的另一个重要因素，"快吃慢""小吃大"，甚至"快者通吃"的现象屡屡发生。例如，从成立到拥有10亿美元资产，惠普公司用了47年，微软用了15年，Yahoo用了两年，而NetZero只用了9个月。

（6）重大技术突破之初，有可能给后起国家的技术跨越提供机会。就成熟技术而言，后发国家与先进国家相差甚远。而对即将产业化的新技术，差距就没有那么大。先进国家因存量的包袱和对传统技术的路径依赖效应，有时会犹豫和踌躇；而后发国家则可轻装上阵。两者的反差，提供了赶超的机会。如新能源、"三网合一"、电动汽车等。

历史上由于复杂的原因，我们错过了几次科技革命的机会，甚至沦落为半殖民地国家。面对新一轮科技革命的机遇和挑战，我们以怎样的理念，采取怎样的战略和步骤，将影响中国产业的发展前景和企业的国际竞争力。

五 技术引进与技术依赖"陷阱"

改革开放后，遵循国家"引进、消化、吸收、创新"的技术跨越战略，中国大多数产业的技术水平和生产水平上了一个大的台阶，为今天产业和企业的辉煌奠定了基础。但是，当人们重新评估"以市场换技术"的历程时，发现国内许多企业尽管让出了市场，甚至让渡了部分所有权，但并没有换来更强的自主技术创新能力，也没有建立起自己的核心技术，有的企业技术能力实际上在衰退。更加值得注意的是，不少人忽略了一个基本现实：中国企业要挤入世界强者之林，必须立足于自主创新能力这一基石。

技术引进最本质的意义在于缩短技术学习的时间。但大多数情况下企业重引进后的使用，轻引进后的学习。最明显的表现是资金投入结构不合理。平均而言，花 1 美元引进技术，日本当年要花约 7 美元进行消化吸收和创新，而中国只有 7 分钱。从这 100 倍的差别中可以清晰地看出，日本人最看重的是技术学习的过程，我们更注重的则是引进本身；他们把主要的投入用到了对自己技术能力的培养上，而我们却把投入资金的绝大部分送给了外国人。两种思路、两种资金投入结构，产生了两种结果。从 50 年代到 80 年代短短的 30 年，日本走过了从引进到创新的过程，进入了技术输出国的行列。从改革开放至今已 30 年，我们对外技术依存度仍高达 50%，主要技术受制于人的状况没有根本转变。

在消化吸收上"不到家"，很多企业就陷入了技术依赖的泥潭，在没有自生的技术来源的情况下，当"正在应用"的技术需要更新的时候，只能再引进。在"引进—落后—再引进"的不断循环中，我们成了世界最大的"技术消费"国和先进设备的消费者。与此同时，本国技术人员实际上被边缘化了。企业的技术研发费用总量并不少，但没有多少用于培育自己的技术能力。另外，在大多数合资企业中，外资控制着技术和技术来源，中国技术人员不可能参与核心技术的研发过程，在技术创新方面很难有用武之地。因此，即便企业的新产品、新工艺、新装备层出不穷，但也没有给本国技术人员留下多少技术创新的实践机会。

在差距很大的情况下，技术引进是缩短技术学习时间最有效的途径。但实践一再告诫我们，如果对对外开放创造的极为有利的条件在理解上出现偏差，或在工作中把握不当，有利条件本身就可能成为"陷阱"。例如，有了"引进"这一省力、省时的技术来源，一些企业便产生了幻想，企图依赖引进的技术构建自己的核心竞争力，放弃了自主创新力量的积累。一些地方误将加工组装产品中体现的高新技术看作本地企业的技术水平，将外资企业的技术能力看作本地的技术能力，放松了培育本地企业技术能力的努力。

一个发人深省的现象是，凡是无法从国外引进的技术，如宇宙飞船、核潜艇、新一代战机等，在只能从侧面吸收和借鉴国际科技成果的情况下，经潜心努力，都研发出来了；在汽车行业，曾经被打入另册、没有引进和合资条件的企业，反而在聚集研发人才、自主创新、打造自主品牌上走到了前面。曾经作为行业主力军的企业，应该承认，在这些方面反而落后了。

在这个激烈竞争的世界，没有免费的午餐。核心技术是核心竞争力的精髓，谁也不会转让；没有技术独立，就要受制于人。要丢掉一切不切实际的幻想，以最大的决心持之以恒地培育自己的技术能力。

六　突破"软实力"瓶颈

发达国家的跨国公司是经济全球化最大的赢家。这些跨国公司之所以能占据各个产业的皇冠地位，是它们对所在产业有强大的"系统集成能力"，而这种集成能力不仅来自资本实力、规模优势，而且无不出自强大的由技术、品牌、信誉、营销体系、供应链网络等构成的"软实力"。

在中国，通过拼凑把企业做大相对容易，但要脱颖而出，产生以核心技术为支柱、具有全球意义的产业链集成者和关键技术及零部件提供者，则有极大的难度。中国企业的弱点，不仅仅在于产业规模、市场占有，更重要的是以技术创新和品牌为代表的"软实力"不足。

中国是资源消耗大国，但单位资源的产出平均不足发达国家的1/10；中国是世界贸易第三大国，但出口产品中拥有自主品牌或知识产权的只占10%；中国是制造大国，但重要的技术装备主要靠引进；中国高技术产品出口不断增加，但不仅关键零部件依赖进口，而且每年要为软件、技术标准向外企支付高额费用。如此等等。创新机制不健全和技术能力不足成了中国经济的软肋。

在很多政府和企业领导得意于"世界工厂"的时候，可曾想到，缺乏核心技术的支柱产业，缺乏自主品牌的庞大生产能力，缺乏知识产权的制造业，缺乏创新能力的众多企业，导致我们的工业经济是建立在沙滩上的工业经济。这种"世界工厂"只是一种十分脆弱的依附型生产模式。从经济角度来看，处于增值链的低端，为他人的高回报垫底；从安全的角度来看，规模越大风险越大。

中国企业与优秀跨国公司相比，不仅"硬实力"有很大的差距，而且更加难以逾越的是由企业文化构成的"软实力"的差距。

企业硬实力主要指资本、厂房、设备和生产经营设施等物化了的能力和企业员工。软实力则指企业宗旨、价值观、创新机制、研发能力、产业集成能力、对网络的实际控制力、社会责任意识和由此凝聚而成的社会声誉、市场信用和品牌影响力。广义地讲，还应包括公司治理结构、营销网络、供应链体系等。拥有这些无法模仿和复制的能力的公司，在资源利用效率、获取市场先机、赢得客户、低成本融资等方面处于绝对优势地位。"软实力"成了大型公司竞争力的灵魂。

在全球产业分工体系中，如果说，经营设施和生产能力包括资本这些"硬实力"是较容易被复制和替代的话，那么"软实力"则表现出某些"文化"的特征，更多地体现为一种社会认同、亲和力。这些则很难复制，必须靠良好的文化积累和持续的创新，最终唤起社会的认同。这正是后发企业超越前者的最难之处。

后发企业可以以大量资本和资源投入较快形成某种物化了的能力；而优势企业却可以通过强大的软实力很容易地将这些物化了的产业能力"集成"于自己的系统，放大自己的优势。例如，跨国公司利用受控企业的厂房、设备、人员以及供应链、营销网络、服务体系等实现自己的目标。例如，吉列并购南孚电池、FAG并购西北轴承，以及凯雷企图并购徐工、可口可乐企图并购汇源。还出现了一些有强大软实力支撑，甚至逐渐放弃了一般性生产阵地的大型公司，如耐克。

受速度导向型发展环境的影响，中国企业大多重硬件、轻软件，不少企业陷入了规模扩张的"陷阱"。它们有强烈的规模扩张的动机，不惜倾全部资源扩张产能，却对软实力建设缺乏应有的关注。实际上，厂区的大小、生产能力的高低只是企业能力的一部分，往往还不是最重要的部分。其他还包括技术创新能力、营销能力、品牌影响力、管理能力、融资能力、系统集成能力以及公司治理等软实力。现在，在很多产业中国企业的规模已达到世界级水平，但普遍的问题是"大而不精"，软实力不足以支持企业的生产规模，导致"大而不强"。

技术能力是软实力的核心部分，现代企业获取和保持优势地位越来越依赖于核心技术。关键技术的自给率低，是中国企业的一个致命弱点。实际上，缺乏技术和品牌支撑的"规模"是泡沫化的规模，是建立在沙滩上的"华丽宫殿"，规模越大，风险越大。在新一轮技术升级时，如果跟不上步伐，那么庞大的"规模"一夜之间就会变成不良资产，企业迅速由兴盛转向衰落；从录像机到DVD、从显像管到平板电视，我们目睹了一出出悲剧。

品牌是企业的高端软实力。自主品牌是一种基于创新能力、自主知识产权和企业文化的市场创造力，是用户对同类产品和服务进行市场比较后对厂商及产品价值的一种社会评价。面对世界强大的品牌生产商，要"冒"出新的品牌并取得消费者的广泛认同，有极大的难度。中国企业必须懂得，创建自主品牌远比产能扩张困难得多，但闯不过品牌这一关，就永远不能独立进入全球产业俱乐部。

七　认真履行企业社会责任

社会责任是企业文化的重要组成部分，是企业软实力的核心内容。

除政府外，企业是当今社会最有力量的组织。人与资源环境的和谐，最主要的是企业与资源环境的和谐。国家经济技术指标的落后，实质是企业落后；国家经济增长方式落后，实质是企业发展模式落后；国家经济增长质量低，实质是企业效率低。

企业社会责任很难准确地定义，但它的核心是企业应为改善利益相关者的生活质量而做出承诺，为可持续发展做出贡献。这是企业宗旨、价值观、社会公德的综合体现，是企业以负责任的态度对待利益相关者和所在社区的有关政策与实践的集合。

企业社会责任包括两个方面：在企业内，要构造各个利益主体之间和谐、共赢的氛围；在企业外，要主动承担对生态环境、对社会各利益相关者的义务。因此，仅由财务目标不能说明企业存在的全部价值。现代企业是一个"多面体"。作为经济范畴的企业，它追求利润最大化；作为法律范畴的企业，它要做好的"企业公民"；作为道德范畴的企业，它要承担社会责任。

90年代中后期，能源环境问题已经成为全球关注的焦点，企业在赚取利润的同时必须善待员工的呼声高起。越来越多的跨国公司转变战略，对企业社会责任逐渐取得认同，不仅将"社会责任"纳入企业战略，而且开始纷纷要求合作方、供应商必须接受劳工保护标准、环保标准的审查。由此，在世界上悄然兴起了一场"企业社会责任运动"，而这场运动逐步演进为一股巨大的企业社会责任浪潮，社会责任成为社会和市场评价一个企业的重要方面。企业要获得成功，管理者必须像对待经济问题一样，使企业社会责任变成企业行为的有机部分，积极理解并对周围的非经济诉求做出正确的反应。

近年来，中国企业的社会责任意识不断增强，在去年冰雪灾害和汶川大地震发生后做了很好的展示。民营企业的表现赢得了全国人民的好评。在越来越多的社会实践中，有更多的企业意识到，企业社会责任不仅是企业存在的使命，而且是实现可持续发展中企业必须面对的现实；它不仅是一种道德和良知的呼吁，而且正逐步成为道德和制度的约束；不仅是一种理念、文化，而且是企业自愿做出的承诺。在体制转型、经济快速发展的时期这一点显得特别重要。

中国企业增强社会责任意识，是与观念转变、战略调整、机制转换、增长方式转变联系在一起的，具有深刻的改革意义和十足的紧迫性。但是，也有一些企业至今还把承担社会责任与追求投资回报对立起来。它们以短视和侥幸心理看待自己的社会责任，认为地球那么大，污染物排放不多我这一份。甚至认为强调社会责任是跨国公司挤压自己的托辞。这完全是一种落后的观点。它们还不理解，在能源、资源、环境已经成为全球未来最为严峻挑战的时代，企业社会责任与经济目标有高度的一致性。

我们必须承认，粗放型增长方式使我们浪费了过多的资源。搞不好就会出现，经济总量增加了，但结构恶化了、环境破坏了，地区综合实力和人民生活质量并没有相应的提高，我们还将为资源浪费和自然遭到破坏付出长期、高昂的代价。这种粗放型增长模式的不可持续性，呼吁中国企业必须以高度的社会责任感，加快转变增长机制。

居民的环境意识、可持续发展理念正深刻地影响着他们对产品的选择，决定着他们货币选票的投向。企业承担社会责任的表现越来越成为社会评价企业的标准，客户选择合作伙伴时越来越注重公信、道德标准。企业会由于道德方面的缺失而受到社会唾弃，从而会倒自己的牌子、败坏自己的声誉，最终会自绝于资本市场、信贷市场和商品市场，从而失去所有未来发展的可能。随着社会的进步，这种"软约束"会变得越来越强劲。

面对越来越激烈的市场竞争和可持续发展的挑战，企业的社会形象、声誉和企业的诚信、品牌一样重要。取得社会公信的企业更会被市场青睐。企业要成为百年老店，就要努力成为政府、社会组织、公民在实现可持续发展诉求方面的合作伙伴；努力创造一种可持续发展的增长模式，探究如何为实现全社会最为关注的扶贫目标而做出贡献。管理者在做出决策的时候，必须像对待经济问题一样，把承担社会责任作为企业战略的重要组成部分，考虑对员工的法定义务和道德义务，公司的政策和措施应促进公司内部的和谐；必须考虑企业战略是否有利于公众利益、生态环境、社会进步和社区和谐。

在"2009年中国经济社会论坛"上的发言[*]

(2009年8月27日)

2009年8月27~28日,中国经济社会理事会和北京市政协在京共同举办"2009年中国经济社会论坛",主题是"应对金融危机中的中国经济与民生"。中国经济社会理事会是全国政协领导下综合研究经济社会问题的全国性社团组织和高端智库,是"经济社会理事会国际协会和类似组织国际协会"正式成员,也是其领导机构管理委员会成员。中国经济社会理事会成立于2001年7月,每届任期五年。宗旨是聚焦党和国家中心任务,在建言资政和凝聚共识上发挥作用;积极开展对外交往,服务国家外交大局。

经历这场金融危机后,全球经济的增长机制和产业结构都不可能回归原点;相应地,中国的经济结构和产业结构也不可能重复过去。战胜危机,意味着我们必须寻找新的增长模式、培育引领未来的新兴产业。

一 中国产业进入了调整升级的重要时期

在金融危机面前,中国产业遇到的困难,外因是国际市场骤然收缩的冲击,而内因则是我国产业升级滞后,以及因此造成的诸多矛盾爆发。例如,一般加工业持续过度投资,产能严重过剩;产业布局重复分散,造成结构性低效率;自主创新能力不强,在国际产业分工中一直处于技术含量、附加值的低端;产业结构低级化改变迟缓,经济增长的资源环境代价过大等。

---

[*] 本文是作者于2009年8月27日,以《后危机时代的产业竞争力》为题在论坛上的发言。

在全球金融危机冲击实体经济的情况下，我们更清楚地看到，经30年持续快速增长，中国经济已经站在一个新的起点：传统比较优势正在弱化，在沿海地区甚至在消失；而新的比较优势正在形成，并展现出良好前景。这是分析国内外因素时可以做出的一个重要判断，它在今后较长一段时间内将对所有产业和企业产生较大的影响。

传统比较优势正在弱化。

——土地、矿产、水等自然资源由较充裕变为稀缺，由发展的保障性因素转化为制约性因素。基础生产要素的稀缺，孕育着资源税上调和价格上涨。

——一般加工制造业普遍产能过剩，投资扩张的空间逐渐消失。

——生态环境不堪重负，治理成本上升，环境成本内部化大势所趋。

——最低工资逐渐提高，"新劳动合同法"实施，劳动力成本呈上升趋势。

——过量的外汇储备面临本币升值的压力。

如此等等，使主要依赖消耗资源、量的扩张实现经济增长的空间已经消失。

与此同时，新的比较优势已经显现。

——产业规模化格局初步形成，完整的产业体系初步建立。

——国企改革取得突破，民营企业成长，初始资本积累完成。在全球化和市场竞争中企业家队伍经受了锻炼，不断成长。

——政府对科技的政策投入和资金投入增加，企业研发能力提高，自主创新的欲望增强。

——职业培训逐渐普及，产业工人队伍整体素质提高；本科生和研究生规模扩大，知识型人力资源优势显现。

——消费结构升级，社会需求层次提高，为升级后的产业提供了广阔的市场空间。

比较优势的变化是倒逼产业升级的强大经济驱动力。要素成本上升和环境监管趋严，使高投入、低效率、重污染的生产遇到越来越严峻的挑战、路越走越窄；而利用廉价智力资源优势，以技术进步和创新求发展的条件却越来越具有优越性。这是不可逆转的大趋势，哪个地方、哪些企业较早地发现并能很好地利用新的比较优势，在未来的竞争中就将处于主动地位。

如果说过去30年我国的一大优势是与经济规模相比资源相对充裕、环境容量较大，加之有"无限供给"的农民工，在缺乏资金、缺乏技术的情况下创造了"中国制造"的奇迹的话；那么现在较高层次的比较优势已经形成。如果我们能有效地利用资金相对充裕、初始技术积累已经完成、较高层次市场需求不断扩大的有利条件，充分发挥数量庞大的知识型人力资源优势，就可能在智力密集和智力与劳动双密集的领域建立自己的竞争优势，提高自身在国际分工中的地位。

例如，华为、中兴、腾讯、迈瑞、和利时等企业正是利用中国廉价、聪明、勤奋的工程师创造的研发优势奠定了自己的国际竞争地位。在我们这样一个欠发达国家，这些公司可拥有几千甚至几万名研发工程师，这在发达国家是难以想象的。华为技术专利年申请量已跃居世界第一，振华港机、比亚迪、三一重工等则在智力与劳动"双密集"的行业取得了巨大成功。跨国公司纷纷在中国设立研发机构，正是看中了中国廉价知识型人力资源优势。目前，"大学毕业生就业难"，意味着我们有庞大的知识型人力资源后备；说明中国已经具备经济转型、产业升级的基本条件。

二 一个值得特别注意的趋势

中国产业竞争力不强的一个重要原因，是与快速的经济增长相比，技术进步相对迟缓，科技没能站上"第一生产力"的高位。例如，技术低级化状况改变缓慢；研发能力与生产规模不相适应；经济增长过度依赖投资和资源密集型产业；对国外的技术、技术装备、关键零部件和市场过度依赖等状况迟迟未能改变。使我国企业大而不强，在国际产业分工中长期处于低端。产业结构升级势在必行。

从历史上看，无论是早期的美国、70年代的日本，还是亚洲金融危机后的韩国，化解危机靠的都是产业结构调整和升级，摆脱危机并为后续发展奠定基础的都是科技创新。目前，严峻的危机驱使各国争相通过技术创新寻求出路。在全球金融风暴影响还在的今天，发达国家和跨国企业已经在寻找有助于走出危机和危机后引领全球经济的新的经济增长的产业支柱和新的技术。在金融危机的底层已经激烈涌动着以新能源为代表的新一轮产业革命。这一趋势值得我们高度关注。

奥巴马政府的经济复苏计划着眼于危机后的国家竞争力，核心是培植新技术和绿色产业，并把新能源作为战略重点，促其成为经济复苏的"发动机"；把电动汽车作为减少对外国石油依赖、拯救汽车产业的一张王牌；把普及宽带网络和建立"21世纪教室"作为提升美国长期竞争力的战略措施。英国在经济衰退尚未结束之际，已经着手制定"构建英国未来"的长远战略，目标是在全球经济复苏后占据发展的制高点。法国去年11月公布了一揽子可再生能源计划，要求到2020年可再生能源在能源消费总量中的比重提高到23%。日本通过实施"绿色新政"，计划将太阳能发电量增加20倍，新型环保汽车用量增加40%；德国计划于2020年前使可再生能源行业就业规模超过汽车产业；欧盟于3月9日公布在2013年前投资1050亿欧元支持欧盟区的"绿色经济"发展。各发达国家紧锣密鼓地制定规划、大规模投资新兴产业，近期是刺激经济、增加就业；而中长期则是占领"后危机时代"经济发展的制高点。

从各国振兴经济的动向中，我们不仅看到了以新能源为代表的产业革命已悄然兴起，而且嗅到了新一轮产业竞争的硝烟。显然，这是一场争夺未来的竞争，我们对形势的判断、采取的战略和政策，将影响危机后的国家竞争地位。

三 培育引领未来的新兴产业

目前，国内十大产业振兴的安排部署已经基本就绪。这不仅稳定了经济大局，而且为传统产业的结构升级奠定了基础。接下来，政府关注的重点应及时转向能引领未来的那些新的经济增长的产业支柱，力争在危机后的全球竞争中占据更加有利的位置。

新兴产业应具备几个条件：一是具有引领未来的先导性，体现技术和产业发展趋势，可以缩小与世界先进水平的差距；二是能形成较长时期、较大规模的市场和最终消费；三是有较大的规模，产业链长、带动能力强；四是产业化条件比较成熟，具备近期启动的条件。

新兴产业应在政府部门领导下，经专家认真调查、论证，最后纳入国家战略。根据我们的调研，列举几个值得关注的领域。

（一）新能源革命是一个大战略

奥巴马上任伊始就把新能源革命作为振兴美国经济和争夺未来产业竞争制高点的重大战略。这绝不仅仅是为了当前摆脱经济衰退的压力，更是基于对科技发展成果和前景的判断，出于减少对国外石油依赖、改变美国在气候变化上的被动地位和争夺未来能源领域领导地位的战略抉择。

过去100多年的工业社会是建立在石油能源基础之上的。直到现在，世界能源消费的40%、交通能源的90%还依赖石油。发达国家为获取工业化所必需的石油资源不惜采取各种手段。现在，包括中国、印度等新一轮工业化国家涉及的人口超过已工业化国家人口总和的两倍以上。快速增长的能源需求与石油资源终将枯竭的矛盾，导致廉价石油时代已经终结，"依赖石油"的工业化成本大幅上升；在全球石油资源分配格局早已经稳固形成的情况下，后起国家获取石油资源的形势也将更加严峻。本土石油资源的短缺、快速增长的石油进口、高昂的油价和能源生产与使用造成的污染，使我国在能源与环境方面面临有史以来最大规模、最为严峻的挑战。实际上，就减少对国外石油依赖和减少温室气体排放的紧迫性而言，我国绝不亚于美国。

新能源革命为我国提供了新的思路、新的途径，有可能在较大程度上减少对传统化石能源依赖的基础上缓解我国工业化、城市化和机动化过程中的能源安全与环境保护问题。新能源革命主要包括三项内容：一是节能增效，最重要的是交通节能、建筑节能和产业节能；二是新能源开发，包括可再生能源、清洁能源和煤的清洁利用；三是提高能源传输、存储和调配效率，包括电网智能化和蓄能电池。这些方面的进一步突破，将大大提高能源利用效率和环保水平。如果把握得当，我们将是这场能源革命的最大受益者之一。

（二）电子信息仍是引领未来的战略产业

信息社会的发展方兴未艾，信息化领域有无限发展的空间。经多年积累，我国在信息产业很多重要领域，如第三代和超三代无线通信、"三网合一"、宽带无线局域网、地面高清电视、手机电视、"上网本"等，已经完成大量前期技术准备，自主创新取得重要突破，有些已经达到世界先进水平，正处于升级突破、跨入世界先进行列重要的临界点。同时，宽带无线网、电网智能化、远程医疗等信息化建设已经提上议事日程。如果国家及时启动这些领域的产业化和网络建设进程，不仅可以引导每年几千亿元的企业投资和形成几千亿元的市场规模，而且可以以此为切入点，加快国家数字化、网络化、信息化进程，使之跃入世界先进行列。

（三）电动汽车是圆中国人"汽车梦"的战略选择

拥有 13 亿人口的中国，轿车能不能进入家庭，历来就是一个有很大争议的问题。在汽车持续产销两旺的时候，令我们长期甩不掉的一个隐忧就是，轿车进入家庭已成消费结构升级不可逆转的趋势，但日益严峻的能源环境问题如何解决？

在多种节能和新能源汽车中，电动汽车脱颖而出。各个主要汽车生产国无不在经济刺激计划中，拨出资金、出台政策支持电动汽车技术开发、生产和消费；全球电动汽车进入市场的时间大大前提。在电动汽车领域国家与国家的竞争已经开始。可喜的是，我国在动力电池和电动汽车一系列技术上取得了重要突破，基本跟上了全球的步伐，大体站到了世界同一"起跑线"。这在中国汽车史上还是头一次。

我国石油消费增量中最大的一部分来自交通。1993 年我国还是石油净出口国；10 年后，2002 年石油对外依存度上升到 25%；仅仅经过 7 年，到 2008 年石油对外依存度就骤升至 51.4%。而且，在未来较长时间内我们还处于能源需求旺盛的增长期。

汽车动力的"电动化"，是汽车产业百年来最重要的一次动力技术的革命，为中国企业的技术追赶提供了历史性机遇。插电式电动汽车具有从根本上减少对石油的依赖和达到零排放的前景，有可能在减少对国外石油依赖的情况下实现中国汽车的可持续发展。从长远来看，圆 13 亿中国人的"汽车梦"寄希望于电动汽车。

四　为新兴产业发展消除体制障碍

新兴产业往往产生于传统产业的边缘地带。因此，新兴产业的顺利发展需要打破传统产业分工的壁垒和改革管理体制，使生产关系适应生产力的发展。如可再生能源、三网融合、数字地面电视、手机电视、电动汽车等产业化都涉及传统产业分工的壁垒或垄断的阻力，有的已经成为新兴产业发展不可逾越的障碍，使我国一些具有自主知识产权的重大科技创新成果被束之高阁，令很多科技人员心急如焚。

克服体制障碍确实有极大的难度，但为提高国家竞争力必须不断取得突破。胡锦涛同志在去年的中央经济工作会议上指出，要把深化重点领域和关键环节改革作为保增长的强大动力。这是一个十分重要的指导原则。"保增长"、战胜危机是中央的重大决策，当前所有部门都应以大局为重，使"生产关系适应生产力的发展"。

在技术进步日新月异、产业竞争如火如荼的今天，技术成果随时间贬值的速度非常之快。为此，要以十足的紧迫感，加快改革行政管理体制，打破部门利益局限，消除新兴产业跨部门、跨行业和跨地区发展的障碍。如果经历这场危机后，能形成国家管理体制动态地适应"生产力"发展的机制，那么就将打破科技向产业的"转化瓶颈"，为新兴产业发展铺平道路。

在第五届公司治理国际研讨会上的讲话[*]

(2009 年 9 月 5 日)

2009 年 9 月 5 日,第五届公司治理国际研讨会在南开大学商学院召开,来自美、英、澳、日、俄等国家,中国内地以及中国台湾、香港、澳门地区的专家学者 400 多人出席。这届研讨会是南开大学 90 周年校庆系列活动之一,主题是"金融危机与公司治理"。

在国企改革中备受困惑的是:如果所有权与经营权不分离,政府作为社会管理者直接经营国有企业,市场经济体制就无法建立;如果所有权与经营权分离,那么如何防止经营者渎职或滥用权力?

在传统体制框架下我们进行了大量探索,但由于制度设计的缺陷,难以克服信息不对称和内部人控制的问题,大多只有在经理人员更迭时才能发现资产流失的一个个大洞。

在实践中我们逐步发现,公司治理是有法律保障的、制度严谨的分权—制衡的规则和体系,可以较好地处理由于所有权与经营权分离而产生的委托—代理关系,维护所有者权益、维系公司各利益相关者之间的平衡,使所有权与经营权分离成为可能。将其移植到国有企业,可以解开长期困扰我们的政府与企业和所有权与经营权关系的死结。

回顾国有企业改革的历程,可以清晰地看出一条逻辑主线:

——国有企业的改革始终围绕着政府、企业和市场三者之间的关系而展开;

——政府和企业的关系又集中于政企要不要分开,能不能分开,如何分开;

---

* 本文是作者以《国企改革与公司治理》为题在研讨会上的讲话。

——政企分开的核心是建立一套有效的国有产权委托代理体制，进而实行所有权和经营权分离；

——两权分离的关键在于建立有效的公司治理结构，在两权分离的情况下保障国家所有者权益。

1999年党的十五届四中全会总结这一过程，做出了一个重要的结论："公司制是现代企业制度的一种有效组织形式。公司法人治理结构是公司制的核心。"

可以说，在中国，公司制是国有资本与市场经济结合的基本形式；公司治理是微观经济领域最重要的制度建设；公司治理的有效性强弱关系国有企业改革的成败。

近年来，证监会、银监会和国资委在促进建立有效公司治理方面进行了卓有成效的工作。已经改制的企业，特别是上市公司在治理结构方面有了很大进步，体现中国国情的公司治理逐步建立，公司治理理念逐渐被广泛接受。

现在一个值得特别关注的问题是，中央提出建立现代企业制度已经10多年，但直到目前，除银行业外，建立现代企业制度的改革仅仅停留在传统国有企业控股的下一级公司层面。在国资委直接管理的那些地位显要的大型和特大型国有企业中基本没有体现，其公司治理结构没能建立；责权清晰的所有权委托代理、股权多元化、有限责任制度、科学的管理体制和治理结构等并没有成为重要国有企业的制度形式。例如，目前国资委管理的136家企业，除24家进行建立董事会试点，改制为国有独资公司外，基本还是按照《中华人民共和国全民所有制工业企业法》调整的国有独资企业，不具备建立有效公司治理的基本条件。

实际上，按照《中华人民共和国全民所有制工业企业法》调整的国有企业，已经远远不能适应今天的市场经济。例如，按《中华人民共和国全民所有制工业企业法》，企业财产即国家财产，企业没有属于自己的"法人财产权"。因此，企业没有独立的民事权利，没有独立的民事行为能力和承担民事责任的能力。《中华人民共和国全民所有制工业企业法》没有清晰界定国有产权的委托代理关系和企业债务责任关系。国家对企业债务承担无限责任的结果，就是政府对企业的持续干预、政企不分和政企难分。

为弥补企业内所有权缺位而进行的"授权经营",使企业自己成了自己的"老板",为内部人控制留出了空间。《中华人民共和国全民所有制工业企业法》规定企业管理体制为厂长(经理)负责制,决策机制不健全,缺乏有效的监督机制。企业高管由政府比照公务员选拔程序和条件任命,有"官本位"的激励,却缺乏经济激励和有效监督。如此等等。一些大型国企的低效率和出现的种种问题无不与此有关。对大型国有企业进行整体改制,使"建立现代企业制度"的初衷在"顶层"国有企业实现、使"企业制度"适应企业走向市场的要求,势在必行。近年来,中国经济处于上升期,处于垄断地位的大型国企利润丰厚,不仅掩盖了种种制度性矛盾,而且大大削弱了改革的紧迫性。

另一个问题是,国资委管理的大型企业中,约有70%企业的下属子企业已按《中华人民共和国公司法》改制为拥有多元股东的公司,其中一大批已在境内外上市。普遍采取的办法是将主营业务和优质资产分离、包装、上市;而收容了不良资产、大量债务和冗员,未经改制的存续部分成了上市公司一股独大的控股股东。传统体制因素通过控股股东不断向上市公司传导、不断挑战《中华人民共和国公司法》,大大增加了上市公司建立良好公司治理的难度。例如,控股股东的目标是多元的。它一方面承担着原企业冗余人员、不良资产和不良债务处置和存续部分业务发展的任务;另一方面控制着有融资能力的上市公司。而解决存续问题的资源往往就是上市公司。因此,很多国有母体与上市公司形分实合,总有一种通过与上市公司高管人员交叉任职、关联交易、公共设施交叉等途径从上市公司获得特殊好处,用以解决"存续问题"的动机;原国有企业的核心业务已进入上市公司,作为控股股东总有插手公司业务的倾向,公司关键的决策权往往通过非正式机制发挥作用,使董事会很难承担起应有责任。我们不时可以看到媒体披露控股股东侵犯上市公司权益的报道。

客观地讲,有些上市公司的治理结构被扭曲,不单单是个人原因。是"旧体制控制新体制"的改制模式存在缺欠。克服这种制度性缺陷的一个途径,是将作为控股股东的大型国企整体改制,或减少一层委托代理关系,由国资委或国有资本投资控股公司直接作为大型上市公司的国有股东。只有大股东有正常的股东行为,并成为推进有效公司治理的积极力量,公司的持续发展才有保障。

大型国企整体改制有很大的难度，但现在国家经济能力和环境条件已经大为增强和改善，具备了试点启动的条件。

开始较晚的国有商业银行整体改制的经验对大型国企整体改制有重要借鉴意义。首先，企业剥离非主业资产、不良资产（人随资产走），交由一个或若干资产管理公司或托管公司专业化处理；其次，财政部门将企业国有资本注入国有资本投资控股公司，使其成为该企业责权明晰的国有资本出资人；再次，引入新的投资者，按《中华人民共和国公司法》改制为有限责任公司，同时投资控股公司所持的国有资本转化为国有股权，控股公司则成为持有这些股权的国有股东；最后，有限责任公司择机在境内或境外上市，成为股份有限公司，建立有效的公司治理结构和治理机制。

国有企业整体改制的一个基础条件，就是必须建立国有资本持股机构，使其成为整体改制后的国有股东。

按照党的十五大界定的，国有资产管理体制包括国有资产的管理、运营、监督三大部分。这是全面履行国家出资人职责的三个性质完全不同的领域。对国有资产的管理职能和对国有资本运营的监督职能属于公共权力范畴，应由政府机构承担；设立国有资本投资控股公司，按《中华人民共和国公司法》注册，受政府委托，对持股的企业集中统一行使国家所有权，进入市场，运营国有资本。

目前的国资部门与金融系统的汇金公司不同，从财产关系上看，其下属企业的国有资本没有注入其中。无论是在法律上还是在工商注册层面，它都不是"法人实体"，没有直接运营国有资本的主体地位。企业国有资本持有者是谁的问题还没有真正解决，国有资产有效的委托代理关系尚未建立。实际上，通过正式或非正式的"授权经营"，国家把国有资本运营的权能下放给了企业。而这正是大型国有企业需要进一步改革的问题。

中央和地方政府应按《中华人民共和国公司法》，经工商注册分别设立国有资本运营机构，即独资国有资本投资控股公司（国投公司），将所属企业的国有资本注入其中。国投公司是国有资本的运营机构，有独立的法律地位、建立有效公司治理、承担经济与法律责任。它处于政府与市场的"界面"，是实现政资分开、政企分开和所有权与经营权分离的最重要的"节点"。国投公司经营运作的目标、国有资本"进"和"退"的政策应遵循国有资本经营预算和国有经济布局调整政策,体现政府意志;而经营运作的操作应按市场方式、遵循市场规则。国投公司的资本运作要接受国有资产监督机构的监督。

国投公司可以由国资委转制而来,也可以重新设立。

大型国企的二次改制是一个大的改革工程。在理论、政策层面已经没有障碍。银行业企业的整体改制已经打开了成功的通道。可以预期,改制的成功将为中国企业提高国际竞争力奠定新的基础。

在新兴战略性产业发展座谈会上的发言[*]

(2009 年 9 月 21 日)

2009 年 9 月 21 日和 22 日,国务院总理温家宝主持召开三次新兴战略性产业发展座谈会,听取经济、科技专家的意见和建议。47 名中科院院士和工程院院士,大学和科研院所教授、专家,企业和行业协会负责人参加了会议。与会同志就发展新能源、节能环保、电动汽车、新材料、新医药、生物育种和信息产业建言献策。温家宝边听边记,不时就有关产业的战略方向、技术路线、发展布局、科研攻关和政策支撑等问题,同大家一起讨论交流。国务院副总理李克强、回良玉,国务委员刘延东,国务委员兼国务院秘书长马凯出席会议。

一 培育新兴产业是提高危机后国家竞争力的重大战略

经历这场金融危机,中国的经济结构和产业结构不可能重复过去。在传统产业普遍产能过剩严重的情况下,持续增长面临"钱往哪里投,人往哪里去"的严峻挑战。战胜危机,意味着我们必须寻找新的增长模式、培育引领未来的新兴产业。

金融危机已经显现出催生产业革命的强大力量。以美国为首的英、德、日、法、韩等发达国家和巴西、墨西哥等发展中国家,都以前所未有的政策力度和资金投入,着力推进新兴产业的产生和发展,目的是争夺危机后产业竞争的制高点。一场争夺未来的竞争已经展开。可以预计,危机后各

---

[*] 本文是作者于 2009 年 9 月 21 日上午在国务院第一会议室出席座谈会时,以《对发展新兴产业的几点意见和建议》为题做的发言。

国的技术经济实力将会发生较大幅度的此消彼长。我国处于相对有利的地位，这是加速追赶、提高国家竞争地位难得的历史机遇。

新兴产业可以创造更具前景的新的投资机会，创造新的就业岗位，包括大量较高收入的岗位；可以提高自主创新能力，带动传统产业改造升级；可以缓解资源环境压力，提高可持续发展的保障能力，从而进入一个新的高增长期。使我国转变经济增长方式的长期追求成为现实。

二　我国已具备在新兴产业上取得突破的基础条件

传统比较优势已经不足以支持我国经济的持续增长。经过30年的发展，我们已经站在一个更高的起点，新的比较优势已经形成。

例如，完整的产业体系已经建立，并在国际分工中扮演重要角色；企业家素质不断提高，企业竞争力增强；社会资金和外汇充裕；政府对科技的政策投入和资金投入增加；研发能力提高，在很多领域已经处于技术突破的临界点；职业培训逐渐普及，产业工人队伍整体素质提升；本科生和研究生规模扩大，知识型人力资源优势显现；消费结构升级，为升级后的产业提供了广阔的市场空间；等等。

如果说过去30年我们靠廉价的资源、较大的环境容量和"无限供给"的劳动力创造了"中国制造"奇迹的话；那么今天，如果我们能有效地利用劳动者受教育和培训程度普遍提高的有利条件，充分发挥数量庞大的知识型人力资源优势，就可能在智力劳动密集和智力与技能劳动"双密集"的新兴产业建立竞争优势。这正是中国产业未来竞争力的亮点。

除宇宙飞船等国家直接领导的重大项目外，华为、南车、东软、新岸线、华中数控、和利时等企业利用基于中国廉价、聪明、勤奋的工程师创造的研发优势提升了国际竞争地位。在这些公司，有几十至上百名硕士、博士，有几千甚至上万名研发工程师。华为技术专利年申请量已跃居世界第一，而振华港机、比亚迪、三一重工等则在智力与劳动"双密集"的行业取得了巨大成功。

事实证明，我们已经具备了发展新兴产业很好的基础条件。

三 新兴产业的选择

由技术突破发展为新产品和新产业，一般是市场选择的结果。但其中有些领域具有很强的"外部性"。例如，可节约资源、能源，降低排放、保护环境等，有很大的社会效益，但在产业化初期对生产企业和消费者明显的"不经济"。此时，政府基于对科技成果和前景的判断，从可持续发展出发，选择"正外部性"强的重要产业进行重点支持，是完全必要的。

国家对新兴产业的选择应具备几个条件：一是有引领未来的先导性，体现技术和产业发展趋势，社会效益特别明显，可以提高国家综合实力；二是能形成较长时期、较大规模的市场；三是有较大的产业规模，产业链长、带动能力强；四是拥有自主知识产权的技术相对成熟，具备近期或中期产业化的条件。

四 培育新兴产业关键是掌握核心技术

新兴产业竞争的焦点在技术。新兴产业不是靠一次技术突破就能发展起来的，后续发展的技术保障能力、持续的技术供给是健康发展的关键。政府和企业关注的重点首先要放在掌握核心技术、建立自主知识产权。

随着中国经济技术实力的增长，发达国家和跨国公司已经把中国和中国企业作为竞争对手。新兴产业是未来产业竞争的制高点，掌握技术的那些公司迫不及待地要抢先占领中国市场，包括在中国组装、在中国销售，但绝不意味着会向中国转让核心技术。要借鉴和吸取"以市场换技术"的经验和教训。在这场争夺未来的竞争中，我们应当充分借鉴和利用国际科技成果和资源，这是不容置疑的，但必须改变技术依赖的心理，把立足点置于本土企业和自主创新之上。在新兴产业发展的起点上就要努力掌握核心技术、不断进取，力争超越。

现在，一些地方政府和企业不乏投资的热情，却缺乏掌握核心技术的耐心。有的急于盯住投资、产值，抢先从国外买进零部件拼装产品，制造一场"虚热"，打乱国家战略全局。历史经验告诉我们，如果第一例"拼装"做法得到国家支持,那么十个、百个事例就将接踵而至;"拼装"大行其道,自主创新就将停止;在技术受制于人的情况下进行大规模产业投资,是在沙滩上建立宫殿,正在应用的技术一旦升级,原有产能一夜之间就会变成不良资产。从录像机到VCD再到DVD;从显像管到平板电视;从彩色胶卷到数码照相等,我们经历和目睹了悲剧。

五 科技型中小企业有不可替代的作用

民营科技型中小企业是技术创新的一支生力军,是新兴产业发展持续的技术来源。即便在大型企业十分强盛的美国,技术创新83%的成果仍来自中小企业。科技型中小企业接受大学和研究机构的"知识扩散效应",通过创新,将知识转化成大量、丰富的技术要素;大型企业则通过技术集成、再创新实现产业化,这是新兴产业迅速发展的重要途径。

在最近的调研中我们发现,国外对我们高度封锁的动力电池的纳米级正极材料、高端电池隔膜,以及高速局域网核心技术、待批的手机电视国家标准、具有自主知识产权的高端CPU、大容量锂电池和液流电池蓄能电站、首台商业化的插电式电动汽车和干细胞医疗技术等都出自民营科技企业,特别是中小企业。

中国科技型中小企业不乏技术创新的激情和能力,但处于弱势。离开良好的环境很难产生大规模的创新活动。市场准入的歧视和融资难等仍是没有打破的瓶颈。

六 新兴产业市场导入的进程应当与我国 技术成熟的程度和产业化进程相适应

我国认定的新兴产业如果外资率先进入,由此产生的"先入为主"和"路径依赖"效应,就将迫使我国的技术标准、规范、基础设施标准等向外商靠拢、市场向外商集中,使我国企业从起点上就丧失竞争的主导地位,重返技术受制于人的状态,产业控制权随之旁落。对于认定的新兴产业,应以我为主制定标准,并基于本国重大技术突破来部署产业化。市场导入的速度不能简单图快，要与本国产业化进程相适应。

七　改进扶持新兴产业发展的方式方法

在新兴产业发展的起点，各国的技术差距是显性的，而决定未来竞争地位的则是各国政府的政策设计和推进机制。

奥巴马政府为支持新能源和电动汽车发展，很快便形成了以联邦法案为指引，涵盖管理和激励两个方面内容的政策体系。例如，管理类政策包括制定技术标准、颁布严格的燃油消耗量和排放标准、公布中长期的约束性指标、建立配额制度等。激励类政策包括大幅度的税收减免、研发资助、投资补贴、消费补贴、投资加速折旧、成立基金、低息贷款、政府担保等。有些值得我们借鉴。

总结我国经验，应制定专门规划、进行总体设计，经国务院批准，将发展某些新兴产业提升为国家战略，以此动员各方力量、协调各方利益，创造好的产业环境。

新兴产业大多处于技术快速发展期，我们的技术基础相对薄弱，政府需要持续、大力度地进行资金和政策投入，培育新兴产业的技术保障能力。

政府的政策主要是补充市场作用的不足，政府政策应调动市场力量，产生"四两拨千斤"的效果。例如，如果能提高燃油税，一方面可抑制大型高耗油汽车消费；另一方面也可以为补贴购买新能源汽车提供资金来源。取得"一石双鸟"的效果。

财政资金的支持应更多体现"竞争前""补需方"和公平公正的原则。防止因不适当的直接干预而抑制市场竞争。

约束性政策与激励性政策同样重要。例如，以2020年达到或接近国际水平为目标，及早公布主要行业分阶段实现的强制性节能降耗指标、CO_2排放配额和碳交易政策，使企业和消费者有稳定的预期。这将有力促进新能源、电动汽车以及节能产品发展。

政策应体现及时性、一致性、同步性和配套性，防止政出多门和"锣齐鼓不齐"，如风电那样，使企业不知所措。

制定既不明显违反WTO规则，又能对幼稚期新兴产业进行保护的措施。

要协调新兴产业发展中的中央和地方、产业链各环节、企业与用户的利益，防止为追逐利益而盲目投资、无序竞争，使新兴产业"暴生暴死"。

八　新兴产业发展需要新的体制环境

新兴产业往往产生于传统产业的边缘。因此，新兴产业的顺利发展需要打破传统产业分工的壁垒、改革管理体制，如三网融合、手机电视、太阳能发电和风电、新能源汽车等产业化都涉及传统产业分工的壁垒或垄断的阻隔，有的已经成为新兴产业发展不可逾越的障碍。

胡锦涛同志在去年的中央经济工作会议上指出，要把深化重点领域和关键环节改革作为保增长的强大动力。目前，全球产业竞争如火如荼，技术成果随时间贬值的速度非常之快，应当以十足的紧迫感，打破科技向产业的"转化瓶颈"，消除新兴产业跨部门、跨行业和跨地区发展的障碍，使"生产关系适应生产力发展"，为新兴产业发展铺平道路。

进一步深化国有企业改革的几个问题[*]

(2009 年 9 月 27 日)

近年来,国有企业发展状况有了很大好转。随之改革的声音弱下来了,对国有经济在认识上似乎又有些反复。国有企业改革的任务还没有完成,我们应当十分珍惜国有企业改革伟大的成果,坚定不移地沿着中央确立的方针继续前进。

进一步深化国有企业改革有两大重点:一是国有经济的战略性调整;二是企业制度的创新,包括建立有效公司治理。

一 国有经济的定位和战略性调整

随着多种所有制经济的发展,调整和优化国有经济的布局和结构,是涉及社会主义市场经济体制建设、国家经济资源优化配置和保障我国经济持续、高效发展的重大问题。改革开放以来,非国有经济逐渐发展,国有经济布局和结构不断调整,取得了明显的成效,也积累了一定的经验。但布局优化是一个动态的过程,党的十六大报告明确提出,继续调整国有经济的布局和结构,是深化经济体制改革的重大任务。

(一)国有经济的功能和定位

针对"国有经济比重越大越好、国有资本覆盖的行业越多越好、国有企业数量越多越好"的偏见,党的十五大指出要"认真总结以往所有制问题上的经验教训","逐步消除所有制结构不合理对生产力的羁绊"是"经济体制改革的重大任务"。

---

[*] 本文是 2009 年 9 月 27 日,作者在出席证监会召开的座谈会时的发言。

所有制结构改革是一个十分敏感的问题。从年广久雇工,即"傻子瓜子"案例的争论开始,到承认非公经济是"必要的补充",再到多种所有制经济"共同发展",最后到确立以公有制为主体、多种所有制经济共同发展,是社会主义初级阶段的一项"基本经济制度",这是无数次的思想解放和广泛实践、前后经历了17年的努力而获得的成果。之后,党的十六大再次强调"两个毫不动摇",党的十七大进一步明确"坚持平等保护物权,形成各种所有制经济平等竞争、相互促进的格局"。可以说,调整所有制结构一直是中国经济体制改革不断探索的一个重点,也是一个至今没有完全解决的问题。

随着理论上的突破和政策放开,国有经济一统天下的局面已经被打破,非公经济逐渐发展,多种所有制经济共同发展的格局逐渐形成。非国有经济已经占工业产值的70%。目前,全国居民储蓄已达到25.7万亿元。2008年私营企业和个体工商户注册资金达12.6万亿元,还有数量不菲的居民房产和股票、基金等金融资产,以及多达7000亿美元的外商直接投资。这些都是促进中国经济持续增长的强大支柱。此时,具有政府背景的国有资本应发挥什么作用?如何定位?国有经济从战略上如何布局?与非国有经济建立什么关系?这些是关于国有经济能否发挥主导作用、我国多种所有制的经济增长潜力能否充分调动的重要问题。

党的十六大报告指出,坚持以公有制为主体与促进非公经济发展不能对立起来,"各种所有制经济完全可以在市场竞争中发挥各自优势,相互促进,共同发展"。就是说,实践"发展是硬道理",就必须调动各种所有制经济的积极性。要点是通过布局优化使它们各自发挥优势。其中国有资本是政府直接掌握资金投向的特殊资源,是政府实现国家目标的重要工具,它的投资布局属公共政策。从深层次含义来说,国家投资兴办企业不是简单地为赚钱,也不是简单地为把国有企业做大和替代民营经济,更为重要的是在涉及国家安全和经济发展所必需,而民营资本不能进入或无力进入或不愿进入的重要领域发挥特别重要的作用。因此,国有资本与民营资本追求的目标是有差异的,在市场中不是完全对立的关系。国有资本原则上应避免对民营资本的"挤出效应",应通过布局优化发挥先导和引领作用,形成相互促进、共同发展的局面。

在市场经济体制下，国有资本的定位和追求的目标应当是：保障国家安全，包括经济安全、国防安全；支撑国家把经济总量做得最大；同时在保障资源利用的高效率中，发挥非国有经济不可替代的作用。一般而言，应重点分布在四个方面。

一是市场失灵的领域。包括天然垄断的领域，如电网、通信网、铁路网等；也包括经济欠发达地区和体制转轨期间特有的市场失灵的领域，如投资规模特别大，民间资本无力投入的领域，如大型水利设施；因经济法规不健全导致监管能力不足的领域，如广播、新闻、互联网等。

二是支撑经济发展的领域。如社会效益明显，投资回报周期特别长的港口、机场、水利等重大基础设施，通信、邮电、城市水气管网等重要公共服务设施，能源、基础原材料等。

三是引领未来的重要产业。如绿色经济、低碳产业、重大技术装备、16个国家重大专项等。

四是保障国家安全的领域。如金融、两弹一星、宇宙飞船、军工和某些高技术产业等。

（二）国有经济发挥作用的主要形式

在非公经济逐步放开后，中央明确提出公有制经济在国民经济中处于"主体地位"、发挥"主导作用"，并确认国有经济比重还会减少，但不会影响我国的社会主义性质。

党的十五届四中全会通过的《中共中央关于国有企业改革和发展若干重大问题的决定》把国有经济的"主导作用"解读为"主要体现在控制力上"。这是在总结我国有经济发展的经验教训，深刻认识社会主义初级阶段发展生产力客观规律的基础上得出的一个非常重要的论断。

"控制力"主要体现在三个方面。一是"国有经济在关系国民经济命脉的重要行业和关键领域占支配地位，支撑、引导和带动整个社会经济的发展，在实现国家宏观调控目标中发挥重要作用"。就是说，体现国有经济控制力，主要是国有经济在关系国民经济命脉的重要行业而不是在所有领域占支配地位。在这些领域，有的要发挥"支撑"作用，也就是创造基础条件的作用，即在其他所有制经济不能进入或无力进入，而国家安全、国民经济发展又必不可少的领域,由国有经济进入,以确保国家安全和国民经济健康发展。有的要起"引导"作用,也就是带头作用,按照国民经济发展的总体需要,以有限的国有投资引导民间投资。再有就是发挥"带动"作用,即带动民间投资、带动产业升级,而不是代替其他所有制经济的作用。

二是"国有经济应保持必要的数量,更要有分布的优化和质的提高;在经济发展的不同阶段,国有经济在不同产业和地区的比重可以有所差别,其布局要相应调整"。发挥主导作用,有两个要点:分布的优化和质量的提高,也就是不能只看数量的多少和比例的高低;必须随形势的变化及时进行有进有退的布局调整,使国有资本及时布局经济发展的瓶颈和重大产业的发展前沿。

三是"国有经济的作用既要通过国有独资企业来实现,更要大力发展股份制,探索通过国有控股和参股企业来实现"。就是说,体现国有经济控制力的企业不能都采取国有独资的形式,也不必须都"国有控股"。

实践证明,国有资本的"控制力"应当体现为"四两拨千斤"的能力。

(三) 国有经济布局应与时俱进、动态调整

改革开放后,国有经济进行了两轮大规模的结构调整,现在将进入第三轮结构调整阶段。

改革开放之初,在单一所有制情况下,国有经济在各行业各领域无处不有、无所不在。随着民营经济特别是乡镇企业的异军突起,国有经济在一些劳动密集、进入门槛比较低的领域逐渐被替代。国有企业占全部工业企业的产值比重,从1978年的77.6%下降到1990年的54.6%。这是80年代出现的国有经济的第一轮结构调整。第二轮结构调整是在90年代中后期。随着大规模的产业投资和非国有经济的发展,在绝大多数行业由卖方市场转向买方市场,优胜劣汰的作用开始显现,市场竞争真的开始。这时国有经济竞争力不足的问题充分显现。凡是非国有经济允许和有能力进入的领域,国有企业亏损面上升,最高时近40%,一些地方加上潜亏,亏损面过半。大量企业停工、半停工,全国下岗职工达到3500万人。朱镕基总理主持的"三年脱困",实际上就是国有经济的第二轮结构调整。伴随企

业产权改革、"抓大放小"、企业改制、下岗分流、关闭破产，国有经济从轻工、纺织等行业退出，从中小企业退出。向资金密集、进入门槛较高的能源、重化工、基础原材料等行业集中，向电网、通信等天然垄断行业集中。在"三年脱困"期间，全国共批准下达企业兼并破产项目1718个，其中大中型项目1504个；核销银行坏账准备金达1261亿元。初步匡算，通过兼并破产，可为国有企业减亏300亿元左右。一批长期亏损、资不抵债、扭亏无望的企业和资源枯竭的矿山退出了市场，6599户脱困企业中，有29.49%的企业是通过实施破产关闭实现脱困的。

随着形势的发展，民间投资能力提高，国有经济控制面过宽的问题再次凸显，国民经济所有制结构不合理的状况日益严重。按现在的政策，国有经济在军工、电网电力、石油石化、电信、煤炭、航空运输、航运等七大领域"绝对控制"；在装备制造、汽车、电子信息、建筑、钢铁、有色、化工、勘察设计、科技等行业要有"较强控制力"；如果再加上金融、铁路、出版、新闻和文化产业国有经济的垄断地位，国有资本"垄断控制"加"绝对控制"，加"较强控制"的行业和领域确实过宽了。民营资本被挤压在较小准入空间，不足以施展促进发展、增加就业的潜力。

在新的形势下，国有经济要发挥支撑、引导和带动作用，就面临第三轮结构调整。去年底召开的中央经济工作会议指出，要"充分发挥市场在资源配置中的基础作用""进一步优化所有制结构，推进国有经济战略性调整""对非公经济放宽市场准入"，这切中了当前的要害。在曾经是瓶颈的钢铁、石化、煤炭、电力、水泥、建材、有色、电子信息、装备制造、基础设施等很多行业，产业基础已经建立，产能已经过剩，市场竞争比较充分，足以支撑经济的发展。在其中很多领域国有资本的主导和引领作用已经弱化，仍然"垄断控制""绝对控制"和"较强控制"的必要性应当重新评估。此时，对民营资本进一步放开市场准入、国有资本逐步退出已经具备条件。

这一轮结构调整的重点，是使国有资本从那些成熟的、产能过剩产业逐步退出，转而投向能引领未来的战略性新兴产业，为中国产业升级、夺取未来产业竞争制高点创造条件，从而在新形势下发挥支撑、引领和带动作用。

金融危机正在催生新一轮产业革命而它将引发一场争夺未来的竞争。可以预计,危机后各国的技术经济实力将会发生较大幅度的此消彼长。我国处于相对有利的地位,发展新兴产业是加速追赶、提高国家竞争地位难得的历史机遇。但是新兴产业不仅有较高的技术门槛、资本投入门槛,而且初期还有较大的风险,民营资本一般很难进入。例如,在16个重大专项、绿色经济、低碳经济、先进节能技术、具有固有安全性的核电、液晶显示器、高端CPU,以及新能源、新材料、生物医药等领域,国有资本应率先进入,进行突破,进而带动民间投资,从而改变我国产业的国际竞争地位。

国家强调发展战略性新兴产业,具有重大战略意义。新兴产业可以创造更具前景的新的投资机会,创造新的就业岗位,包括大量较高收入的岗位;可以提高自主创新能力,带动传统产业改造升级;可以缓解资源环境压力,提高可持续发展的保障能力,从而进入一个新的高增长期。使我国转变经济增长方式的长期追求成为现实。

全球金融危机下,大浪淘沙。国有资本这一轮结构调整能否顺利进行,将影响我国未来的国家竞争力。

(四) 对几个问题的讨论

1. 授权经营与国有资本投向

国有资本有进有退的布局调整,主要是国有企业股东层面的行为,不是企业层次所能进行的。现在,国有经济的投资权实际上通过"授权经营"交给了企业,资本投向受企业内部人控制。授权经营使企业自己成了自己的"老板"。由于自己不能"卖自己",因此国有资本没有退出机制;国有资本的增量只能用来"滚雪球",不能用来调结构。在特别强调近期业绩和"保值增值"的考核体系下,国有资本投资取向与民营资本是同质化的。企业追求的目标与国家目标并不完全一致,有时甚至很不一致。这就出现了在产能过剩的行业,国有资本每年还以大量投资"推波助澜",或为追求短期的高收益而盲目多元化,如炒股和近期屡屡出现的"国企地王"等现象。由此看来,动态地调整国有资本布局的一个条件,就是对国有企业进行整体改制,使国家从拥有和管理国有企业,转变为拥有和运作国有资本。

2. 国有经济布局调整与相关的企业

国有经济有进有退、有所为有所不为，原则上讲，并不是要"消灭"相关的企业，或一定要创立新企业，而是国有资本投向的调整。是国有资本投入哪些行业、哪些企业，或从哪些行业、哪些企业退出。对于相关企业来说，就是股东的资本投向和企业股权结构的调整。一般而言，国有资本并不特别偏爱某家企业，而是根据追求的目标，调整投资方向。

3. 国有资本和社保基金

中国经济体制转轨没有像东欧和苏联那样的"私有化"，留下了一大笔国有资产。它在过去30年体制转轨的各个阶段都发挥了保障经济发展、维持社会稳定和保护国家安全的重要作用，功不可没。如果能有效运作这笔财产，把这宝贵资源用在"刀刃上"，那么在未来的改革发展中就有可能解决必须解决的诸多难题。例如，将30%～50%的国有资本划转到社保基金，使国有资产回归到全民分享的本质，将有助于解决13亿中国人社会保障的历史性难题。一方面可以推进大型国有企业整体改制；另一方面可以大大增加社保基金来源；再有，社保基金追求投资回报的压力，有利于完善公司治理。

4. 国有化与政府监管

一些垄断行业由国有企业"控制"，其中一个理由是国有企业更加可靠，可以保障经济安全。但是企业终究是"经济动物"，追逐利润无可厚非。在外部性特别强的领域，企图依赖国有企业的"自觉行动"实现社会目标，是不可靠的。一些处于垄断地位的国有企业在其应承担社会责任的领域不时遭到质疑，就是证明。例如，手机双向收费一直是社会争议的问题；自行扩大垄断范围，把与天然垄断相关的业务泛化为垄断领域，谋取利益，引起社会不满。一般而言，特许经营必须社会效益优先，不能成为国有企业垄断的理由，政府强有力的监管是关键。在政府监管不到位的情况下，国有企业一样可能违背公共利益；在政府监管能力到位的情况下，民营企业也可以特许经营。

二　进一步改革国有资产管理体制

国有资产管理体制改革涉及国家基本经济制度，是一个十分敏感的问题，中央采取了非常审慎的态度。早在1993年，党的十四届三中全会就提出"产权清晰"和"加强企业中的国有资产管理"，1997年党的十五大提出要"建立有效的国有资产管理、运营、监督体制"。1999年，党的十五届四中全会提出"国家所有、分级管理、授权经营、分工监督"的体制框架，并鼓励有条件的地方大胆地试。经历10年理论探索和改革实践，到2002年党的十六大进一步明确了国有资产管理体制改革的指导原则，才把这项改革推进到可实施阶段

2003年，国务院国有资产监督管理委员会成立，《企业国有资产监督管理暂行条例》随后出台。之后，国资委做了大量卓有成效的工作。改变了国有资产多头管理、无人负责的状况，有力地推进了企业重组和改制，对解决历史遗留问题发挥了重要作用，向集中统一行使所有权的方向跨进了一大步。

（一）现行国有资产管理带有明显的过渡性

2003年，受条件的限制，当时成立的国有资产管理机构和《企业国有资产监督管理暂行条例》带有明显的过渡性。随着形势的发展，国有资产管理体制进一步改革应提上日程。认真总结党的十四届三中全会以来特别是国资委成立以来的经验，有利于理清思路，看清现行管理体制的不足之处，明确进一步改革国有资产管理体制的要点和任务。现行国有资产管理的过渡性主要表现在以下方面。

（1）在国资委成立前没有经历类似银行系统设立资产管理公司、处理历史问题的阶段。2003年国资委成立时，国有企业刚刚经历了"三年脱困"，尚有大量历史遗留问题，如冗员多、债务重、办社会等现实问题必须处理，而解决这些问题的职能和资源都在政府。这就使国资委不得不以"国务院特设机构"的身份在政府与企业之间进行协调，并用行政的办法领导处理这些问题。

（2）国资委面对的几乎全是尚未改制的、按《中华人民共和国全民所有制工业企业法》注册的传统国有企业。这就使国资委承担着繁重的指导企业进行结构重组和公司制改制的任务，不具备立即"行使股东权利""运营国有资本"的条件；只能按政府授权，通过"管人、管事、管资产"，"管理"国有企业。在此期间，在国资委与国有企业关系上，保留着较为浓厚的行政性色彩，行政纽带强于产权纽带。

（3）国资委与金融系统的汇金公司不同，从财产关系上看，其下属企业的国有资本没有注入国资委。无论是在法律上、财务上，还是在工商注册层面，国资委都不是"法人实体"，没有运营国有资本的主体地位，企业国有资本持有者是谁的问题还没有真正解决，有效的国有资产委托代理关系尚未建立。通过正式或非正式的"授权经营"，实际上国家把国有资本运营的权能下放给了企业，使企业自己成了自己的老板。

（4）国资委把各个部门的多头管理，变为集中统一管理，改变了"九龙治水"的局面，这是国有资产管理的一大进步。但是，国资委是国有资本的管理者？是运营者？还是监督者？还无法准确定位。管人、管事、管资产的概念比较模糊，很容易导致"管企业"。

（5）在政府层面，国有资本的管理职能、运营职能及监督职能的划分尚不清晰，权责尚不到位，国有资本的有效运作和监督、制衡机制尚未建立。

随着形势的发展，现行的国有资产管理方式面临向更加适应市场经济的管理体制转型。

（二）进一步改革国有资产管理体制着重解决四个问题

国资委按《企业国有资产监督管理暂行条例》的规定，在推进国有资产优化配置、指导和促进国有企业改制、指导和协调解决国有企业的困难和问题，以及探索有效国有资产经营体制和方式等方面付出了巨大努力，取得了积极进展，并积累了宝贵经验。在此基础上，为向更加完善的国有资产管理体制过渡做了必要的准备。

按照党的十五大界定的，国有资产管理体制包括国有资产的管理、运营和监督三大部分。深化国有资产管理体制的一个重点，是把全面履行国家出资人职责的三个性质完全不同的领域，分别由不同机构负责。建立起权责分明、有制衡关系的国有资产管理、运营、监督体制和有效的委托代理关系。

1. 完善国有资产的管理

如国有资产的立法，资产负债总表，国有资本战略布局和结构调整政策，国有资本经营预算，以及国有产权的界定、会计制度、统计、稽核、评估和纠纷协调等。这些都属于国有资产的公共政策和公共管理职能范畴，应由政府公共管理部门如财政部门负责，形成全国上下的管理系统。

2. 建立国家所有权委托代理关系

国家所有权需要通过一系列委托代理关系才能实现。例如，国家（全国人大）委托中央政府；中央政府委托地方政府；中央政府和地方政府分别委托设立的出资人机构运营国有资本。由于资产数量庞大、涉及复杂的利益关系、委托代理的链条很长，需要建立严格的法律制度和财务制度，分层明确委托主体和受托主体、明确委托财产的边界、明确双方的责任和权利，形成有法律保障、可追溯产权责任的委托代理关系。

3. 设立国有资本运营机构

中央和地方政府应按《中华人民共和国公司法》，经工商注册分别设立国有资本运营机构，即独资国有资本投资控股公司（国投公司），将所属企业的国有资本注入其中。国投公司是国有资本的运营机构，有独立的法人财产、有独立的法律地位、建立有效公司治理、承担经济与法律责任。在财政部门和国投公司分别建立资产负债表，形成可以量化评价和可追溯责任的体制和机制。国投公司经营运作的目标、国有资本"进"和"退"的原则应遵循国有资本经营预算和国有经济布局调整政策，体现政府意志；而经营运作的操作则应按照市场方式、遵循市场规则。国投公司的资本运作要接受国有资产监督机构的监督。

4. 对国有资本运营的监督

国有资本投资控股公司向同级政府报告工作，接受政府授权的部门，如财政、审计部门对受托国有资本运营状况、运作的合规性进行审计监督。

（三）国有资本投资控股公司的定位和权能

1. 国投公司的定位

国有资本投资控股公司处于政府与市场的"界面"，是实现政资分开、政企分开和所有权与经营权分开的最重要的"节点"，是政府从管理庞大的国有企业群，转变为随形势变化而控股或持股某些企业的载体。国投公司与投资的企业按《中华人民共和国公司法》是股东与公司的关系，实行所有权与经营权分离。公司自主经营，国投公司参与公司治理并运作股权。主要的控制手段就是"用手投票"和"用脚投票"。因此，国有资本运营机构不是原政府各部门管理国有企业的机构、职能和管理手段的简单合并。由管理国有企业转为履行出资人职责，由行政隶属关系转为股东与公司关系，出资人机构的法律形式、权能和行使权能的方式、手段都必须有重大创新。

2. 国投公司与国有资本布局政策

体现国家意志并决定国有资本运作效率的重要因素是动态调整的国有资本布局。因此，在国有资产管理体制建设中制定国有资本布局政策和国有资本经营预算是一个非常重要的环节。国有资本布局政策属公共权力和公共政策范畴，应当吸收有关国家安全、经济发展、科技和产业发展政府部门的意见，经国务院批准后由有关国投公司市场化运作。

3. 国投公司的具体职责

（1）编制受托财产的资产负债表、现金流量表和损益表，改善资产负债结构，保护受托国有资本的安全。

（2）通过参与制定和执行国有资本经营预算，使受托国有资本在不同行业和领域进行有进有退的布局调整，优化国有资本布局，发挥非公资本不可替代的作用；保证国有资本在国家需要控制行业中的应有地位。

（3）推动所投资的企业进行公司制改制，以"积极的股东"身份，参与投资企业的公司治理，监督投资及控股企业财务报告的真实性，形成内部化的财务预算硬约束机制，保障国有资本的权益。

（4）在国有资本经营预算范围内处理不良债务，消化国有企业历史遗留问题。

（5）向本级政府（股东）报告受托资产状况和其他重大事项，条件成熟时应向公众披露。

（6）接受财政和审计部门的监督。

4. 国投公司与企业改制

一种可选择方式是，及早设立国投公司，在国资委推动下，在企业整体改制时，财政部将该企业的国有资本注入国投公司，并按《中华人民共和国公司法》重新登记。由国资委"管理"的企业成熟一个，向国投公司持股的公司"转移"一个。与此同时，国资委逐步向专职国有资产监管部门转型。

概括地讲，进一步改革国有资产管理体制，就是通过建立国有资产的管理、运营、监督体制和机制，使国家从拥有企业，转变为运作国有资本。在政府层面实现政资分开，进而实现政企分开；建立有效的国有产权委托代理体制，通过设立国有资本投资控股公司，在国有资本运营层面实现所有权与经营权分离；拥有国有资本的企业自主经营、自负盈亏，是独立的法人实体和市场主体；国投公司以实现政府意志和提高国有资本效率为目标，有序调整国有资本投向，并接受监督。

三　国有企业的公司治理与整体改制

上市公司是中国企业建立现代企业制度的典型代表，证监会是全国各个机构中最为关注公司治理建设的国家机构之一。

（一）现代企业制度在中国经济体制改革中具有特别重要的地位

在传统体制下，国有企业是计划经济体制的支柱；计划经济体制是国有企业生存的依托。在城市经济中占80%以上份额的国有经济是一个产权主体、一个利益主体、一个决策主体，庞大的国有经济就像一个超级大企业，并由掌握公共权力的政府"经营"。非公经济是独立的主体，这没有人质疑。但在与政府有千丝万缕联系的国有经济范畴，能否形成众多的各自独立的市场主体？这就成为建立社会主义市场经济体制绕不过去的问题。当时国内外舆论普遍认为，国有经济对应的是计划经济；选择市场经济就只能私有化。

在起草党的十四届三中全会通过的《中共中央关于建立社会主义市场经济体制若干问题的决定》（以下简称《决定》）时，江泽民同志几次提出并要参与起草的同志回答的重大问题是：公有制、国有经济与市场经济能不能结合？怎样结合？

实际上当时我们面临严峻的政治选择。在公有制、国有资本的范畴，如果能找到与市场经济对接的新的实现形式，构造出独立的市场主体，那么我们就可以顺利实现社会主义市场经济的建设目标。如果找不到公有制与市场机制的结合点，要么为坚持公有制、国有经济，只好退回到计划体制；要么为坚持利用市场机制，提高资源配置效率，就得私有化。显然，这些都是我们不愿接受的结果。

党的十四届三中全会放弃了在传统体制框架下，以简政放权、减税让利和对不同所有制企业轮番进行政策调整的方式搞活企业的思路。《决定》指出，以"产权清晰、权责明确、政企分开、管理科学"为特征的现代企业制度是国有企业改革的方向。即通过企业制度创新和国有产权制度改革，既使国家对国有资本保持最终所有，又使国有资本投资和拥有股份的企业成为市场主体，实现国有经济与市场体制有效融合。这是我们建设社会主义市场经济体制理论的重大突破，是向建立社会主义市场经济体制迈出的具有决定意义的一步。

基于现代企业制度在建立社会主义市场经济中的特别重要地位，《决定》做出了一个非常重要的理论判断："以公有制为主体的现代企业制度是社会主义市场经济体制的基础"。

《决定》描述了现代企业制度的基本特征，包括："企业中的国有资产所有权属于国家，企业拥有包括国家在内的出资者投资形成的全部法人财产权，成为享有民事权利、承担民事责任的法人实体"；"企业以其全部法人财产，依法自主经营，自负盈亏，照章纳税，对出资者承担资产保值增值责任"；"出资者按投入企业的资本额享受所有者的权益，即资产受益、重大决策和选择管理者等权利。企业破产时，出资者只以投入企业的资本额对企业债务负有限责任"；"建立科学的企业领导体制和组织管理制度"。

可以看出，《决定》所指的现代企业制度广泛吸纳了现代公司制度的发展成就，目的是借助现代公司的制度安排，克服国有企业走向市场体制障碍。

（1）确立了"企业法人制度"，实现了三个方面的重要突破：现代企业是独立企业法人，具有独立法律地位；企业拥有边界清晰、可以支配的法人财产；投资者拥有最终所有权，与法人财产权可以分离。

（2）公司以全部法人财产对债务承担责任，投资者只以投入企业资本额为限承担有限责任。有限责任制度落实了企业经营责任，降低了投资者风险；改变了国有企业只负盈不负亏、国家承担无限责任的状况。

（3）投资者（代表）进入企业，在企业内建立科学的组织制度，使企业的权力机构、决策机构、监督机构和执行机构职责分明，形成激励和制衡关系。既保障投资者的最终控制权，又保证决策和运营效率，形成良好的治理结构。

（二）公司治理是中国微观经济领域最重要的制度建设

在改革过程中，我们备感困惑的是：如果所有权与经营权不分离，政府作为社会管理者直接经营国有企业，市场经济体制就无法建立；如果所有权与经营权分离，那么如何防止经营者渎职或滥用权力、保障国家所有者权益？

随着市场化程度的提高，利益主体多元化的局面很快形成。在企业内，经营者、劳动者的利益取向与国家所有者已经产生差异。在所有权缺位的情况下，不仅经营权侵犯所有权、工资福利最大化、国有资产运作低效率的情况带有相当的普遍性，而且在市场交易，特别是产权交易中，国有产权受侵犯的情况也时有发生。此时，国有企业制度和治理结构越来越明显地不能适应以市场为取向的发展形势。

在1992年之前，我们一直寄希望在不改变传统国有企业制度的情况下，通过改变管理方式适应变化了的形势。国有企业曾实行党委领导下的厂长负责制；曾以承包制和经济责任制对经营者进行激励和约束；也曾通过《中华人民共和国全民所有制工业企业法》强化推行厂长（经理）负责制；国家多次强调职代会的民主监督；政府一次次强化对企业重大事项的行政审批；国家曾通过"财税价大检查"加强"财经纪律"的约束；政府还派审计监察部门或党的纪检部门介入对企业的监督检查；等等。这些措施有的曾发挥了一定作用，有的对企业有一定的威慑力。但是外部的干预和监督不能克服企业内所有者缺位带来的弊端。大多数情况下，由于内部人控制的严密和信息渠道的不畅，只有在经理更迭时才能发现资产流失的一个个大洞。

1994年在全国开展了现代企业制度试点。我们很快发现，国有企业改制为公司并不必然就能建立起新的机制。传统体制的弊端很容易被带进新体制，进而扭曲公司治理结构、落得体制复归。正如当时国务院领导所说，不能"一股就灵"。1999年党的十四届四中全会在总结国有企业改制经验后做出了一个重要的结论："公司法人治理结构是公司制的核心。"

回顾国有企业改革的历程，可以清晰地看出一条逻辑主线：

——国有企业的改革始终围绕着政府、企业和市场三者之间的关系而展开；

——政府和企业的关系又集中于政企要不要分开，能不能分开，如何分开；

——政企分开的核心是建立一套有效的国有产权委托代理体制，进而实行所有权和经营权分离；

——两权分离的关键在于建立有效的公司治理结构，在两权分离的情况下保障国家所有者权益。

公司制度和公司治理结构是一个有国家法律保障的、制度严谨的分权—制衡体系，它所形成的一套有效的委托代理关系可以维系公司各利益相关者之间的平衡，使所有权与经营权分离成为可能。将之移植到国有企业，可以解开长期困扰我们的政府与企业——所有权与经营权关系的死结。

可以说，当前，在中国，公司治理是微观经济领域最重要的制度建设；公司治理的有效性强弱关系国有企业改革的成败；公司治理影响企业决策机制和风险机制、盈利能力和融资能力，是企业竞争力最重要的基础软件。

现代大型公司无论是决策、经营还是管理，都是高度专业化的领域；有投资能力的机构和个人并不一定就是经营决策和管理的高手。依托良好的公司治理，实行控制权与经营权分离，把经营权交给职业化、专业化经营者；有效激励管理者、约束管理者滥用权力，是提高公司竞争力的重要途径。

随着中国市场化程度的提高，商业性投资正由政府配置转向由市场配置。国家通过政策调控市场，投资者则主要通过资本市场选择项目，自担风险。这种方式正逐步成为商业性投资的主渠道。公司是可以迅速、大规模聚集资本最有效的财产组织形式。机构和个人投资者无意对投资的企业发号施令或直接干预，他们希望通过有法律保障的委托代理关系，在所有权和经营权分离的情况下实现自己权益的最大化。因此，他们不得不承受由于宏观环境变化而带来的风险，但他们绝不接受因法人治理结构扭曲而造成的损失。对于富有前景并治理良好的企业，他们"用货币投票"；对于治理结构不好的企业，他们则"用脚投票"。企业一旦失去投资者的信赖，不仅将失去再融资的机会，而且面临经营管理团队的重组。

从这个意义上说，健全的公司治理是企业走上"发展—融资—再发展—再融资"道路的基本条件。

（三）始终存在人为扭曲公司治理的力量

到目前为止，中央提出建立现代企业制度的目标在国资委直接持股的国有企业，特别是大型和特大型国有企业中基本没有实现。这些企业大多仍是按《中华人民共和国全民所有制工业企业法》注册的国有企业，仍实行经理负责制，与现代的治理机制无法对接。通过"授权经营"，我们把建立现代企业制度的希望更多地寄托于传统国有企业控股的下一层公司特别是上市公司。这种改制模式造成一些已经改制的公司甚至已经上市，但公司治理被扭曲的现象仍带有一定的普遍性。这主要表现在以下几个方面。

（1）国有股一股独大，并由保留了大量旧体制因素的国有企业持有，犹如"旧体制控制新体制"，很容易地把国有企业的制度性弊端带进了改制企业。如目标多元化、财务软约束、所有权干预经营权等，形成对正常公司治理的冲击。

（2）在优质资产包装上市后，国有母体背负着大量遗留问题成了控股股东。由于解决遗留问题的资源进入了上市公司，国有母体总有一种利用控股地位，通过高管人员交叉任职、关联交易等手段从上市公司获得特殊好处，用以解决"存续问题"的倾向。上市公司与母公司之间存在复杂的依赖关系和数额很大的关联交易，为制造虚假信息、实现利益转移提供了方便。

（3）国有企业的核心业务已进入上市公司，作为控股股东，国有母体总有插手上市公司业务的倾向，关键的决策权力往往通过非正式机制发挥作用，使董事会无法承担起应有责任。董事会的重要权利往往或明或暗或直接或间接由控股股东来行使，使上市公司丧失商业利益的独立性，小股东的权益无法保障。

（4）党政机构超越《中华人民共和国公司法》对人事安排的干预，打破了公司的责任与权力的平衡。现代公司的分权、分责、制衡关系，主要是通过对人的控制来实现的。《中华人民共和国公司法》中股东会、董事会和经理层间人事权力的分配，是建立在责任分配和形成有效制衡关系基础上的。如果公司人事权力的分配规则乱了，那么公司的责任和制衡关系就会被打乱，就会导致内部约束机制软化、高管人员非正常行为增加、经营劣迹无人负责。

（5）在资本市场上国有股、法人股不流通，没有公司控制权转移的威胁，经营者只要讨好大股东，就敢于更大胆违规运作，导致人为地扭曲公司治理的倾向。债权人影响力微弱、小股东权益失去保障。

上市公司是中国建立现代企业制度的先行者和排头兵，如果上市公司不能从体制和机制上率先解决扭曲公司治理的问题，将直接影响企业改革的进程。

（四）改善公司治理的途径

（1）董事会是公司治理的核心机构。经理层和股东的利益实际上不可能完全一致，按《中华人民共和国公司法》股东将公司委托给有决策和监督能力，勤勉、诚信的董事组成的董事会经营。董事会最重要的职能是任命和更换公司最高管理层、做出战略决策、监督管理层、评估经理的绩效并决定其薪酬。董事会还必须确保企业的经营符合法律法规，包括对信息披露的及时准确和财务报告的真实性、合规性等负责。因此，在公司治理中董事会处于核心地位。为此要优化董事会（不能全由内部人）构成，完善董事会议事和决策程序，认真实行"一人一票，个人负责"的决策机制，强调董事会的独立性，强化董事的个人责任。

（2）公司的目标必须集中于投资回报。公司治理的要义是保护投资者利益。给企业设置非经营性目标的结果是财务约束软化和对经营业绩无法准确考核。除极少数特殊公司外，不能通过出资人机构把政府的多元目标转嫁给国家投资和拥有股份的企业。只有公司目标集中于投资回报，才能建立财务预算硬约束机制，才能准确评价公司的经营业绩。即便承担某些政策目标的特殊公司，也必须把为实现政策目标而支付的成本单列计算，强化预算硬约束。

（3）建立权利与责任对称的选人用人机制。公司内部的激励—制衡关系是通过人事权的分配来实现的。只有存在有责任的强约束，公司管理层才不会滥用权力。因此，尽管对公司具体领导人员的管理十分重要，但维护有效的公司治理，更有利于公司创造良好业绩，降低风险。如果大股东不恰当地干预企业人事管理，尽管是为维护股东利益，但是一旦由此影响甚至破坏了公司的分权、分责、制衡关系，那么必然招致内部化的激励约束机制失效，结果将事与愿违、得不偿失。

（4）完善公司的约束机制。世界上并无完美无缺的公司治理模式。有效的公司治理，能确保在系统性问题出现之前，企业利益相关者就能发现缺陷所在，并能迅速地采取纠正措施。例如，经理不能有效地经营管理，董事会就会采取行动改变局面，直至更换经理；如果董事会行动迟缓或不力，股东就会施加积极影响，直至重组董事会；如果董事会、股东都无力回天，企业业绩继续下滑，公司的市场价值就会降低，当价格低于价值时，公司就会成为收购者的潜在目标。公司一旦被收购，不仅所有者惨遭损失，而且董事和经理将失去岗位、身价贬值。如果这些机制都不能改变局面，亏损就不断侵蚀所有者权益，当所有者权益接近于零的时候，"有限责任"就可能对股权持有者产生负面激励，从而威胁固定收益者特别是债权人的利益。此时固定收益者如债权人，就有动力走到前台，破产机制就会发挥作用，以此改变所有者，改变董事会，重新配置资源。这是一套环环相扣的制约机制，它的功能实现需要不断完善法律法规，保障公司治理中的层层约束机制都能发挥作用。

公司治理是现代企业制度的核心，改善公司治理不仅需要公司董事、经理们的努力，而且需要不断完善法规，包括建立有效的破产制度，需要政府、国有出资人机构、其他投资者、资本市场、经理人市场、中介机构、新闻媒体等的持续共同努力。

（五）关键是对国有企业进行整体改制

由于条件的限制，中央提出建立现代企业制度已经10多年，但直到目前，除银行业外，建立现代企业制度的改革仅仅停留在传统国有企业控股的下一级公司层面，在国资委直接管理的那些地位显要的大型和特大型国有企业中基本没有体现。责权清晰的所有权委托代理、股权多元化、有限责任制度、科学的管理体制和治理结构等并没有成为重要国有企业的制度形式。例如，目前国资委管理的136家企业，除24家进行建立董事会试点，改制为国有独资公司外，基本还是按照《中华人民共和国全民所有制工业企业法》调整的国有独资企业，不具备建立有效公司治理的基本条件。

实际上，传统的企业制度已经远远不能适应今天的市场经济。例如，按《中华人民共和国全民所有制工业企业法》，企业财产即国家财产，企业没有属于自己的"法人财产权"。因此，企业没有独立的民事权利、民事行为能力和承担民事责任的能力。《中华人民共和国全民所有制工业企业法》没有清晰界定国有产权的委托代理关系和企业债务责任关系。国家对企业债务承担无限责任的结果，就是政府对企业的持续干预、政企不分和政企难分。为弥补企业内所有权缺位而进行的"授权经营"，使企业自己成了自己的"老板"，为内部人控制留出了空间。《中华人民共和国全民所有制工业企业法》规定企业管理体制为厂长（经理）负责制，决策机制不健全，缺乏有效的监督机制。企业高管由政府比照公务员选拔程序和条件任命，有"官本位"的激励，却缺乏经济激励和有效监督。如此等等。一些大型国企的低效率和出现的种种问题无不与此有关。对大型国有企业进行整体改制，使"建立现代企业制度"的初衷在"顶层"国有企业实现、使"企业制度"适应企业走向市场的要求，势在必行。近年来，中国经济处于上升期，处于垄断地位的大型国企利润丰厚，不仅掩盖了种种制度性矛盾，而且大大削弱了改革的紧迫性。

另外，传统体制因素通过控股股东不断向上市公司传导、不断挑战

《中华人民共和国公司法》，使下面已经改制的公司，包括上市公司治理被扭曲的事例屡屡发生。在中国，公司治理被扭曲的事例，大多与国有股东行为不端有关。国有控股上市公司的逆向示范作用，产生了很大的负面效应。

再有就是国有资本在每个企业内部循环、投资决策由内部人控制，使国有资本布局调整受到很大局限，甚至难以进行。

客观地讲，未经转制的国有企业出现的诸多弊端不单单是个人原因。是制度性缺陷和"旧体制控制新体制"的必然结果。克服这种制度性缺陷的基本途径，是大型国企的整体改制，以现代企业制度取代传统企业制度，建立有效公司治理。

开始较晚的国有商业银行整体改制的经验对大型国企整体改制有重要借鉴意义。首先，剥离非主业资产、不良资产（人随资产走），交由一个或若干资产管理公司或托管公司专业化处理，改革成本从国有资本收益中支付；其次，设立国有资本投资控股公司，财政部门将企业国有资本注入国投公司，使其成为该企业责权明晰的国有资本出资人；再次，引入新的投资者，按《中华人民共和国公司法》改制为有限责任公司；最后，有限责任公司择机在境内或境外上市，成为股份有限公司，建立有效的公司治理结构和治理机制。

大型国企整体改制有很大的难度，它必须与进一步的国有资产管理体制改革、设立国有资本投资控股公司等配套进行。但是，现在国家经济能力和社会环境已经大为提高和改善，具备了试点启动的条件。

大型国企的二次改制是深化国有经济改革的一个大的工程。在理论、政策层面已经没有障碍。银行业企业的整体改制已经打开了成功的通道。可以预期，改制的成功将为中国经济的持续发展奠定新的基础。

未来改革的几点建议[*]

（2009 年 11 月 23 日）

一　改革政府职能，提高对宏观经济调控的能力和水平

实践证明，一次次"干预微观，调控宏观"的调控，往往产生资源错配和对市场机制的冲击。与此同时，缺乏责任约束的行政权力不断膨胀，造成政府与企业、市场之间关系的扭曲和对各个市场主体的不公。实际上，政府有足够的"对宏观经济产生影响"的工具可以使用。关键在于转变思路、改革政府职能。

二　加快基础生产要素的价税改革

土地、矿产品、水等基础生产要素价格扭曲和税收偏低、环境监管不到位，产生了"劣币驱除良币"的效应。造成转变经济增长方式的愿望因缺乏经济驱动力而长期不能实现。通过改革基础生产要素的价格形成机制、发挥税收的调节作用和落实严格的环境监管，形成促进产业升级和技术进步的倒逼形势，是用市场力量扭转落后增长方式的根本途径。

三　在经济形势较好的情况下，不应忽视国有企业改革

重温党的十四届三中全会、十五大、十五届四中全会、十六大、十六

---

[*] 2009 年 12 月 1 日，《比较》杂志 2009 年第 6 期刊发《体制是关键，出路在改革——50 名经济学家问卷调查》。本文是作者于 2009 年 11 月 23 日，以《未来改革的几点建议》为题，为《体制是关键，出路在改革——50 名经济学家问卷调查》一文撰写的短文。

届三中全会和十七大关于国有经济的定位和国有企业改革方向的陈述,具有重要现实意义。应对国有经济继续进行有进有退的战略性调整,推进垄断行业改革,完善国有资产管理体制,对国有企业进行整体改制,依照《中华人民共和国公司法》建立有效公司治理。

四　保护产权,放手发展民营经济和中小企业

重温中央关于发展民营经济的重要决定,统一思想;按照《中华人民共和国宪法》和党的十六届三中全会关于"建立归属清晰、权责明确、保护严格、流转顺畅的现代产权制度"的要求,检查一些地方近期发生的侵权事例;应从政策层面对社会热议的"国进民退"和民营企业的生存环境进行反思;重新审视中央和国务院有关鼓励发展民营经济的规定和政策、措施执行情况,切实解决民营经济市场准入和融资难等问题,改善经营环境。

五　为新技术和新兴产业发展消除体制和政策障碍

互联网、三网合一、手机电视、地面高清电视和新能源等的产业化往往与原有管理体制产生冲突,遇到传统产业分工的壁垒,这成为新兴产业发展不可逾越的障碍。要打破科技向产业转化的"体制瓶颈",使生产关系适应生产力发展,消除跨部门、跨行业、跨地区和跨所有制发展的障碍,为新兴产业发展铺平道路。

六　提高对外开放的水平

随着发展阶段的变换,曾经发挥了重要作用的政策面临调整。例如,技术引进的政策比较配套和完善,但自主创新的体制和政策还存在缺陷;引进外资的政策优惠而完善,但本地企业,特别是民营企业和小企业发展的环境还不尽如人意;接受产业转移的政策比较配套和完善,但企业"走出去"的政策还有待完善。

读王忠禹同志的《国企改革攻坚纪实》有感[*]

（2010年3月1日）

国有经济是国民经济中的主导力量，加快推进国有企业改革发展，继续保持国有经济良好发展态势，对于国家经济社会发展大局意义重大。王忠禹同志的《国企改革攻坚纪实》一书以丰富的内容，从一个侧面客观地记录了20世纪90年代国企改革攻坚的历程，为企业和实际工作者探索和完善国企改革提供了借鉴，也为研究中国改革的专家学者提供了基础资料。书中所阐述的诸多观点和措施办法，对进一步加快推进国有企业改革和发展具有借鉴意义。

一

《国企改革攻坚纪实》一书以丰富的内容，准确地记录了20世纪90年代国有企业改革攻坚的史实。

企业管理出版社即将出版王忠禹同志的《国企改革攻坚纪实》（以下简称《纪实》）一书，我有幸先读了书稿。站在新的历史起点上，回首过去，往事历历在目；展望未来，国有经济如何进一步发挥主导作用，促进国民经济健康发展，这是我们一直在关注和思考的问题。读了《纪实》后，我有了很多回忆与思考。

我国的国有企业改革堪称世界经济史上规模最大、最了不起的事件之一。王忠禹同志在国务院生产办、国务院经贸办和国家经贸委任职期间，

---

[*] 本文是作者的读后感，以《着力推进国有企业改革发展——读王忠禹〈国企改革攻坚纪实〉有感》为题，发表在《经济日报》2010年3月1日。

和我一起从事国有企业改革和经济运行综合协调工作。这一时期，正是国有企业改革发展最为艰难、最为关键的时期。国有企业改革正从传统体制框架下，以承包为主要形式，通过"一厂一策"，放权让利，放开搞活，转向在社会主义市场经济体制下，以制度创新克服传统体制的弊端，使包括国家投资的企业成为独立市场主体，增强企业竞争力；正从专注搞活一个个国有企业，转向对国有经济进行战略性调整，从整体上搞好国有经济。此时，国有企业不仅是改革的主体和对象，而且是支撑国民经济发展和财政税收的支柱。随着卖方市场转向买方市场，并且财政、税收、金融、外贸以及劳动、分配和社会保障制度等各项改革一齐启动，国有企业历史上积累的深层次问题爆发式地凸显出来。企业承受着巨大的改革压力和沉重的改革成本。书中按时间先后顺序收集了作者在这一时期的讲话、文章，清晰地记录了这一时期党中央、国务院对国企改革采取的方针、政策、措施及一些改革的重大决策。从中可以看到，认识在一步一步深化、实践在一步一步推进、成效在一步一步显现的改革足迹。党的十五届一中全会提出用3年左右的时间使大多数国有大中型亏损企业摆脱困境（即"三年脱困"），大多数国有大中型骨干企业初步建立现代企业制度的目标。在党中央、国务院领导下，全国上下做了艰苦卓绝的工作，到2000年如期实现了目标，为中国经济稳定增长奠定了基础。从书中我们可以深深感受到，20世纪90年代，在国有企业大面积走向市场的环境和条件下，为了生存和发展，国企改革着实打了一场艰苦的攻坚战。书中论述的许多内容涉及国内外都十分关注的国企改革的重大问题。

二

《纪实》来源于实践，又是对实践的总结，经受了实践的检验。

这一时期，我在王忠禹同志的直接领导下参与了国有企业改革的各项工作，书中许多讲话都是我亲身在场的，读起来感到十分亲切。文章、讲话的内容都是在大量调查研究的基础上形成的。每次调研，王忠禹同志都认真听取地方领导、企业干部职工的意见，总结先进地区和先进企业改革发展的经验。

读王忠禹同志的《国企改革攻坚纪实》有感

经过改革开放，我国经济成功实现了从高度集中的计划经济体制到社会主义市场经济体制，从封闭半封闭状态到全方位开放的历史性转变。我国企业特别是国有大中型企业初步建立起与社会主义市场经济相适应的体制机制；国有经济结构调整取得重大进展；企业所有制结构改善，民营企业快速发展，外商投资企业不断增加；包括国有及其控股企业在内的企业整体实力和市场竞争力迅速提高，一些企业开始跨国经营。企业家和职业经理人迅速成长，从技术开发、经营管理到国际化经营等各类专业人才队伍日益壮大。企业改革的进展对经济体制改革和国民经济发展起到了有力的支撑和促进作用，极大地提升了国民经济的整体活力和实力。看到这些，国企改革攻坚所付出的艰辛也就变成了成功的喜悦。

三

《纪实》不仅是历史的记录，同时也具有现实意义。

国企改革经过长期的实践探索，特别是经过20世纪90年代的攻坚，积累了十分丰富和珍贵的经验。"温故而知新。"研究书中所阐述的诸多观点和措施办法，对企业的进一步改革和发展具有借鉴意义。

随着经济发展阶段的变化，现在资源环境约束明显增强，土地、矿产品、能源等生产要素价税调整势在必行，一般廉价劳动力优势正在弱化，环境成本内部化大势所趋。以大量消耗资源、污染环境为代价的粗放型增长已经走到尽头，支撑原有增长方式的环境条件正在变化。这是一个不可逆转的大趋势。面对新的形势，国有企业应认清形势、抓住机遇，率先转变发展方式，走主要依靠技术进步和提高劳动者素质，以提高效率实现企业发展的道路，由专注企业做大，转向把企业做强。

从《纪实》一书中可以清楚地看出国有企业改革的思路和主线。我读后简单地概括了一下，或许对认识和理解党的十四届三中全会之后的企业改革有所帮助。

（一）确立企业的市场主体地位

对国有企业实行政企分开，将所有权与经营权分离；推动国有企业转换经营机制,使企业成为独立的市场主体,是增强企业活力的根本。国家曾通过承包制,赋予企业部分"自主权"和"自主钱"。这在计划体制下对解放生产力起到了积极作用。90年代初通过制定和实施"转机条例"进一步划分政府与企业职责、增加企业权力。这在推进政企分开上发挥了重要作用。这些重大措施为确立企业的市场主体地位做了重要铺垫。

我们要建立充满生机和活力的社会主义市场经济体制,提高经济发展质量和水平,就必须发挥市场配置资源的基础性作用。从一定意义上讲,包括国有企业在内的企业成为法人财产权的主体、决策主体、经营主体和盈亏的主体,是市场在配置资源中发挥基础性作用的前提。为此必须重新确立政府与市场、企业三者的关系。在市场经济中,政府的重要责任是创造有效率的市场;企业在市场竞争中自主决策、自主经营、自负盈亏;市场则基于供需关系,通过价格信号影响企业经营决策,从而实现资源的有效配置。这是经过经济体制改革实践验证的结论。

随着经济发展,企业不但是社会财富的创造主体,是参与世界经济合作与竞争的主体,同时也越来越成为创造新文化、推动社会进步的重要力量。我们应当尊重企业的市场主体地位,不断明晰政府的定位和作用,把不断增强企业的活力和市场竞争力作为完善社会主义市场经济体制的基本依据,并以此为基础制定和实施促进企业改革和发展的宏观政策。

(二) 国有企业改革的方向是建立现代企业制度

1992年确立社会主义市场经济体制的改革目标后,中央调整了企业改革的思路:由"一厂一策"、放权让利的承包制,转向推进企业制度创新,为建立社会主义市场经济体制奠定基础。在传统体制下,国有企业是计划经济体制的支柱;计划经济体制是国有企业生存的依托。在城市经济中占80%以上份额的国有经济是一个产权主体、一个利益主体、一个决策主体,庞大的国有经济就像一个超级大企业,并由掌握公共权力的政府"经营"。与政府有千丝万缕联系的国有经济范畴,能否形成众多的各自独立的市场主体?这就成为建立社会主义市场经济体制绕不过去的问题。

现代企业制度的根本意义在于较好地解决了国有经济与市场体制结合的历史性难题,即通过企业制度创新和国有产权制度改革,既使国家对国有资本保持最终所有,又使国家投资和拥有股份的企业成为各自独立的市场主体,实现国有经济与市场体制有效融合。这是社会主义市场经济理论的重大突破,是向建立社会主义市场经济体制迈出的具有决定意义的一步。

以"产权清晰、权责明确、政企分开、管理科学"为特征的现代企业制度确立了"企业法人制度""有限责任制度"和有投资者参与的科学的组织制度,即在建立有效的所有权委托代理体制的情况下,实现政企分开、所有权与经营权分离等。

从理论研讨、人员培训、配套文件制定、百户试点开始,到现在,现代企业制度建设取得了重大进展。随着国有资产管理等诸多配套条件的改善,企业制度建设得到进一步加强。重要的是推进大型国有企业的整体改制,引进多元投资主体,建立有效的公司治理结构,使建立现代企业制度的初衷更充分地在"顶层国有企业"中实现。

(三)优化国有经济布局,对国有企业实施战略性改组

20世纪90年代中期之后,在很多行业国有企业不可替代的地位逐渐消失,竞争力不强的问题充分显现,国有经济有进有退调整的步伐加快。党的十五届四中全会进一步明确了国有经济的定位和发挥主导作用的方式,为加快国有经济布局调整创造了条件。例如,在石油石化、航空等重要行业,在电信、军工等垄断领域以引入适度竞争为目标,对大型国有企业进行了大规模重组;在进入门槛较低的一般竞争性行业,如轻工、纺织等,国有经济大面积退出;对一般行业则实行分类指导,抓好大的、放活小的。对国有大中型企业实行规范的公司制改革,以产权为纽带,进行业务重组。中小企业改革则因地制宜、因行业制宜、因企业制宜,区别对待,不求一个模式,不搞一刀切。通过改组、联合、兼并、租赁、承包经营和股份制、出售等形式,加快了放开搞活的步伐。经过这一轮调整,国有企业减少了约10万户。国有经济向能源、基础原材料、重要公共服务、军工等资本密集、技术密集的重要行业、关键领域集中;非公经济准入领域扩大,中小企业迅速发展、活力增强。这为进入新世纪和加入世贸组织后中国经济进入新的增长期奠定了基础。去年以来,在全球金融危机的强力冲击下,我

国部分行业产能过剩的问题充分暴露。我国企业面临向以新能源、绿色经济、电子信息为代表的战略性新兴产业升级的紧迫任务。国有经济是政府控制的特殊资源，应当服务于公共目标，发挥非国有资本不可替代的作用。面对新的形势，国有经济面临新一轮有进有退的调整。如果国有经济能在产业结构升级上发挥引领作用，那么国有经济在新形势下就很好地发挥了"主导作用"，为经济发展方式转变做出了大贡献。

（四）实施"三改一加强"方针

20世纪90年代中期，国有企业面临经济体制转轨、企业机制转换、技术和装备老化、管理方法陈旧、企业竞争力衰退的严峻形势。"三改一加强"总结了优秀企业的经验，画龙点睛地提出了企业提高竞争力的要素条件，很快成为搞好国有企业的基本途径。改革，即理顺企业与政府和市场的关系，理顺企业与管理者和职工的关系，克服企业发展的体制性障碍，解除企业的历史负担，从而使企业获得新的发展动力；改组，即改变企业大而全、小而全，重复分散和规模不经济的组织结构，提高企业的专业化、集约化水平，提高企业的资源配置效率；改造，是指用先进技术改造传统产品和落后的生产手段，提高效率、增强对产品质量的保障能力；加强管理，是指以科学的管理实现管理的科学。其中改革处于主导地位。从一定意义上讲，"三改一加强"是企业发展的永恒主题，但是随着形势的变化应当赋予其新的内涵。

（五）提高自主创新能力，培育核心竞争力

企业技术进步和技术改造一直是我们关注的重点。执行国家"引进、消化、吸收、再创新"的技术跨越战略，大多数产业技术水平和生产水平迅速提高。但是，有了省时省力的技术来源，不少企业把主要资源投向生产规模的扩张，而对培育自主创新能力关注不足，无力进行更多的技术投入。造成自主创新能力薄弱、技术对外依存度长期居高不下，在不少领域受制于人。现在，在很多产业我国企业的技术能力已不足以支撑庞大的产业规模，呈现"大而不强"的状况。

在应对全球金融危机的过程中，新兴产业的兴起，为我国企业提高自

主创新能力、加快技术追赶、增强产业话语权提供了机会。就传统产业而言，我们与国际巨头技术差距很大，但在新兴产业，差距就小得多。由于我们在传统技术中沉淀的资产较少，有利于产业转型。

随着形势发展，我国原有比较优势正在弱化，新的比较优势正在形成。如果我们能有效地利用劳动者受教育和培训程度普遍提高的有利条件，充分发挥数量庞大的知识型人力资源优势，就可能在智力劳动密集和智力与技能劳动"双密集"的新兴产业建立竞争优势。

在航天、国防等一些重要领域，正是利用新的比较优势创造了新的辉煌。在其他领域的国有企业也应当更加敏锐地发现并积极利用新的比较优势，增加技术投入、加快技术积累，创造核心技术，增强核心竞争力。

（六）积极推进各项配套改革

企业是一个个社会细胞，它们走向市场，需要一系列配套改革的强有力支撑。20世纪90年代着手推进的国有资产管理、社会保障体系建设、住房制度改革、资本市场建设等都取得了非常可喜的进展，使企业改革发展的环境大为改善。现在应抓住有利时机，使已经有了良好基础的这些改革进一步深化，为企业创造更加良好的市场环境和社会环境。

（七）坚持物质文明和精神文明两手抓

重视思想政治工作是我国企业的优良传统和政治优势；做好企业的事，就要以人为本，既调动物质力量，又要调动精神力量。这是改革攻坚中战胜一个个艰难险阻并取得成功的基本经验。许多优秀企业自觉地将物质文明和精神文明建设统一起来，把社会主义理想信念融入企业的目标、价值观和社会责任，构建出具有本企业特点的企业文化，使企业改革发展展现出生动活泼的局面。

财务目标难以完全表达企业存在的社会价值，难以使全体职工理解自己工作的全部意义。实际上人们除了物质需求的满足感之外，还有对精神需求满足的要求。每位员工总希望做一番事业，都希望自己的工作得到社会、后人的承认和认可。从这个意义上讲，崇高的企业目标可以赢得追随者，利润只是经营业绩的"计分簿"。

企业文化正是基于企业社会责任，能使管理者和职工欣然接受的企业目标、信念、价值观和企业哲学、职业道德的总和，由此而决定企业的风格、效率和精神风貌。企业文化把企业精神文明建设具体化，并提到了新的高度。它用尊重人、关心人、能唤起人们献身精神的企业理念和价值观，去激发职工的精神力量，把企业的追求与职工工作的价值联系在一起，使职工把岗位上的工作看作自己为之奋斗的事业，在工作中感受自我价值的实现。实践证明，精神力量是无形的，但它一旦被职工所掌握，就会发出巨大的物质力量。

（八）改革劳动人事制度，持续开发人力资源

企业劳动人事制度是企业改革影响最大、牵动社会面最广、最为敏感的一个方面。"广就业、低工资、低效率"的传统劳动人事制度造成了"大锅饭、铁饭碗、铁交椅"，不适应市场经济。在波澜壮阔的改革大潮中妥善处理上千万人的职工下岗分流，这是国企改革攻坚中一个极大的挑战。在党中央、国务院的坚强领导下，通过加快建立社会保障体系，惊心动魄地闯过了这一关。

在市场竞争中，企业最珍贵的是人力资源。管理者和员工的归属感、积极性和技能、素养是企业竞争力的基本要素。借鉴发达国家的企业人力资源管理经验是必要的，但创建适合中国企业特点、本土化的人员选拔、配置、激励、培训和管理制度则更为关键；尊重职工、鼓励参与，使员工在企业有机会实现自己的价值并分享企业发展的成果，保障员工的合法权益，是我们必须坚持的"以人为本"原则。

在市场经济条件下，企业家是企业的灵魂，承担着聚集信息、资本、人才、技术等资源，并通过有效组合，为社会提供产品和服务的责任；在市场竞争中他们是第一线的指挥员，在企业发展中他们是掌握航向的舵手。从某种意义上说，职业企业家这个特殊社会阶层的总体水平决定国家的经济效率和竞争力。优秀企业家往往是"一将难求"，是稀缺的人才资源，其稀缺程度远远超过资金和技术。提高国家竞争力，必须培育一大批世界级的企业领军人物，由他们托起中国工业化的大业。

激烈的竞争如大浪淘沙，正促使一批批优秀的职业企业家和高水平管

理者脱颖而出。应进一步改革企业高管人员的培养、选拔、任用、激励与约束机制，为各类人才搭建施展才华的舞台，使他们在市场竞争中锻炼和成长，这是富国兴邦的大计。

国有企业改革可以粗略地划分为三个阶段：20世纪80年代的"预改革阶段"、90年代的"攻坚阶段"、进入新世纪后的"深化和完善阶段"。攻坚阶段是承前启后的最重要阶段，着重解决的是结构调整和制度创新问题。《纪实》从一个侧面客观地记录了90年代国企改革攻坚的历程，为企业和实际工作者探索深化和完善国企改革提供了借鉴；也为研究中国改革的专家学者提供了基础资料。

《人民日报》专访[*]

(2010年7月14日、15日)

《人民日报》编者按:"大力培育战略性新兴产业,是党中央、国务院为转变经济发展方式、抢占全球经济科技制高点做出的重大部署,得到了相关部门和各级政府的积极响应。由于新兴产业是完全不同于传统产业的新生事物,所以,当前对在我国该怎样发展新兴产业,存在认识尚不深入、政策尚不完善、路径尚不清晰、措施尚不得力等问题。前一段时间,第十届全国政协常委、经济委员会副主任,国务院发展研究中心原副主任陈清泰到一些地方进行了深入调研。本报记者就上述问题,对他进行了专访。"

一 战略性新兴产业需要信心和宽容

低层次是生产制造的竞争,高层次是专利标准的竞争。专利、标准、规制等都有先入为主和路径依赖的特征。一旦被他人抢先,大多数情况下后来者只能亦步亦趋地跟随。

(一) 发展新兴产业不是由老产品的低端制造变为新产品的低端制造

记者:新兴产业的内涵目前尚无清晰的界定。您理解的新兴产业是怎样的产业?

---

[*] 2010年7月14日和15日,《人民日报》第10版分上下两篇刊登了记者赵永新对作者的专访。2010年7月14日刊发的是上篇——《战略性新兴产业需要信心和宽容》。2010年7月15日刊发的是下篇——《扶持新兴产业还需"换脑子"》。

陈清泰：从大的范畴上看，新兴产业是产业升级的一种类型，但它又与传统的产业升级不同。

产业升级有三种类型。

一是产品技术的换代升级。例如，由软盘存储器升级为U盘和光盘，由含氟冰箱升级为无氟冰箱，由一般加工升级为关键零部件、关键装备制造等。

二是在产业链上向技术含量高、附加值高的领域延伸。例如，由一般加工制造向上游的研发、产品设计、技术专利、技术集成、融资、投资延伸，向下游的品牌构建、商业模式创新、流通体系、物流、产业链管理等延伸。这些上下游的经济活动就是现代服务业的内容，增加值率更高，对产业的掌控能力更强。

三就是创建新兴产业。新兴产业是指基于重大发现和发明而产生的将改变人类社会生产方式和生活方式的新产品和由此产生的新的产业群。例如，新能源、新材料、生物产业、新能源汽车等。

产业升级的本质意义是在产业链上的升级，有更强的能力参与高技术含量、高附加值的产业环节。固守于低端制造环节的所谓"新兴产业"，那是他人的新兴产业。由老产品的低端制造变为新产品的低端制造，即使产品升级了，那也是他人的产业升级。如果没有自己的技术发明和专有技术，20多年前组装磁带"随身听"与10年前组装DVD"随身听"，对于我们来说，本身并没有什么"升级"的意义，我们也不能分享产业和产品升级后的经济利益。

（二）我国在一些新兴产业上已到了产业化突破的"临界点"

记者：有人认为，我国目前的整体科技实力与发达国家还有相当差距，因此还不具备发展新兴产业的条件，您如何看这一观点？

陈清泰：的确，由于较长时期以来我国产业不断重复"技术模仿、产业跟踪、商业模式复制、大规模接受产业转移"的发展路线，主要经济资源投向产业规模扩张，主要技术来源依靠国外引进。

但也应该看到，自进入新世纪以来，特别是随着"建设创新型国家"战略的提出，创新活动进一步活跃，科技型企业特别是中小企业迅速发展。

据中关村管委会掌握的情况，中关村约有1000家科技企业达到或接近了创业板上市条件。深圳科工贸和信息委的数据显示，该市符合创业板上市条件的后备企业有1100家。深交所研究所做出了如下判断：我国创新型中小企业的发展进入了"井喷阶段"。

种种迹象显示，我国开始进入科技创新活动的活跃期，在有些领域已经到了由技术模仿、跟踪转向主要依靠自主创新求发展，进而向产业发展制高点进军的阶段。比如，在新一代移动通信、新能源、新材料、信息网络、基础芯片、无线宽带、高速铁路、电动汽车等许多技术和产业领域，我们已经有了一定的技术积累，在某些领域已经达到国际先进水平，到了产业化突破的"临界点"。

（三）新兴产业早期的布局将深刻影响后期的竞争地位

记者：发展新兴产业应该如何谋篇布局？

陈清泰：新兴产业的谋篇布局，宜早不宜晚。因为新兴产业进入了孕育期，以知识产权为代表的"跑马圈地"运动已经开始。专利、标准、规制等都有先入为主和路径依赖的特征。一旦被他人抢先，大多数情况下后来者只能亦步亦趋地跟随。这就是人们所说的"低层次是生产制造的竞争，高层次是专利标准的竞争"。因此，新兴产业的竞争从孕育期就开始了，早期的布局深刻地影响着后期的竞争地位。

首先，要及早确定发展哪些战略性新兴产业。这属于重大经济决策，是基于全球视野、战略眼光，持续跟踪科技革命进程、进行深度产业研究，并根据本国比较优势而做出的战略抉择。

其次，在认定了新兴产业后，应当及早制定知识产权战略。一是针对关键技术部署研发力量，对"关键的薄弱环节"给予足够的研发投入；二是在重大技术节点抢先突破技术并注册专利；三是技术可行性一旦确立，应及早制定行业或国家标准，及早抢占国际标准。

最后，在我国与国外进展大体同步的情况下，有两种选择。一种是等国外产业化、市场化基本成熟，越过风险期，我们立即跟进模仿。这样做，投入较少、风险较小，但永远也不能获得产业领先地位。另一种选择是，在选定的机会来临时，就以更大力度的政策和资金投入，加快后续研发、完善知识产权体系、制定技术标准、探索符合国情的商业模式，以我为主实现产业化。这不仅需要较多投入、冒较大风险，还会遇到来自国际竞争对手的打压。

（四）确认中小企业在发展新兴产业中的重要地位

记者：看得出来，您对科技型中小企业非常看重。

陈清泰：是的。技术变革存在不确定性，有效的创新机制往往需要强烈的产权激励，敏锐的价值发现能力，灵活的决策机制，尊重个人的制度安排和既鼓励冒险又有利于分散风险的组织和机制。而科技型中小企业由于更加符合这些特质，是技术创新中不可忽视的生力军。

在革命性新技术出现时，大企业往往因对传统技术的依恋和大量存量资产的拖累而犹豫不决。而科技型中小企业却可以从中找到施展的机会，愿意以更大的热情推进新的技术变革。例如，国外对我们高度封锁的超高速局域网核心技术、高端 CPU、大容量锂电池和液流电池蓄能电站等，都出自民营科技型中小企业。

记者：目前无论是贷款还是市场准入，科技型中小企业都不占优势。

陈清泰：按照传统的做法，当一些产业被国家重视时，政府就会制定产业政策，设定发展目标、设立进入门槛作为提供资金、税收等支持的条件，而中小企业往往被排斥在外。其实，大量富有生机和活力的科技型中小企业是国家创新体系的基础。即便是大型公司最占主导的美国，80%的技术创新也出自中小企业。因此，在发展新兴产业中，应改变传统做法，认真解决中小企业面临的政策歧视、市场准入难和融资难等发展问题。

记者：说到重视中小企业的作用，很容易让人联想到扎堆投资、产能过剩。

陈清泰：由于新兴产业技术还不成熟、技术路线还有多种选择，主流产品和商业模式还需市场的筛选。因此，产业化初期要经历一个试错的过程，在此期间应采取"市场准入从宽"的政策。此时，由政府认定哪种技术可行或不可行，只有哪个或哪些企业可以进入，是不明智的。新进入者是缩短试错时间最活跃的力量，从中有可能会出现一些"黑马"。

在我国，"一哄而上、一上就乱"的事例不胜枚举。防止再次发生的措施，是及早就环保、安全、资源消耗、产品可靠性等方面制定相关技术标准，并严格执行。

二 扶持新兴产业还需"换脑子"

现行的做法是由企业申报，由政府部门选项目、分钱，这不仅造成政府资金使用效率低下，而且容易产生"政策失灵"。一方面，企业编个"故事"就能向政府要钱；另一方面，会造成"跑部钱进"、政企不分。

新兴产业往往产生于传统产业的边缘。有些新兴产业将深刻改变社会生产方式和生活方式。因此它的发展需要冲破传统产业分工的壁垒和既有管理体制的羁绊。

（一）关键是培育创新能力，政府需营造适宜创新的市场环境

记者：新兴产业不同于传统产业，政府的工作思路是否应随之调整？

陈清泰：是的。发展新兴产业是生产力提升的一次爬坡。这意味着我们要对长期熟悉的，以引进外资、技术模仿、接受产业转移、专注低端制造为主的经济活动进行升级。主要依靠自主技术来源、主要靠本国资本和主要以自己的力量，将创新的技术发展为先进的产品，进而实现产业化，并壮大为一个新兴产业。

实现这一变革的关键因素是创新能力。政府要聚焦于培育自主创新能力，着眼于掌握核心技术。没有核心技术，新兴产业就无从谈起。

记者：政府该如何培养自主创新能力？

陈清泰：新兴产业是以科技创新为支撑的产业，因此，政府关注的重点是能不能有效聚集创新资源，以及这些资源在当地能否发挥更高的效率。创新活动对环境条件的要求比任何其他经济活动都更加苛刻，人才、技术和资本等创新资源具有很强的流动性，每个城市都可以招引全国甚至全球的资源，但本地的资源也可能外流。而创新资源的流向，则取决于哪里有更加适宜创新的市场环境。

记者：适宜创新的市场环境都包括哪些？

陈清泰：包括"软环境"和"硬环境"。比如，当地的基础设施；公

司创立和退出的方便性；大学的水平和教育发展程度；人员的素质和人才流动的灵活性；诚信环境和融资成本；风险投资、管理咨询、注册会计师等专业服务水平；技术和产权交易市场发育程度；当地经济活动与国际市场对接的程度；司法公正和司法效率；政府监管的规制性、稳定性和透明性；政府的服务能力和行政效率；等等。

如果能在这些方面做好，就会使本地区成为创新人才聚集的洼地、技术创新的乐园、企业家创业的天堂、高科技创业公司的栖息地。

（二）技术突破后还需打破市场瓶颈，政府应多举措解决市场失灵问题

记者：在新兴产业突破技术门槛后，政府如何跟进？

陈清泰：在新兴产业发展中，突破技术这道"坎"后，接踵而来的是涉及面更宽、更为复杂的产业化瓶颈。新兴产业技术还不完善、生产尚未达到经济规模、配套设施和服务体系还跟不上、商业模式不成熟、市场认同程度低，往往会遇到信任瓶颈、资金瓶颈、制度瓶颈和市场瓶颈。

有些技术和产品有巨大的社会效益和良好的发展前景，但产业化初期对生产者和消费者明显的"不经济"。如果没有国家强力政策措施的助推，可能会因无法克服产业化瓶颈而夭折。例如激光、半导体等，在研发阶段我们还能大体跟上世界水平，但进入产业化阶段我们就败下阵来，接着就是引进、再引进。

记者：政府怎样做才能避免重蹈覆辙？

陈清泰：政府不能去直接帮企业开拓市场，但可以发挥政策"四两拨千斤"的作用，解决市场失灵的问题。相关政策大体可分为四类。

一是引导和规制性政策。组织产业发展战略研究，把握产业发展方向。制定专门规划，将某些新兴产业的发展提升为国家战略。组织推进重大科技专项。在技术相对成熟时，及时组织制定技术标准、筛选技术路线、探索商业模式。

二是激励性政策。在新兴产业发展初期应放开市场准入，这对新的进入者是最大的支持。为新兴产业和创新产品打通市场出口，如政府采购，这是对创新企业最大的激励。此外，应实行鼓励企业增加研发投入的政策。

三是约束性政策。应提高资源税，使其反映资源稀缺的程度。改革资源性产品的价格形成机制，使其真实反映供需关系。制定和实施强制性能耗标准、污染物排放标准并从严执法。制定碳排放税政策并及早向社会公告。

四是保障性政策。鼓励发展产业投资基金，必要时提供投资补贴，帮助解决产业化初期融资难的问题。由政府主导规划和组织市场力量建设相关基础设施，政府通过补助推动"示范工程"等。

（三）财政资助须改进方法，创业板上市应逐步由核准制改为注册制

记者： 在发展新兴产业中，政府的财政支持不可或缺。您的观点是什么？

陈清泰： 在一些重要产业的关键环节面临升级突破的关键时刻，需要政府足够力度的资金和政策投入。

财政支持主要体现在三个方面。一是财政资金直接投入，主要用于基础研究、前沿高技术研究、社会公益性研究等。二是支持扩大企业研发资金来源，鼓励社会资金对大学和研究机构研发活动的资助。三是竞争前的研发补助和鼓励有社会效益的创新结果。

以财政资金支持产业升级有两种选择。一是从生产、供应侧入手，支持创新的过程，改进技术和产品的供给；二是从消费、需求侧入手，支持创新结果的应用。

记者： 您认为财政支持的重点应放在哪个方面？

陈清泰： 财政支持的主导方面应更多体现"竞争前""补需方"和公平公正的原则。我们擅长做的是"补供方"。现行的做法是由企业申报，由政府部门选项目、分钱，并对成果进行评估、鉴定、表彰，这不仅使政府资金使用效率低下，而且容易产生"政策失灵"。一方面，企业编个"故事"就能向政府要钱，从而得到"寻租"获利的机会；另一方面，会造成"跑部钱进"、政企不分。

记者： 融资难是新兴产业面临的共性难题。这个方面政府该如何做？

陈清泰： 目前，面对日益活跃的创新活动，投资基金、管理咨询、上市退出通道等创新活动的保障条件都显不足。为此，政府应实施鼓励创业投资发展的政策，大力发展天使投资、风险投资、创业投资和股权投资，

满足新兴产业企业不同发展阶段、不同层次的需求。此外,完善的退出通道可以有效引导资本流入。在完善规制、有效监管的情况下发展场外交易市场。对创业板,应抓紧研究将目前的上市核准制改为注册制,较大幅度地增加上市企业数量,真正发挥创业板的作用。

(四) 防止企业因"婆婆太多"错失发展良机,行政性垄断领逐步打破

记者:我们在采访一些属于新兴产业的企业时,负责人常因"婆婆太多"而慨叹。

陈清泰:新兴产业往往产生于传统产业的边缘。有些新兴产业将深刻改变社会生产方式和生活方式。因此它们的发展需要冲破传统产业分工的壁垒和既有管理体制的羁绊。

记者:政府应该如何消除体制性障碍?

陈清泰:主要应从两个方面着手。一是改革不适应新兴生产力发展的管理体制。当前,在发展新兴产业中,当体制性障碍出现时,首先要打破部门和地区的分割及利益局限,加强国家层面的统一领导和协调;必要时,应当按照政企分开、政事分开、政监分离的原则调整管理体制。

二是打破行业垄断。垄断往往产生反技术进步的倾向。为防范所谓的"政治风险",一些国有企业更倾向于在本系统内部交易,或买国外的技术和产品。在购买民营企业技术和产品方面,实际上存在着交易壁垒。国家科技投入也更倾向于国有企业。很多专业领域的创新出自民营企业,但最主要的用户是垄断性大企业。处于垄断地位的用户由于没有降低成本、改善服务的压力,往往对本国创新产品缺乏采购意愿。有些非常有前景的创新一旦被垄断企业拒绝,就很难或不可能被其他公司采纳。这也就意味着这项创新由此胎死腹中。

行政性垄断领域过多,会挤压创新活动的空间。应从非天然垄断领域开始,加快对垄断行业的改革,打破垄断、促进竞争。这是新形势下解放生产力的必然选择,也是我国新兴产业健康发展的一个关键。

进一步深化国有企业改革的几个问题[*]

(2010 年 9 月 28 日)

近年来,国有企业状况有了很大好转。随之改革的声音弱下来了,对国有经济的改革在认识上似乎又有些反复。国有企业改革的任务还没有完成,我们应当十分珍惜改革的宝贵成果,坚定不移地沿着中央确定方针继续前进。

进一步深化国有企业改革的重点有两个:一是国有经济的定位和战略性调整;二是企业制度的创新,包括建立有效公司治理。

一 国有经济的定位和战略性调整

随着多种所有制经济的发展,调整和优化国有经济的布局和结构,是涉及社会主义市场经济体制建设、国家经济资源优化配置和保障我国经济持续高效发展的重大问题。党的十六大提出,继续调整国有经济的布局和结构,是深化经济体制改革的重大任务。

(一) 国有经济的定位

针对"国有经济比重越大越好、国有资本覆盖的行业越宽越好、国有企业数量越多越好"的偏见,党的十五大指出"要认真总结以往所有制问题上的经验教训","逐步消除所有制结构不合理对生产力的羁绊",这是

---

[*] 本文是作者于 2010 年 9 月 28 日在上海证券交易所组织召开的会议上的讲话,是一段时间以来作者对进一步深化国有企业改革几个问题的深入思考,包括:(1) 国有经济的定位和战略性调整;(2) 进一步改革国有资产管理体制的几个问题;(3) 国有企业的公司治理与整体改制;(4) 对几个问题的讨论。在 2009 年 9 月至 2010 年 9 月,上述几个问题亦是作者在中央党校、国家行政学院、部分省市党委政府组织的一些研讨会、座谈会上讲话发言的主题。

"进一步解放和发展生产力的重大任务"。

所有制结构改革是一个十分敏感的问题。从对年广久雇工,即"傻子瓜子"案例的争论开始,到承认非公经济是"必要的补充",到多种所有制经济"共同发展",到确立以公有制为主体、多种所有制经济共同发展是社会主义初级阶段的一项"基本经济制度",这是无数次的思想解放和广泛实践、前后经历了17年的努力而获得的成果。之后,党的十六大再次强调"两个毫不动摇"、党的十七大进一步明确"坚持平等保护物权,形成各种所有制经济平等竞争、相互促进的格局"。可以说,调整所有制结构一直是中国经济体制改革不断探索的一个重点,也是一个至今没有完全解决的问题。

随着理论上的突破和政策放开,国有经济一统天下的局面已经被打破,非公经济逐渐发展,多种所有制经济共同发展的格局逐渐形成。非公经济已经占工业产值的70%。到2009年10月,全国居民储蓄达到了25.7万亿元,2008年私营企业和个体工商户注册资金达12.6万亿元,还有数额不低的居民房产和股票、基金等金融资产,以及多达7000亿美元的外商直接投资存量。这些都是促进中国经济持续增长的强大支柱。此时,具有政府背景的国有资本应发挥什么作用,如何定位?国有经济从战略上如何布局?与非公经济建立什么关系?这是关乎国有经济能否发挥主导作用、我国多种所有制的经济增长潜力能否充分调动的重要问题。

党的十六大报告指出,坚持以公有制为主体与促进非公经济发展不能对立起来,"各种所有制经济完全可以在市场竞争中发挥各自优势,相互促进,共同发展"。就是说,实践"发展是硬道理",就必须最大限度地调动各种经济资源的潜力。要点是通过布局优化使其各自发挥优势,其中国有资本是由政府直接掌握资金投向的特殊资源,是政府实现国家目标的重要工具,它的投资布局属公共政策范畴。从深层次含义来说,国家投资兴办企业不是简单地为赚钱,也不是简单为把国有企业做大以替代民营经济,而是在国家安全和经济发展所必须,而民营资本不能进入、或无力进入、或不愿进入的重要领域发挥特殊重要的作用。因此,国有资本与民营资本追求的目标是有差异的,在市场中不是完全对立或替代的关系。国有资本原则上应避免对民营资本的"挤出效应",应通过布局优化,形成相互促进、共同发展的局面。

在市场经济体制下，国有资本的定位和追求的目标应当是：保障国家安全，包括经济安全、国防安全；支撑国家把经济总量做得最大；同时在保障资源高效利用的领域，发挥非公经济不可替代的作用。一般而言，国有资本应重点分布在四个方面。

一是市场失灵的领域，包括天然垄断的领域，如电网、通信、铁路等；也包括在经济欠发达地区和体制转轨期间特有的市场失灵的领域，如大型水利设施等投资规模特别巨大且民间资本无力投入的领域；还包括广播、新闻等因经济法规不健全导致监管不足的领域。

二是支撑经济发展的领域，如社会效益明显、投资回报周期特别长的港口、机场、水利等重大基础设施，城市水气管网等重要公共服务设施，部分能源、基础原材料等。

三是引领未来的重要产业，如绿色经济、低碳产业、重大技术装备、16个国家重大专项等。

四是保障国家安全的领域，如金融、航空航天、军工和某些高技术产业等。

（二）国有经济发挥作用的主要形式

在非公经济逐步放开后，中央明确提出公有制经济在国民经济中处于"主体地位"、发挥"主导作用"，并确认国有经济比重还会有所减少，但不会影响我国的社会主义性质。

党的十五届四中全会通过了《中共中央关于国有企业改革和发展若干重大问题的决定》，把国有经济的"主导作用"解读为"主要体现在控制力上"。这是在总结我国国有经济发展的经验教训基础上得出的一个非常重要的论断，澄清了并非国有经济规模越大越好、覆盖面越宽越好。"控制力"主要体现在三个方面。

（1）控制力的表现。"国有经济在关系国民经济命脉的重要行业和关键领域占支配地位，支撑、引导和带动整个社会经济的发展"。就是说，国有经济主要是在关系国民经济命脉的重要行业而不是在所有领域占支配地位。在这些领域中，有的要发挥"支撑"作用，也就是创造经济发展条件的作用；有的要起"引导"作用，也就是带头作用，以有限的国有投资引导民间投资；再有就是发挥"带动"作用，即带动民间投资、带动产业升级，而不是代替其他所有制经济。

（2）增强控制力的两个要点。一是必须随形势的变化及时进行布局调整，使国有资本及时布局于经济发展的瓶颈领域和重大产业的发展前沿；二是不能只看数量的多少和比例的高低，更重要的是质量的提高。

（3）控制力的实现形式。国有经济的控制力可以通过国有独资企业来实现，但"更要大力发展股份制"。就是说，体现国有经济控制力的企业不能都采取国有独资的形式，也不必都"国有控股"，股份制、股权多元化应当是主要形式。

由此看来，国有经济的"控制力"，就是以有限的国有资本发挥"四两拨千斤"的作用，调动各种经济成分的潜力，保障和促进国有经济健康发展。

（三）国有经济的布局调整

改革开放后国有经济进行了两轮大规模的结构调整，现在将进入第三轮调整。

改革开放之初，在单一所有制情况下，国有经济在各行业各领域无处不有、无所不在。随着民营经济，特别是乡镇企业的发展，国有经济在一些劳动密集、进入门槛比较低的领域逐渐被替代。国有企业占全部工业企业的产值比重，从1978年的77.6%下降到1990年的54.6%。这是20世纪80年代出现的国有经济的第一轮调整。第二轮调整是在90年代中后期。随着大规模产业投资和非国有经济的发展，绝大多数行业由卖方市场转向买方市场。凡是在非国有经济允许和有能力进入的领域，国有经济竞争力不足的问题充分显现。最高时近40%企业亏损，加上潜亏，不少地方亏损面过半。大量企业停工、半停工，国企下岗职工达到3500万人。朱镕基总理主持的"三年脱困"，实际上就是国有经济的第二轮结构调整。伴随企业产权改革、"抓大放小"、企业改制、下岗分流、关闭破产，大量的国有经济从轻工等行业退出，从中小企业退出，向资金密集、进入门槛较高、处于瓶颈状态的能源、重化工业、基础原材料等行业集中，向电网、通信等天然垄断行业集中。在"三年脱困"中剥离了1.4万亿元不良资产、关闭2334户破产和被兼并企业、下岗分流了2000多万名员工，同时在国家投入几千亿元技改资金、从资本市场融得几千亿元资本金的基础上，国有企业进入21世纪之后出现了新的繁荣。以国有企业为主的经济主体，突破了经济发展的短板，支撑了中国经济的快速增长。从1993年到2006年，在工业领域，国有企业产值由46.9%降至约30%。

80年代和90年代国有经济的两轮调整取得了很大的成功，为我国30年经济持续快速发展奠定了基础。两轮调整具有一些共同的特点。

（1）国有企业无论是退出还是进入，对打破当时经济发展瓶颈都发挥了积极作用，较好地体现国有经济的主体地位和主导作用。

（2）国有经济从部分领域退出，为非公经济发展让出了空间，同时民营经济的成长缓解了就业压力，增强了市场活力。

（3）国有经济的调整保障了多种所有制经济共同发展格局的形成，为社会主义市场经济体制的建立创造了条件。

（4）随着多种所有制经济的发展，国有企业冗员、"办社会"等问题在调整中逐渐化解，国有企业改革、改制取得进展。

随着形势的发展及民间投资能力的提高，国有经济控制面过宽的问题再次凸显，国民经济所有制结构不合理的状况日益严重。按现在的政策，国有经济在军工、电网电力、石油石化、电信、煤炭、航空运输、航运七大领域"绝对控制"；在装备制造、汽车、电子信息、建筑、钢铁、有色金属、化工、勘察设计、科技等行业国有经济要有"较强控制力"；如果再加上金融、铁路、出版、新闻等产业国有经济的控制地位，这就使国有资本"垄断控制"加"绝对控制"或者加"较强控制"的行业和领域确实过宽了。民营资本被挤压在较小的准入空间，不足以充分发挥促进发展、增加就业的作用。

在新的形势下，国有资本面临第三轮布局调整。在曾经面临发展瓶颈的钢铁、石化、煤炭、电力、水泥、建材、有色金属、电子信息、装备制造、基础设施等行业，产业基础已经建立，产能已经过剩，市场竞争比较充分，足以支撑经济的发展。在其中的很多领域国有资本的主导和引领作用已经弱化，甚至消失，所以国有经济对其"垄断控制"、"绝对控制"和

"较强控制"的必要性应当重新评估。此时，对于现在处于发展瓶颈的行业而言，进一步放开民营资本准入，并加快国有资本退出的条件已经具备。

目前，我国经济发展的瓶颈已经转移。一是随着居民消费结构的升级，一般商品已经供过于求，而公共产品不足的矛盾凸显。例如，教育、健康医疗、养老、基本住房等供需矛盾从来没有像今天这么尖锐。二是技术创新能力不足对工业化进程的制约越发强劲，已经成为提高国家竞争力的主要矛盾。三是资源环境的矛盾日趋尖锐，成为威胁可持续发展最重要的因素。

新一轮调整，从布局上看，重点是使国有资本从那些竞争充分、产能过剩的产业逐步退出，转而投向公共产品和能引领未来的战略性新兴产业，从而在新形势下、在更高层次上发挥支撑、引领和带动作用。从调整机制上看，必须深化企业改革，逐渐由"针对国有企业的调整"，转向"国有资本布局的调整"，非如此不能实现如上目标。

新兴产业不仅有较高的技术门槛、资本投入门槛，而且初期还有较大的不确定性，一般民营资本很难进入。所以，在十六个重大专项、绿色经济、低碳经济、先进节能技术、具有固有安全性的核电、液晶显示器、高端 CPU 以及其他新能源、新材料、生物医药等领域，国有资本应率先进入，进行突破，进而带动民间投资，从而改变我国产业的国际竞争地位。

国有资本这一轮布局调整，不仅影响我国增长方式的转变和未来产业的竞争地位，甚至影响国家竞争力。

二 进一步改革国有资产管理体制

国有资产管理涉及国家基本经济制度，是一个十分敏感的问题，中央采取了非常审慎的态度。早在1993年党的十四届三中全会就提出"产权清晰"和"改革国有资产管理体制"的任务，1997年党的十五大提出要"完善国有资产管理、运营、监督体制"。1999年党的十五届四中全会提出"统一所有、分级管理、授权经营、分工监督"的体制框架，并鼓励有条件的地方大胆试点。到2002年，经十年理论探索和改革实践，在党的十六大进一步明确了国有资产管理体制改革指导原则后，这项改革推进到了可实施阶段。党的十七大进一步提出了"完善各类国有资产管理体制和制度"的要求。从实践、理论突破到实践、理论再突破的过程可以看出这项改革的艰难。

从 21 世纪初起,国有资产管理出现了一个新的、非常重要分支,就是在国企改制上市时,国有产权划归社保基金。实践证明这是正确的,是迄今为止产权清晰、权责明确、运作最为良好的一部分国有资产。

2003 年国务院国有资产监督管理委员会(本文以下简称国资委)成立,《企业国有资产监督管理暂行条例》(本文以下简称《条例》)相继出台。之后,国资委进行了大量卓有成效的工作,改变了国有资产多头管理、无人负责的状况,有力地推进了企业重组和改制,对解决历史遗留问题发挥了重要作用,我国向集中统一行使所有权的方向跨进了一大步。但是国有资产管理体制改革还没有到位,最重要的一步还没有迈出。

(一)现行国有资产管理带有明显的过渡性

受条件的限制,当时成立的国有资产管理机构和发布的监管条例带有明显过渡性。

(1)国资委成立前没有经历类似银行系统设立"资产管理公司"处理历史问题的阶段。2003 年国资委成立时,国有企业刚刚实现了"三年脱困",尚有大量历史遗留问题,如冗员多、债务重、"办社会"等现实问题必须处理,而解决这些问题的职能和资源都在政府。这就使国资委不得不以"国务院特设机构"的身份在政府与企业之间进行协调,并以行政力量处理这些问题。

(2)国资委面对的几乎全是尚未改制的、按《中华人民共和国全民所有制工业企业法》(本文以下简称《企业法》)注册的传统国有企业。这就使国资委承担着繁重的指导企业进行结构重组和公司制改制的任务,不具备立即"行使股东权利"和"运营国有资本"的条件,只能按政府授权,通过"管人、管事、管资产","管理"国有企业。在这期间,国资委与国有企业的关系保留着较为浓厚的行政性色彩,行政纽带强于产权纽带。

(3)国资委与金融系统的汇金公司不同,从财产关系上看,其下属企业的国有资本没有注入国资委。无论在法律上、财务上,还是在工商注册层面,国资委都不是"法人实体",没有运营国有资本的法律地位,企业国有资本持有者是谁的问题还没有真正解决，有效的国有财产委托代理关系尚未建立。通过正式或非正式的"授权经营"，实际上国家把国有资本运营权下放给了企业，使企业自己成了自己的老板。

（4）国资委把各个部门的多头管理，变为集中统一管理，改变了"九龙治水"的局面，这是国有资产管理的一大进步。但是，国资委是国有资本的管理者？运营者？还是监督者？还无法准确定位。管人、管事、管资产的概念比较模糊，很容易导致"管企业"。

（5）在政府层面，国有资本的公共管理职能、公共政策职能、运营职能及监督职能混杂在一起，尚未形成制衡关系，权责尚不明确，国有资本的有效运作和监督、制衡机制尚未建立。

更为重要的是，国有资本有进有退的调整，是国家层面的行为，不是企业层面所能进行的。在所有权与经营权不分的情况下，自己不能"卖自己"，就使国有资本与特定国有企业捆在了一起，投入的国有资本只能在这家企业内循环，不能退出，也不能转移，国有资本不具有流动性。这是国有资本布局调整缓慢的根本原因。一直到现在，无论央企还是地方国企，基本上还处于这一状态。国资委此前推进的国企调整重组，并没有以资本为对象"有进有退"，而是以一个个企业为对象，或将其合并，或将这家国企拆分后分别并入其他国企。在企业结构严重失衡的情况下，这样做是完全必要的。但是，在这过程中国有资本覆盖资产的范围并没有变，既没有进，也没有退，只是在既有资产圈子内进行部分重组。

在国民经济中占比很大的国有资本的有进有退的调整，关系国家整体资源配置效率。国有资产管理体制改革严重滞后，制约了国有资本的布局调整，大大降低了全社会资本配置效率。无论是落实"十二五"规划纲要提出的"推进国有经济战略性调整，健全国家资本有进有退、合理流动机制"，还是"健全国有资本经营预算和收益分享制度"，都有赖于进一步改革国有资产管理体制和加快国有企业的整体改制。

国有资产管理体制改革分两步，这是渐进式改革一种可行的选择，但仓促出台的《中华人民共和国企业国有资产法》将第一步的状态以法律的形式予以固化，这就造成了第二步改革难以逾越的障碍。

落实五中全会精神，就应在已经初步建立的国有资产管理体制下，研究和推进国有资产管理体制的进一步转型。非此,"十二五"规划的目标就难以实现。

(二) 进一步改革国有资产管理体制着重解决四个问题

国资委按《条例》的规定,在推进国有资产优化配置、指导和促进国有企业改制、指导和协调解决国有企业的历史遗留问题,以及探索有效的国有资产管理体制和方式等方面付出了巨大努力,取得了积极进展,并积累了宝贵经验,为向更加完善的国有资产管理体制过渡做了必要的准备。

按照党的十五大的界定,国有资产管理体制包括国有资产的管理、运营和监督三大部分。深化国有资产管理体制改革的一个重点,是把全面履行国家出资人职责的三个性质完全不同的领域,分立由不同机构承担,从而建立起权责分明、有制衡关系的国有资产管理、运营、监督体制和有效的委托代理关系。进一步改革国有资产管理体制要着重解决以下四个问题。

(1) 完善国有资产的公共管理。例如,国有资产的立法,资产负债总表的建立,国有资本战略布局和结构调整政策的制定,国有资本经营预算方法的编制,以及国有产权的界定、统计、稽核、评估和纠纷协调等,这属于国有资产的公共政策和公共管理职能,应由政府公共管理部门如财政等部门负责,形成全国统一的管理系统。

(2) 建立国家所有权委托代理关系。国家所有权需要通过一系列委托代理关系才能实现。例如,国家(全国人大)委托中央政府;中央政府委托地方政府;中央政府和地方政府分别委托设立的出资人机构运营国有资本。由于资产数量庞大、涉及的利益关系复杂、委托代理的链条很长,所以需要建立一套严格的法律制度和财务制度,分层明确委托主体和受托主体、明确委托财产的边界、明确双方的责任和权力,形成有法律保障、可追溯产权责任的委托代理关系。

(3) 设立国有资本运营机构。中央和地方政府应按《中华人民共和国公司法》(本文以下简称《公司法》),经工商注册分别设立国有资本运营机构,即独资国有资本投资控股公司(本文以下简称国投公司),国家将所属企业的国有资本注入其中。国投公司是经工商注册、有独立的法人财产、有独立的法律地位、公司治理高效、承担经济与法律责任的国有资本运营机构。在财政部门和国投公司分别建立资产负债表，形成可以量化评价和可追溯责任的体制和机制。国投公司经营运作的目标、国有资本"进"和"退"的政策，应遵循国有资本经营预算和国有经济布局调整，体现政府意志；而经营运作则按市场方式、遵循市场规则。国投公司的资本运作要接受国有资产监督机构的监督。

（4）对国有资本运营的监督。国投公司向同级政府报告工作，接受政府授权的部门，如财政、政府审计部门对受托国有资本运营状况、运作的合规性进行审计监督。

（三）国有资本投资控股公司的定位和权能

（1）国投公司的定位。国投公司是政府与市场的重要衔接，是实现政资分开、政企分开和所有权与经营权分开的最重要的"节点"，是政府从管理庞大的国有企业群，转变为随形势变化而控股或持股某些企业的载体。国投公司与投资的企业按《公司法》是股东与公司的关系，国投公司实行所有权与经营权分离，对投资企业主要的控制手段就是"用手投票"和"用脚投票"。公司自主经营，在董事会指导下做强做大；国投公司依照政府意志，运作股权，有进有退。因此，国有资本运营机构不是原政府各部门管理国有企业的机构的简单合并。由管理国有企业转为履行出资人职责、由行政隶属关系转为股东与公司关系，要求出资人机构的法律形式、权能和行使权能的方式、手段都必须有重大创新。

（2）国投公司与国有资本布局政策。体现国家意志并决定国有资本运作效率的重要因素是动态调整的国有资本布局。因此，在国有资产管理体制建设中制定国有资本布局政策和国有资本经营预算方法是一个非常重要的环节。国有资本布局政策属公共权力和公共政策范畴，其制定应当吸收有关国家安全部门及经济、科技和产业发展部门的意见，经国务院批准后由有关国投公司开展市场化运作。

（3）国投公司的具体职责。

①编制受托财产的资产负债表、现金流量表和损益表，改善资产负债结构，保证受托国有资本的安全。

②通过参与制定和执行国有资本经营预算，使受托国有资本在不同行

业和领域进行有进有退的调整,优化国有资本布局,发挥非公资本不可替代的作用;保证在国家需要控制行业中应有的地位。

③以"积极的股东"身份,参与投资企业的公司治理,监督投资及控股企业财务报告的真实性,形成内部化的财务预算硬约束机制,保障国有资本的权益。

④在国有资本经营预算范围内处理不良债务,消化国有企业历史遗留问题。

⑤向本级政府(股东)报告受托资产状况和其他重大事项,条件成熟时应向公众披露。

⑥国有资产监管部门接受同级财政和审计部门的监督。

(4)国投公司与企业改制。一种可供选择的方式是,及早设立国投公司,在国有企业整体改制时,财政部将该企业的国有资本注入国投公司,国投公司按《公司法》在工商行政管理部门登记。成熟一个,由国资委"管理"的企业,向国投公司持股的公司转移一个。与此同时,国资委逐步向专职国有资产监管部门转型。

概括地讲,进一步改革国有资产管理体制,就是通过建立国有资产的管理、运营、监督体制和机制,在政府层面实现政资分开,进而实现政企分开;通过设立国家投资控股公司建立有效的国有产权委托代理体制,在国有资本运营层面实现所有权与经营权分离;国有资本投资或持股的企业自主经营、自负盈亏,是独立的法人实体和市场主体;国投公司以实现政府意志和提高国有资本效率为目标,有序调整国有资本投向,并接受监督。以上努力,最终可使国家从拥有和管理国有企业,转变为持有和运作国有资本。

三 国有企业的公司治理与整体改制

1993年党的十四届三中全会就确认"以公有制为基础的现代企业制度是社会主义市场经济体制的基础",后来中央又明确"股份制是国有企业改革的方向""公司治理结构是公司制的核心"。到现在为止,这一改革取得了很大进展,但还有一些重点问题需要通过改革进一步解决。

（一）现代企业制度在中国经济体制改革中具有特殊重要地位

在传统体制下，国有企业是计划经济体制的支柱，计划经济体制是国有企业生存的依托。在城市经济中占80%以上份额的国有经济是一个产权主体、一个利益主体、一个决策主体，庞大的国有经济就像一个超级大企业，并由掌握公共权力的政府"经营"。非公经济是独立的主体，这没有人置疑。但在与政府有千丝万缕联系的国有经济范畴，能否形成众多各自独立的市场主体？这成为建立社会主义市场经济体制绕不过去的问题。当时国内外舆论普遍认为，国有经济对应的是计划经济，选择市场经济就只能私有化。

在起草党的十四届三中全会《关于建立社会主义市场经济体制若干问题的决定》（本文以下简称《决定》）时，江泽民同志几次提出并要参与起草的同志回答的一个重大问题是：公有制、国有经济与市场经济能不能结合、怎样结合？

实际上当时我们面临着艰难的政治选择。在公有制、国有资本的范畴，如果能找到与市场经济对接的新的实现形式，构造出独立的市场主体，那么我们就可以顺利实现社会主义市场经济的改革目标。如果找不到公有制与市场机制的结合点，要么为坚持公有制、国有经济，只好退回到计划经济体制，要么坚持利用市场机制，提高资源配置效率，就得私有化。显然，这都是我们不愿接受的结果。

党的十四届三中全会放弃了在传统体制框架下，以简政放权、减税让利和对不同所有制企业轮番进行政策调整搞活企业的思路。《决定》指出，以"产权清晰，权责明确，政企分开，管理科学"为特征的现代企业制度是国有企业改革的方向，即通过企业制度创新和改革国有产权制度，既使国家对国有资本保持最终所有，又使国有资本投资和拥有股份的企业成为市场主体，实现国有经济与市场体制有效融合。这是社会主义市场经济体制理论的重大突破，是向建立社会主义市场经济体制迈出的具有决定意义的一步。

基于现代企业制度在建立社会主义市场经济体制中的特殊重要地位，《决定》做出了一个非常重要的理论判断："以公有制为基础的现代企业制度是社会主义市场经济体制的基础"。

《决定》描述了现代企业制度的基本特征。"企业中的国有资产所有权属国家,企业拥有包括国家在内的出资者投资形成的全部法人财产权,成为享有民事权利、承担民事责任的法人实体。""企业以其全部法人财产,依法自主经营,自负盈亏,照章纳税,对出资者承担资产保值增值责任。出资者按投入企业的资本额享受所有制权益,即资产受益、重大决策和选择管理者等权力。企业破产时,出资者只以投入企业的资本额对企业债务负有限责任"。"建立科学的企业领导体制和组织管理制度"。

可以看出,《决定》所指的现代企业制度广泛吸纳了现代公司制度的发展成就,目的是借助现代公司的制度安排,克服国有企业走向市场体制的障碍。

(1) 确立了"企业法人制度",实现了三方面的重要突破。现代企业是独立企业法人,具有独立法律地位;企业拥有边界清晰、可以支配的法人财产;投资者拥有最终所有权,与法人财产权可以分离。

(2) 公司以全部法人财产对债务承担责任,投资者只以投入企业资本额为限承担有限责任。有限责任制度落实了企业经营责任,降低投资者风险;解决了国有企业只负盈不负亏,国家承担无限责任的状况。

(3) 投资者(代表)进入企业,在企业内建立科学的组织制度,使企业的权力机构、决策机构、监督机构和执行机构职责分明,形成激励和制衡关系。这既保障投资者的最终控制权,又保证决策和运营效率,有利于形成良好的治理结构。

(二) 公司治理是中国微观经济领域最重要的制度建设

在改革过程中,我们备受困惑的是:如果所有权与经营权不分离,政府作为社会管理者直接经营国有企业,市场经济体制无法建立;如果所有权与经营权分离,如何防止经营者渎职或滥用权力,保障国家所有者权益?

随着市场化程度的提高,利益主体多元化的局面很快形成。在企业内,经营者、劳动者的利益取向与国家所有者已经产生差异。在所有权缺位的情况下,不仅经营权侵犯所有权、国有资产运作低效率的情况非常普遍,而且在市场交易,特别是在产权交易中,国有产权受侵犯的情况也时有发生。情况表明，国有企业的制度和治理结构已经越来越不能适应市场化改革的形势。

到1992年之前，我们一直希望在不改变企业制度的情况下，通过改变管理方式适应变化了的形势。国有企业曾实行党委领导下的厂长负责制；曾以承包制和经济责任制对经营者进行激励和约束；也曾通过《企业法》推行厂长（经理）负责制；国家多次强调职代会的民主监督；政府一次次强化对企业重大事项的行政审批；国家曾通过"财税价大检查"严格"财经纪律"；政府还派出专职的监事会进行审计监督；政府审计监察部门和党的纪检部门也介入对企业的监督检查等。这些措施有的发挥了一定作用，有的对企业有一定的威慑力。但是外部的干预和监督不能克服企业内所有者缺位带来的弊端。大多数情况下，由于内部信息控制严密和信息渠道不畅，只有经理更换时才能发现资产流失的一个个大洞。

1994年，全国开展了现代企业制度试点。我们很快发现，国有企业改制为公司并不必然就能建立起新的机制。传统体制的弊端很容易被带进新体制，进而扭曲公司治理结构，阻碍新体制的建立。正如当时国务院领导所说，不能"一股就灵"。1999年党的十五届四中全会总结国有企业改制经验后得出了一个重要的结论："公司制是现代企业制度的一种有效形式，公司法人治理结构是公司制的核心"。

现代大型公司无论决策、经营还是管理，都是高度专业化的，而有投资能力的机构和个人并不一定就是经营决策和管理的高手，所以他们往往并不选择自己办企业，而是投资公司。依托良好的公司治理，实行控制权与经营权分离，把经营权交给职业经理人；同时，有效激励管理者、约束其权力，获得投资效益。

随着中国市场化程度的提高，投资者主要通过资本市场选择项目，选择业主，自担风险。这种方式正逐步成为商业性投资的主渠道。机构和个人投资者无意对投资的企业发号施令或直接干预，他们希望通过一套有法律保障的信托代理关系，在所有权和经营权分离的情况下实现自己利益的最大化。因此，他们不得不承受宏观环境变化带来的风险，但他们绝不接受因法人治理结构扭曲而造成的损失。对富有前景并治理良好的企业，他们"用货币投票"；对治理结构不好的企业他们则"用脚投票"。企业一旦失去投资者的信赖,不仅将失去再融资的机会,而且面临经营管理团队的重组。

从这个意义上说,健全的公司治理结构是企业走上"发展—融资—再发展—再融资"道路的基本条件。

(三) 始终存在人为扭曲公司治理的力量

到目前为止,中央提出建立现代企业制度的目标在国资委直接持股的国有企业,特别是大型和特大型国有企业基本没有实现。这些企业大都仍是按《企业法》注册的国有企业,仍实行经理负责制,与现代的治理机制无法对接。通过"授权经营",我们把建立现代企业制度的希望更多地寄托于传统国有企业控股的下一层公司,特别是上市公司。这种改制模式造成一些已经改制的公司,甚至已经上市的公司的治理结构被扭曲。这主要表现在以下几个方面。

(1) 国有股一股独大,并由保留了大量旧体制因素的国有企业持有,犹如"旧体制控制新体制",很容易地把国有企业的制度性弊端带进改制企业,如目标多元化、财务软约束、所有权干预经营权等,形成对正常公司治理的冲击。

(2) 优质资产包装上市后,其母体背负着大量遗留问题成了控股股东。由于解决遗留问题的资源进入了上市公司,它总有一种利用控股地位,通过高管人员交叉任职、关联交易等手段从上市公司获得特殊好处,用以解决"存续问题"的倾向。上市公司与母公司之间存在复杂的依赖关系和数额很大的关联交易,为制造虚假信息、实现利益转移提供了方便。

(3) 国有企业的核心业务已进入上市公司,作为控股股东总有插手公司业务的倾向,关键的决策权力往往通过非正式机制发挥作用,使董事会无法承担起应有责任。董事会的重要权力往往不够明晰、或直接或间接由控股股东来行使,使上市公司丧失商业利益的独立性,小股东的权益无法得到保证。

(4) 上级主管部门对人事安排的过多干预,打破了公司责任与权力的平衡。现代公司的分权、分责、制衡关系,主要是通过对人的控制来实现的。《公司法》中股东会、董事会和经理间人事权力的分配,是建立在责任分配和形成有效制衡关系基础上的。如果公司人事权力的分配规则乱了，那么公司的责任和制衡关系就会被打破，就会导致内部约束机制软化、高管人员非正常行为上升、经营劣迹无人负责。

（5）在一股独大的情况下，由于没有公司控制权转移的威胁，经营者只要讨好大股东，就能更大胆违规运作，导致人为地扭曲公司治理，而债权人影响力微弱，小股东权益也失去保障。

上市公司是中国建立现代企业制度的先行者和排头兵，如果上市公司不能从体制和机制上率先解决扭曲公司治理的问题，将直接影响企业改革的进程。

（四）改善公司治理的途径

（1）董事会是公司治理的核心机构。经理层和股东的利益实际上不可能完全一致，按《公司法》股东将公司委托给有决策和监督能力、勤勉、诚信的董事，由董事会经营。董事会最重要的职能是任命和更换公司最高管理层、做出战略决策、监督管理层、评估经理的绩效并决定其薪酬和去留。董事会还必须确保企业的经营符合法律法规，包括对信息披露的及时准确性、财务报告的真实性与合规性等。因此，在公司治理中董事会处于核心地位。为此，要优化董事会构成，有一定比例的独立董事，完善董事会议事和决策程序，认真实行"一人一票、个人负责"的决策机制，强调董事会的独立性，强化董事的个人责任。

（2）公司的目标必须集中于投资回报。公司治理的要义是保护投资者利益。给企业设置非经营性目标的结果是财务约束软化和无法准确考核经营业绩。除极少数特殊公司外，不能通过出资人机构把政府的多元目标转嫁给国家投资和拥有股份的企业。公司目标集中于投资回报，才能建立财务预算硬约束，才能准确评价公司的经营业绩。即便承担某些政策目标的特殊公司，也必须把为实现政策目标而支付的成本单列计算，强化预算硬约束。

（3）建立权力与责任对称的选人用人机制。公司内部的激励－制衡关系是通过人事权的分配来实现的。有责任的强约束，才不会导致权力的滥用。因此，尽管对公司具体领导人员的管理十分重要，但维护有效的公司治理，更有利于公司创造良好业绩，降低风险。如果大股东不恰当地干预企业人事管理，尽管是为维护股东利益，但是一旦由此影响甚至破坏了公司的分权、分责、制衡关系，那么必然招致内部化的激励约束机制失效，结果将事与愿违，得不偿失。

（4）完善公司的约束机制。世界上并无完美无缺的公司治理模式。有效的公司治理，是在系统性问题出现之前，就能发现缺陷所在，并能迅速地采取纠正措施。例如，经理不能有效地经营管理，董事会就会采取行动改变局面，直至更换经理；如果董事会行动迟缓或不力，股东就会施加积极影响，直至重组董事会；如果董事会、股东都无力回天，企业业绩继续下滑，公司的市场价值就会降低，当价格低于价值时，公司就会成为收购者的潜在目标。公司一旦被收购，不仅所有者惨遭损失，而且董事和经理将失去岗位、身价贬值。如果这些机制都不能改变局面，亏损就不断侵蚀所有者权益，当所有者权益接近于零的时候，"有限责任"就可能对股权持有者产生负面激励，从而威胁固定收益获得者特别是债权人的利益。此时固定收益获得者如债权人，就有动力走到前台，破产机制就会发挥作用，并改变所有者，改变董事会，重新配置资源。这是一套环环相扣的制约机制，它的实现需要不断完善法律法规，保障公司治理中的层层约束机制都能发挥作用。

公司治理是现代企业制度的核心，改善公司治理不仅需要公司董事、经理们的努力，而且需要不断完善法规，包括建立"现代产权制度"、有效的破产制度，需要党政部门、国有出资人机构、其他投资者、资本市场、经理人市场、中介机构、新闻媒体等的持续共同努力。

（五）关键是对国有企业进行整体改制

中央提出建立现代企业制度已经十七年，但直到目前，除银行业外，建立现代企业制度的初衷仅仅停留在传统国有企业控股的下一层公司，在国资委直接管理的那些地位显要的大型和特大型国有企业中却基本没有体现。目前国资委管理124家企业，除24家建立董事会试点企业改制为国有独资公司外，其他都还是按照《企业法》调整的国有企业，不具备建立公司治理的基本条件。

按照《企业法》，企业财产即国家财产，企业没有属于自己的"法人财产权"，也没有清晰界定国有产权的委托代理关系和企业债务责任关系。国家对企业债务承担无限责任的结果，就是政府对企业的持续干预、政企不分和政企难分。为弥补企业内所有权缺位而进行的"授权经营"，使企业自己成了自己的"老板"。"厂长（经理）负责制"的决策机制不能适应市场经济，为内部人控制留出了空间。企业高管由政府比照公务员选拔程序和条件任命，有"官本位"的激励，却缺乏经济激励和有效监督。一些大型国企的低效率和出现的种种问题无不与此有关。对大型国有企业进行整体改制，使"建立现代企业制度"的初衷在"顶层"国有企业实现，已势在必行。近年来处于垄断地位的大型国企利润丰厚，不仅掩盖了种种制度性矛盾，而且也大大削弱了改革的紧迫性。

客观地讲，未经转制的国有企业出现的诸多弊端不单单是"个人"原因，而是制度性缺陷和"旧体制控制新体制"的必然结果。国有企业整体改制是克服长期困扰我们的体制弊端的基本途径。

（1）国家从拥有和管理国有企业，转变为持有和运作国有资本。这有可能从根本上改变政企关系，弱化企业所有者性质，为政府公平地对待各类企业奠定基础。

（2）构造规范化的、有明确责任约束的国有产权委托代理关系，做到权责明确、实现"政资分开"。为政府职能转向经济调节、市场监管、公共服务、社会管理创造条件。

（3）国有资本将摆脱与国有企业的"捆绑关系"，从而具备流动性，使国有资本有进有退、优化结构布局成为可能，企业稳定地做强做大与国有资本布局灵活的调整可以各得其所。

（4）国有持股机构没有行政权力，但有明晰的产权约束，有利于促使其成为投资公司治理的积极参与者。

国有银行整体改制的经验对大型国有工业企业整体改制有重要借鉴意义。首先，剥离非主业资产、不良资产（人随资产走），将其交由一个或若干资产管理公司或托管公司专业化处理，改革成本从国有资本收益中支付；其次，设立国投公司（如汇金公司），财政将企业国有资本注入国投公司，使其成为该企业责权明晰的国有资本出资人；再次，引入新的投资者，按《公司法》改制为有限责任公司；最后，择机在境内或境外上市，成为股份有限公司，建立有效的公司治理结构和治理机制。

大型国企的二次改制是深化改革的一个大的工程，它必须与进一步的国有资产管理体制改革、设立国投公司等配套进行。目前，理论、政策层面已经没有障碍，银行业企业的整体改制已经打开了成功的通道，可以预期，改制的成功将为中国经济的持续发展奠定新的基础。

四 对几个问题的讨论

国有企业改革进入低潮，对国企改革正面的讨论少了，在改革不到位的情况下，一些疑惑和担心在增多。当前，只有把一些含混的和似是而非的概念加以澄清，才能解放思想，推进改革。

（一）关于"授权经营"与国有经济布局调整

20世纪90年代中期，在国有资产管理体制尚未建立、国有企业还不具备公司制改制条件的情况下，为"搞活"部分特大型国有企业，试点采取了"授权经营"的办法。授权经营的含义是国家把部分所有权交给企业，增强企业的自主权。实际上，在政府层面"所有权与经营权不分"产生了诸多弊端；在企业层面"两权不分"也会带来很多的问题。因此，这只是在当时情况下的一种权宜之计。在国有资产管理体制建立起来之后，应当按照建立现代企业制度的方向及时调整。

国有经济的布局调整，实质上是国有资本投向，即国有资本覆盖的行业和企业的调整，而不是由政府机构改变一个个企业的业务结构。但是，一直到现在，在传统国有企业的范畴，国家所有者人格化的代表仍未出现，国有资本运作的主体尚未确立。通过"授权经营"，国有企业自己成了自己的"老板"。企业中国家所有者权益的增量由企业内部人员来支配，只能用来"滚雪球"，不能用来调结构。在这种情况下，国有企业的投资取向与民营资本是同质的，与国家目标并不完全一致，有时甚至很不一致。例如，在产能过剩的行业，国有资本每年还以大量投资"推波助澜"，或为追求短期的高收益而盲目多元化，出现了如炒股、炒作期货和国企"地王"等现象。由此看来，调整国有资本布局的一个条件，就是设立国投公司，受托承担出资人权能，取消"授权经营"，对国有企业进行整体改制，使国家从拥有和管理国有企业，转变为拥有和运作国有资本。

（二）企业做强做大与国有资本有进有退

国有资本有进有退、有所为有所不为，与国有资本投资和拥有股份的企业做强做大，是两个不同的范畴，在公司制度下并不矛盾。一般情况下，企业追求做强做大的目标并不受股东和股权结构变化的影响；国有资本从哪个行业或企业退出，或进入哪个行业和企业也不受个别企业的牵制。

随着多种所有制经济的发展，在越来越多领域国有企业不可替代的地位逐渐消失，国有资本的功能和个别企业目标的差异越发明显。例如，一方面国有钢铁企业制定雄心勃勃的战略规划，努力做强做大；另一方面，国有资本要从部分钢铁企业中退出，转向投资于战略性新兴产业。这是作为市场主体的企业和国有资本投资主体各自理性的选择，是各自可以决策的范畴。国有资本从产能过剩的行业退出，并不意味着国家不支持钢铁企业做强做大；而钢铁企业做强做大，也不能限制国有资本布局的调整。为此，必须克服两者相互掣肘的体制性障碍，解放这两个"自由度"。实现的办法依然是改革国有资产管理体制，并对国有企业进行整体改制。国资部门从拥有和管理国有企业，转变为持有和运营国有资本。

（三）国有资本和社保基金

中国经济体制转轨没有像苏联和东欧那样"私有化"，而是留下了一大笔国有资产。它在过去30年体制转轨的各个阶段都发挥了保障经济发展、维护社会稳定和国家安全的重要作用，功不可没。如果能有效运作这笔"遗产"，把这宝贵资源用到"刀刃上"，而不是在一般竞争性行业排斥和替代非公经济，那么在解决改革发展必须处理的诸多难题中，国有资本就将发挥更加重要的作用。例如，现阶段社会建设滞后已经成为制约经济社会发展的短板，国家是否应将国有资本的30%或者50%划转到社保基金，使国有资产回归到全民共享的本性。将部分国有资本划转到社保基金，一方面可以大大增加社保基金来源，有助于解决体制转轨中的历史性难题；

另一方面可以推进大型国有企业整体改制。再有，社保基金追求投资回报的压力，将成为完善公司治理的积极力量。

（四）国有化与政府监管

一些垄断行业由国有企业"控制"，其中一个理由是让它在实现国家调控目标中发挥重要作用。但是企业终究是企业，追逐利润无可厚非；给企业设定多元目标，必然降低资本效率；纵容企业垄断，将迫使全社会为其低效率埋单。在外部性特别强的领域，企图依赖国有企业的"自觉行动"实现社会目标，是不可靠的。一些处于垄断地位的国有企业在其应承担社会责任的方面不时遭到质疑，就是证明。例如，在成品油与石油价格倒挂的时候一样会出现大范围"油荒"；有的企业滥用垄断地位，自行扩大垄断范围，把与天然垄断相关的业务泛化为垄断领域，谋取利益，引起社会不满。实践证明，宏观经济失衡，是总供给与总需求之间出了问题，用限制非公经济准入、保持国有垄断的方式来调控宏观经济，不是科学合理的途径。除涉及国防安全的领域外，即便是特许经营行业，也不应成为国有企业垄断的天堂，科学合理的法规和有效的监管才是关键。在法制不健全、监管不到位的情况下，国有企业一样可能违背公共利益；在政府监管到位的情况下，民营企业不一定不能进入特许经营。

（五）关于国有经济的"保值增值"

把国有资本运营的目标局限为"保值增值"，似是而非，很容易产生误导。在决定国有资本进与退的时候，经常可以听到这样的发问："在赚钱的行业为什么要退？"国有资本是由国家掌握的特殊资源，它与民间资本的追求有明显的差别。国有经济有政府背景，国有资本"保值增值"最有效的办法就是向国有企业大量输送稀缺资源、构筑垄断地位、挤出非公经济。例如，维持电信双向收费、银行在高利差和存款负利率的情况下继续出台收费项目等，都是资产增值的办法。追逐利润的另一个办法就是哪个行业赚钱，国有资本就向哪里投，如地产、期货、股票。这样资源错配的结果是，国有资本可能有很高的增值率，但以挤出民营资本、不公平竞争和降低全社会经济效益为代价。

国有资本追求的不是个别企业的强弱,而是把国家经济总量做得最大、保障国家安全,或推进科技进步和产业升级,或引领社会投资,发挥民营资本不可替代的作用。例如,三峡工程投资巨大、回收周期很长,很多产出还是社会效益,民营资本无意也无力投入,此时国有资本投入。当电厂发电、经济效益显现后通过资本市场将股权转让,以溢价回收的资金进行长江上游的梯级开发。上海的南浦大桥由政府投资,建成后以收过桥费的形式转让,以增值了的回收资金建设杨浦大桥。再如,美国政府出资实施阿波罗登月计划,结果培育出了一个完整的航天产业。亚洲金融危机时香港政府为救股市,成立盈富基金,大量买入股票,在市场回升之后卖掉股票,解散公司。这些都是国有资本体现政府意志和矫正市场失灵很好的案例。尽管在良好运作的情况下,大多数可以获得高倍率的回报,但政府投资的出发点则是实现经济社会的战略性目标。

再有,由于企业的情况十分复杂,企业发展有周期,简单地要求企业每年都要比上一年增值,容易造成短期行为,削弱企业长期竞争力。长期以来国有企业技术投入不足、大而不强,与此不无关系。例如,大唐电信一度将主要资源投向自主创新,最终 TD – SCDMA 技术成果被国际电联认可为3G 国际标准,这是我国在无线通信技术上的重大突破。但该企业在央企年度业绩排序中倒数第一,使企业创新的热情受到极大影响。短期"保值增值"的压力助长了企业扩张的欲望,在业绩考核的压力下,国企投资方向与民企趋同,重复投资、盲目扩张动机更加强烈。

(六)关于"国进民退"

一段时间,"国进民退"成了一个热议的话题。在人们心里出现"国进民退"的担忧,有几个原因。

首先,在政府掌握较多资源配置权、对微观经济强干预的情况下,不同所有制的企业因与政府关系有亲有疏,而受到不同的待遇。其中国有企业处于绝对优势地位。一是国有企业具有获得稀缺资源的优势,如获得土地、矿产等自然资源,获得电网、电信等特许经营权,以及获得政府项目的能力最强。二是可以方便地获得银行贷款,国有企业的产出大约占1/3,但获得的银行贷款却占70%左右。在2009年四万亿振兴计划中国有企业几乎得到了所有重大订单和相应的贷款。三是一些国企在上游产业、基础服务业形成寡头垄断，通过垄断资源获得垄断利润。即便在竞争性行业，也有市场准入和行政审批两道门槛。一些重要产业的准入条件往往是为大型国企"量身打造"；而行政审批则和与政府的亲疏程度相关，很多民营企业因此被挡在门外。有舆论称此为"玻璃门"，名义上是放开的，实际上是进不去的。四是政府承担了过多的建设职能。在原有国有企业之外，各地通过政府"融资平台"又建立了一批国有企业，在基础设施等领域民营企业大都被挤了出去。

其次，企业按隶属关系和所有制区别政策，是改革过程的一个遗留问题，近年来却得到了强化。央企有国家背景、具有政府关系优势，控制着更多的社会资源。近年"央企"已经成为一个新的专有名词。地方国企有地方政府背景，相比之下则处于"次之"地位；外资企业有较强实力和话语权，受到国家和地方的青睐；民营企业则处于最为不利的地位。实际上企业按所有制和隶属关系被分成了三六九等。近年来，国有企业为躲避风险，更倾向于在国有企业圈子内进行交易、形成配套。例如，为发展电动车，中央国有企业组成一个联盟，建立产业链。在由地方保护主义造成的市场分割问题还没有解决的情况下，又因为所有制出现了新的市场分割。国企能相互配套的领域对民营企业形成了壁垒。再如，有的地方政府不惜直接出面干预，来"做大"国有企业，甚至强制赢利的民营企业被亏损国有企业兼并。在钢铁、煤炭、航空等领域屡屡出现民企被挤出的案例。

"三个代表"的明确指向是最大限度地扩大党执政的基础，承认在宪法范围内各种所有制经济都是党必须努力动员的对象。当前，应坚持已经确立的改革方向，进一步改革国有资产管理体制，为国有企业整体改制和国有资本布局调整创造条件。强化国有资本的概念、弱化国有企业的概念，使国家从拥有国有企业，转变成拥有国有资本；从管理国有企业，转变为通过受托机构专业化运作国有资本；企业股权结构有多种类型，但政府不再按所有制划分企业和区别政策。

国有资本是稀缺资源，随着形势的发展，除特殊部门外，民营经济有能力并愿意进入的领域，国有经济已经有条件退出，并投向经济社会发展的瓶颈，发挥非公有资本不可替代的作用；继续保留在竞争性领域的国有资本，可以划转到社保基金。

在深化国企改革中完成政资分开、政企分开，使政府职能超脱于市场竞争，转向经济调节、市场监管、社会管理、公共服务，公平地对待各个市场主体。

国有企业改革取得了很大进展，但改革的任务并没有完成。党的十四届三中全会以来中央对国有企业改革的重大理论创新和指导方针是完全正确的。进一步深化国有企业改革将为实现"十二五"战略目标增强动力、奠定基础。

企业发展与自主创新的几个问题[*]

(2010 年 10 月 29 日)

　　进入 21 世纪，我国进入了工业化中期。粗放型经济增长已经不可持续，向创新驱动转型势在必行。2003 年胡锦涛总书记提出了"坚持以人为本，树立全面、协调、可持续的发展观"。2006 年时任科技日报社社长的张景安同志，看了作者几篇文章之后，鼓励作者在《科技日报》上发表。他这个建议促使作者进一步梳理了过去研究的成果和在向创新驱动转型中出现的一些问题的思考。2006 年 1 月 24 日开始，《科技日报》先后在头版发表了作者八篇文章，产生了较大反响，依次为 2006 年 1 月 24 日，《企业技术创新的政策思考》；2006 年 9 月 7 日，《企业自主创新的再思考》；2007 年 5 月 30 日，《企业自主创新的几个政策性问题》；2008 年 2 月 1 日，《高速发展宏观环境下企业的挑战和机遇》；2009 年 1 月 15 日，《新一轮经济增长的产业支柱》；2010 年 1 月 17 日，《培育新兴产业是提高国家竞争力的重大战略——产业结构升级和发展新兴产业的思路和政策之一》；2010 年 6 月 18 日，《培育新兴产业的若干问题——产业结构升级和发展新兴产业的思路和政策之二》；2010 年 6 月 21 日，《在培育新兴产业中的政府作用——产业结构升级和发展新兴产业的思路和政策之三》。

中国工业化必须完成两大历史使命：一是提高产业和企业自主创新能力，成为创新型国家；二是培育一批具有全球竞争力的领先企业。改革开放后我们为此做出了极大的努力，但离目标还相距很远。

---

[*] 本文是作者将上述发表文章进行汇总和整理而成，分为"培育具有全球竞争力的大型企业"和"企业自主创新的几个政策性问题"两部分，成稿于 2010 年 10 月 29 日。

一 培育具有全球竞争力的大型企业

英国《金融时报》首席经济评论家马丁·沃尔夫说"中国对外国专业技术的依赖程度很高，与日本、韩国不同，在经济快速发展时期技术创新上没有多大进展，在创立世界级企业方面也没有多大建树"。英国剑桥大学彼得·诺兰教授写道，"后来居上的工业化国家，不论是19世纪的美国，还是20世纪后期的韩国，每个国家都产生了一批具有全球竞争力的企业。中国却是唯一一个没有产生这样企业的后来居上者"。这是很值得深思的。

（一）中国企业崛起面临的挑战

几乎与中国改革开放同时，全球科技革命和商业革命风起云涌，迅速地改变了全球产业分工，也改变了企业竞争地位。工业化国家的一批企业脱颖而出，它们收缩业务范围，把实力集中于主业；通过经营模式创新、技术创新、品牌战略，不仅壮大了硬实力，而且增强了软实力；又利用国际化经营、跨国并购，大规模整合全球资源，放大了自己的优势，构造了一个又一个"巨无霸"式的跨国公司。这些企业从三个层面控制了产业链的制高点。

若干强大的跨国公司以技术、品牌、市场和资本实力，通过并购重组成为全球供应链的组织者和全球产业链、价值链为数不多的"系统集成者"。而自己则掌控着价值链的制高点，占据了优势地位，如戴克、波音、GE等制造商，耐克、麦当劳等品牌零售商，IBM等系统解决方案提供商等。

下一层，是次级价值链的组织者，如提供飞机的导航系统、发动机系统、空调系统，汽车的制动系统、燃油供给系统、转向系统等的企业。这类企业在系统产业链中处于主导地位，成为系统价值链的组织者。

再有，关键技术和关键零部件提供者。例如，微软、英特尔"先发制人"，处于全球垄断地位，拥有无可比拟的竞争力。

20多年的全球大规模的企业并购（最高时一年达3万多亿美元）使各行业龙头企业的数量不断减少。次级和再下一层级的供应商也迅速向集约化方向调整。

例如，英国石油公司（BP）自 1987 年起，为将公司所有资源集中于油气业务，以扩大主业规模和全球覆盖范围，下决心用十年时间剥离多元化业务，先后转让了矿产、煤炭和动物饲料业务，又卖掉当时欧洲第二大软件公司西康（Scicon）、全球领先的耐火材料制造商金刚砂（Carborundum）、欧洲最大自有品牌清洁剂制造商麦克布莱德（McBrides）和新西兰的森林、泰国的鲜虾养殖场，以及一家印刷油墨公司等。接着在 1997 年到 2004 年短短的 7 年里，进行了总价值高达 1010 亿美元的油气业务并购。1996 年成立 BP 美孚合资公司，1998 年与阿莫科（Amoco）合并；又于 2000 年以 270 亿美元收购了大西洋里奇费尔德公司（ARCO）、嘉实多润滑油；2002 年收购了德国维巴石油，成为德国第一大石油销售商；2003 年又以 50% 股权成立了秋明 BP。7 年并购投资达 BP 1997 年总资本的三倍多。经过一系列重组，BP 迅速成为全球规模最大、覆盖范围最大的油气公司。与并购活动前的 1997 年相比，BP 探明油气储量增加了 157%，油气产量增长了 193%，炼油能力增加了 111%。

再如，欧美日独立乘用车生产厂商由 20 世纪 60 年代的 42 家减少到今天的 12 家，波音、空客两大公司几乎垄断了全球大型民用客机市场，碳酸饮料行业仅可口可乐和百事可乐两家公司就占全球 2/3 的市场份额，而微软则长期独家垄断等。

这些跨国公司几乎出自只占世界人口 15% 的高收入国家。例如，"财富 500 强"中总部设在高收入国家的公司占 94%；"金融时报 500 强"中占 96%；全球研发 700 强中几乎占 100%；在世界"100 强"中没有一家公司来自低收入国家。巨型跨国公司从一个侧面代表了国家实力和国家竞争力。

全球工商体系的制高点几乎全部被来自高收入国家的公司所占领，这就意味着发展中国家企业崛起所面临的挑战比表面看到的更为严峻。在全球各行业龙头企业因并购而不断减少的时候，中国能不能和怎样才能脱颖而出，培育出具有全球意义的产业链的组织者和关键技术及零部件提供者？这对中国企业和产业是极其严峻的挑战，是中国实质性地提高国际经济竞争力必须闯过的一个关口。如果在这个竞争形势十分严峻的世界，中国不能脱颖而出，培养出一批具有强大国际竞争力和自主创新能力的大型企业，那么中华民族复兴的希望将变得十分渺茫。

在新的分工模式下,跨国公司占主导地位,资源密集型、劳动密集型和环境成本高的加工环节向发展中国家大规模转移;高技术含量、高附加值的设计、研发、技术集成和关键零部件制造则向发达国家大规模集中。表面看,发达国家制造业产值份额下降、发展中国家上升,但实质上市场和生产能力迅速向跨国公司集中,不仅跨国公司的产业竞争力、盈利能力空前提高,而且通过技术、品牌、投资、关键装备、关键零部件等,跨国公司越来越牢固地领导和控制着发展中国家的产业和企业。

到目前为止,我们引进外商投资累计近6000亿美元,中国企业累计对外投资足有400亿美元。这表明,"引进来"还是中国参与全球化的主要形式。这种形式从微观层面看,是跨国公司以它的全球战略为目标,以资本、技术、品牌、市场以及关键零部件等实力,整合中国的产业、企业和资源。在这种模式下,跨国公司处于主导地位,获得了更多的利益。目前。除垄断行业外,国内高技术含量的行业大都处于外资的实际控制之下。例如,中国外贸依存度超过70%。其中工业品出口的60%来自外商投资企业,拥有自主品牌的只占10%,拥有知识产权的只占3%。其他大部分是为跨国公司来料加工,或为全球性大公司生产无品牌产品。尽管我们作为东道国也是受益者,但毕竟只是跨国公司低成本的"海外车间"。在我们工业化初期,这是难得的历史机遇,但如果就此止步,中国工业化的目标就不能实现。

中国企业的弱势不仅是资本实力和产业规模不足,更重要的是缺乏核心竞争力。

在经济全球化背景下,大型企业成长模式已经变化。企业所需资本并非都得自己积累,重要的是要有良好的信用和公司治理;企业所需的技术并非都得自己研发,重要的是要有核心技术;企业所需生产能力并非都得自己建设,重要的是有强大的技术集成能力和全球资源整合能力,并以此为基础形成拥有自主知识产权的产品和全球认同的品牌,最终登上所在产业的领导地位。

多年来中国企业就有重硬件轻软件、重生产能力扩张轻技术创新投入的弊病。到现在,中国企业技术对外依存度仍高达60%~70%。一些企业总想绕过艰难的技术学习和技术积累的漫长过程，企图凭借强大的制造能力，通过引进的技术迅速成为行业的领先企业。实践证明，这条道路是很难走通的。面对迅猛发展的科技，缺乏核心技术的企业要受制于人；缺乏自主知识产权的生产能力，规模越大风险越大；缺乏自主品牌的企业，不能有高效益。缺乏创新能力的众多企业，正如建立在沙滩上的工业经济。

在全球各行业产业集中度迅速上升的时候，中国企业崛起面临严峻的挑战，培育具有全球资源整合能力的产业链的组织者和关键技术及零部件提供者有极大的难度。

在全球企业和国家（及地区）都处于激烈竞争状态的今天，作为一个大国，不能企图依赖国外技术完成工业化，不能期望主要依赖外资建立稳定的经济结构。

工业化时期是培育全球性领先企业最有利的时期。目前好的经济政治形势，使我们有较大的回旋余地。我们是大国，有改革和发展的所创造的较雄厚基础，有较多可动用资源。重要的是要把培育具有国际竞争力的产业和企业作为一项国家战略并通过有力政策促其实现。

（二）继续深化企业改革

近几年，就国有经济布局调整及企业改制、重组和其中出现的某些问题产生了不小的争论。一些人对国有企业改革的方向和进展产生怀疑。

国有企业状况已经好转，改革还那么紧迫吗？

一些企业改制了效果也不明显，在改制和重组中还发生了国有资产流失，企业改制和重组还要继续下去吗？

公有制是否就是指国有和集体经济？集体经济的比重在下降，是否增加财政投资提高国有经济比重，巩固党执政的经济基础？

党的十四届三中全会以来，企业改革和经济环境都很好。总的判断是，国有企业改革取得了可喜的进展，但国有经济布局调整的任务还很繁重；国有大中型企业与规范的现代企业制度要求还相差很远；国有资产管理体制改革刚刚起步。目前国有企业改革仍是中国最重要、最困难的改革，现在正处于攻坚阶段。

经过党的十四届三中全会后十多年的改革，涉及国有企业改革在理论政策层面的大多数问题已经基本厘清，深化国有企业改革的思路越来越清晰。

——由着重搞好国有经济、国有企业，转向进一步消除所有制结构不合理对生产力发展的阻碍，以多种所有制经济共同发展为基本经济制度，坚持两个"毫不动摇"。各种所有制经济在市场竞争中发挥各自优势，相互促进，共同发展，国家的着力点是把经济总量做大。

——国有经济发挥主导作用，主要体现在控制力上。由着眼于搞好单个国有企业，转向注重国有资本的分布和质量的提高。抓大放小，从战略上调整国有经济布局，对国有企业实行有进有退的战略性改组，使国有资本向关系国民经济命脉的重要行业和关键领域集中，国家重点关注关系国家经济命脉的关键少数。

——由以轮番的政策优惠作为搞好企业的主要手段，转向消除所有制歧视，为各种所有制企业创造公平的市场环境，建立人员和资本可流动机制，使优势企业发展有广阔的空间，而竞争失败的企业退出市场有顺畅的通道。

——由政府直接干预国有企业，转向建立有效的国有产权委托代理体制和机制，建立现代企业制度，加速国有企业整体改制，推进企业投资主体多元化，实行政企分开、所有权与经营权分离，建立有效的公司治理结构。

继续深化国企改革涉及的主要问题如下。

（1）继续推进国有经济布局的战略性调整和国有企业战略性重组。放开搞活中小企业，使国有资本向国家必须控制的行业和领域集中，发挥民营资本不可替代的作用。

（2）推进规范的公司制改制，建立有效的公司治理结构。一方面，目前的改制面还不够宽。2003年国家重点监测的国有及国有控股企业3117家，改制为混合所有制企业1273家，占40.8%。189家中央企业中集团一级实现投资主体多元化的仅有9家。另一方面，已改制企业国有股"一股独大"的弊端进一步显现。如上3117家企业中国有独资和绝对控股的占86.5%。实践证明，国有股独大很容易将旧体制传递给改制后的企业，"穿新鞋走老路"，使一些企业面临"二次改制"的任务。应支持具备条件的大型企业整体上市。

（3）深化国有资产管理体制改革。按照"归属清晰，权责明确，保护严格，流转顺畅"的现代产权制度原则，进一步明确国资委定位，提高国有产权委托代理的有效性，落实产权责任，使所有权到位又不越位，提高国有资本的流动性，逐步建立国有资本经营预算制度。

（4）妥善解决历史欠账，加速主辅分离。在三个企业试点基础上，扩大分离企业办社会的范围，陆续解决企业不良债务，特别是完善国有企业市场退出机制。

（5）推进垄断行业改革。对已经分拆、引入竞争的行业，如电信、电力、民航等应进一步放宽市场准入，实行股权多元化；对尚未进行实质性改革的部门，如公用事业等应积极制定改革政策和方案。

（三）提高企业国际化经营水平

1. "走出去"战略是提高对外开放水平的必然选择

改革开放以来，中国通过"引进来"，积极参与经济全球化，在新一轮全球产业分工中赢得了一席之地，成为经济全球化的一个受益国。总体来说，20多年来，我们主要是利用中国生产要素低成本优势和巨大的市场潜力，吸引发达国家和地区的跨国公司，重组中国的生产要素，使中国进入跨国公司产业链的全球布局；并通过跨国公司在中国的投资、采购、定牌生产、来料加工等形式，使中国的产业、产品、市场与国际市场对接，成为经济全球化的参与者。

随着中国经济技术发展水平的提高，这种在微观层面由外商投资整合中国产业和资源而形成的被动式的国际化过程已经不能适应新的形势，不能实现中国工业化目标。国家外向型经济模式正在由"引进来"战略，转向"引进来"与"走出去"相结合的战略，即在通过跨国公司投资重组中国资源的同时，中国企业也要走出去，跨国经营和重组国际经济资源。

"引进来"是以跨国公司为主导并服务于跨国公司战略的一种整合模式。在这一过程中我们作为东道国，一般来说也是受益者。"走出去"则是以中国的公司为主导并服务于中国公司战略的一种跨国整合模式，我们从中可以获得更多的利益。

当前，无论从开拓市场空间、优化产业结构、获取经济资源、争取技术资源，还是从突破贸易壁垒、培育具有国际竞争力的大型跨国公司来看，"走出去"都是一种必然选择，也是中国对外开放提高到一个新水平的重要标志。

2. 国家的"走出去"战略与企业的"走出去"战略具有一致性

（1）"走出去"战略的重要意义在于以下三个方面。

第一，在更加市场化、更加开放、更加相互依存的世界，国家必须考虑通过企业，在具有宏观影响力和对国家长远发展具有战略意义的领域进行对外投资，维护国家经济安全、提高中国在全球经济中的地位；在国际分工、资源分配中争取一个更加有利的地位并通过投资改善与相关国家和地区的关系。

第二，除不断扩大国际贸易、提高利用外资质量外，国家必须考虑以中国企业"走出去"为载体，以我为主利用两个市场、两种资源，在更广阔的空间进行产业整合和资源整合，使我们更多分享经济利益。

第三，培育一批具有全球意义的龙头企业，不仅要有世界级规模，更重要的是拥有具备全球视野、战略思维能力的企业领袖和经营团队，有核心技术和核心竞争力，有全球认同的品牌和信誉，有集成和整合全球资源的能力，这样企业才能成为全球产业链、价值链的组织者。通过"走出去"，在竞争中成长是培育全球性龙头企业的必然过程。

现在，无论从国家发展战略的需要、从工业化进入的阶段，还是从部分企业的经济、技术和管理实力看，我国都具备了实施"走出去"战略的基本条件。

（2）"走出去"战略的主体是有核心竞争力的企业。企业是实施"走出去"战略的市场主体，从某种意义上说，企业的素质、核心竞争力决定"走出去"战略的成败。

要鼓励和支持具有潜在优势企业逐步扩大对外投资，建立海外销售网络、生产体系和融资渠道，促进其在更大范围进行专业化、集约化和规模化跨国经营，培育企业整合跨国资源的能力，培育具有全球意义的产业链、价值链的系统集成者。

（3）"走出去"对企业的实力和素质提出了更高的要求。它们至少应具备如下条件。

一是主业突出并有强势的核心竞争力。无论跨国经营还是跨国购并，它的基础和能力都来自强势的核心竞争力，如独特的产品、专有技术和技术集成能力，或广泛认同的品牌、特殊的经营模式，或市场占有规模、资本运作能力等。恰当地"走出去"可以放大核心竞争力，但在没有"软实力"的情况下企图通过"走出去"建立核心竞争力，这几乎是不可能的。

二是产权责任清晰，产权激励与约束机制健全，具有良好的公司治理结构和严格、审慎的决策机制。

三是企业有纵观全局、高瞻远瞩的战略。"走出去"是企业战略的组成部分，是有明确的战略动机的审慎和理智的决策，对投资的项目具有将其内部化并产生协同效应的能力。

四是拥有优秀的企业文化，强大企业管理能力，良好的财务结构和严谨的财务制度，信用等级高，可以获得金融支持。

五是企业领袖和高管团队有全球视野、国际眼光，企业拥有通晓国际化经营战略的人力资源和团队。

"走出去"是在母国之外与跨国公司共舞，这是更高层次的国际竞争与合作，具有更大的风险性。实施"走出去"战略是一个长期努力的目标，是国家与企业互动的过程。企业"走出去"战略有赖于国家"走出去"战略的支持，国家"走出去"战略要靠企业"走出去"战略来实现。政府、企业共同努力才能取得好的效果。

（四）企业的软实力与社会责任

1. 建设软实力是中国企业提高国际竞争力的重要课题

跨国公司之所以能占据各个产业的龙头地位，是因为它对所在产业有强大的系统集成能力，而这种集成能力不仅来自资本实力、规模优势，而且来自由技术、品牌、信誉、营销体系、供应链网络等构成的强大的软实力。软实力已经成为跨国公司竞争力的核心。

中国企业与优秀跨国公司相比，不仅硬实力有很大的差距，而且更加难以缩小的是由企业文化构成的"软实力"的差距。

企业硬实力主要指资本、厂房、设备和生产经营设施等物化了的能力和企业员工。软实力则指企业宗旨、价值观、创新机制、市场信用、社会责任意识和由此凝聚而成的社会声誉、市场信用和品牌影响力。广义地讲，还应包括公司治理结构、营销体系、供应链网络等。

在全球产业分工体系中，如果说经营设施和生产能力包括资本这些"硬实力"是较容易被复制和替代的话，那么"软实力"则表现出某些"文化"的特征，更多地体现为一种社会认同、亲和力。这些则很难复制，必须靠良好的文化积累和持续的创新，最终唤起社会的认同。这正是后发企业超越前者的最难之处。

后发企业可以以大量资本和资源投入较快形成某种物化了的能力，而优势企业却可以通过强大的软实力将这些物化了的产业能力"集成"于自己的系统，放大自己的优势。例如，利用受控企业的厂房、设备、人员以及供应链、营销网络、服务体系等实现自己的目标。实际上已经出现了一些有强大软实力支撑，却逐渐放弃了一般性生产阵地的大型公司。

软实力在公司内部的表现，是由良好企业文化所构成的凝聚力、创新机制和效率；软实力在公司外部的表现，是企业社会信誉、企业品牌、产业集成能力和对网络的实际控制力。拥有这些无法模仿和复制的能力的公司，在提高资源利用效率、获取市场先机、赢得客户、低成本融资等方面处于绝对优势地位。软实力成了大型公司竞争力的灵魂。

受体制和发展阶段的影响，中国企业历来有重硬件轻软件、重生产设施建设轻技术创新投入、重生产经营轻人力资源开发、重规模扩张轻企业文化建设的倾向。不少企业由小到大，逐渐发展成了生产的巨人，却是创新的矮人。软实力与硬实力不协调，软实力成了短板。如果说企业规模小的时候只能首先积累硬实力，这是一个必然过程的话，那么在硬实力达到一定程度后，要成为具有国际竞争力的龙头企业，则必须十分重视和加紧软实力建设。软实力是很多中国企业的软肋，增强软实力正是中国很多企业必须努力补上的一课。

2. 增强企业社会责任意识是企业软实力的核心内容

除政府外，企业是当今社会最有力量的组织。人与资源、环境的和谐，最主要的是企业与资源、环境的和谐。企业是社会财富的创造者，但也是直接和间接浪费资源、破坏环境的"祸首"。国家经济技术指标的落后，实质是企业落后；国家经济增长方式落后，实质是企业发展模式落后；国家经济增长质量低，实质是企业效率低。

企业社会责任很难准确定义，但它的核心是企业为改善利益相关者的生活质量而贡献于可持续发展的承诺。其中包括价值观、职业道德、环境意识，以及有利于利益相关者和所在社区的有关政策和实践的集合。

企业社会责任包括两个方面：在企业内，要构造各个利益主体之间和谐、共赢的氛围；在企业外，要主动承担对生态环境、对社会各利益相关者的义务。因此，财务目标不能说明企业存在的全部价值。现代企业是一个"多面体"，作为经济范畴的企业，它追求利润最大化；作为法律范畴的企业，要做好的"企业公民"；作为道德范畴的企业，它要承担社会责任。

1999年联合国制定了企业"全球契约"，推动开展企业社会责任运动。世界非政府组织继出台ISO14000环境管理体系标准之后，又推出了SA8000企业社会责任管理体系。

这些关于企业社会责任的规范、契约、守则不仅被越来越多的国家、国际组织和企业所接受，而且很多跨国公司以身作则，并以它强大的影响力将企业社会责任运动推广至全球。

相比之下，中国企业的社会责任意识比国际先进企业淡薄很多。在今天，经济社会发展的形势要求企业提高社会责任意识。企业社会责任不仅是企业的使命，而且是企业实现可持续发展必须面对的现实；不仅是一种理念、文化，更是企业自愿做出的承诺。在体制转型、经济快速发展的时期这一点显得特别重要。

3. 中国企业增强社会责任意识，具有深刻的改革意义和更强的紧迫性

至今，还有一些企业把承担社会责任与追求投资回报对立起来，甚至认为强调社会责任是跨国公司挤压中国企业的托词。这完全是一种落后的观点。它们还不理解，在能源、资源、环境已经成为全球未来发展瓶颈的时代，居民的环境意识、可持续发展的理念不仅表现在对产品的选择、货币选票的投向上，而且反映在对厂商的评价上。原则上讲，企业承担社会责任与实现经济目标有高度的一致性。在这个在客户越来越注重以公信、道德标准选择合作厂商的市场环境下，企业社会责任意识的缺失，最终会使其被用户和市场抛弃。

应当承认，在任何时候企业与社会的各种关系都存在一种基本准则。

有的是以立法的形式表现出来，有的则反映在支配企业决策和行为的道德、惯例、责任感和价值观中。这些准则往往并不像经济现象那么清晰明白，通常较为复杂，甚至含糊不清。例如，企业除了遵守法规、照章纳税，还必须诚实守信、善待员工，使员工有机会实现自己的价值并分享企业发展的成果，要珍惜资源、保护环境、促进社会和谐和回馈社会等。在这些方面的投机取巧会倒自己的牌子、败坏自己的社会声誉，最终会自绝于资本市场、信贷市场和商品市场，从而失去所有未来发展的可能。

面对越来越激烈的市场竞争和可持续发展的挑战，企业的社会形象、声誉和企业的诚信、品牌一样重要。取得社会公信的企业更会被市场青睐。企业要获得成功，管理者在做出决策的时候，必须像对待经济问题一样，把承担社会责任作为企业战略的重要组成部分，考虑对员工的法定义务和道德义务，公司的政策和措施应促进公司内部的和谐；企业战略必须考虑对公众利益、生态环境、社会进步和社区和谐的影响。

国际上"企业社会责任运动"的核心内容与我们构建社会主义和谐社会中企业要承担应有责任的理念有很多共通之处，是增强软实力的重要方面，是企业价值观和企业文化的重要内容，是增强企业软实力的工具。

二 企业自主创新的几个政策性问题

总体上看，中国企业的生产能力和产业规模有了很大的发展，但技术和技术能力远远落后于国家经济发展水平，这已经成为中国经济发展的软肋。胡锦涛同志提出建设创新型国家，这是关系国际竞争力的重大国家战略。

（一）技术追赶的形势和挑战

改革开放使中国企业走上了技术追赶的快车道，在一些方面我们不断地实现了技术跨越。随着我国产业和企业全球影响力的增强，中国企业的技术来源已经到了由技术模仿为主转向自主创新为主的时候。但是，后发国家企业的技术追赶面临巨大的挑战。

跨国公司有深厚的技术积累，又利用科技革命和经济全球化提供的机遇，集成全球技术资源，迅速成为全球各个产业的技术领跑者，左右着所在产业的技术方向、控制着技术标准，赢得了巨大的先发效应。

中国工业化应当借助全球化的有利形势，但必须植根于发展自己的技术。在技术差距很大的时候，我们可以"以市场换技术"，跨国公司也愿意"以技术换市场"。在"两头在外"的分工模式下，中国企业与跨国公司是互补关系；当中国企业要"自主创新"、发展"自主品牌"，那两者就成为竞争关系或"竞合"关系。一家德国机床公司经理坦诚地说："我们愿意卖产品，也可以转让某些技术，但我们绝不愿'出卖智慧'，不能用自己的头脑扶植自己的竞争对手。"中国香港《亚洲周刊》2006年8月6日一篇题为"日本对华贸易黑名单"的文章披露，日本经济产业省有一份对外安全"贸易管制名单"，中国有14家企业被列入其中。最近，一些跨国公司纷纷以溢价要约收购国内行业"排头兵企业"和有重要技术创新成果的企业，引起了大家的关注。

中国企业的弱势不仅是资本实力和产业规模不足，更重要的是缺乏核心竞争力。到现在，中国企业技术对外依存度仍高达60%左右。一些企业总想绕过艰难的技术学习和技术积累的漫长过程，企图以建设强大的制造能力，通过引进的技术或买断的技术迅速成为行业的领先企业。实践证明，这条道路是很难走通的。

在经济全球化背景下，科技革命创造的技术平台可以被我们共享，发达国家技术创新的示范作用和以引进技术、引进资金为载体的技术传播效应，为我们技术追赶创造了有利条件，把握得好甚至有可能实现技术超越。但是，如果对这些有利条件在认识上出现偏差或把握不当，以投机心理寻求"捷径"，就有可能由"技术自卑"发展成"技术依赖"，有利的条件本身就可能变成"陷阱"。

改革开放后，中国的技术视野拓宽了。一些企业看到了自己与国际先进企业巨大的技术落差，激发了技术学习和技术追赶的热情，把"舶来的种子，植入自己创新的基因"，实现了技术跨越。

但在看到世界最先进的技术和产品后，很多消费者或甲方，追求名厂名牌、"世界一流"。在高技术含量的部分，他们不太相信本国企业的技术能力，甚至以使用外国产品和装备为荣，不愿给本国企业提供更多的市场机会。

有些生产企业则认为自己的技术实力根本无法与之匹敌，创新意志瓦解了，甚至放弃了技术创新的努力。在追求增长速度的社会氛围中浮躁和急于求成的心态占了上风。它们不仅接受不了自主研发的长周期、不能容忍创新的一次次失败，即便引进技术，也没有足够的耐心完成技术学习的过程。结果，很多企业的技术能力并没有与企业规模同步增长，企业成了生产上的巨人、技术上的矮人。

因此，技术追赶不仅难在应对来自外部的挑战，更难克服的是来自内部技术自信的破灭和创新意识、创新文化的缺失。实现技术创新，必须战胜自我。

在技术追赶的过程中，韩国和中国台湾很成功的一点是，在引进技术的过程中培育了自主创新的能力，在利用外资的过程中培育出了本地资本为主体、具有国际竞争力的公司，如韩国的三星、LG、现代、浦项，以及中国台湾的台塑、台积电、世大半导体、华硕电子、远东航空等。这是很值得我们思考的。

（二）新的形势正迫使企业发展模式转型

早在1995年中央就提出转变经济增长方式，直至今日，全国各地在增长速度、投资规模、进出口总额等"量"的扩张方面总是以较大的比例超目标增长；而在结构优化、技术创新、环境保护、资源节约、体制改革等改善经济质量方面，却不达标。

例如，"十五"计划提出GDP年均增长7%，结果达到9.5%。但"十五"计划要求2005年末全国耕地不少于19.2亿亩的目标却没有完成，比目标少了9000万亩；"十五"计划提出到2005年主要污染物排放减少10%，其中二氧化硫排放量由2000年的1995万吨，降到2005年的1796万吨，结果反而增长了27%，达到了2549万吨。"十一五"规划要求单位GDP能耗平均每年降低4.4%，2006年是"十一五"规划开局之年，上半年的单位GDP能耗不降反升0.8%，又在重复"十五"计划时期量的指标全面超额完成而质的转变不能实现的情景。究其原因，我们有强大的经济增长动力，但转变增长方式缺乏压力和经济驱动力。

中国长期维持资源密集、投资密集、劳动密集和高污染增长方式的重要原因，是生产要素的低价格政策提供了"资源依赖型"发展路径的环境。这种发展模式进入门槛比较低，企业依靠要素低成本可以很快形成区域竞争优势，有利于短期经济增长。在经济起步阶段，这往往是一个必经的过程。但随着经济发展和经济总量扩大，资源的粗放、低效使用和巨大资源浪费，使环境无法承受。中国的人均土地、水和矿产资源都比较匮乏，有些重要资源还无法通过贸易获得，只有高效率地节约利用，才能持续发展。

进入21世纪，中国发展进入了新阶段。资源环境的压力已经变得十分巨大，要素成本上升的趋势日益明显。例如，发达地区土地资源稀缺的压力、能源价格上涨的压力、环境成本内部化的压力、人民币升值的压力、水和矿产资源税费价上调的压力、劳动力成本上升的压力，以及国际收支失衡等的压力都在迅速上升，能量在不断聚集。

这些压力汇集在一起，发出了一个强烈的信号：依赖要素低成本，靠拼资源、拼劳力、无视环境的企业增长模式正日益受到挑战，"逼迫"企业走自主创新道路的客观条件已经形成。这些年无论中央号召还是政府文件，实现"科学发展"的"行政信号"已经十分强烈，但这一信号并没有充分转变为价格信号和更加严格的法律法规，无法为转变经济增长方式提供经济驱动力。

现在政府还掌握着较多的资源配置权，控制着重要生产要素的价格，环境监管的权力也在政府手里，这就使生产要素升值的压力和资源环境的压力大多聚集在政府层面，但未能以较大的力度转化成经济信号和法律的力量向社会传递。

国家人为地压低要素价格的初衷是保护企业和保持经济较快增长，但产生的效果是向社会传递了失真的经济信息，助长企业继续维持资源依赖型发展模式。当各地政府和企业依据扭曲的经济信号各自决策时，就不断地重复出现土地管理失控、投资过热、环境恶化等突出矛盾。要素价格扭曲的后果是保护了落后的企业、保护了落后的结构。在企业可以轻易获得廉价生产要素和大量订单并且利润还在不断增长的情况下，无论是地方还是企业，谁也不会平白无故地"转变增长方式"，谁也不愿冒险创新。更加值得注意的是这一做法延长了产业结构升级的时间。

例如，如果矿产资源有偿使用和税费水平不到位，就很难改变粗放型、掠夺式开采。成品油价格倒挂、炼油企业亏损，结果是鼓励燃油消费、抑制生产，也不能充分激发企业开发节能技术的积极性。而且在外贸依存度高达70%情况下，实际我们还在给中国产品的全球消费者提供补贴。在制造业打工者十年工资基本没有变化的情况下，企业怎能有提高劳动效率的热情？再如，只要污染物排放可以被原谅，或上缴的罚款比治理成本低，那么，哪个企业认真治理污染，它就会降低自己的市场竞争力。

事情往往是两面的。优越的环境会助长惰性，危机会调动人们的潜能。1973年世界石油危机，能源对外依存度超过90%的日本潜心开发节能技术，不仅生产过程节能降耗取得了大的突破，而且以汽车为代表的节能产品一举成为世界抢手货。80年代前期，面对在短短几年内日元升值超过40%的压力，日本一批企业倒闭了，但产业结构迅速调整、生产效率大幅度提高，国家竞争力上了一个新台阶。这是很值得我们思考的。

改变粗放型增长方式主要得靠市场的力量，要素价格起着关键的作用。生产要素价格通过市场充分地反映要素的稀缺程度和环境成本，是实现可持续发展的重要工具。政府应把握时机、分步实施、控制力度，加快培育和建设生产要素市场，逐步放开对土地、水、成品油、矿产品等生产要素和稀缺资源价格的实际控制，建立符合市场经济的价格形成机制。加快环境成本内部化进程，加快垄断行业改革步伐，同时政府用税收杠杆进行调控，这样就可以发挥价格、税收、汇率、利率和环境监管、市场监管的作用，促进结构优化和产业升级，使必须释放的资源环境压力成为迫使增长方式转变、企业发展模式转型的强大的经济驱动力，为通过加快技术进步和提高劳动者素质来提高经济增长效率开拓空间。

外部发展环境对企业创新动力的形成有重要作用。改变资源依赖型发展环境，形成创新导向的发展环境是实现产业升级主要的推动力量。

从企业层面看，依靠要素低价格，在低附加值领域维持低成本竞争战略的基础正在动摇；资源环境的压力即便有控制地平缓释放，对企业而言也是极其重大的挑战。这将引起各个企业比较优势的巨大变化，甚至带来企业竞争地位的重新洗牌。具有核心技术和创新能力的企业，市场地位将上升。企业对这一大的经济走势必须有清醒的认识，麻木不仁或不予理睬，将使企业陷入被淘汰的境地。

(三) 重建企业技术创新动力机制

科技部提供的资料显示，中国60%以上大企业没有自主品牌，99%的企业没有申请过专利，只有万分之三的企业拥有核心知识产权。与此相对应的是，大中型企业研发投入平均只占销售收入的0.71%，规模以上工业企业只有0.56%。而今年上半年全国固定资产投资达42371亿元，增长29.8%，比上年同期提高了4.4个百分点，其中企业利润是很大的投资来源。我国继续表现出了投资增长过旺而研发投入严重不足的特点。

创新是企业应对市场的本能。企业技术创新能力不足，根源在于创新动力的缺失。在体制转轨期间，构建企业技术创新动力机制具有关键意义。

一方面，受发展阶段和传统体制的惯性制约，一些地方历来有追求速度的偏好、扩大投资的偏好、扩大规模的偏好。政府强烈的偏好通过各种行政渠道传递到了企业，成为企业难以抗拒的导向。这就使很多企业宁愿低水平复制生产，也吝啬于对技术和人力资源进行投入；宁愿在同类同档次产品上持续进行低成本恶性竞争，也不愿采取差异化战略，通过创新、品牌和服务提高效益；宁愿引进、再引进，持续跟踪模仿，而不愿意下苦功完成一次技术学习的过程，走消化吸收再创新的道路。

同时，在现有企业高管人员任用制度下，短期业绩往往是国有或国有控股企业经营团队，特别是主要经营者最迫切的追求。谁也不愿意"我这一届开展自主研发活动，让下一届或再下一届获得收益"。在有限的任期内靠引进或再引进技术就足以保障创造短期业绩，不做"自主开发"，对短期业绩似乎并无影响。与其把资金、人力等稀缺资源投入带有很大不确定性的自主研发活动，不如集中用于规模扩张，这更符合主管部门的偏好。

另一方面，改革开放释放出了众多的市场机会和政策机会。一个企业如果能获得进口或出口配额、如果能争取到批租的土地、如果能获得企业上市的原始股、如果能获准进入某些新兴领域，一般来说肯定可以出小力赚大钱。巨大的利益诱惑使很多企业急于求成，被眼花缭乱的机会牵着鼻子走上了漫无边际的多元化发展道路，公司的主业已经模糊不清，技术创新也就无从谈起。

再有，有一些企业认为，既然靠引进和合资可以省时、省事地获得技术，就没有必要再培育自己的技术力量。于是，就逐渐失去了创新和自主开发技术的激情与"梦想"，企图依靠引进技术建立自己的核心竞争力；或干脆引进外资，认为可以从合资方那里持续获得技术。此时，过去长期积累的十分可贵的技术力量被冷落了，技术人员被边缘化了，队伍逐渐分散了。与改革开放前相比，一些企业的技术开发能力不是增强，而是削弱了。

如果说企业是技术创新的主体，那么政府最重要的责任就是充分调动起这个"主体"创新的激情。

创新活动有较高的进入门槛，具有高投入、长周期、高风险的性质。没有强大的外力或内部变革，企业不会轻易由技术引进走向自主创新。一般来说，外因主要来自企业外部的压力和吸引力。例如，企业生存环境的压力、市场竞争的压力，会鞭策企业走创新之路；创新成果的高回报和政府的政策激励，会吸引企业投入创新活动。内因则主要来自内生的追求和激情，表现在产权强激励、公司长远战略和企业家精神。

因此，创新是企业的长期战略，是企业文化、价值观和经营机制的表现。为促使企业成为技术创新的主体，国家已经和正在制定一系列鼓励政策，这充分表明国家促进企业技术创新的决心。但这些只是外因，如果不能调动起企业和企业家内在动力，政府的号召、干部考核的压力最多只能使企业"奉命创新"。这种为完成"交办任务"而进行的创新，很难有好的效果。消除企业技术创新动力不足的体制性和政策性原因更具有本质意义。

（四）引进技术必须完成技术学习的过程

改革开放后，国家提出"引进、消化、吸收、创新"的技术发展路线，这是一项非常重要的技术跨越战略。三峡工程从引进技术、合作生产，到以我为主制造特大型水轮发动机组的过程，就是通过引进，迅速缩小与世界技术差距的很好例证。但是，这一政策目标在更广的范围并未很好地实现。当人们重新审视"以市场换技术"的历程时，发现国内许多企业尽管让出了市场，甚至让渡了部分所有权，但并没有换来更强的技术开发能力,也没有建立起自己的核心技术,有的甚至掉进了技术依赖的陷阱。

技术引进可以有两种模式。一是仅为使用而引进;二是为提高自主创新能力而引进。由于机制上的落后,在绝大多数情况下,企业在技术引进上肯花钱,因为可以立竿见影;而在消化吸收方面却吝啬于投入,因为"远水不解近渴"。

有关资料表明,日本引进技术的时期,平均花 1 美元引进技术,要花约 7 美元进行消化吸收和创新,目的是把引进的技术嚼碎吃透,彻底完成一个技术学习的过程,登上新的技术平台。美国有人估计,日本引进技术经再创新后,比引进技术的效率可以提高 30% 或更多。从 50 年代到 80 年代,日本走过了从引进到创新的过程,进入了技术输出国家的行列。韩国也大体相似。改革开放以来,中国引进技术的项目数和总支出可能比日本与韩国之和还要多,但用于消化吸收的费用只占引进费用的 7%,与日本差了 100 倍。这一点费用只能用于解释图纸、对引进技术的效果做必要的验证、保证引进的设备可以使用,不可能实现对技术的吃透、消化,更不可能实现再创新。在消化吸收上少花了钱,带来的是以更多的支出进行的第二轮引进和再引进。横向看,多家企业重复购买同一技术;纵向看,第一轮引进后就是第二轮引进。结果我们的技术费用总量并不少,但实际效果并不理想。更重要的是没有完成技术学习的过程,没有很好地培育出自己的技术创新力量。

差距很大的时候,引进技术是迅速提高技术水平的捷径,但当我国企业的发展威胁到对方竞争地位的时候,对方不仅不会转让技术,而且还会封锁技术和利用专利、标准、品牌、知识产权等工具抑制我国企业技术能力的发挥。这是市场竞争铁的规律。在一些产业这一时期已经到来。因此,企图依赖引进技术打造国际竞争力,这几乎是白日做梦。需要澄清的是,引进了技术,并不等于就有了技术能力;引进技术的水平,更不能代表自己技术创新的水平。即便可以通过委托开发等手段"买断"技术,但如果没有完成技术学习的过程,那也只能落得"有产权,无知识;有技术,无能力"的后果。技术可以购买,但技术能力是买不来的。技术引进之所以重要,就是它有可能缩短技术学习的过程;而技术学习的过程能否完成,则取决于企业的战略和学习者的毅力。从这个意义上说,技术引进只是走向更高技术平台的一个阶梯，如果有了登高的梯子，却宁愿站在梯子上观望和等待，不肯下功夫学习，那就永远不会达到更高的技术水平。

（五）引进外资和发展本地企业的关系

现在，很多地方和企业对引进外资和引进技术的热情很高。但值得注意的是，不仅引进技术应该完成技术学习的过程，而且引进外资更要完成培育本地企业的过程。长期以来，虽然我们大力引进技术，却没有很好地培育出自己的技术能力；大量引进外资，却没有为本地企业特别是民营企业营造良好的发展环境，这是很值得反思的。

我们要正确认识和利用外资流入的历史机遇。应该冷静地看到，跨国资本是"候鸟"，属于"无根的资本"，有不可改变的逐利性。只要拥有它可以利用的优势，如基础设施比较完善、市场潜力大、劳动力和土地等生产要素的价格比较低廉、各种政策十分优惠等，外资就会迫不及待地进入。但任何一个国家和地区的低成本优势不可能永存。20世纪七八十年代，发达国家的产业向"亚洲四小龙"转移；而到了90年代，韩国等地的产业又大规模向中国大陆转移。现在，我国沿海地区面临着地价上涨、劳动力成本上升等压力，甚至一度出现"民工荒"，以往的优势正在逐渐弱化或消失，产业随同资本的再次转移只是时间早晚的问题。

资本流入会带来繁荣，可是如果缺乏准备，一旦资本流出，就会带来灾难性后果。现在不少地方为引进外资不惜给它们超国民待遇，而对本国企业特别是民营企业的发展却关注不够，政策迟迟不到位。经济持续稳定增长需要形成内资和外资的平衡结构，企图完全依赖外资构造一个长期稳定的经济结构是不现实的。如果不能在引进外资中利用其溢出效应，培育出本地有竞争力的企业，那么，我们不仅不能持久地分享经济全球化的利益，而且今天的繁荣可能就是日后的悲哀，国家的经济安全和可持续发展就没有保障。

我们利用外资要达到什么目的？短期是要增加就业、税收，带来一个地方的繁荣；中长期则要有效利用外资的溢出效应。溢出效应首先是指地方政府为了引进外资而创造的与外资要求相适应的软硬环境，如配套基础设施、良好的市场环境、符合市场经济的政企关系、更高的政府效率、灵活的劳动力市场等。这些较好的企业生态环境可以为外资利用,也可以为本地企业所利用。其次,通过产品配套和服务、通过人员流动和正式及非正式的交流,本地企业获得外资企业的技术和管理扩散效应、市场信息。在本地市场与国际市场的对接、健全本地的供应链和产业链的过程中,还有可能形成某一产业的聚集效应。最后,外资企业的示范作用,如注重技术、注重人力资源开发、现代经营理念和现代化管理等,对本地建立企业文化将起到推动作用。总之,充分利用外资的溢出效应促进本地企业的发展,是我们要争取的最重要的收获。

(六) 利用跨国公司在华设立研发机构的机遇

当前,提高外资利用水平的一个重点,是吸引跨国公司在华设立研发机构。

跨国公司利用世界各地比较优势,"全球生产、全球经营",取得了巨大成功。目前,产品和技术更新周期进一步缩短,分摊在单位产品和服务中的技术成本迅速增加。为应对这一趋势,跨国公司将研发链条的不同环节进行全球布局,并在发展中国家设立研发分支机构以承担部分非核心的研发工作量,目的是充分利用各国技术资源和相对廉价的高技术人才,降低技术成本。跨国公司的这一做法绝不是出于技术扩散的愿望,更不意味着它要放弃制造技术壁垒。相反,这是跨国公司进一步利用全球资源巩固技术垄断地位的全球战略。

因此,外资在境外设立研发机构的目的是非常清晰的。而我们吸引外资设立研发机构,想要得到什么、能得到什么、如何才能得到,有时却比较含糊。

从提高自主创新能力的视角,我们要争取双赢,但必须看到,这其中有利有弊。即便对于那些有利的部分,我们也不能"坐享其成"。我们要弄清的是,外资在本地设立了研发机构,不能替代本地的研发力量;外资研发机构的水平,不能代表本地研发水平;外资研发机构的创新成果,是外资的知识产权,本地企业不能分享。

作为东道国,经过努力有可能得到的,是外资在华研发机构十分可贵的溢出效应。例如,本地的企业、研发机构和大学通过与其合作,可以学习业务流程、提高自身的研发能力;通过人员流动,可以提高当地研发人员和研发管理人员的总体水平;外资研发机构的示范作用,有助于在当地扩散技术文化、创新文化、传播研发管理经验;如果中国企业与外资设立合资研发机构,有可能获取更多的溢出效应;研发机构和研发人员在本地聚集,有可能形成研发群落,构成地区研发优势。区域研发优势一旦形成,外资研发机构的转移成本将随之提高,转移的可能性降低。我们必须争取的是充分利用这些溢出效应培育本地企业及提升研发机构的技术创新能力。

不容置疑,跨国公司与东道国在外资研发机构的技术扩散方面实际上存在利益冲突。例如,中国企业自主创新,最稀缺的是研发人才。外资研发机构以其优良的研发条件和优厚待遇,可以轻易地网罗各行业拔尖研发人才,从而压制本地产业研发能力。跨国公司更倾向于以独资的方式使研发机构成为"飞地",目的是既利用中国的技术资源,强化自己技术垄断地位,又能封堵住技术扩散的渠道,控制和降低技术溢出效应。它们还通过并购东道国创新型企业或行业排头兵企业,将它们的技术成果连同技术力量一并纳入自己囊中。

鼓励外资在华设立研发机构,前提是双赢,关键是弄清我们能得到什么和怎样才能得到。

(七) 探索产学研结合的途径

在科研、转化与生产的长链条中,科研机构与企业处于不同位置,大企业与中小企业之间也有分工。

大学不仅是传播知识和培育人才的园地,而且是知识创新和基础研究最好的场所。大学有跨学科的优势,有自由的学科研究氛围。这里是科技信息聚集和传播的枢纽;这里既有教授们的知识积累和传承,又有创新意识强而且不断流动的学生作为新生力量;这里较少有技术研究的禁区和条框,可以有长期的目标;可以得到政府、企业和社会的资助;还可以通过人员的高流动性实现知识扩散。这些特点已经使大学成为当代知识创新最重要的发源地。尽管大学可以针对企业的技术难题提供研发支持、某些科技成果也可以被企业直接利用,但大学的科研与企业的研发不存在替代关系,更多的是大学引领、指导企业的研发。让大学成为企业的"研发中心"，既不可能，也无益处。

大型企业不但在原始性技术创新中可以发挥重要作用，它强大的产业能力和在复杂的"技术集成"中的重要地位也是其他机构无法替代的。一个复杂的产品既涉及研发、工艺、材料、配套、测试、装备等关键环节技术难题的攻克，也涉及投资、供应链、市场、营销等众多领域。大公司的核心竞争力往往表现在把复杂的技术汇集在一起，将先进技术成果集成并转化为面向千家万户、有品牌支持的市场主流终端产品。例如，改变世界的移动电话、引起社会关注的混合动力汽车等都不是直接产生于基础科学，也不是"发明"出来的，而是将已有技术集成后又在某些环节加以创新，通过产业化而形成的。因此，大型公司必须拥有强大的核心技术和技术能力，但重要的是能敏锐地捕捉全球相关技术信息、善于发现新技术的市场价值、具有从全球获取技术资源的本领，并具有将新技术集成于特定产品的能力。

中小企业是技术创新的生力军。技术创新具有高风险的性质，有效的创新机制往往需要强烈的产权激励、敏锐的价值发现能力、灵活的决策机制、尊重个人的制度安排和既鼓励冒险又有利于分散风险的组织和机制。由于民营科技型中小企业更加符合这些特质，它们成为技术创新的一支生力军。即便在大型企业数量众多的美国，技术创新83%的成果仍来自中小企业，就是最好的例证。

建立"以企业为主体，产学研结合的技术创新体系"，应当是在政府提供的政策环境中，院校、科研机构、中小企业、大型企业在市场作用下，各自发挥比较优势、自由选择的结果。

大学与企业"两张皮"的一个重要原因，是在两者之间缺乏一个"结合"的平台。在社会分工越来越精细化的今天，试图以"校办企业"，通过内部循环，实现科技成果转化，效果并不理想；试图依赖院校研发活动替代"企业研发中心"，来解决企业创新能力不足，也不会取得好的效果。

产学研结合可以有多种形式。国家大型"专项"是聚集产学研科技力量的重要平台，但这属于特例，数量有限。硅谷等成功的经验表明，依托市场化、专业化的金融服务与技术服务，众多科技型中小企业通过吸纳院校科技活动的扩散效应、吸引院校流出的人才，开展技术创新活动，对科技成果转化有巨大作用,这是"产学研结合"的一条强有力的纽带。

概括地讲,产学研各有各的优势,都应扬长避短。大学的科研成果不一定都得自己做技术转化;中小企业的每项技术转化成果,并不一定都由自己去产业化;大型企业所需的技术也并非每项都得"自主开发"。通过市场的对接,大学的"技术扩散效应"为哺育科技型中小企业提供了"乳汁";中小企业丰富的创新成果又为大型企业的技术集成提供了资源;大型企业则将大量分散的科技创新成果经集成、整合和再创新后,推向市场,创造社会价值。这是产学研结合的重要途径。世界路由器巨头斯科、著名的医药公司辉瑞,以及西门子、飞利浦等公司,都是通过不断集成科技型中小企业技术成果而占据行业领先地位的。

(八)建立技术创新的风险分散机制

1%的技术成果往往以99%的失败为基础。企业企图不进行必要的资源投资就获得技术成果或没有进行必要的工程实践就获得技术能力,这是不切实际的。在某些重大技术已经影响国家竞争力和国家安全的情况下,为了获得技术和技术能力有时必须勇于承担风险。

技术创新的高风险性质,甚至关系到企业的兴衰。成功的技术创新可以为消费者甚至全社会带来巨大利益,但创新失败的风险谁来承担?企业技术创新的风险分散机制,影响企业重大技术创新的决策。企业是创新决策的主体,成功的技术创新加上良好的商业运作,可以让企业通过市场获得高利润,但它们必须为自己的创新决策承担责任。风险投资机构自主决策投资项目,承担项目风险,并在成功与失败的项目中发挥均衡风险的作用。用户不愿意承担创新的风险,但他们可以为成功的创新产品和服务支付更高的价格。政府则处于特殊地位,在一些重要领域国家不主动承担某些技术创新的风险,就可能遭遇受制于人的更大风险,国家安全就没有保证。因此,政府应为某些公共利益大于用户自身利益的创新产品(如节能环保产品)提供政策支持或财政补贴;在涉及国家安全、影响国家竞争力的某些重要领域,如军工、重大技术装备、基础性公共技术平台等,提供科技创新扶持资金,特别是政府订货等,以政府资源分担部分创新风险。

分散创新风险还应该开发多种有效的工具,如风险投资、产业基金等金融工具；技术市场、二板市场、政府采购等市场工具；"有限合伙制"、关闭破产等制度安排；科技中介机构、科技园区、创新企业"孵化器"等创新服务体系；对共用技术的政府投资、对有公益效果的创新提供税收优惠等政府支持。

（九）国家发展政策必须与创新政策结合

如果说科技发展规划是实现创新型国家的阶梯，那么，经济发展规划中的那些新兴领域，就为提高自主创新能力提供了工程实践机会，是重要创新产品的"市场出口"。2020年或更长时期，是中国工业化、城市化和信息化发展的重要时期。经济社会的快速发展，提供了巨大的市场机会和工程实践机会。例如，2005年全国固定资产投资达到8.86万亿元，而且还以每年约20%的速度增长，这就构成了超大的投资类产品大市场。另外，这些新兴领域还包括到2020年前4000万千瓦核电及风电、水电等清洁能源与替代能源项目；1.2万公里的高速铁路及众多城市的轨道交通项目；三网合一的新一代无线通信网和各种数字化、智能化终端设备；数量庞大、品种繁多加工设备、环保设备，冶金、化工、采矿装备和大型工程机械；每年数以百计的民用飞机和百万至千万计的汽车等。这是建设创新型国家最可贵的国家资源。这个大市场应该首先由中国企业分享，成为中国企业技术创新的大舞台。

现实的问题是，经济发展与自主创新往往脱节。管发展的部门和项目甲方关心的是速度和"一次成功"。甲方对本国企业的技术能力往往缺乏信心，不愿意给本国企业工程实践的机会。本国企业一次次遭受歧视和挫折，不但失去了太多的实践机会，更重要的是自尊和自信受到打击。中国改革发展创造的巨大市场，其中高技术含量的市场份额中国企业没有占据很多，大部分都让给了外国企业，从需求侧没有给本国企业提供更多的机会。

在这种情况下，一些企业自主技术创新的斗志磨灭了，"偷懒"了，它们眼高手低，滋生了"技术自卑"心理，甚至掉进了对外技术依赖的泥潭。例如，一些企业和项目，以"全套引进"产品、技术、工艺、设备来夸耀自己的技术水平；有的企业则不惜放弃自己在技术和品牌上的积累，更愿意通过合资用上一个洋品牌。在"技不如人""技术自卑"心理的支配下，即便国家要求招投标，甲方也会以没有"首台首套"经历为由，将本国企业拒之门外。在强大的跨国公司面前，实际上本国企业自主创新的市场通道从源头已经变得十分狭窄。比如，在规划中国高速铁路时，一开始就在德国方案、法国方案还是日本方案中做比较，本国企业竟不在考虑的范围之内。发展政策与创新政策不协调、发展与自主创新"两张皮"，表现出了一种悖论，一方面国家不断投入和鼓励提高本国技术创新能力；另一方面，不少重大创新领域、创新项目和新产品订货又往往不支持本国企业的技术实践。

经济快速发展时期，是技术追赶最有利的时期。中国是经济大国，在全球化背景下，我们有足够的国内外资源和机会支持实现创新型国家的战略目标。如果我们将提高自主创新能力真的确立为国家战略的话，那么，就应该动员国家资源促进实现创新型国家的目标。必须以"科技发展规划服务于经济发展规划，经济发展规划以科技发展规划为支撑"，调整好两者关系；必须创造良好的创新环境，鼓励更多企业走自主创新之路；通过国家订货或准国家订货等形式，从庞大的国内需求侧，给企业创新提供市场和工程实践的机会。

现在中国正成为世界创新技术的实验场，既然在跨国公司母国还没有完成工业化的创新，如磁悬浮轨道交通、第三代核电等都可以引进，那为什么不能给中国企业的创新提供更多拼试的机会呢？

建设创新型国家是国家复兴的重大战略。技术创新必须以体制创新为条件，认真解决阻碍企业创新的体制和政策问题。只要把各个社会主体创新的内在动力调动起来，创新成果就将不断涌现。

为建立中国企业管理科学做贡献[*]

(2011年1月12日)

中国工业化、现代化的战略目标，绝不是仅靠大规模投资和产能扩张就能实现的，关键的是奠定技术能力和管理创新的基础。而创新的管理又是新技术价值实现的必要条件。20世纪初，支撑美国工业化成功的是泰勒科学管理和福特的标准化及流水线生产；而二战后日本的崛起则得益于丰田的看板管理和精益生产方式。那么支持中国企业持续快速发展的管理因素是什么？挖掘中国企业成功的奥秘，从实证研究入手，系统地总结"中国管理模式"，凝练我国企业管理的成功经验，进而创建中国式企业管理科学，是提高企业、产业甚至国家竞争力的基础工程。

改革开放后，企业外部环境迅速变化，计划经济体制下的那一套管理理念、管理方式已经不适用。落后的管理已经成为提高企业效率和活力的瓶颈，中国企业的管理面临脱胎换骨的变革。面对经济体制转轨的大势，绝大多数企业管理者既兴奋不已，又茫然不知所措。1983年，时任国家经济委员会常务副主任的袁宝华在调查研究之后提出"以我为主，博采众长，融合提炼，自成一家"的改造传统企业管理的思路，后来被确认为"十六字方针"。这一方针为当时的企业管理者打开了思路、指点了迷津，很快把中国的企业管理引向了既要接受历史传承又要提炼创新、既要引进学习又要结合国情和不丧失自我的道路。

管理与技术和资本不同，有明显的二重性，即管理不仅具有生产力的

---

[*] 在第十届全国人大常委会副委员长成思危的推动下，有关学会和研究机构，从2008年开始，以评审和发布"中国管理模式杰出奖"的形式，发现和总结"中国管理模式"的成功案例。每个年度的获奖企业的调研报告都由组织者统一发布，以传播成功的管理模式和先进管理理念，为建立中国企业管理科学做出贡献。本文是作者于2011年1月12日应邀为《解码中国管理模式》一书撰写的序言。

性质，还体现为一定的生产关系与企业文化；既涉及生产要素合理配置和生产经营的组织部分，科学性比较强，具有普适性，又涉及生产关系，如经济制度、所有制结构和法律、民族、文化、道德等上层建筑及意识形态，体现出强烈的特殊性。因此，管理存在着明显的地域、民族和文化的差异。例如，理性的官僚科层组织产生于德国，创新的变革理论产生于美国，强调精神力量的企业文化和严细精益的管理风格则产生于日本。这绝不是一种偶然，其中包含着地域、历史与民族特色的必然。

发达国家工业化期间积累的管理科学是全人类的财富，中国企业正不遗余力地从中汲取营养；中国有悠久的历史和文化，中国企业——无论是国有企业还是民营企业，发展的路径与国外企业有很大的差异；改革和发展过程中所遇到的矛盾、困惑以及破解的办法都与中国国情密切相关，无不体现中国的传统文化和国情的现实规定性。既承认管理的二重性，又使企业管理的普适性与特殊性有机融合，往往是企业竞争力之所在，也是企业成功的关键。

管理的二重性决定了"中国式管理"和"中国管理模式"的存在。它存在于将管理的一般原理与中国实际结合而取得成功的企业之中。"中魂西制"，即中学为魂、西学为体，是"中国式管理"重要的内涵。

经济发展与企业管理水平的提升是相伴相随、互助互动的。要成为经济强国必须成长出一大批具有较高管理水平和国际竞争力的企业。高速的经济发展激活了企业管理创新的热情，为创新管理理论提供了沃土。但是，面对现实，我们也必须承认，与持续高速的经济发展相比，中国企业的管理能力和管理水平还不适应企业的规模，中国的企业管理理论还落后于企业的实践。在缺乏系统的中国式管理理论指导的情况下，如宝钢、华为、中远、海尔、三一重工、振华港机、万向等一批企业汲取国际经验，结合国情和企业实际不断创新，取得了很大成功；但也有不少企业只辉煌一时，昙花一现。对中国成功企业的管理实践进行总结和理论提升，探究其成功之道，并以此指导企业管理，对普遍提升中国企业管理水平、提升中国企业竞争力具有重要的意义。

中国企业的发展路径与国外相比有很大的差异，中国企业的管理之道及其机制受制于中国国情而有其特殊性。照搬国外的一套，不能解决中国企业管理的全部问题。我们既要关注科学管理理论在资源配置和合理组织生产力方面的普遍性规律,更要重视与中国的传统、文化和经济体制密切相关的特殊性,以及特殊性与普遍性有效融合的途径,研究建立中国式企业管理理论。

目前,对中国的企业管理在微观层面系统的、较长时期的实证数据和综合研究严重不足,缺乏对优秀企业成功奥秘、基本经验和管理模式的深入挖掘和剖析,致使众多企业成功的管理经验缺乏梳理、总结和提升。应当吸引越来越多的实际工作者和管理学界持续关注并研究中国式管理,不断探寻成功实践背后的管理奥秘和理论解释。那些成功之道一旦能上升到科学理论,它的普遍指导意义将惠及众多的企业。

从2008年开始,中国管理模式杰出奖理事会以评审"中国管理模式杰出奖"的形式,吸引了越来越多的成功企业和研究机构、学者参与、发现、总结"中国管理模式"的成功案例。评审表彰的意义在于激励企业的管理创新、增强中国企业的自信、传播成功的管理模式和先进管理理念,并为总结提炼"中国式管理"积累资料,必将为建立中国企业管理科学做出贡献。

伟大的时代必将产生成功的管理模式。

在《政府工作报告（征求意见稿）》和《十二五规划纲要（草案）（征求意见稿）》座谈会上的发言[*]

（2011年1月20日）

自国务院提出振兴传统产业，特别是发展新兴产业之后，我们一直在跟踪研究。总的来看，这一要求切中当前要害，为各地推动产业结构升级和转变增长方式提供了一个很好的"抓手"。各地对此非常重视，热情很高，工作进展也比较快。但在调研中我们也发现，尚有一些思路和政策需要厘清。下面我就发展形势的判断、思路和政策讲几点意见，最后再对《政府工作报告（征求意见稿）》提一点具体建议，供参考。

一 利用新的比较优势，抢占产业竞争制高点

在资源环境约束日益严重的同时，我国新的比较优势逐渐显现，使我们站到了一个新的更高的起点。综合国力明显增强，科技水平不断提高，创新能力不断增强，产业体系逐渐完备，国内市场需求巨大。特别是国民受教育程度提高，产业工人培训程度和整体素质提升，本科生、研究生规模扩大，知识型人力资源优势逐步显现。进入21世纪，特别是自提出建设创新型国家以来，市场竞争促使企业加大研发力度，而且在国家科技攻关

---

[*] 2011年1月20日至27日，温家宝总理在中南海主持召开五次座谈会，征求对《政府工作报告（征求意见稿）》和《中华人民共和国国民经济和社会发展第十二个五年规划纲要（草案）（征求意见稿）》的意见。各民主党派中央、全国工商联负责人和无党派人士，经济社会领域专家学者，教育、科技、文化、卫生、体育界代表，企业界代表和工人、农民、学生等基层群众代表，分别出席了座谈会。

本文是作者在2011年1月20日座谈会上的发言，题目是《利用新的比较优势，抢占产业竞争制高点》。

计划、"973计划"、"863计划"、火炬计划的基础上，各地科技园区进一步发展。国家鼓励创新的政策力度加大、科技投入增加，使我国进入了科技创新和创业活动的活跃期，科技创新的成果不断涌现。相应地，我国产业已经由低成本一般制造优势，转化为低成本研发和低成本复杂制造的综合优势。其中，"智力密集程度"一般发展中国家做不到、"技能劳动密集程度"发达国家做不起的领域，成了我国产业争夺全球领先地位的空间。而在那些需要大规模市场和强大产业化能力支撑的领域，如高速铁路、信息通信技术、新型核电、超高压输变电、电动汽车等，我国已经显现出较强的产业发展优势。当前，应当利用我国低成本研发和低成本复杂制造的"双低"优势，大力发展技术与技能"双密集"、就业层次与市场层次"双高"的战略性产业，抢占产业发展的制高点。

二 发展新兴产业重在结构升级

以引进的技术进行产业跟踪，是技术学习和追赶必经的过程。但当条件成熟的时候，应当抓住时机，以足够的胆识和魄力，实现超越。目前，我国在一些领域已经处于或接近全球创新前沿，要树立自信、勇于一搏。

把新兴产业的发展上升到国家战略，是掌握发展主动权、使我国工业化走上一个新阶段的战略部署：一是工业化的技术来源由引进模仿为主，走向自主开发和技术自立；二是经济增长由主要依赖资源消耗，转向主要依靠技术进步和经济效率提高；三是由产业链的低端制造，向高技术含量、高附加值的环节延伸；四是由产业跟踪，转向在一些领域的产业引领。

三 以新的思路和政策发展新兴产业

发展新兴产业，是生产力的爬坡。这意味着我们要从引进外资、技术模仿、接受产业转移、专注低端制造的经济活动，升级为主要依靠自主技术、主要靠本国资本和主要以自己的力量将创新的技术发展为先进的产品，进而实现产业化，打造一个新兴产业。

实现这一变革的核心要素是创新能力。发展新兴产业本质是产业链的

在《政府工作报告（征求意见稿）》和《十二五规划纲要（草案）（征求意见稿）》座谈会上的发言

升级，关键是突破核心技术、掌握核心知识产权。新兴产业包括诸多不同的产业环节，要使其成为本地的战略产业并形成竞争优势，就必须找准切入点，掌握具有战略意义的原创技术，形成对产业链中最具附加价值和影响力环节的控制力。当前，要防止一些地方和机构以发展新兴产业之名，圈地、圈钱，结果"引来了企业，见不到技术"；防止一些地方把发展新兴产业演变成"升级版"的外延扩张，启动新一轮"两头在外"的低端制造。实际上，十年前开始的代工笔记本电脑与今天代工 iPad，对我们来说并没有产业升级的意义。

四　重视中小企业不可替代的作用

政府关注新兴产业后，往往就要"依托企业"，设立门槛，认定支持对象。此时，中小企业往往就被排除在外了。大企业在技术集成和形成有品牌支撑的最终产品的产业化方面有强大的优势，但是科技型中小企业是为大企业技术集成提供技术要素的主力。在革命性新技术出现之初，大型企业有时因对传统技术的依赖和存量资产的拖累而踌躇和犹豫，而科技型中小企业却愿意冒风险推进新的技术变革。在调研中我们发现，超高速无线局域网技术、具有自主知识产权的高端 CPU、手机芯片、新一代生物材料等都出自民营科技企业，特别是科技型中小企业。大量活跃的创新型中小企业是新产品层出不穷、新产业茁壮成长的基础。

新兴产业的发展需要持续的技术来源来不断完善产品、建立完整的产业链，同时还需要大量细微的创新来开拓增值业务、扩展边缘业务和强化产业渗透力。在这过程中，科技型中小企业处于不可或缺的地位：第一，它是新兴产业发展持续的技术来源；第二，它是建立完整的产业链的主要力量；第三，它是围绕新兴产业开拓增值业务的主力；第四，它是推动形成多元化、多层次市场的主角。因此，在发展新兴产业时，应改变传统做法，进一步明确科技型中小企业不可替代的地位，并认真解决政策歧视、市场准入难和融资难等发展瓶颈。

五　实行"市场准入从宽"的政策

新兴产业技术还不成熟，技术路线还有多种选择，产业链还有待开发，形成主流产品和商业模式还需要市场筛选。因此，产业化初期是机会最多、创新活动最活跃的时期，也是最需要新创意、新技术开拓局面的时期。这期间过严的市场准入可能会压抑创新、阻碍发展。把发展新兴产业的希望局限于原有企业，可能会因它们的惰性或技术判断失误而贻误时机。应采取"市场准入从宽"的政策，鼓励多元市场主体参与，尽快形成市场多样化发展、不同技术路线竞相发展、企业不断试错和接受市场筛选的局面。此时，由政府认定哪种技术可行或不可行、哪个或哪些企业可以进入，不是明智的选择。新进入者是提供新创意、新技术、构建产业链和缩短试错过程最活跃的力量，从中有可能出现一些"黑马"。

防止乱象发生的措施，不是由政府认定谁可以进入、谁不能进入，而是适时就环保、安全、资源消耗、技术标准、产品可靠性等制定相关技术标准，并严格执行，避免新兴产业的发展产生负外部性。

六　两种发展机制

新产业发展之初带来了太多的机会，同时存在很大的不确定性。政府缺乏必要的信息和市场感受，很难准确预知未来的结果。因此，发展新兴产业的基本原则应当是：确认企业为主体，市场发挥基础性作用，政府则创造好的市场环境、实施政策引导。

在具有很强外部性的领域，政府认定并推进发展的某些新兴产业与企业为提高竞争力不断推进结构升级的产业，属于两种不同的类型，需要不同的发展机制。必须明确界定政府在两种情况下的地位和作用。

对于国家确定的战略性新兴产业，包括十六个重大专项，在市场失灵的环节以政府的力量通过规划、投入、组织、协调等手段推进，这是产业升级和技术跨越的一个重要支柱。这要求提高政府政策的有效性和效率。

在《政府工作报告（征求意见稿）》和《十二五规划纲要（草案）（征求意见稿）》座谈会上的发言

七 对《政府工作报告（征求意见稿）》中有关"新兴产业"表述的几点具体意见

（1）在调整优化产业结构升级的部分，首先讲到"改造提升制造业"，是符合现实情况的。新兴产业是亮点，但传统制造业仍是制造业的基础，还有很大的提升空间，不能顾此失彼。

（2）在培育战略性新兴产业方面，一是在"十二五"规划提出的七大战略性新兴产业中，把积极发展新一代信息技术产业特别提出，突出信息技术对结构升级的引领地位，使发展新兴产业的思路更加清晰；二是在实施方面只有简单的"制定标准，完善政策"，建议改成"改革管理体制，完善政策，制定标准"。

（3）在大力推进科技创新方面，建议增加"创造良好环境，鼓励科技创新型中小企业的发展"。

大股东应当成为建立
有效公司治理的积极力量[*]

（2011 年 8 月 20 日）

在我国，资本市场正逐步成为商业性投资的主渠道。机构和个人投资者无意对投资的企业发号施令或直接干预，他们希望通过一套有法律保障的委托代理关系，在所有权和经营权分离的情况下实现自己权益的最大化。对富有前景并治理良好的公司，投资者"用货币投票"；对治理结构不好的公司他们则"用脚投票"。一旦失去投资者的信赖，公司不仅将失去再融资的机会，而且经营管理团队也将被重组。从这个意义上说，健全的治理结构是公司走上"发展—融资—再发展—再融资"道路的基本条件。

公司治理是有法律保障的、制度严谨的"分权－分责－制衡"的规则和机制，可以较好地处理由所有权与经营权分离而产生的信托－代理关系，维护所有者权益，维系公司各利益相关者之间的平衡，使所有权与经营权分离成为可能。将其移植到国有企业，可以解开长期困扰我们的政府与企业和所有权与经营权关系的死结。正是基于此，党的十五届四中全会确认"公司法人治理结构是公司制的核心"。

受体制惯性和传统理念的影响，有些部门和控股机构还习惯于以行政方式"管"企业，很难接受在两权分离情况下，通过有效的公司治理维护股东权益。比如经常可以听到这样的提问，离开了政府的干预和审批，就凭董事会怎能做出重大决策？如果大股东的权力也不过就是用手或"脚"投票，怎能保证自身的控制地位？控股股东要牢牢掌握董事长、董事的任

---

[*] 南开大学商学院院长李维安教授一直从事公司治理研究。一段时间他调任东北财经大学，他也没有中断对公司治理的研究。2011 年 8 月 20 日，他在大连组织了公司治理论坛。本文是作者应邀出席会议的讲话稿。

用权自不必说，如果不直接控制经理、副经理及主要部门负责人的任用，怎能保证自身的权益？实际上不少人依然认为对公司决策直接管理的越多越可靠、对经营管理层直接控制的面越宽越安全。岂不知，打乱了公司制严谨的分权、分责、制衡关系，破坏了公司议事规则，必将陷入低效率和权责不明的局面，甚至给内部人控制留出来空间。

这就出现了一种悖论：公司治理的要义是维护股东权益，但一些公司的治理缺陷大都来自大股东的非正常行为。市场监管部门以很大的力度督导和规范公司的内部治理，但一些机构和大股东又不时进行过多外部干预，他们不太在意中小股东权益，也未能维护良好的公司内部治理。

目前的情况是，上市公司自身可以做的，无论是公司章程、议事规则、内控制度、人事任免程序、信息披露、关联交易等制度与规制，还是股东大会、董事会、监事会以及专业委员会、独立董事、董事会秘书等组织已经完备，会议和活动按章程和程序进行，质量不断提高。但是某些来自外部的过多干预，公司既无奈又难以抗拒，一些重要决策往往通过非正常渠道完成。这就使一些公司的治理显得貌合神离。

建立有效公司治理的主导力量是股东，特别是控股股东。如果股东缺乏建立有效公司治理的意愿，那么内部人则更愿意构筑自己的控制地位。国有控股股东的行为有很强的示范作用，应当成为执行《中华人民共和国公司法》的模范，以良好的股东行为推进有效公司治理。

在我国工业化、产业升级、培育有全球竞争力企业的重要时期，可以说，有效公司治理是中国微观经济最重要的制度建设。公司治理是建立符合市场经济的"政资关系""政企关系"的一把钥匙，它的有效性关系国企改革的成败；公司治理水平影响投资者，特别是中小投资者的信心，涉及大股东与小股东、公司与利益相关者的关系，是资本市场稳定发展的一块基石；公司治理机制决定企业的决策机制和风险水平、盈利能力和融资成本，是企业竞争力最重要的基础软件。

在我国，改善公司治理是一个与体制改革密切相关的命题，涉及公司内部的治理，也受制于公司外部的治理。而外部治理的改善不是公司层面可以做的，需要深层改革的支持。

在"第十届中国企业发展高层论坛"上的讲话[*]

(2012年1月8日)

"十二五"规划的主线是转变发展方式。其中以科技进步和自主创新为支撑的产业结构升级是一出"重头戏"。下面我想就产业结构升级与自主创新的政策思路讲几点意见。

一 现阶段中国产业发展的比较优势

种种情况表明,滞留在产业链低端的那种高消耗、低效率、重污染的产业增长方式已经走到尽头。现在,中国需要进口什么,国际价格大都上涨;中国能出口什么,国际价格大都下跌。进口价与出口价的"剪刀差"表明,我们创造的财富在外流,自己能分得的很有限。

经历全球金融危机,中国的经济结构不可能再重复过去。在传统增长方式遇到严峻挑战的时候,我们已经站到了一个新的起点,在要素低成本优势减弱的同时,新的比较优势正在出现,并展现出良好前景。一是综合国力增强,政府和企业科技投入迅速增长;二是科技水平明显提高,创新体系不断完善,创新成功率上升;三是企业经济技术实力增强,企业家队伍逐渐成熟,产业体系日渐完备;四是有巨大的、多样化的市场需求,特别是高层次的需求在快速增长。另外,也是最重要的是,国民受教育程度

---

[*] 2012年1月7日至8日,"第十届中国企业发展高层论坛"在钓鱼台国宾馆举行。论坛由国务院发展研究中心企业研究所主办。本届论坛的主题是"'十二五'开局之年中国企业的发展与改革"。本届论坛还举办了《中国企业发展报告2012》的首发仪式。

本文是作者于2012年1月8日在论坛上,以《产业结构升级与自主创新的政策思路》为题的讲话。

提高，产业工人培训程度和整体素质提升，本科生、研究生规模扩大，知识型人力资源优势逐步显现，创新要素日益充裕。相应地，我国产业的比较优势已经由低成本一般制造，转化为低成本研发和低成本复杂制造的综合优势。其中，"智力密集程度"一般发展中国家做不到、"技能劳动密集程度"发达国家做不起的领域，成了我国产业和企业抢占全球领先地位的空间。这是分析国内外因素后可以做出的一个重要判断，它在今后较长一段时间将对所有产业和企业产生较大的影响。

华为、中兴、腾讯、展讯、和利时等企业正是利用中国廉价、聪明、勤奋的工程师创造的研发优势奠定了自己的国际竞争地位。在我们这样一个欠发达国家，这些公司可拥有几千甚至几万名研发工程师，这在发达国家都是难以想象的。华为技术专利年申请量已跃居世界第一，振华港机、比亚迪、三一重工等则在智力与劳动"双密集"的行业取得了巨大成功。跨国公司纷纷在中国设立研发机构，正是看中了中国廉价知识型人力资源优势。目前，"大学毕业生就业难"，意味着我们有庞大的知识型人力资源后备。

比较优势的变化，为向创新驱动的经济转型、实现产业升级创造了条件。

二 我国进入了创新活动的活跃期

较长时期以来，我国产业不断重复"技术模仿、产业跟踪、商业模式复制、大规模接受产业转移"的发展路线，把主要经济资源用于产业规模扩张，主要技术依靠国外引进。此时，技术投入不足，创新活动并不活跃。在缺乏自生技术来源和技术判断能力的情况下，一些产业的规模扩张带有一定的盲目性。当正在应用的技术一旦升级，原有产能很快就丧失全部价值。从录像机到 VCD、DVD，从显像管到平板显示器，从彩色胶卷到数码照相等，我们亲身经历和目睹了一轮又一轮产业升级。世界上几乎没有哪一个国家和地区像我们这样，消耗如此之多的资金、引进如此之多的技术，而主要技术仍受制于人、技术对外依存度仍高达 50% 左右。

进入 21 世纪，在国家科技攻关计划、"973 计划"、"863 计划"、火炬计划的基础上，国家实施鼓励技术创新的政策，各地科技园区得到发展，针对技术创新的金融服务逐步跟进，政府的科技投入逐年增加。特别是2006年"建设创新型国家"宏伟战略的提出，成为激励自主创新的强大动力，鼓励创新的各项措施进一步完善和落实。近年，这些政策措施的效果逐渐显现，创新活动进一步活跃。与五年前相比，本科生、研究生毕业人数年均增长超过20%，学成归国人员年均增长超过30%；全社会科技投入年均增长达到25%；专利申请数年均增长约30%。科技人员自主创业逐渐形成气候，留学人员回国创业的各项条件已经具备，科技型企业特别是中小企业迅速发展。种种迹象显示，我国创新资源逐渐成熟，开始进入科技创新活动的活跃期，有些领域已经到了由技术模仿、跟踪转向主要依靠自主创新进而向产业发展制高点进军的阶段。

例如，超级计算机、载人航天、基础芯片、无线宽带、高温气冷堆、新一代客机等许多技术和产业已经有了一定的技术积累，有些已经达到国际先进水平，到了产业化突破的"临界点"。如果我们继续加大研发投入、进一步改善创新环境，改革那些阻碍产业化进程的体制因素，那么就可能出现活跃的创新活动与产业升级互动的生动局面，从而推动一些产业进入全球领先地位，使转变经济增长方式的多年诉求以产业升级为载体而变为现实。

三 新兴产业提供了技术跨越的机会

重大技术变革给后起国家的技术跨越提供机会。就成熟技术而言，后发国家与先进国家相差甚远；而对有些即将产业化的新技术，差距就没有那么大。而且处于萌芽期的新兴产业，技术尚不完善、知识产权壁垒尚未形成、产业垄断地位还没确立、商业模式还存在不确定性。对于具有革命意义的新技术，先进国家因对传统技术的"路径依赖"和受巨大资产存量的拖累，有时会犹豫和踌躇；而后发国家则可轻装上阵。所以，后发国家在新一代无线通信、新一代核电、新能源、电动汽车等领域拥有许多赶超的机会。

历史上由于复杂的原因，我们错过了几次科技革命，面对新一轮科技革命的机遇和挑战，我们秉持的理念、采取的战略和步骤，将影响中国产业的发展前景和企业的国际竞争力。

把培育新兴产业上升到国家战略，是提高国家竞争力的重大步骤。以发展新兴产业为契机，形成技术进步与产业升级相互促进的新形势，使我国工业化走上一个新的阶段：一是工业化的技术来源将由引进模仿为主，开始走向技术自立；二是经济增长由主要依赖资源消耗，转向主要依靠技术进步；三是由产业链的低端制造业，向高技术含量、高附加值的现代服务业延伸；四是由产业跟踪，转向在一些领域的产业引领。

这一过程将创造更具前景的新的投资机会、新的就业岗位，特别是大量较高收入的岗位，形成新的经济增长动力；将大大提高自主创新能力，使我国由一个"技术消费国"转变为技术创新国；将大大缓解资源环境压力，提高可持续发展的保障能力；还将带动传统产业改造升级，培育出一批批具有全球竞争力的企业和集团，实质性提高国际竞争力。

由资源依赖型经济增长向创新驱动型经济增长转型，是决定我国后来居上的重大转折，它直接影响国家的命运。

四　产业的跟踪与跨越

引进技术、产业跟踪的重要意义是提供了一个学习的过程，并为技术跨越创造了条件。所谓跨越，就是在积蓄自主创新能力的基础上，抓住时机、瞄准新一代产品，以自己的技术实现产业化，从而在这个领域实现超越。

产业跟踪是依附先进企业的技术、市场和商业模式的生产经营方式。它的"依附性"决定企业如果不能实现跨越，就永远不能自立并成为领先者。

一是任何基于新技术的产品都有一个生命周期。起初，由于它具有"人无我有"的"唯一性"而奇货可居，可以获得超额利润。这就是"先者为王"。例如，2010年以来"卖疯了"的 iPad 和 iPhone，毛利率高达200%，苹果公司赚得盆满钵满。随着"唯一性"的消失，产品利润渐渐回落。而跟踪者往往只能在利润下降周期进入市场。这时利润日渐微薄，甚至难以赚钱，搞不好企业甚至以再投资进行跟踪的能力都将消失。

二是跟踪者尽管自身的研发活动较少，但每一件产品中的技术成本并没有减少，只不过这些费用并没有用于自主研发，而是通过购买专利、知识产权、技术或关键零部件等形式，交给了外国公司，增强了它们的创新能力。遗憾的是，跟踪者的研发成本确实发生了，但本国的研发人员没有获得参与研发活动的机会，企业的研发能力未能因此而提高。

三是跟踪者没有核心技术，很难建立自主品牌。从外部获得的往往是市场价值大部分已经实现后的"技术残值"。使用这一技术，即便可以生产出相同的产品，也卖不出好的价钱。很低的销售利润率使企业无力进行更高层次的研发活动。这就使跟踪者很难跳出不良循环，当正在应用的技术必须更新的时候，只得再引进、再跟踪。

四是核心技术依赖他人，如同企业的命运掌握在他人之手。技术路线、技术标准都是技术拥有者根据自身特点制定的，关键技术和零部件掌握在他们手里，跟踪者的谈判地位非常有限。而且技术路线一旦转向，跟踪者将蒙受损失。例如，在显像管产业，从80年代初开始，我们老老实实地技术引进、产业跟踪了20多年，玻壳、零部件到显像管的生产能力都成为世界第一。但是2005年前后仅仅三年左右时间，新一代平板显示技术迅速替代显像管，我国企业前后上千亿元的投资瞬间化为不良资产，显示器产业重新"归零"。

由产业跟踪到技术自立，是一个非常艰难的过程，但在时机成熟的时候要毫不犹豫地向前跨越。跨越一旦实现，就将改变全局。如果我国在90年代不能以自主技术在程控交换机和无线通信装备上实现突破，很难想象我国的信息化将遇到怎样的困难。

五　产业升级的三种途径

一是在产业链上向技术含量高、附加值高的领域延伸。例如，由加工制造向上游的研发、产品设计、技术专利、技术集成、融资、投资延伸；向下游的品牌构建、商业模式创新、流通体系、系统服务、物流、产业链管理等延伸。这些上下游的经济活动就是现代服务业的内容，其附加值更高。制造业与现代服务业深度融合，将增强我国产业的控制力。二是产品技术的换代升级。例如，由软盘存储器升级为U盘和光盘，由功能手机升级为智能手机，由一般加工制造升级为关键工艺、关键零部件、关键装备制造等。三是建立新兴产业。新兴产业是指，基于重大发现和发明而产生的，将改变社会生产方式和生活方式的新产品和由此产生的新的产业群，如当前的新能源、环保产业、电动汽车、生命科学、生物工程、新型材料等。

在产业升级的三种形式中，前两种是企业保持和提高竞争力的基础。在产业链上的升级，是企业转变发展方式艰难的爬坡，是后发企业达到一定程度后，创建自主品牌、打造核心竞争力、摆脱简单技术和低价竞争、建立差异化优势、提高竞争地位的必然选择。技术的升级换代、产品的推陈出新和创造高层次的差异性，大多是先进企业在科技进步和市场力量推动下创新发展的结果。实际上我国企业刚刚开始进入这一领域。新兴产业往往处于技术尚不成熟、产业垄断尚未形成、商业模式还存在不确定性的阶段，为后来者在某些领域的"弯道超车"创造了条件。例如，中国台湾地区在大规模集成电路产业化初期、韩国在液晶显示器产业化起步阶段一举实现了超越，至今占据领先地位。这正是当前我国特别注意新兴产业发展的原因。

产业升级的三种途径都非常重要，当前，对我国企业来说，关键是在产业链上的升级。我国一些产业的问题，是在国际分工中长时间停留在低端制造环节。这不仅是产业链中消耗能源、资源和劳动力最多，污染最为严重，而经济效益最低的部分；而且在国外公司控制着产品技术、品牌、营销渠道、供应链的情况下，中国企业实际上只能是别人赚钱的附庸。培养自主开发能力，建设自主品牌、营销渠道，实现在产业链上的升级，是当前我国产业结构升级中最为紧迫的任务。

六　发展新兴产业重在发展模式升级

在技术模仿阶段，大都是国外发展出新技术、新的产品，如数控机床、手机等，我们引进技术或接受产业转移，以加工制造为切入点，快速进行产业化跟踪。在这种情况下很少有属于自己的创新产品、属于自己的新兴产业和属于自己的最终用户，经济效益也十分微薄。

现在，中国产业升级迟缓的主要原因，不是产业规模小、不是缺乏资金，而是发展模式落后。在扩张产能方面的投资过度的情况下，技术投入却严重不足。即便对引进的技术，往往也以"可以使用"为限，没有足够的耐心消化吸收。在引进、再引进的过程中，大多企业未能获得"举一反三"的技术能力，掉进了技术依赖的陷阱。

后发国家的一个优势是可以从公开市场获得先进技术。即便只是二流技术，仍至关重要。把握得好，可以从消化引进技术的过程中完成一次次学习的过程，并为日后的技术赶超做准备。日本、韩国和中国台湾地区都经历了这个过程。它们从技术引进到自主创新、到技术输出，经历了25年至30年。我国大陆大规模技术引进已经20多年，到了转型升级的时候了。

发展新兴产业，是生产力提升的一次爬坡，意味着我们要从依赖引进技术、专注低端制造，升级为主要依靠自主技术、主要靠本国资本和主要以自己的力量将创新的技术转化为先进的产品，进而实现产业化，打造新兴产业。

实现这一变革的核心要素是创新能力。发展新兴产业本质是产业链的升级，关键是突破核心技术、掌握知识产权。新兴产业包括诸多不同的产业环节，要使其成为本地的战略产业并形成竞争优势，就必须找准切入点，掌握具有战略特质的核心技术，形成对产业链中最具附加价值和影响力环节的控制力，进而占据产业竞争的领先地位。因此，政府和企业关注新兴产业发展首先要聚焦于培育自主创新能力，着眼于掌握核心技术。

进入发展方式转型升级的阶段后，过去30年我们长期依赖、最为熟悉的发展模式已经不能适应。必须由热衷于投资转向关注创新能力建设，由热衷于规模扩张转向关注产业竞争力的提高，由热衷于低端制造转向关注高技术含量和高附加值的高端环节。就是说，发展新兴产业必须从掌握核心技术、创建自主知识产权开始，不能套用过去的发展模式，固守低端制造。我们必须理解，如果我们经济活动的方式不转变，不能由低端制造向高生产率的设计、研发、品牌、营销、产业链管理等环节延伸，就永远没有属于自己的新兴产业。

七 关于产业结构升级目标的设定

国家提出发展新兴产业的战略得到了地方和企业的积极响应。但是，要防止一些地方和机构急功近利，以发展新兴产业之名，圈地、圈钱，结果"引来了企业，见不到技术"。防止一些地方把发展新兴产业演变成"升级版"的外延扩张，启动新一轮的"两头在外"的低端制造。实际上，我们在代工生产方面的优势正逐渐弱化，应当以发展新兴产业为契机，推进产业结构升级。

一些城市把产业结构升级作为转方式的抓手，制定量化目标。还有的提出了"双倍增"计划，以政府力量大力度推进。实际上，增长方式是否有转变、产业结构是否升了级，短期内很难用 GDP 指标来衡量。过分强调拉动 GDP，可能制造一场虚热，而产业结构依然如故。

考察中我们看到，一些领域已经到了技术突破的临界点，逐渐进入挑战世界领先水平的发展阶段，如光伏发电、超高压输电装备、新一代核电、纳米技术等。这次结构升级，是我国进入工业化中后期自我主导的向高收入发展阶段进军的一次闯关。因此，产业结构升级的目标和立意应当更加高远。高端切入、高端领跑，才能聚集高端人才；在这一轮全球人才流动的潮流中，哪个地区能聚集高端人才，哪个地区就将领导未来产业的发展。政府设定的目标不仅对企业有很强的导向作用，而且在较大程度上决定着后续的政府政策和行政行为。结构升级的目标应更加注重提高产业和企业竞争力的内涵。例如，如何使本地形成技术领先优势，使本地成为企业家创新创业的栖息地，成为某些重要高技术产业的聚集区，发展出某些世界领先的产业，培育出有全球竞争力的企业，产生有世界影响力的企业家，等等。至于产值和附加值的增长，不应把它作为直接的目标，而是看作本地产业竞争力不断提升的结果。

八　重视原始创新和战略高技术研发能力的培育

原始创新和战略高技术研究在发展新兴产业中具有基础性作用。较长时期以来，这类研发主要靠国家研究机构"一条腿走路"，投入有限，成为我国更加薄弱的环节。近年来，有些企业和企业化的研究机构开始进入战略高技术研究领域；一些学成归国人员创办企业或研究机构从事原始性创新。例如，华为公司每年研发经费占销售收入的 10%，其中"预研究"

占10%，对企业快速成长提供了技术支持和储备，而且华为公司已经开始进入相关基础研究领域；华大基因研究院从基因测序入手，向农业、医疗等领域的渗透不断取得突破；光启高等理工研究院正致力于新型超级电磁材料研究；凯赛生物技术公司以生物法产业化生产生物燃料走在了世界前列；无锡尚德从成立时就网罗国内外人才，部署原始创新，目前正加紧研究下一代光发电技术；苏州纳米工业园引领基础研究，通过人员流动和技术扩散，形成从纳米材料、器件到工具的较完整的产业链。

现在，企业对该类研发活动的投资规模还不是很大，但这是中国产业升级非常值得重视的亮点。同样是基础性研究，企业的科研活动与政府研究机构的科研活动是有区别的。企业在原始性创新和战略高技术研究领域的投入属于资本投资，课题的选择有特定的背景、有产业化应用的企图、有获得长期回报的期望。这些创新和研究一旦取得突破，往往很快会"裂变"出众多应用技术，直接服务于技术升级，甚至会扩展为新兴产业。这类创新活动是我国抢占未来经济技术制高点的重要基础因素。尽管创新可能失败，但政府应十分珍惜并给予足够的关注和支持。

九　中小企业有不可替代的作用

在由投资和GDP驱动的经济追赶期，政府关注的是具有明显规模效应的基础产业。较长时间内我国产业的发展都是以规模为导向，特别崇拜大型企业。

技术变革存在不确定性，有效的创新机制往往需要强烈的产权激励、敏锐的价值发现能力、灵活的决策机制、尊重个人的制度安排和既鼓励冒险又有利于分散风险组织和机制。民营企业，特别是科技型中小企业由于更加符合这些特质，成为技术创新的一支生力军。实现发展方式转型，政府的产业政策必须由规模导向转向创新导向，充分释放中小企业的创新潜能。

从产业发展的历史看，无论是计算机、无线通信还是新能源汽车，任何一个产业都是在一项或一组重大技术突破的基础上，通过一个庞大的技术群而发展起来的。其后续发展还需持续的技术支撑以不断完善产品、建立完整的产业链，同时还需要大量细微的创新来开拓增值业务、扩展边缘业务和强化产业渗透力,最终围绕新兴产业形成多层次市场。在这过程中,科技型中小企业处于不可或缺的地位:第一,它为新兴产业发展提供持续的技术来源;第二,它是建立完整的产业链的主要力量;第三,它是围绕新兴产业开拓增值业务的主力;第四,它是推动形成多元化、多层次市场的主角;第五,它是新兴优势企业的生长点。

在我国的技术创新体系中,中小企业的作用被严重低估了。科技型中小企业是对新技术和市场最为敏感、创新活动最为活跃、最敢于冒风险一支生力军;是将知识转化为多种多样可应用技术的主力;是创新效率最高、试错成本最低的企业群体。科技型中小企业以自身的"生死"诠释着新技术、新产业探路者的角色,为大企业的技术集成作铺垫。由于科技型中小企业有很强的外部性,很多国家把支持中小企业发展作为提高国际竞争力的重要政策。

2000年,《欧洲小企业宪章》提出,"小企业是欧洲经济的中坚力量","只有把中小企业的发展提到优先议事日程,欧洲试图在新经济中引领潮流的努力才能成功"。我国转向创新驱动的经济发展方式,应改变传统做法,进一步确认民营企业和中小企业不可替代的地位,并认真解决政策歧视、市场准入难和融资难等发展瓶颈。

十 发展新兴产业需要信心、决心和宽容

发展新兴产业意味着我们要由技术跟踪者,转变为"自跑者",并乘机成为"领跑者"。

实现角色转变涉及三个基本因素:一个是技术能力;一个是意识和信心;一个是制度保障。在没有一定的技术能力的时候,做"跟踪者"是理性的选择。当技术能力达到一定水平之后,能否及时转变为"自跑者"和"领跑者",将取决于意识和信心。技术能力的提高是一个成长和积累的过程,但如果从意识和心态上就认为没有必要进行"角色转变",那么有能力也很难有作为。

改革开放后,经30多年的引进和学习,我国的技术能力有了很大提高,科技水平与先进国家的差距逐渐缩小。近年来创新活动日益活跃,在

一些领域不断产生新的技术突破。但是，持续的引进过程在一些人中也孕育了技术自卑的心态。由自卑形成的偏见，使一些人没能看到我国创新能力的成长，忽略了不断出现的技术创新的亮点，对我国自主创新的潜力估计不足，对自主创新的能力缺乏信心。至今一些有影响的人士还认为，"给跨国公司打工至少还得30年"。他们看到了创新的技术、创新的产品，第一反应就是"这是中国人做的吗？""这个产品能行吗？"。

技术依赖的心态给生产方和需求方都打下了深刻的烙印。在生产方，有的企业看到巨大的技术差距被激起技术追赶的激情；但也有的企业看到很大的技术落差，失去了信心，放弃了自主技术和品牌的积累。有的企业以投机的心理寻求"捷径"，认为有了"引进"这个省时省力的技术来源，自己没有必要再去研发，掉进了技术依赖的陷阱。一些企业以"产品、技术、装备全套引进"为荣，炫耀自己高超的技术水平，却在创新上没有作为。在需求方，一些用户包括部分地方政府，他们不相信本国企业的技术能力，不愿给本国创新产品提供竞争的机会，甚至"巧妙"设计标书，以"没有首台首套成功经历"为由，对国内厂家"定点排除"。另外，体制上的掣肘有时阻碍了本国创新技术的产业化突破；一些本国重要的技术突破"墙内开花墙外香"。上海振华港机董事长管彤贤无奈地说："中国企业的创新产品只有先在国外打响，回过头来才能进入国内市场。"

种种缺乏民族自信形成的软约束，对自主创新的伤害不可低估。一方面，这给本来就十分困难的创新活动制造了更多障碍，特别是封堵了市场出口；另一方面，这种心态如果演变成一种崇洋的文化，将使创新活动从精神和心理上受到打压，精神支柱垮塌了，创新的潜能也将被埋没。

因此，由技术跟踪向自主创新的转型中，特别需要信心、决心和宽容。江泽民同志在一篇论文结束语中写道："许多时候，不是我们没有跨越的潜力，而是缺乏创新的胆识；许多事情，不是我们没有突破的可能，而是缺乏必胜的信心。"

对企业改革几个问题的讨论*

(2012年2月14日)

国有企业改革进入低潮，对国企改革正面的讨论少了，一些疑惑和担心在流传，国有企业也非常困惑。其中有一些是观点的争论，也有不少是概念上的含混。澄清那些似是而非的概念，有利于解放思想，推进改革。

一 企业做强做大与国有资本"有进有退"

国有企业做强做大与国有资本布局调整，是改革发展都必须进行的两件大事。在谈到"国有资本'有进有退'"时，往往被误解为"国有企业'有进有退'"。国企高管对此十分为难，不知道该怎么"进"、怎么"退"。这种困惑来自概念的混淆。需要澄清的是，"有进有退"所指的是国有资本投向的调整；而企业的天职则是做强做大。这是两个不同的范畴，在公司制度下并不矛盾。就是说，企业追求做强做大并不受股东成分和股权结构变化的影响；国有资本从哪些行业或企业的进退也不受个别企业的牵制。例如，沃尔沃原本是一家由瑞典人投资的公司，1999年4月转手到福特，2010年3月福特退出，由吉利收购。投资者在十年内两出两进，而沃尔沃依然在发展。

现在国有资本的功能和个别企业目标的差异日益明显。例如，一方面国有钢铁企业制定雄心勃勃的战略规划，努力做强做大；另一方面，国有

---

* 本文是作者就企业改革的几个问题提出的报告，于2012年2月14日以"国务院发展研究中心专送件"报送中央和国务院领导同志。2012年3月9日，作者针对国企改革争论又起的情况，对本文做了部分修改。根据温家宝总理于2012年3月13日的批示，2012年3月26日《决策参考》（总904号，国务院研究室）全文内部刊发；2012年4月25日《财经》2012第13期全文公开发表，2012年6月4日《人民日报》刊登摘编稿。

资本应当从部分钢铁企业中退出,转向战略性新兴产业。这是作为市场主体的企业和国有资本投资主体各自理性的选择。国有资本从产能过剩的行业退出,并不意味着国家不支持这些行业的结构升级;而企业做强做大,也不能限制国有资本布局的调整。

目前的掣肘在于"顶层"国有企业没有进行股份制改制,所有权与经营权没有分离,国有资本不具有流动性。对顶层国有企业应进行类似五大银行那样的整体改制,利用公司制度的特点,"解放两个自由度":使国有资本具有流动性,保障企业自主经营做强做大。

二 国有企业改革主导方面的转移

如果说较长时期内国企改革主要是使其从计划体制走出、适应市场竞争、增强活力的话,那么进入21世纪,尽管企业自身还有大量改革的任务,但深层次的改革已经转向结构调整和企业制度创新。这两大改革命题主要是国家所有者层面的事,而不在企业。把改革的目光继续聚焦于"国有企业"本身,一方面因为没有抓住要害,而使改革难有实质性进展;另一方面,国企因对此无能为力而感到困惑和无所适从。

国有经济的结构调整,不是以行政的力量改变企业的业务结构,而是国有资本布局的动态优化,关键要使国有资本具有流动性。企业制度创新进一步要做的是"顶层"国企的改制,关键是使国家所有者转变成股东,将国有企业改制成股权多元化的公司。这两方面的改革聚焦到一个点上,就是必须改革国有资本实现形式,由"国有国营"转向"股份制"。

这就需要完善国有资产的管理、运营、监督体制,建立可追溯产权责任的委托代理关系。通过设立国有资本投资控股机构(公司),使国有资本股份化,一方面解决"顶层企业"公司制改制中国有资本出资人缺位的问题;另一方面,以控股机构为国有资本运作主体,依照政府意志和公共目标,市场化运作国有资本,动态优化布局。

对于这一切,国有企业是无能为力的。随着改革形势的发展,国企改革的主导方面应当及时由国有企业改变业务结构,转向国家完善国有资产管理体制。

三 国有资本"有进有退"与私有化

国有经济"有进有退",具体来说是指国有资本"有进有退",即国有资本投向的改变和布局的调整。这是国家为提高国有资本运行效率而采取的主动行为。苏联和东欧的私有化,是将国有财产无偿量化给个人,这种私有化不符合中国国情,是国家法律和政策所不允许的。

三峡工程投资大、周期长,重要的是社会效益,民营资本无意也无力投入,此时国有资本进入。当电厂发电、经济效益显现后,通过资本市场将股权转让,以溢价回收的资金进行上游的梯级开发。在这个过程中不仅国有资本实现了增值,更重要的是政府以有限的资金加快了基础设施建设,保障了地区的发展。在退出过程中某个企业或项目的国有股权即便全部转让(西方把这种现象也叫作"私有化"),这也是国有资本"有进有退""有所为有所不为"的主动选择。资本形态的国有资产并未因此而受到侵蚀和伤害。相反,因布局更加符合变化了的形势,国有资本发挥的效能更加明显、效率进一步提高。

因此,国有经济"有进有退",与苏联和东欧的"私有化"不能混为一谈;国有资本从某个企业的退出,也不能与私分国有资产挂钩。我们不能因概念含混,为防止出现苏联和东欧式的私有化,而停止对国有资本布局的调整。

四 关于"授权经营"与国有资本布局调整

90年代中期,为"搞活"特大型国企,我国试点了"授权经营",其含义是国家把部分所有权交给企业,以提高企业的效率和活力。实际上,在政府层面"所有权与经营权不分"产生了诸多弊端,而"授权经营"在企业层面的"两权不分"也会带来很多的问题。因此,这只是当时情况下的权宜之计。

国有经济的布局调整,是以提高全社会资本配置效率为目标,对国有资本覆盖的行业和企业范围进行的调整。"授权经营"使企业自己成了自己的"老板"。在这种情况下，企业中国有资本的存量和增量由内部人来配置，只能"滚雪球"，不能调结构。尽管近年国有企业也进行了较大规模的重组，但国有资本覆盖的范围基本上没有变化。滞留于既有产业和企业的国有资本不断再投入，有的国有资本则与民营资本同质化，有的与国家目标并不完全一致，有时甚至很不一致。例如，在产能过剩的行业，国有资本每年还以大量投资"推波助澜"，或为追求短期的高收益而盲目多元化，出现了如炒股、炒作期货和国企"地王"等现象。调整国有资本布局要做两件基础工作：一是设立国有资本投资控股公司，受托承担出资人权能，运作国有资本；二是取消"授权经营"，对国有企业进行整体改制，赋予国有资本流动性，确立企业独立的市场地位。

五 国有资本发挥作用的领域和形式

"国有经济控制国民经济命脉"，这是中央对国有经济的定位。如果说，进入21世纪前，实践这一使命，就是使国有资本大举进入重大基础设施、基础原材料、能源开发、重要服务业、重要制造业，为工业化奠定基础的话，那么，今天制约经济社会发展的瓶颈、关系"国民经济命脉"的领域已经转向某些社会产品，如医疗保障、养老保障、住房保障、区域经济协调发展等；制约国家竞争力的重要因素，则是科技投入不足、技术进步相对缓慢、科技创新能力不强、企业竞争力不强；威胁可持续发展的是资源约束日益强劲，生态环境压力日趋加大。此时，大量国有资本仍滞留在一般制造业，就践行"控制国民经济命脉"的使命而言，已经没有什么意义。在竞争性领域很难认定政府对某个行业是否具有控制力，就"关系国民经济命脉"而言，也很难确认在某个行业提高国有资本占比就能"体现国家控制力"。

目前，一方面在传统制造业中过量的国有资本不断制造新的过剩产能，形成对非公资本严重的挤出；另一方面，在基础科学研究、重大科技专项、中小企业融资、新兴产业发展、重要基础设施，以及公租房、义务教育等关系"国民经济命脉"的领域，国有资本的作用没有充分发挥，一些地方政府不得不再建政府"融资平台"。

现在有巨量民间资本可以"接盘"。如果国有资本能从某些一般性产业有序退出，转而充实那些更加重要的行业和领域，将产生双赢的效果，大大提高国家整体资本配置效率。原则上讲，非公资本无意或无力进入的领域是国有资本发挥作用、体现价值最重要的空间。

六 国有资本与社保和公益性基金

中国经济体制转轨没有像苏联和东欧那样"私有化"，而是留下了一大笔国有资产。这是解决改革发展必须处理的诸多难题的宝贵资源。现在社会产品短缺已经上升为主要矛盾，成为制约经济社会发展的短板。我国国有资本数量庞大，不可能从一般产业全部退出。国家可考虑将滞留于一般产业国有资本的30%或者50%，划转到社保和公益性基金，如养老基金、医疗保障基金、住房保障基金、扶贫基金、教育基金、科技开发基金等，补充这些领域的投入不足，使国有资产回归到全民共享的本性。一方面这可以大大增加社保基金来源，有助于解决体制转轨中的历史性难题，保住社会稳定的底线；另一方面社保基金追求投资回报的压力，将成为改善经营、完善公司治理的积极力量。

七 行政性垄断与政府监管

政府对一些行业设定行政垄断（或特许经营），关键行业由国有企业"控制"，其中一个理由是国企更有社会责任意识，可以实现国家调控目标。但在实践中出现了三个问题：一是给企业设定多元目标，强化了政企不分；二是行政性垄断意味着低效率，全社会将被迫为其埋单；三是企业的国有化与政府监管是不同的范畴，没有替代关系。

例如，在成品油与石油价格倒挂时，企业惜售，导致大范围"油荒"；通信运营商利用垄断地位，长期维持高收费；一些处于天然垄断领域的企业自行扩大垄断范围，把与天然垄断相关的业务泛化为垄断领域，谋取利益。如上种种，虽符合企业的逐利本性，但广受社会质疑。问题在于，政府控制垄断企业并以此调控宏观经济，有违经济规律。而在社会效益大于经济效益的领域，企图依赖国有垄断而非制度和监管实现社会目标，是不可靠的。

宏观经济失衡，是总供给与总需求之间出现了较大的不平衡，以干预微观来调控宏观，不是科学合理的途径。除涉及国家安全的领域外，在社会效益大于经济效益的领域，可以设立特许经营，但科学合理的法规和有效的监管是关键。在法制不健全、监管不到位的情况下，国有企业一样可能违背公共利益，民营企业不一定拥有特许经营资格。

八　关于国有资产"保值增值"

把国有资本运作的目标局限为"保值增值"，似是而非，很容易产生误导。

国有企业有政府背景，如果把"保值增值"提到不恰当的高度，就会产生误导。例如，政府向国有企业大量输送稀缺资源、巩固其垄断地位，银行在高利差和存款负利率的情况下继续出台收费项目等都是资产增值的办法。结果是国有资本可能有很高的增值率，但这是以不公平竞争和降低全社会经济效率为代价。

国有资本运作的目标与单个国有企业的目标是有差别的。国有资本具有营利性，也有公共性。例如，在市场失灵的领域，国有资本在引领社会投资、推进科技进步和产业升级、保障经济和国家安全、支持民生建设项目等方面应当发挥作用。亚洲金融危机时，香港政府为救股市设立基金，以上千亿港元敞开收购恒生指数股，在市场回升之后有序溢价退出，解散基金。60年代美国政府出资几百亿美元实施阿波罗登月计划，结果发展出了一个完整的航天产业，提高了国家竞争力，培育出一个重要经济增长点。这些都是国有资本实现公共目标和矫正市场失灵很好的案例。尽管在资本良好运作情况下，大多数可以获得高倍率的回报，但政府投资的出发点不是资产的保值增值，而是实现经济社会的公共目标。

九　政府与企业的亲与疏

按企业所有制成分和行政隶属关系区别政策，是改革过程中存在的问题，近年在某些方面似乎有所强化。

例如，不同所有制的企业因与政府关系有亲有疏而受到不同的待遇。其中国有企业处于绝对优势地位。一是它属"体制内"有"行政级别"的单位，有从政府那里获得稀缺资源的优势，如获得土地、矿产等自然资源，获得电网、电信等特许经营权，获得政府投资项目的能力也最强。二是可以方便地获得银行贷款。国企产出大约占1/3，但获得的银行贷款约占70%。三是国企在一些上游产业、基础服务业形成寡头垄断，获得超额利润。四是即便在竞争性行业，也有市场准入和行政审批两道门槛。一些重要产业的准入条件往往是为大型企业"量身定制"，而行政审批则和企业与政府的亲疏程度相关。很多民营企业因此被挡在门外，称此为"玻璃门"。五是政府承担了过多的建设职能，在既有国企之外，通过"融资平台"又建立了一批国有企业，在基础设施等领域民营企业大都被挤了出去。

实际上企业按所有制和隶属关系被分成了"三六九等"。央企具有最高的社会地位和话语权，地方国企处于"次之"地位；外资企业有较强实力和话语权，受到国家和地方的青睐；民营企业则处于最为不利的地位。近年来，为"躲避风险"，国企更倾向于在内部进行交易，形成配套，如为发展电动汽车，央企在自己圈子内组成联盟，大手笔投资，建立产业链，对民营企业形成了市场壁垒。银行显性或隐性地把民企看作不可信任的群体，为规避"政治风险"，都有远离民企的倾向。再如，有的地方政府不惜直接出面干预，来"做大"国有企业，甚至强制赢利的民营企业被亏损国有企业兼并。在钢铁、煤炭、民航等领域屡屡出现民企被挤出的案例。

在地方保护主义还没有得到解决的情况下，所有制之间的另一类市场分割在强化。强政府加上对企业有亲有疏，削弱了市场配置资源的功能，压制了民营企业的发展潜能。

十 关于"国进民退"与"民进国退"

这个争论是没有意义的。党和政府追求的绝不是谁进或谁退，而是鼓励所有企业公平竞争，都做强做大、所有资本资源都能最大限度地发挥潜能。

争论的实质不是这个问题的本身，而是竞争的公平性。在我国渐进式改革中曾不得不对不同所有制企业区别对待、轮番进行政策调整的做法没有及时改变，有些一直延续至今。舆论、政府管理和涉及企业的许多政策都打上了"所有制烙印"，包括已经上市的股权多元化的公司，每家企业都有一个"所有制标签"。这就使各类企业实质上处于不平等的地位。

不平等的竞争条件和政府对国企的干预，使民企和国企都有诸多抱怨和不满，认为自己受到了不公正待遇。市场高效配置资源的一个基础条件是市场主体的公平地位和竞争中的机会均等。从建立法制的市场经济的角度看，法律规定范围内的各类资本都是国家经济社会发展的宝贵资源，应当受到公平的保护；各类资本投资的企业都能创造就业和税收，应当获得平等的竞争地位。

十一　关键在于深化改革

当前应深化两个方面的改革：一是完善国有资产的管理、运营和监督体制，建立有效的国有资本委托代理关系，使国有资产以资本和股份为主要实现形式；二是对国有企业进行整体改制。这项改革具有重要意义。

一是国有资本持股机构回归到股东地位，按照《中华人民共和国公司法》建立股东与公司的关系。国有资本可以在不同行业、企业灵活地"有进有退"，而企业则在董事会指导下做强做大。

二是国有资本动态地投向关系"国民经济命脉"的领域，在非公资本无力或不愿进入的方面突破经济社会发展瓶颈，为保障社会稳定创造经济前提，发挥非公经济不可替代的作用。

三是政府摆脱了"国有企业"所有制关系的掣肘，可以公平对待各类市场主体，有利于完善市场经济体制；从管理体制和政策层面消除"所有制鸿沟"，有利于形成更富活力的市场机制，释放民营经济的发展潜能。这将是我国生产力的又一次解放。

国有企业改革已经取得了很大进展，但改革的任务并没有完成。当前，应坚持已经确立的改革方向，进一步推进国有资产管理的资本化，加紧对国有企业整体改制。

在中国上市公司协会成立大会上的讲话[*]

(2012年2月15日)

2012年2月15日,中国上市公司协会在北京成立,作者出任首任会长。中国上市公司协会是由上市公司及相关机构等,以资本市场统一规范为纽带,维护会员合法权益而结成的全国性自律组织。证监会为协会的业务主管部门。协会以"服务、自律、规范、提高"为基本职责,致力于促进提高上市公司质量,促进完善上市公司治理,推动建立良好的公司文化,竭诚打造上市公司高端服务平台,进而促进提高整个资本市场的质量。

经过各方面的共同努力,中国上市公司协会今天正式成立了。请允许我代表中国上市公司协会,向关心和支持协会成立的政府部门、协会发起单位和全体会员,表示衷心的感谢!

郭树清主席、周小川行长的精彩讲话对协会今后的工作具有重要指导意义,我们要认真领会,贯彻到工作中去。

政府、企业和社会中介组织是现代市场体系的三大支柱。政府创造和维护市场环境,企业在竞争中创造财富,社会中介组织传达成员企业的诉求、维护它们的整体利益、为它们提供服务、并要求行业自律。三方各司其职,相互独立又相互协调,将在我国经济转型中构建起更高效的市场体制。

上市公司作为资本市场的主角,面对着诸多共同的议题,有许多共同的诉求,如市场和监管环境的改善、与投资者关系的维系、与政府关系的

---

[*] 本文是作者以《创建新型社会中介组织,服务上市公司规范发展》为题,在中国上市公司协会成立大会上的讲话。

维系、信息披露，以及改善公司治理、承担企业的社会责任等。中国上市公司协会正是为了集中反映会员企业的群体诉求、维护会员的整体利益、提高公司价值而由会员发起设立的。

中国上市公司协会是在面临进一步完善社会主义市场经济体制的情况下，在聚集重大改革成果的资本市场范畴中设立的中介组织。它应当以全新的面貌、新的机制出现于社会公众面前。

下面我想就协会的任务、宗旨、指导方针和工作讲一点想法和意见。

一　协会应当承担起四项任务

一是致力于提高上市公司的质量。资本市场是现代经济体系中资金配置的中枢。资本拥有者"投资—获益—再投资—再获益"与上市公司"融资—发展—再融资—再发展"形成良性互动，是我国繁荣资本市场、振兴实业的一条主线。现在我国总体上不缺资金，但金融资本能不能源源不断地、顺畅地转化为产业资本，很大程度上取决于上市公司的质量。中国处于工业化重要阶段，即培育具有全球竞争力企业的最重要时期。上市公司总体上是我国企业中最优秀的群体，它们不但有企业制度的优势、融通资金的优势，而且接受市场和投资者的实时评估，并受到更为严格的市场监管，是我国培育具有国际竞争力企业最重要的生长点。协会应从维护会员企业长远利益出发，发挥贴近市场、了解企业的优势，通过调研总结、交流研讨、咨询培训等形式为提高公司价值、培育具有全球竞争力的企业做出贡献。

二是促进完善公司治理。刚才，周小川行长所讲的公司治理问题我认为非常重要，希望在座的会员企业认真思考，尽可能贯彻到工作中去。公司治理结构的本质是妥善处理由于所有权与经营权分离而产生的委托代理关系。建立有效公司治理是当前我国微观经济领域最重要的制度建设。良好的公司治理，既可以保障股东，包括小股东的利益，又可以保障公司的独立经营，是所有权与经营权分离的制度基础，是公司重要的"软实力"。良好的公司治理加之良好的经营，会使公司受到投资者的青睐。不好的公司治理，将迫使投资者"用脚投票"。多年来，上市公司在监管部门的指导下，在建立有效公司治理方面进行了大量的探索，走在了各类企业的前面，但就建立规范、良好的公司治理来说，还有很长的路要走。目前，一些企业还处于"貌合神离"的阶段。改善公司治理不仅涉及公司自身，还涉及公司治理的社会环境，包括法律环境、监管环境、市场中介组织、人才市场、投资者和社会意识等，不是单个企业所能左右的。协会要发挥既联系企业又可以与投资者和监管部门沟通的优势，通过调研，总结成功经验，与投资者和有关部门协调，改善公司治理的外部环境，推进会员企业治理水平的提高。

三是推动建立良好的公司文化。资本市场的投资者无意干预企业经营，但要求投资的企业有良好的公司文化。作为一个公众公司，如何改善与投资者、消费者、供应商和社区的关系，如何处理公共关系等都是绕不过去的问题。公司的契约观念、诚信度、依法经营情况、社会责任履行情况、与投资者的关系等都直接影响公司的信誉、社会形象，最终影响公司的竞争力。大股东侵权、内幕交易、虚假披露、重筹资轻分红等都是公司文化不正的表现。企业的行为有一些是需要法律和法规来约束，但更多的则需要由企业的经营理念、价值观和企业文化形成的"软约束"来规范。强大的制度惯性，使得今天公司文化的重建具有很大的难度。协会要发挥贴近市场、贴近公司、联系监管部门的优势，引导和促进上市公司建立良好的公司文化。

四是为会员企业服务。协会是会员企业发起设立的，主要任务是表达会员企业的群体诉求，维护会员企业的群体利益，协调上市公司涉及的公共事务和进行自律。概括地讲，就是为会员企业提供良好的服务。

二 协会的宗旨

首先就是去行政化。这是会员企业非常关注的一件事，也是社会中介组织必须具有的一个特征。协会的业务指导部门是证监会，但协会的定位不是监管部门简单职能的延伸。证监会是国务院设立的依法进行监管的政府机构，协会则是由会员企业发起设立的、依照章程服务于会员群体的非政府组织。这两个组织性质不同，行使职能的依据、工具和机制都有不同。

协会工作人员不是公务员，是服务员。协会没有行政权力，也不应谋求行政权力。协会绝不是"二政府"，也不能当"新婆婆"。证监会作为协会的主管部门，对协会工作的指导非常重要，但协会必须厘清自己与监管部门的职能边界，绝不应借助业务主管机关的权威，混淆了自己的定位。协会应当按照社会中介组织归位尽职的原则，做好自己该做的事，尽好自己该尽的责。协会不是以行政权力开展工作、树立形象，而是要通过良好的服务赢得会员的拥护，以有效的信息沟通和协调取得投资者和相关部门的信任。就是说我们要以有益于会员、有益于社会的工作确立自己的社会地位。我们要依靠主管部门和广大会员，努力把协会办成一个去行政化的真正意义上自律的中介组织。

其次，坚守非营利性原则。这是协会区别于企业和各类营利机构的一个基本特征。坚持非营利性原则可以使协会从商业利益的漩涡中抽身，做到"心底无私天地宽"，以此保障协会能从会员整体利益出发，公正地对待每个会员，尽心竭力地为会员群体服务，为资本市场健康发展服务。协会自身不进行商业活动，不谋求商业利益，活动经费来自会费、社会捐助和服务收费，经费的支出要用于会员和社会。协会将按非营利机构的财务和财产管理规则运营，聘请独立审计机构，定期对经费的收支情况进行审计，并向会员企业公布。

最后，协会要办成一个高层次、高水平的服务平台。面对上市公司这个企业群体的高层次需求，协会应当提供更高水平的服务，主要包括与投资者、监管部门、政府机构建立沟通协调机制，及时反映会员企业的呼声，积极争取参与与上市公司相关的公共政策的制定，维护会员企业的整体利益；开展调查研究，发现问题、提出问题，向有关方面提出政策建议，为会员营造好的发展环境；总结成功企业的经验，组织制定自律性指引，促进改善公司治理，提高公司治理水平；为会员企业提供专业化的培训和咨询等服务。

三 协会的指导方针和工作

"服务、自律、规范、提高"是协会工作的指导方针，也是协会的基本职责。协会将紧紧围绕这八个字，以服务为基础，以自律和规范为核心，以提高上市公司质量为目标，团结广大会员，创新工作理念，用专业、高效的工作树立协会的公信力，提高协会影响力。

"服务"是协会立会之本。协会将从维护上市公司合法权益出发，在上市公司、投资者、监管部门之间，以及公司与公司之间建立沟通渠道，发挥桥梁纽带作用，积极参与与上市公司相关公共政策的制定和相关公共事务的处理，为会员提供智力型服务，拓宽上市公司发展空间，以良好的服务使协会成为"上市公司之家"。

中国上市公司协会是一个新型的自律性组织。"自律性"的基本含义是，会员企业在一些重要的可以取得共识的领域，为维护共同利益而建立自律机制，以"准则""指引""公约"之类的企业道德规范，自愿进行自我约束。以此，提升会员公司的道德文化层次，防止"劣币驱逐良币"，保障资本市场健康发展，不断改善公司与投资者和利益相关者的关系，营造良好的发展环境。协会将组织会员研讨建立自律性准则，如公司治理指引、诚信准则、投资者关系指引、企业社会责任公约等，提升上市公司社会形象。

"提高"是会员企业最关注的议题，也是协会工作的一个重点。目前是我国培育具有全球竞争力公司最重要、最有利的时期。协会要从改善企业发展环境、改善公司治理、建立良好公司文化和股权文化、促进资本市场健康发展的角度，促进上市公司竞争力的提升。

我国有关非政府组织的法律、法规还在不断完善之中，社会中介组织的成长、运作还有较大探索的空间。中国上市公司协会要按照现代社会中介组织的标准和要求，以创新的思维，建立新的工作机制，践行协会的任务、宗旨和工作方针。

协会要遵守国家法律法规，在业务主管部门和登记管理部门的指导下开展工作，按照社会中介组织的特点构建协会的治理结构。会员大会是最高权力机构，要使会员大会、理事会、监事会各司其职，协调运转，有效制衡。在机构设置上，要力求小而精，小而专，杜绝机构臃肿、人浮于事。在人员配置上，着力组建一支较高层次、精干、专业化、具有进取精神的员工队伍。在工作流程上，要科学管理，完善制度，坚持效率为先。在工作方式上，要注重调研，务实深入，敢于创新，不墨守成规。在工作作风上，要深入实际，专业敬业，善于沟通，热心服务，节约清廉。

各位代表，我有幸担任中国上市公司协会的第一任会长，为广大会员提供服务，是我的荣幸！我相信，在业务主管部门和登记管理部门的指导下，在各有关方面的关心帮助下，在广大会员的支持下，我们一定能把协会的事情办好，不辜负大家的期望！

谢谢大家。

建立公平竞争的市场机制[*]

(2012 年 11 月 10 日)

2012 年 11 月 8 日，中国共产党第十八次全国代表大会在北京召开。当日下午，李克强同志参加党的十八大山东代表团讨论时指出，党的十八大明确提出，全面建成小康社会，全面深化改革开放，要实现这"两个全面"的目标，关键是推动"两个加快"，即加快完善社会主义市场经济体制，加快转变经济发展方式。

"必须不失时机深化重要领域改革，坚决破除一切妨碍科学发展的思想观念和体制机制弊端，处理好政府和市场的关系，实施更加积极主动的开放战略，增强发展的动力与活力。"李克强如是说。

围绕社会主义市场经济以及国有企业改革等议题，本报记者专访了国务院发展研究中心原副主任陈清泰，他曾参与起草 1993 年党的十四届三中全会《中共中央关于建立社会主义市场经济体制若干问题的决定》（本文以下简称《决定》）中关于国有企业改革的部分。

陈清泰认为，20 年前"姓资姓社"问题的破解，大大解放了思想，为建立社会主义市场经济体制扫清了障碍，极大地调动了经济增长潜力。

作为改革亲身经历者，他期盼党的十八大以及接下来的党的十八届三中全会能推动生产力的再一次解放。

建立国企民企公平竞争的市场机制

记者：从党的十四大开始，我们就把建立"社会主义市场经济体制"

---

[*] 本文是《21 世纪经济报道》于 2012 年 11 月 10 日刊登的记者对作者的专访。

确立为改革目标，有人认为我们现在仍然是半市场、半计划经济体制，尤其国有企业改革，您怎么看？

陈清泰：从20年或30年跨度来看，国有企业改革确实取得了很大进展，但近年改革明显放缓了，社会上一些争论再起。我想，现在我们还是回到原点上，看一看中国为什么要进行国有企业改革？到底要解决什么问题？也许能帮助我们理解国有企业改革的基本命题。

1992年，党的十四大确立了建立社会主义市场经济体制的改革目标。接下来一个绕不过去的历史性难题，就是在一个国有经济占超大比重的国家，市场主体能不能建立起来。

在传统体制下，国有企业与计划体制紧密联系、相互依存。国有企业是计划经济的支柱；计划体制是国有企业生存的依托。国有企业产权不独立、决策不独立，没有盈亏的责任。在政资不分、政企不分、所有权与经营权不分的"国有国营"的体制下，企业是实现国家计划目标的执行单位，不是独立的市场主体。

庞大的国有企业群属于国家的一个投资主体，国企之间存在各种各样的关联，有竞赛，没有竞争。这种国有经济的实现形式，与市场经济怎能相容？政府既掌握公共权力又是国有经济的主宰，企业并不独立，市场经济体制怎么建立？巨大的国有经济是一个主体，其他市场主体怎么参加竞争？当时国内外舆论普遍认为，国有经济对应的就是计划经济体制，选择市场经济就只能私有化。

1993年在起草党的十四届三中全会《决定》时，江泽民几次提出并要参与起草的同志回答的一个重大问题是：公有制、国有经济与市场经济能不能结合、怎样结合？

实际上当时我们面临严峻的政治选择。在公有制、国有资本的范畴，如果能找到与市场经济对接的新的实现形式，构造出独立的市场主体，那么我们就可以顺利实现社会主义市场经济体制的改革目标。如果找不到公有制与市场机制的结合点，要么为坚持公有制、国有经济，只好退回到计划体制；要么坚持利用市场机制，提高资源配置效率，就得私有化。显然，这都是我们不愿接受的结果。

《决定》起草组设定了16个调研题目，责成我牵头第二个题目，就是关于建立现代企业制度。最终，党的十四届三中全会《决定》放弃了在传统体制框架下，以简政放权、减税让利和对不同所有制企业轮番进行政策调整搞活企业的思路，提出以产权制度改革和企业制度创新，构造千万个独立的市场主体，建立社会主义市场经济基础的全新思路。《决定》指出，以"产权清晰、权责明确、政企分开、管理科学"为特征的现代企业制度是国有企业改革的方向。这是我们社会主义市场经济体制理论的重大突破，是向建立社会主义市场经济体制迈出的具有决定意义的一步。

基于现代企业制度在建立社会主义市场经济体制中的特殊重要地位，《决定》做出了一个非常重要的理论判断："以公有制为基础的现代企业制度是社会主义市场经济体制的基础。"

现在我们的争论实质上还是20年前提出的问题，要不要通过国有资产管理体制创新和企业制度创新，实现政企分开、政资分开，所有权、经营权分离？非此，在国有经济的范畴如何构造独立的市场主体？

记者： 经过20世纪的国企改革，国有企业数量在减少，但影响在逐步扩大，比如很多行业的前几名都是国有企业，如何看待这一现象？

陈清泰： 党和政府鼓励所有企业公平竞争，做强做大，所有资本都能迸发出发展的潜能，把国家经济总量做到最大，使居民可以分得更多的财富。

争论的实质不是这个问题的本身，而是竞争的公平性。按企业所有制成分和行政隶属关系区别政策，是改革遗留的问题，近年在某些方面似乎有所强化。

例如，不同所有制的企业与政府关系有亲有疏，因而受到不同的待遇。其中国有企业处于绝对强势地位。它属"体制内"、有"行政级别"，并具备从政府那里获得稀缺资源的优势，如可以获得特许经营权，占据行政垄断地位，获得政府投资项目、获得银行贷款也最为便利。即便在竞争性行业，也有市场准入和行政审批两道门槛。一些重要产业的准入条件往往是为大型企业"量身定制"，而行政审批则和与政府的亲疏程度相关。很多民营企业因此被挡在门外，称此为"玻璃门"。

发展经济、保障民生，重要的是改变这种不平等的发展环境，使各类企业在平等竞争中优胜劣汰。

记者：从数据看，2012年前8个月，国有企业利润同比下降12.8%，下降幅度超过其他所有制企业，如何看待这种现象？

陈清泰：国企经济状况相对差一些，有行业分布的因素，但在同行业中一般来说民营企业也会高一点。究其原因，两种企业经营机制上的差异有较大影响。民营企业的决策机制、管理体系更加灵活，更加适应市场竞争。

国有企业效率能不能得到改善？我认为是存在很大空间的，重要的就是要推进国有企业的改革，使国有企业真正成为独立的市场主体，把目标集中到提高企业竞争力、提高投资回报、提高投资效益上。

从体制上看，由于政资不分，国有企业出资人没有把目标集中于投资回报；由于政企不分，外部对企业的各种强干预使企业无所适从。有企业高管抱怨，面对激烈的市场竞争，他们的眼睛不是盯住市场，而是看着上级领导。这就与民营企业心无旁骛地一门心思追求经济效益完全不一样。在这种情况下国企还有待改革。

国有资产资本化

记者：您的意思是国企要改革，其实改革主要还跟政府的改革有关系？

陈清泰：你说得非常对，深层次的改革已经转向国有经济结构调整和企业制度创新。国有经济的结构调整，不是以行政的力量改变一个个企业的业务结构，而是国有资本布局的动态优化，关键要使国有资本具有流动性。企业制度创新进一步要做的是使国家所有者转变成股东，将"国有企业"改制成股权多元化的公司。这两方面的改革聚焦到一个点上，就是必须使国有资产资本化，由"国有国营"转向"股份制"。

对于这一切，国有企业是无能为力的。随着改革形势的发展，国企改革的主导方面应当及时由国有企业改变业务结构，转向国家完善国有资产资本化的管理形式。

在中国，国有资产管理体制改革是很敏感的问题，所以中央对这个问题采取了非常慎重的态度。在确立"现代企业制度是国有企业改革方向"的同时，中央一直特别关注的另一个问题是国有资产管理如何能与市场经济融合。

国有资产管理,是指国有资产的公共政策和公共管理职能应由政府公共管理部门如财政部等部门负责,并形成全国性的管理系统。

国有资本运营,是指专业的国有资本投资控股公司依据国家公共政策在资本市场进行有进有退的运作,以及国有资本划转为社会保障性基金,以追求投资回报为目标进行资本运营。

国有资本监督,是指对国有资本运营状况、运作的合规性进行审计监督。

回过头来看,还是要改革国有资产的管理体制。迄今为止,我们一直将国有经济等同于国有企业,在产业领域把实物形态的"国有企业"作为国有经济的唯一实现形式。将经营性资产资本化,选择可以用财务语言清晰界定、计量,并具有良好流动性、可进入市场运作的资本化的实现形式,具有重要意义。国有资产实现形式的资本化是进一步深化改革重要的突破口,具有十分重要的意义。概括地讲就是可以实现"三个解放"。

一是国有资产资本化意味着国家从拥有、管理和控制国有企业,转向委托专业持股机构运作国有资本,企业与持股机构建立公司和股东关系,在董事会指导下,聚焦于财务业绩,在竞争中做强做大。这对企业是又一次解放。

二是资本化的国有资产具有良好的流动性,国有经济布局调整将通过国有资本在行业和企业间的"有进有退"来实现。这种进退,原则上不影响企业层面的经营范围和业务结构。这是国有资产流动性的一次解放。

三是政府摆脱了国有企业关系的掣肘,有助于站到超脱地位,进行市场监管,提供公共服务;有助于改变按所有制区分企业的政策,公平地对待各类企业。这是对政府履职的一次解放。

记者: 国有资本该如何管理呢?

陈清泰: 现在大家也经常把国资委说成国有资本的出资人,这是不确切的。国资委与汇金公司不同,央企资本没有注入国资委,国资委没有建立自己的资产负债表,没有进行工商注册,也没有运营国有资本的法律地位。国有资产管理体制进一步改革涉及国资委的改革。

至于国资委的改革,我认为两种走向都可以。它可以作为一个国有资本监督机构,行使类似银监会、证监会、保监会一样的监管职能,继续叫国资委。或者是把监督职能交出去，如交给人大，或者交给审计署，自身改制为一家或几家国有投资控股公司。

记者：有人认为，国有大企业改革的现阶段比较现实的办法，是在国有体制下直接进行市场化改革，依托资本市场改制为公众公司，实现国有企业的多元化、市场化和国有资产的资本化，您如何看？

陈清泰：现在对于整体上市有两种定义。一种是如"工、农、中、建"等银行的整体上市，它的顶上没有再保留一个壳公司，它们的国有资本投资人是汇金，还有一部分是财政部。国有资本的出资人是清晰的。

还有一种定义，是集团公司将与上市公司可能产生同业竞争的资产全部注入上市公司。上市公司国有资本持股人依然是集团公司。这种概念的整体上市也是很大的进步。但是国有资本的委托代理体制的问题并没有解决。

记者：在中国进行大规模国有企业改制，曾经发生国有资产流失，对此您怎么看？

陈清泰：在国有资产管理体制不清晰的情况下，大规模改制重组很难避免资产流失。如果抓住国有资产资本化这个关键，建立起可以追溯产权责任的国有资本委托代理体系，国有资产流失的可能性就会大大减小。

当然也不能把"国有资产流失"当作大棒，把什么事情都叫作国有资产流失。例如投资了10个项目，有6个项目都成功了，获得了5倍溢价、8倍的收益，但有4个项目投资失败了，就说是国有资产流失。再如某一项技术创新投入失败了，就被扣上国有资产流失的帽子，那谁还敢再创新。

中小型科技企业创新效率高、试错成本低[*]

(2013年1月16日)

中小型科技企业在技术创新中能发挥什么作用？尽管有时一些政府机构制定产业政策、设立产业进入门槛时常常排斥中小企业，但实际上中小型科技企业在技术创新中发挥着主力军的作用。全国政协常委、经济委员会副主任陈清泰直言："中小科技企业创新效率最高，试错成本最低，它们是国家创新体系的基础。"

陈清泰指出，在知识创新与产业化应用之间有一个广阔的空间，这里恰恰就是科技型中小企业创业、创新活动的天地。科技型中小企业的创业者和技术骨干大多来自大学和科研机构，并通过多种形式与学校或科研机构保持联系。这就使他们可以较方便地获取技术信息和知识的溢出效应。科技型中小企业迫于生存的压力，比任何机构都有更强的动力通过再创新将产品转化为有市场价值的最终产品或可应用的技术，并以大量的、多样化的转化成果为大企业的技术集成和产业化提供技术要素。

"技术创新存在很大的不确定性。有效的创新机制往往需要强烈的产权激励，敏锐的价值发现能力，灵活的决策机制，尊重个人的制度安排和既鼓励冒险又有利于分散风险的组织和机制。"陈清泰说，民营科技型中小企业由于更加符合这些特质，它们在国家创新体系中成为对新兴市场最为敏感、创新活动最为活跃、最敢于冒风险的一支力量。它们在发达国家也被高度重视。2000年，《欧洲小企业宪章》指出，"小企业是欧洲经济的中坚力量"，"只有把中小企业发展提到优先议事日程，欧洲试图在新经济

---

[*] 2013年1月16日，作者出席"战略性新兴产业培育与发展高层论坛"，并以《发展新兴产业的政策思路》为题进行演讲，其中特别提到了中小企业的不可替代作用。本文是《科技日报》记者李大庆的报道稿。

中引领潮流的努力才能成功"。

在陈清泰看来，革命性的新技术出现时，大企业往往因为对传统技术的依恋和大量存量资产的拖累而踌躇和犹豫，可科技型中小企业却可以从中找到施展的机会，愿意以更高的热情义无反顾地推进新的技术变革。他举例说，在我国，具有自主知识产权的 CPU、手机芯片、纳米级锂电池正极材料等都出自民营科技企业，特别是科技型中小企业。

陈清泰特别强调了中小企业在技术创新中的作用。按照传统的做法，当一些产业被国家重视时，政府就会制定产业政策，设定发展目标，设立进入门槛，作为提供资金、税收等支持的条件。而中小企业往往被排斥在外。这一政策的出发点忽略了中小企业在技术创新中的生力军作用。"实际上科技型中小企业创新效率最高，试错成本最低。它们是以自身的'生和死'充当着新技术、新产品探路者的角色，为大企业的技术集成作铺垫。大量富有生机和活力的科技型中小企业是国家创新体系的基础。"陈清泰呼吁，在发展新兴产业时，应改变传统做法，进一步确认科技型中小企业不可替代的地位，并认真解决政策歧视、市场准入难和融资难等发展难题。

深化企业改革的几个问题[*]

(2013年1月18日)

一 国有企业改革的基本命题和当前的重点

在确立社会主义市场经济体制改革目标后，国有经济改革面临两大难题，保持较大规模国有经济的情况下市场经济体制能不能建立？国有经济与市场体制能不能结合，如何结合？这是涉及社会主义市场经济体制能否建立的重大问题，这也是中央一直把国有企业改革看作"经济体制改革中心环节"的重要原因。

分析党的十四届三中全会以来的改革进程和理论突破，可以看出，破解这一历史性难题有三个关键点：一是寻找国有经济适应市场经济的企业制度，重构市场主体；二是与时俱进地调整国有经济的布局和功能定位；三是寻找适应市场经济的"国有资产实现形式和管理方式"。

20年来，这三个方面的进展参差不齐。

关于国企的改革。党的十四届三中全会确认"现代企业制度"是国有企业改革的方向。用意是借助现代公司制度的三个重要特征，化解公有制与市场经济的冲突。一是确立企业"法人财产权"，使包括国有投资企业在内的企业成为享有民事权利、承担民事责任的法人实体和市场竞争的主体。二是实行"有限责任制度"。国家所有者退居到股东地位，以投入企

---

[*] 2013年1月18日，"2013年中国宏观经济形势展望高层研讨会暨全球宏观经济官产学三方对话"在北京举行，研讨会的主题是"2013年中国与世界经济形势展望"。全球宏观经济官产学三方对话，是由国务院发展研究中心宏观经济研究部与毕马威全球中国业务中心联合发起，牛津大学、霍普金斯大学、庆应大学以及长江商学院等知名大学参与组织。本文是作者在研讨会上的讲话。

业的资本额享受所有者权益，对企业债务承担有限责任。三是建立科学的组织管理体制，即治理结构，实行"所有权与经营权分离"，企业以其全部法人财产，自主决策、自主经营、自负盈亏，保障企业独立的市场地位。现代企业制度很快被企业认同。国有企业的公司制改革，在"二级公司"，即集团下属企业陆续展开。

关于国有经济结构调整。国有经济布局和功能的调整是渐进式的，但每一次调整都引来了社会的争议。重要的有两点，一是除特殊领域外，随着市场经济体制日益成熟，国有经济是不断强化，还是逐渐淡出？二是国有经济追求财务回报并将投资收益用于补充社会产品的功能要不要启用，在多大程度上启用？近年，国企调控经济的功能，随着政府主导经济增长势头的强化而强化，而国企上市减持、增强社会保障能力的举措，并未受到普遍理解和欢迎。国有经济结构调整受到了很大局限。

关于国有资产实现形式和管理方式的改革，实际上就是国有资产从"实物形态"向"价值形态"转换，而这一点则进展迟缓。

国企改革如上三大要点相互关联。国有经济的布局和功能调整，不是以行政的力量改变企业的业务结构，而是国有资本分布的优化；企业制度创新要做的，不是改进政府"管理"国有企业的方式，而是使国家所有者转变成股东。这两者聚焦到一点，就是国有企业改革的主导方面应当及时由"国有企业"自身调整业务结构，转向国家推进国有资产的"资本化"和"证券化"。

二 国有资产资本化，是深化改革的突破口

迄今为止，在产业领域，实物形态的"国有企业"仍是国有经济的唯一实现形式。政府作为市场的监管者，同时拥有、管理和控制着庞大的国有企业群，并与其保持着复杂的关系。这就造成政府不独立、国有企业也不独立，政府无法正确处理与市场的关系，阻碍了市场经济体制的完善。

将经营性国有资产资本化，选择可以用财务语言清晰界定、计量，并具有良好流动性、可进入市场运作的资本化的实现形式，是当前深化改革重要的突破口。国家将从管理和控制国有企业，转向拥有并委托专业机构

运作国有资本。

这是"国有资产"实现形式由"实物形态"向"价值形态"的转换，与"私有化"不相干。由此可以实现"三个解放"。

一是国有资本投资机构与投资的企业建立股东与公司的关系，有利于股权多元化、所有权与经营权分离，保障企业的独立地位，增强来自投资者的财务约束。这解除了政府对企业的直接管理和控制，企业有股东，没有"婆婆"，有利于聚焦财务目标，在竞争中做强做大。这对国有企业是又一次解放。

二是资本化后，国有经济布局调整体现在国有资本投向的"有进有退"，不影响企业的经营范围和业务结构。国有资本与其他资本一样追求投资收益，进行二次分配，不影响企业的正常运营。资本化是对国有资产流动性和效率的解放。

三是资本化为从体制上实现政资分开、政企分开创造了条件。政府摆脱了国有企业的无限责任和关联关系的掣肘，可以正确处理与市场的关系，站到超脱地位，进行市场监管，提供公共服务，聚焦经济社会稳定发展，对政府也是一次解放。

资本化的国有资产的预期效能，主要通过市场运作而不是靠行政力量来实现。这就使国有资本具有"亲市场性"，从而可以保障我国在保持较大份额国有经济的情况下，建立起良好的市场经济体制。

三　国有经济功能构成面临调整

渐进式改革给我们留下了一笔巨大的国有资本，这是我国经济发展和社会转型可以利用的宝贵资源。国有资本公共品的属性，使它可以有两大功能：一是作为政府调控经济和实现特殊公共目标的工具；二是获得财务回报，弥补财政缺口，进行二次分配。两者的构成不能一成不变，应随形势的发展而调整。

90年代中后期，以"抓大放小""三年脱困"为契机，在民营经济十分弱小的情况下，国有经济大举向投资规模特别巨大、规模效应特别明显的基础设施、基础原材料、能源开发、重要服务业、重要制造业等集中，发挥了不可替代的作用。仅仅用十几年时间，就为我国工业化奠定了良好的基础，使我们顺利走过了经济发展的追赶期。

今天，形势已经发生了很大的变化。市场经济体制逐渐完善，多种所有制经济迅速发展。除特殊领域外，政府继续把国企作为发展经济的"抓手"、调控经济的"工具"，将产生越来越多的负面效应。

当前，制约经济社会发展的瓶颈、关系"国民经济命脉"的领域已经转移。国有经济公共性的主要表现，不是再把国企当作政府调控经济的工具，而是将国有资本的投资收益作为国家公共财政的补充来源，弥补体制转轨中积累的必须由财政支付的历史欠账。这一方面可以弥补社会保障资金的不足，减少社会分配不公，保住社会底线，保障体制转轨的平稳进行；另一方面可以补充社会公益性资金，改善生态环境，促进区域协调发展。

为此，国有资本调控经济和获取财务收益两种功能的构成，应当与时俱进地进行调整。在市场失灵的领域，设立国家投资控股公司，以投资为导向，实现政府特定的公共目标。客观地讲，目前这一部分仍不可少。另外，较大部分的国有资本，如40%或60%的国有资本，则应注入社保基金、扶贫开发基金、教育发展基金、西部大开发基金、科技发展基金等，以财务回报为目标进行市场化运作，以投资收益支持相关民生和公共事业，使国有资本回归全民所有和全民共享的本质。

四 消除"所有制鸿沟"，进一步解放生产力

建设高收入国家，不仅仅是要促进GDP增长，也必须提高居民收入占比，减少分配不公，充分释放创新创业潜能，培育强大的中等收入阶层等。构建能调动亿万人民参与积极性的新的经济增长动力，是跨越中等收入陷阱的关键。为此，需要在三个方面实现新的突破：一是改革政府与市场的关系，政府调控市场，市场引导企业；二是打破垄断，促进竞争，激发创新创业活力和提高资源效率；三是消除"所有制鸿沟"，进一步解放生产力。

30年来，在并不十分宽松的环境条件下，非公经济较快成长，表现出了巨大的发展潜力。现在，非公经济占国民经济总量、城镇固定资产投资的比重均已超过60%，吸纳城乡就业人口超过80%，税收贡献超过50%。

一些民营企业的经济实力逐渐壮大,狭隘的市场已经不足以让它们施展手脚。那些国有企业必须控制的行业,民营企业能不能进入?

消除"所有制鸿沟"是对各类所有制企业的解放。90年代初"姓资姓社"问题的破解,为建立社会主义市场经济体制扫清了障碍,极大地调动了经济增长潜力。今天,在向创新驱动转型的时期,特别需要释放亿万人民求富创业的内在动力、扩大中等收入阶层,为各类所有制企业创造更加公平、公正的市场环境,为我国奔向高收入国家奠定基础。

进一步改善公司治理的几个问题[*]

（2013 年 2 月）

从 2012 年 9 月起，按照证监会统一部署，中国上市公司协会以独立董事和监事会为切入点，开展了"倡导公司治理最佳实践"活动，调研阶段先后在 6 省市召开 14 场座谈会，并征集 450 多起实践案例。下面是公司治理最佳实践活动成果的摘要汇总。

一 对公司治理的基本判断

（1）中国的公司治理已"今非昔比"，但还有很长的路要走。证监会等有关部门从维护资本市场健康发展的角度出发，较早地将公司治理作为监管的核心内容，成为推进建立有效公司治理的重要力量。以 2002 年证监会发布《上市公司治理准则》为标志，经过股权分置改革、三年专项治理整治活动，经历十年倡导和督导，至今上市公司治理已取得巨大的进步。曾经困扰市场的大股东与上市公司"三不分"、通过关联交易掏空上市公司等情况，基本上已经成为过去。上市公司已成为我国实施现代企业制度最为规范的群体。

目前，从内部治理看，无论是公司章程、议事规则、内控制度、人事任免程序、信息披露、关联交易等制度规制，还是股东大会、董事会、监事会，以及审计、提名等专业委员会，以及独立董事、董事会秘书等组织制度，已经齐备，不少公司探索出了适合本公司的最佳治理模式。总体看

---

[*] 2012 年 2 月 16 日中国上市公司协会成立。应时任证监会主席尚福林之邀，陈清泰荣任首届理事长。协会成立后，以推进建立有效公司制理为切入点，开展了"倡导公司治理最佳实践"活动。此文是在广泛调研和征集实践案例后的摘要汇总。

上市公司治理在逐年改善,但效果参差不齐,一些还"貌合神离"。从调研情况看,创业板、中小板的治理状况好于主板,非国有控股的状况好于国有控股。

(2)公司治理的关注点。公司治理实施20年来,总体来看,前十年主要是制度的移植,近十年主要是制度的完善。从实践看,现阶段应该要推进公司治理的本土化,形成中国特色的治理模式。

从调研情况看,独立董事、监事会、机构投资者和外部审计机构可能是当前推动有效公司治理的关键抓手。以完善独立董事制度为核心的董事会建设是下一步公司治理的主要问题。研究推进外部监事制度、实行中小板和创业板独立董事和监事会备选制是监事会的攻坚事项。大力发展长期机构投资者是推动公司治理质量提升的重要基础,也是资本市场成熟的关键。外部审计机构是公司财务状况信息真实性的保障,也是完善公司治理的重要外部推动力。

上市公司既要有内部治理,也要有外部治理。从调研情况看,上市公司内部治理逐步完善,监督比较有效,而外部治理对内部治理有很大影响,使公司不知所措又无法抗拒。外部治理主要包括关注上市公司的监管和控股股东行为两个重要部分。公司内外部治理相辅相成,缺一不可。

二 完善独立董事制度

调研中公司普遍认为,较之监事会,独立董事在公司治理中的作用更加明显。公司中独立董事的比重基本满足法定的1/3要求,一些企业如獐子岛、青海华鼎、伊力特、中联重科、郑州煤电等过半。公司多希望在独立董事定位、选聘、提名、知情权、激励、问责机制等方面能够进一步规范,在借鉴国际经验的基础上,建立更加符合中国本土特点的独立董事制度。

(一) 明晰独立董事定位,强化独立董事的监督职能

独立董事的职责定位是独立董事履职的基础,是独立董事资格的重要前提。实践中多数上市公司独立董事的选聘主要由控股股东负责,而很多控股股东在选择独立董事时更多考虑其能对管理咨询、战略顾问、财务法

律等专业性工作把关、能做好对外沟通,也有一些较注重其监督作用。例如,华天酒店的独立董事初步具备了"监督+战略"的两重特征,独立董事在企业战略规划中发挥了重要作用;上海建工的独立董事在跨行业收购中发挥重要专家咨询作用;理工监测独立董事在股权激励计划推出和实施过程中起了重要决策作用;美盈森独立董事建议取消远期外汇交易以使公司避免重大经济损失。总的来看,独立董事在提供专业知识和技术支持、商业决策判断方面更多发挥了"咨询"和"专家"作用,而在监督执行董事和管理方面的作用有限。有必要在立法上进一步强化并明确其监督职责,尤其发挥独立董事在公司财务审计、合规经营、关联交易、对外担保和利润分配等方面的监督制衡作用。

(二)完善独立董事选聘渠道,为上市公司提供更多的人选

调研企业反映,独立董事选聘缺乏市场化机制,主要依靠实际控制人、董事会、独立董事通过人情和关系来寻找,以"凑数"达到监管要求,尤其是二、三线城市和西部地区上市公司普遍存在独立董事选聘难的问题。一些上市公司独立董事身兼数职的现象十分普遍。名人独立董事兼职多、工作忙,导致企业难以选聘符合要求的独立董事。目前独立董事以专家学者、企业高管和政府官员为主,独立董事中专家学者比重最高约占41%,企业高管(担任高管以及拥有高管经验)占19%,前政府官员占13%。企业更希望选择会计、法律方面的专家学者,但选择面窄、渠道少。建议可由中国上市公司协会等机构建立全国性的独立董事人才库,搭建统一的独立董事选聘信息平台;可由协会成立独立董事专业委员会,明确职业规范,研究制定评价标准;鼓励和支持从事投行、PE、VC等机构投资者的高层次人才加入独立董事队伍;吸引更多的境外专家到国内上市公司担任独立董事。

(三)改进独立董事提名机制,增强独立董事的独立性

由于我国上市公司"一股独大"现象广泛存在,董事会、监事会基本被控股股东所掌控,独立董事的选聘很大程度上体现的是控股股东和内部控制人的意图,本应代表中小股东利益的独立董事却大部分来源于大股东

的推荐和董事会的提名。大多数独立董事实质上是由大股东提名并主导选举产生，独立性和专业性难以得到保障。实践中很多企业探索改进独立董事的提名机制，如莱宝高科，主要股东同意尽量不参与独立董事候选人提名，由上届或现任董事会提名。恒顺电器的独立董事都是由中小股东推荐，而不是由大股东指定。伊泰煤炭则由广大中小股东参与独立董事选聘，并采用累计投票制。华仪电气自 2007 年重组以来，一直鼓励持股 10% 以下的小股东提名独立董事候选人，目前看来已取得一定的改进效果。建议实行中小股东对独立董事的提名制，由中小股东提名独立董事候选人，然后由股东大会差额选举，并实行第一、第二大股东回避制度。可在创业板、中小板中先试点。同时，提高独立董事提名的透明度，在提名独立董事时须充分说明独立董事的搜寻途径、独立性、履职能力、履职时间安排等，并要求对独立董事候选人情况及提名情况进行公告，让公众投资者在股东大会选举独立董事时决策。适当限制控股股东提名的比重，建议持股超过 30% 的控股股东不得提名独立董事。也有部分公司建议，可考虑将独立董事提名权单独授予董事会提名委员会。

（四）建立资格管理机制，推动独立董事的职业化和专业化

我国独立董事门槛较低，专业性和职业化程度总体不高。从选拔条件来看，4 天的培训、考试，通过就可以担任独立董事。从当今资本市场发展看，原有的规定已远远不能满足履职要求。独立董事结构中专家学者居多，其中很多专家尽管学术背景雄厚，但既无企业管理经验，也没有接触过企业。实践中独立董事往往身兼数职，难有充裕的时间和精力去充分了解业务。企业的期望与其履职效果有较大落差。上市公司建议中国上市公司协会尽快出台上市公司独立董事行为指引，通过更加细化的指引或标准文件，为其履职提供具体参照，以加强独立董事的职业化和专业化程度。在独立董事任职资格方面，建议建立标准化的、统一的、公开的独立董事资格管理机制，由专门的机构负责独立董事资格考试，并进行规范化管理。

（五）保障独立董事知情权，提高履职效果

调研中很多企业反映，部分独立董事履职意愿不强、甘当"花瓶董

事"，如独立董事异议率偏低、股东大会出席情况不尽人意（2011年年度股东大会中，有63家公司独立董事全部缺席）。部分独立董事则反映其知情权难以得到保障，一些控股股东及公司高管向独立董事"谎报军情"，并排斥独立董事参加必要的公司内部会议，导致其获取的信息虚假、不完全、不及时。实践中一些企业的做法有借鉴性。例如，海马汽车建立了一系列工作机制为独立董事获取公司信息、参与公司管理提供保障，包括独立董事阅文机制、经费年度预算机制、独立董事工作量统计工作、公开独立董事电子信箱等。新大洲、海峡股份也建立了类似的多渠道信息沟通机制，如独立董事工作费用预算、阅文机制、现场检查等。横店东磁还搭建了独立董事与投资者沟通互动的平台，逐步加强独立董事与中小投资者之间的沟通。民生银行出台专门、具体的独立董事工件制度及针对性规定，如明确津贴、会议费及调研费，规定履职准则等，建立独立董事行内上班制度，安排专门办公室和办公设备，配备专职人员。建议将独立董事的知情权制度化，从监管上确保独立董事的知情权，并提供一系列保障措施。也可考虑从提高独立董事素质和进入门槛着手提升独立董事履职能力，加强独立董事的职业化和专业化程度。

（六）完善独立董事激励机制，适当放开对独立董事的股权激励限制

很多独立董事反映，其所承担的风险与激励不对等是大部分独立董事履职积极性不高的重要因素之一。从薪酬体系看，几乎所有公司对独立董事都给予相同的薪酬，并未根据其执业能力、专业素质、工作勤勉状况等加以区别考量，激励动力不足。薪酬模式仅限于固定津贴，过于单一。公司对独立董事的权力和责任缺乏明确规定，责任保险制度执行不力，存在潜在的诉讼风险。实践中有一些公司也在探索通过适当的激励机制促进独立董事更积极地履职。例如，粤电力、金发科技等将其津贴与实际出席会议情况挂钩，应出席而未出席会扣减津贴，并将出席率作为续聘的考虑因素。北汽福田对独立董事缺勤扣钱，津贴每两年调整一次。华电国际、宏源证券、伊泰煤炭、大连港、孚日股份、潍柴动力、兖州煤业等公司都建立了独立董事责任保险制度。华中数控实施了独立董事股票期权等激励方案。建议进一步完善独立董事激励机制，根据其执业能力、专业素质、工作勤勉状况、所在行业等加以区别，实行差异化薪酬，根据其履职绩效，灵活制定薪酬政策。应放开对独立董事的股权激励限制，解除独立董事持有上市公司股份1%的限制。

（七）建立独立董事考评问责机制

目前对独立董事的考核标准尚未统一，市场约束和优胜劣汰机制的作用尚不明显，对独立董事履职不力的惩罚和问责机制也没有建立起来。调研中也有一些公司建立了对独立董事履职情况的考评机制，如招商银行建立了独立董事年度述职和相互评价、监事会对独立董事年度履职进行评价的制度。民生银行对独立董事履职行为的评价分为客观评价和自我评价两部分，其中客观评价占70%的权重。兴业矿业也建立了独立董事自评和互评制度。建议尽快建立相对统一的独立董事考评问责机制。可明确在独立董事年度述职的基础上，由董事会或监事会对独立董事进行考核。充分发挥自律组织的作用，对违法违规或履职不力的独立董事，由自律组织将其记入黑名单，对社会公告，并适时发布独立董事履职白皮书。建立独立董事任职信息披露制度，参照美国独立董事信息披露贯穿于任职全过程的做法，强化对独立董事履职情况的披露，尤其是独立董事参与投票的情况、在重要会议上的发言等内容。建立董事分类投票披露制度，董事会上董事对议案的投票情况要分类披露，股东董事、独立董事的投票情况应一目了然，让"用脚投票"机制发挥作用。逐步完善独立董事报酬披露制度，包括在年报中披露独立董事的薪酬，以及占总收入的比重，即披露独立董事对上市公司经济利益的依赖程度。进一步完善关于独立董事的诉讼制度，如中小股东可以直接对独立董事提起法律诉讼等，防止独立董事在公司生死关头为推卸责任而寻找借口辞职等做法，细化对独立董事履职不力、不作为、推卸责任等行为的问责规定。

三 改进监事会制度

依现有规章，监事会应在财务检查、对董事会和高管行为的监督方面发挥作用，但实践中这种作用的发挥明显不足，监督流于形式。很多企业对如何发挥监事会的作用仍较困惑，有的希望其能更好地发挥监督作用，但多数企业的监事会并不具备相应的能力与独立性；有的则提出既然有了独立董事制度，为降低公司治理成本，应从实际出发，不宜再过度强调监事会作用，可引入差异化治理理念。

（一）引入差异化治理观念，允许中小板、创业板独立董事和监事会实行备选制

我国公司治理架构是双轨制模式，监事会是法定的公司监督机构，同时法律要求上市公司必须聘请独立董事。一些公司反映，独立董事与监事会治理机制的部分职责重叠、模糊，有"叠床架屋"之嫌。二者都可以检查监督公司财务、监督董事和高管的违法行为，提议召开临时股东大会。二者职能上的交叉造成职责的重复以及监事会作用的弱化。部分公司尤其是中小板、创业板公司反映，独立董事和监事会并存，增加了监督成本，降低了公司运作效率。目前国际公司治理已经呈现"选择化"和"灵活化"的趋势，如在日本、法国，独立董事、监事会不再是公司治理的必备机构，而是治理结构"菜单"的选项之一。而我国上市公司结构和性质多元化，行业、规模差异较大，呈现不同的治理特色，单一的公司治理模式已经很难适用于所有公司。建议实行差异化的备选治理模式，允许中小板、创业板独立董事和监事会二选一，以降低治理成本，把公司治理机构设置的选择权交给上市公司。

（二）可推广外部监事、股东监事的做法

绝大部分公司监事由股东，主要是控股股东推荐和职工代表选举产生。根据上交所的调查报告，73.4%的有效样本公司监事会主席是从企业内部产生，公司内部产生监事人数占全体监事的59%。股权监事也主要由控股股东推荐，以企业内部人员为主，主要维护的是控股股东利益，职工监事也由企业内部员工产生。监事会成员的身份和行政关系不能保持独立，监事职位的任命、工薪等基本都由管理层决定，很难对董事会构成实质性的监督。而一些外部监事占比高的企业则监督成效明显。例如，达实智能的5名监事会成员中有3名来自创投机构的外部监事，包括监事会主席，这

些外部监事有专业知识，对公司财务、对外投资等研究较深入，并能做到对公司经营活动的持续跟踪与参与，有效地发挥了监督作用。但类似达实智能公司的情况并不多见，据统计，目前深沪两市仅有31家上市公司聘请了56名外部监事。建议可进一步推广外部监事和股权监事的做法，对此可考虑对建立外部监事制度做出强制性要求，对外部监事的定义、选聘程序、职能等做出规定，提高外部监事履职能力，健全激励约束机制。可增加非控股股东监事的比重，鼓励长期机构投资者选派外部监事、扩大外部监事的比重。

（三）拓宽监督深度和广度，探索决策评价机制

现行法规对于监事如何履职没有具体规定，很多企业在实践中探索出了行之有效的履职方法，如民生银行监事会建立决策评价机制。建议进一步探索、推广监事会在财务检查、董事和高管行为监督等方面的评价机制，对重大战略决策的科学性、合理性及执行结果的有效性进行评估，逐步将评价结果作为财务检查、董事和高管行为考评的重要依据。对重大事项的执行过程进行跟踪，并向股东大会报告，充分发挥纠偏和监督职能。

建议充分发挥外部审计机构在监事会履职中的作用，建立外审机构与监事会的良好沟通机制，借助外部审计机构的力量，通过审计及时发现问题，对企业运行情况、经营过程实行监督，提高监督的有效性和针对性。

（四）加强监事会机构建设，拓展监督方式

多数公司监事会组织松散，部分公司监事会空心化。根据深交所对200多家中小板公司的调查，仅100家公司将监事会作为常设机构，仅95家上市公司的监事会有独立的办公场所。股东监事、职工监事兼职情况相当普遍，监事会日常事务由证券办等其他部门代理，监事会形同虚设。实际工作中，列席会议是监事会最主要的履职形式，监事会基本都肯定董事会的决议，仅有少数公司反映监事会曾提出过工作建议和意见。监事会作用的发挥往往需要高成本来支撑，部分上市公司在满足监管需要的同时，为压缩成本，选择将监事会空心化，监事会名存实亡。

调研中，中国远洋、南方航空等国有控股上市公司采取"纪检、监察、

审计"三位一体的大监督模式，监事会主席以其个人威信特别是身兼纪检委书记等特殊身份使监事会具有较大的影响力。银行业监事会机构较为健全，不但引入外部监事，且监事会下设专门委员会。四川长虹、中国神华等公司通过监事在子公司层层兼任、外派监事、借助审计力量等多种方式，加强监事会对子公司经营情况的监督。一些家族企业如报喜鸟、步步高等将内审部门作为监事会常设执行机构，将事后监督移到事前、事中监督，监事会作用不断加强。

建议进一步加强监事会机构建设。鼓励监事会下设日常工作机构，整合纪检、监察、审计等相关部门的职责，探索设立监事会专门委员会。推动上市公司向全资和控股子公司派驻监事会、对参股投资企业派驻监事，延伸监督触角，增强对子公司的监督力度。建议监管部门可定期对上市公司治理结构的执行情况进行监督检查，其中把监事会的责权利落实情况作为检查的重点内容之一。

（五）提高监事履职能力

调研结果显示，监事会人员专业性相对不足。国有控股上市公司的监事会主席以控股股东或公司党委、纪委书记兼职人员居多，大部分股东监事不坐班，职工监事中又以中层及以下人员为主，大多长期从事党政、行政、工会等工作。民营上市公司中担任监事的人员大部分并不具备应有的专业知识，很难保证审查的"真实有效"。

建议从源头抓起，规范监事任职资格，选任高素质、高水平的监事。可仿效董事会秘书资格培训的做法，设置监事任职资格及后续培训制度，提升监事履职能力，提高监事的整体素质。对外部监事或者独立监事进行资格认定，比照独立董事做法，实现外部或独立监事专业化，保证外部或独立监事的独立性，充分发挥其监督作用。对于股东派出监事，比照股东派出董事的做法，保证其充分履职。

建议在实现监事履职的基础上，对监事实行问责制。明确监事的监督责任和相应处罚措施，加大问责力度，并充分发挥上市公司行业自律组织的作用，强化外部监督。

四 强化外部审计，加强内部风险控制

在国外，外部审计被称为公司治理的"四大基石"之一，其在提高上市公司财务信息披露的真实性和可靠性、弥补独立董事的治理缺陷、与内部审计相辅相成提高经营绩效等方面具有独特作用。调研中会计师事务所认为应将完善审计机构监管制度、加大违法违规惩罚力度等作为加强内部风险控制的源头。

（一）改革外部审计机构的多头监管制度

外审机构普遍反映会计师事务所多重监管体系混乱，导致出现监管重叠、重复报备、监管具体规定不统一等问题，严重影响外审机构的执业水平和质量。财政部和证监会拥有证券从业资格注册权，中注协拥有准则制定权，中注协、财政部、证监会和审计署同时拥有检查权。财政部、中注协和证监会每年要求定期重复报备，并轮流对同一事务所的执业情况进行抽查，检查频繁，耗时长，甚至监管规定不统一，如证监会、财政部对上市公司内控评价报告的披露内容和格式要求不统一，导致披露的内控信息可比性差。

美国和中国香港的外审监管经验值得借鉴。"安然事件"后美国于2002年通过《萨班斯法案》，设立"公众公司财务监管委员会"（PCAOB），由美国证监会对上市公司和从事上市公司审计业务的会计师事务所进行独立监管。PCAOB拥有对有证券从业资格的会计师事务所的注册、准则制定、质量检查和惩戒权。中国香港则于2006年成立"财务汇报局"，下设审计调查委员会和财务汇报检讨委员会，分别就上市公司审计和披露不当行为以及上市公司财务报告未遵守法律和会计规定的行为进行调查。但财务汇报局无权进行纪律处分或检控，发现违法违规问题需移交香港会计师公会和香港联交所或香港证监会。

建议借鉴美国的做法，整合各部门职能，设立一个独立的常设监管机构，赋予其对有证券从业资格的会计师事务所的注册权、准则制定权、执业许可权、监督检查权和处罚权等，强化对外部审计机构的日常监督。

(二) 加大对违法外审机构和审计师的惩罚力度

外审机构监管到位是根治当前中国上市公司财务信息披露失真的关键。美国等西方国家对上市公司的财务监管主要靠会计监管，而非行政监督或市场监督。例如，2001年"安然事件"后美国证监会对安达信进行了严惩，迫使其退出审计行业。实践证明，我国上市公司财务造假案件多与外审机构的审计质量低有关，甚至存在外部审计师主动参与造假的现象，原因在于上市公司和审计机构相互串通、审计机构履职不到位、会计师事务所多头监管产生监管套利等。调研反映，财务造假频发根源是违法成本低和执法不严，如对于刑事责任，美国最高可判刑25年，个人和公司罚金可高达500万美元和2500万美元，而我国最高期限为10年，对罚金未做具体规定，同时违规处罚主要是行政处罚，很少涉及民事责任和刑事责任。例如，万福生科、绿大地等案例中对会计师事务所和签字会计师的处罚，仅限于没收违法收入、罚款和吊销事务所和个人的执照等行政处罚，而未涉及民事和刑事责任。

建议借鉴美国的集团诉讼体制，完善现行共同诉讼方式，并加快《中华人民共和国注册会计师法》的修订，促使外审机构由目前的有限责任公司制改为特殊普通合伙制，令签字会计师需承担无限赔偿责任。同时监管部门加强监管，从目前的行政处罚为主，转变为民事赔偿、刑事制裁与行政处罚三者并重。

(三) 改进聘任或解聘外审机构的程序和信息披露方式

调研普遍反映，企业聘任外审机构时过于关注价格、管理层偏好以及信息披露的规范性等。尽管我国法律规定上市公司审计委员会可以提议聘请或更换外部审计机构，但未作强制要求，调研中发现大部分企业外审选聘均由管理层主导。美国和中国香港均明确规定上市公司审计委员会负责外审机构的选任，决定其业务内容和报酬，外部审计师提供的非审计服务均需经过审计委员会的预先批准。美国规定上市公司在解聘会计师事务所时应填报8-K表格细化披露内容；香港会计师公会明令禁止外审机构低价拉拢客户等。

建议进一步完善外审选聘制度。强化外部审计机构的聘用与解聘、业务内容和报酬、选聘标准等信息披露。借鉴美国证监会 8-K 表格的相关规定，细化聘任和解聘外部审计师的披露内容和格式。

（四）完善外部审计师与上市公司治理层沟通机制

目前我国的注册会计师准则和证监会的年报工作通知中，对于外审机构和审计委员会的沟通均有相应规定。调研企业反映，外审机构与审计委员会的沟通较国外仍存在沟通频率低、沟通方式单一等问题。建议应赋予审计委员会之外的独立董事列席审计委员会会议的权利和义务，并效仿国外立法强制要求上市公司邀请签字会计师参加董事会或者股东大会以接受董事和股东就会计信息的问询。会计师事务所也可通过行业培训、研讨会或者其他形式增强与独立董事的沟通。

（五）进一步加强外审机构风控体系的建设

调研反映，受政策支持兼并重组的影响，外审机构"带病合并""项目挂靠"等现象严重，总所的风控体系往往不能在分所实行。风控落实不到位、未严格遵守质量复核体系也是财务虚假的直接原因，如胜景山河的会计师仅靠粗估，而未到现场监盘库存原酒 2 万吨导致财务数据失真。建议监管部门督促外审机构建立统一的质量复核控制体系，采取监管措施切实加强分所管理，防范盲目收购和会计挂靠导致的财务造假风险。

五 大力培育长期机构投资者

机构投资者是公司治理的重要基础。调研中机构投资者反映，公募基金投资者缺乏参与治理积极性主要受持股比例限制和业绩考核压力影响，PC 和 VE 主要受持股时间和长期投资理念影响，养老保险基金难以参与公司治理是因为面临入市障碍，目前它们参与公司治理的积极性和参与层次与其资金规模和市场地位严重错位。调研反映，机构投资者是成熟资本市场中的一股理性力量，发展资本市场、完善公司治理必须大力培育机构投资者。

(一) 优化机构投资者结构，从制度和市场环境上培育养老金等长期机构投资者参与公司治理

在美国，长期机构投资者是机构投资者的主体，如 2012 年底，养老金、保险公司等长期机构投资者的持股市值占比为 40%，基金公司的持股市值占比为 28%。目前，我国机构投资者结构不尽合理，养老金、保险公司等长期机构投资者尚未成为机构投资者的主体。数据显示，截至 2012 年底，我国保险公司、社保基金等投资者的持股市值占全部机构投资者持股市值的 49.7%，而基金公司的持股市值占比则达 50.3%。同时，国内机构投资者参与公司治理的能力不高，缺乏相关经验，如缺乏推荐董监高人选的经验。建议出台对社保基金、企业年金、保险公司等长期机构投资者的税收优惠政策，依据投资年限，按比例降低其证券投资收益所得税税率，以鼓励其增加对资本市场的投资比重。提高投资额度，加快引进 QFI 等境外长期机构投资者，扩大人民币合格境外机构投资者（RQFII）的试点范围和投资力度。鼓励境内机构投资者与 QFII 合作，提高参与公司治理的能力，如格力电器的基金股东通过与 QFII 的合作，积累了推荐董事候选人的经验。

(二) 应突破两个"10%"的持股限制，引导公募基金主动参与公司治理

调研中，基金公司普遍认为，《中华人民共和国证券投资基金法》中"单一基金持有一只股票的比例不能超过基金资产净值的 10%，同一公司持有一只股票的比例不能超过该公司总股本的 10%"的规定，限制了基金公司在上市公司中的持股比例。截至 2012 年底，基金公司平均持股比例为 7.1%。持股比例低限制了其在公司治理中的作用，如重庆啤酒的基金股东曾在股东大会提议罢免董事长，但由于持股比例低，该项议案最终未获通过。建议可适当放宽基金公司双"10%"限制，提高基金公司参与公司治理的意愿和动力。同时改革对基金公司的考核机制，扩大长期业绩表现在基金公司考核体系中的比重，引导公募基金持股长期化。

（三）强化机构投资者参与公司治理的信披制度

国际发达市场已建立起一套机构投资者参与公司治理的信披制度。例如，美国《1940年投资公司法》要求机构投资者必须向投资人公告其行使表决权的记录。英国《管理者守则》要求机构投资者要向投资人公告其参与公司治理的记录，如投票情况。目前，我国尚缺乏制度披露机构投资者参与公司治理的行为，机构投资者参与公司治理的透明度较低。建议借鉴美英经验，建立机构投资者必须定期向市场披露其参与公司治理情况的制度，如出席股东大会次数、股东大会行使表决权的记录、推荐董监高人选情况等。

（四）通过专门制度降低机构投资者提案门槛

美国机构投资者参与公司治理的提案门槛较低，如持股比例超过1%即可在股东大会提案。而按照我国有关规定，单独或者合计持有公司3%以上股份的股东可以在股东大会前提出临时提案，单独或者合计持有公司10%以上股份的股东有权向董事会请求召开临时股东大会。但实际上，多数机构投资者采用组合投资方式，同时持有多个公司股份，单一公司持股比例较低。提案门槛的限制导致机构投资者难以利用提起议案的方式参与公司治理。建议通过专门制度降低机构投资者提案的持股比例限制，如规定社保基金、保险公司、QFII、基金公司等机构投资者在股东大会前提出临时提案的持股比例限制降至1%，机构投资者向董事会请求召开临时股东大会的持股比例限制降至5%。

深化改革的一个突破口[*]

（2013年2月26日）

当前，在产业领域，实物形态的"国有企业"仍是国有经济的主要实现形式。政府作为市场的监管者，同时拥有、管理和控制着庞大的国有企业群，并与其保持着复杂的关系。这就造成政府不独立、国有企业也不独立，政府无法正确处理与市场的关系。当前，进一步深化国有企业改革仍是一个重大命题。

一 国有企业改革的基本命题和当前的重点

在确立社会主义市场经济体制改革目标后，国有经济改革的基本命题是，公有制、国有经济与市场经济能不能结合？如何结合？这涉及"社会主义市场经济体制"能否建立，也是中央把国有企业改革看作"经济体制改革中心环节"的重要原因。

从党的十四届三中全会以来的理论突破和改革实践看，破解这一历史性难题有三个关键点：一是推进企业制度创新，重构市场主体；二是与时俱进地调整国有经济的布局和功能定位；三是寻找适应市场经济的"国有资产实现形式"。20年来，如上三个方面的进展参差不齐。

关于企业制度创新。党的十四届三中全会确认"现代企业制度"是国有企业改革的方向。用意是借助现代公司制度的三个重要特征，化解公有制与市场经济的冲突。一是确立企业"法人财产权"，保障企业独立的市场地位；二是实行"有限责任制度"，既保障国家所有者权益，又降低风

---

[*] 本文是作者2013年2月26日专报国务院领导同志的建议（参阅件）。

险；三是建立科学的组织管理体制，建立规范的公司治理结构。现代企业制度很快被企业认同，集团下属企业的公司制改制陆续展开。

关于国有经济结构调整。90年代中后期，"抓大放小"、企业转制、关闭破产、债转股和"三年脱困"等结构调整措施大范围实施，在一般行业国有企业大幅度退出，国有经济相对集中于重要行业和关键领域。此后，国有经济大举向投资规模特别巨大、规模效应特别明显的基础设施、基础原材料、能源开发、重要服务业、重要制造业集中，仅仅用十几年时间，就为我国工业化奠定了良好的基础，使我国顺利走过了经济发展的追赶期。

关于国有资产实现形式的改革，实际上就是国有资产从"实物形态"向"价值形态"的转换，而这一点则进展迟缓。

国企改革如上三大要点相互关联。由于国有资产实现形式未能由实物形态的"企业"，转变为价值形态的资本，致使国有企业整体的公司制改制受阻、国有经济布局调整无法实质性进行。当前国有企业改革的主导方面应当及时由针对"国有企业"自身的改革，转向在国家层面推进"国有资产的资本化"。

二　国有资产资本化，是深化改革的一个重要的突破口

党的十六大后，在探索国有资产实现形式方面取得了很大进展，国有资产管理出现了两种形态。一种是国资委"管人、管事、管资产"的行政性管理方式；另一种是汇金公司、社保基金作为国有资本持股机构的运作方式。实践证明，后者更加符合市场化改革方向。

当前，在产业领域，实物形态的"国有企业"仍是国有经济的主要实现形式。政府作为市场的监管者，同时拥有、管理和控制着庞大的国有企业群，并与其保持着复杂的关系。这就造成政府不独立、国有企业也不独立，政府无法正确处理与市场的关系。

当前，将经营性国有资产资本化，选择可以用财务语言清晰界定、计量，并具有良好流动性、可进入市场运作的资本化的实现形式。国家从管理和控制国有企业，转向拥有并委托专业机构运作国有资本，已势在必行。

这是国有资产实现形式由"实物形态"向"价值形态"的转换，与

"私有化"和"国有资产流失"不相干。

由此可以实现"三个解放"。

一是国有资本投资机构与投资的企业建立股东与公司的关系，有利于股权多元化、所有权与经营权分离，保障企业的独立地位。这解除了政府对企业的直接管理和控制，企业有股东，没有"婆婆"，有利于聚焦财务目标，在竞争中做强做大。这对国有企业是又一次解放。

二是资本化后，国有经济布局调整体现在国有资本投向的"有进有退"，不影响企业的经营范围和业务结构。国有资本与其他资本一样追求投资收益，进行二次分配，不影响企业的正常运营。资本化是对国有资产流动性和效率的解放。

三是资本化为从体制上实现政资分开、政企分开创造了条件。政府摆脱了"国有企业"的无限责任和关联关系的掣肘，可以站到超脱地位，进行市场监管，提供公共服务，正确处理与市场关系，对政府也是一次解放。

资本化的国有资产的预期效能，主要通过市场运作而不是靠行政力量来实现。这就使国有资本具有"亲市场性"，从而可以保障我国在保持较大份额国有经济的情况下，建立起良好的市场经济体制。

国有资产资本化改革具有较高的可行性，可以作为深化改革的一个突破口。一是国有资产实现形式的资本化、证券化，是当前国有经济改革重要的节点，这一改革的突破对经济体制改革的全局具有较大的影响力；二是我们已经有银行业和社保基金近十年运作的经验，总体效果很好；三是银行业改革的经验证明，国有资产的资本化改革主要发生在国家-政府层面，并不影响实体企业的正常运作，不影响员工工作，不会产生大的社会震荡，风险可控。

三　国有经济面临功能调整

渐进式改革给我们留下了一笔巨大的国有资本，这是我国经济发展和社会转型可以利用的宝贵资源。国有资本有两大功能：一是作为政府调控经济和实现特殊公共目标的工具；二是获得财务回报，弥补财政缺口，进行二次分配。

当前，一方面，除特殊领域外，政府继续把国企作为发展经济的"抓手"、调控经济的"工具"，将产生越来越多负面效应；另一方面，制约经济社会发展的瓶颈、关系"国民经济命脉"的领域已经转移，社会产品短缺的矛盾不断上升。因此，不应再把国企当作政府调控经济的工具，而应更加看重国有资本的投资收益，以此作为国家公共财政的补充来源，弥补体制转轨中积累的必须由财政支付的历史欠账。这一方面可以补充社会保障资金的不足，保住社会底线，保障体制转轨的平稳进行；另一方面可以补充社会公益性资金，减少社会不公，促进区域协调发展。

为此，国有资本调控经济和获取财务收益两种功能的构成，应当与时俱进地进行调整。

在市场失灵的领域，设立国家投资控股公司，以投资为导向，实现政府特定的公共目标。客观地讲，目前这一部分仍不可少。另外，较大部分的国有资本，如50%或70%，则应注入社保基金、扶贫开发基金、教育发展基金、西部大开发基金、科技发展基金等，以财务回报为目标，进行市场化运作，以投资收益支持相关民生和公共事业。

国有资本功能结构调整对企业来说，就是国有企业股东的变化，这并不影响公司的正常运作，没有大的风险。一是不会影响在少数特定领域以国家投资实现公共目标；二是有助于政企分开，厘清政府与市场的关系；三是社保基金等专业持股机构追求投资收益的压力有利于企业把目标集中于提高经营利润，提高资本效率；四是国有资本收益用于改善民生、提高社会保障能力，将使国有资产回归全民所有、全民共享的本质，降低社会风险。

在"《吴敬琏文集》首发式暨中国改革座谈会"上的发言[*]

(2013年5月11日)

这次来的人很多,大家都应该发言。

党的十八大之后,在改革进程加快的时候,中央编译出版社把吴老师1980年到2012年具有代表性的文章汇集出版,这是非常有意义的。

改革开放30年来,吴老师始终站在改革前沿,为党和政府建言献策,为我国社会主义市场经济体制建设做出历史性贡献。30多年来在我国改革发展的每一个重要节点无论是改革方向还比较模糊和迷茫的早期,还是改革机会来临或遇到困难的当口,吴老师都能高瞻远瞩,从理论高度结合国情借鉴国际经验提出方向性的改革设计和建议,以及具有可行性的解决方案,对各个时期破解改革发展的难题做出了不可磨灭的贡献。

《吴敬琏文集》这三本书共八个方面的专题文章,是历史更是改革的有力积淀。改革开放使吴敬琏老师这样有知识的学者脱颖而出,正是这样一批改革精英助推了我国的改革和发展。我为在关系民族命运和国家前途的重要时期,有吴老师这样具有高度责任感、高水平、国际化、治学严谨、受到国内外尊重的经济学大师而感到骄傲和庆幸。

关于中国改革,我讲三点内容。

第一,超越争议,坚持公平与效率优先。建设高收入国家必须消除"所有制鸿沟",使我国的经济体制更加公平、富有活力、高效和具有竞争

---

[*] 2013年5月11日,"《吴敬琏文集》首发式暨中国改革座谈会"在北京举行,座谈会由中央编译出版社与搜狐网主办。主办单位原定座谈会主题为"《吴敬琏文集》首发式",吴敬琏教授希望与会专家围绕中国改革主题畅所欲言,为此,将主题调整为"《吴敬琏文集》首发式暨中国改革座谈会"。作者与胡德平、江平、林毅夫、高西庆、李剑阁、钱颖一等专家学者以及政府部门、企业界的代表70余位出席首发式和座谈会。本文是作者在会上的发言。

在"《吴敬琏文集》首发式暨中国改革座谈会"上的发言

力。争论"国进民退"还是"民进国退"是没有意义的,从建立法制的经济市场角度看,法律规定范围内的各类资本都是国家发展的宝贵资源,都应该获得平等的竞争地位。党和政府追求的是所有资本都能最大限度发挥潜能,创造最多的财富,而不是谁进或者谁退。竞争是效率的源泉,人为地认定各种所有制成分在经济总量中所占的比重和哪种所有制成分保持绝对控制,是与发挥市场配置资源的公平与效率原则相冲突的。现在为维持既定的所有制比重,无论政府还是企业,甚至社会舆论都被打上了所有制的烙印,包括上市公司都有一个所有制标签,在市场中形成一条很深的"所有制鸿沟"。这已经成为约束经济和社会发展的体制性障碍。

第二,打破垄断,给民营经济平等的地位。以至于政府给部分国有企业垄断地位一个重要的理由是国有企业的社会责任感强,便于政府控制和实现政府目标。这就成了排斥民营经济的重要根源,实际做法中出现三个问题。一是把国有企业作为调控经济的工具并给它设定多元目标,这种无规制的干预使企业无所适从。二是政府与企业关系扭曲,市场规则遭到破坏,不仅降低经济效率,也成为社会不公和腐败的温床。三是通过企业而不是依靠法规和监管实现公共目标,难以取得预期效果。例如,电信的低网速和高收费不断遭到社会质疑,电信、广电同为国有垄断行业,三网合一却推进无果,影响了国家信息化进程。客观上讲,这些问题的责任不在企业,而是制度设计有违公平。公共品属性有两大功能,一是作为政府调控经济和实现特殊公共目标的工具,二是获得财务回报以弥补财政缺口。两者结构不能一成不变,应随形势的发展而及时调整。90年代中后期国有经济大举投向投资规模特别巨大、规模效应特别明显的基础设施、基础原材料、能源、交通、重要服务业,在当时确实发挥了不可替代的作用。今天的形势已经发生变化,除特殊领域外,政府把国有企业作为调控经济的抓手、调控经济的工具,将产生越来越多的负面效应。理性地看,现在还有多少领域需要对民营经济设置进入壁垒以保障国有经济的绝对控制和较强控制呢?通信装备、互联网、搜索、通用芯片、电子商务等领域对社会影响的深刻程度很多远远超越传统的重要行业和所谓的关键领域。这些领域以民营经济为主,但至今并未对国家安全和政府调控构成挑战。

第三,消除"所有制鸿沟",进一步解放生产力。建设高收入国家不仅包括GDP增长，还必须包括提高居民收入占比，减少分配不公，培育强大的中等收入阶层，构建能调动亿万人民参与积极性的新的经济增长动力等内容。打破垄断、促进竞争、激发创新活力是重要的途径。20世纪90年代中央提出"国有经济控制国民经济命脉"，当时向社会传达的政策意图是国有经济不能全覆盖，要有进有退、有所为有所不为，要给民营经济让出发展空间。而进入21世纪强调国有经济控制国民经济命脉，却发出了强化国有垄断、限制民营经济进入的政策信号。如果在较大产业范围内仍实现国有经济绝对控制和较强控制，再加上银行等行业的国有垄断，还有多大空间允许体量日益变大的民营经济发展呢？现在非公经济占国民经济总量和城镇固定资产投资的比重均已超过60%，吸纳城镇就业超过80%，税收贡献超过50%，民营经济的经济总量现在是不是已经碰到了天花板，触及了公有制为主体的底线？一些实力较强的民营企业已经不满足于既有的市场空间，这是不是挑战了国有经济的主导地位和支配地位？我们是牢牢守住"红线"还是按照"三个有利于"的原则与时俱进地创新理论，改革阻碍经济发展的政策规定？这是我们面临的政策选择。

我就做这样一个发言，谢谢。

在"2013 CCTV 中国上市公司峰会"上的主旨演讲[*]

(2013 年 8 月 24 日)

党的十八大报告提出,经济体制改革的核心问题是处理好政府和市场的关系。2012 年以来,改革步伐加快,把经济转型与产业结构升级放到了重要位置。

2013 年春节前后,中国上市公司协会组织力量与各地协会一起开展了"改进政府与企业关系,改善企业发展环境"的专题调研。我们对中国企业以提高效率为目标向创新驱动的转型,以及转型发展所需环境条件等有关问题,有了更深刻的理解。

下面,结合调研的结果讲三点意见。

一 实现经济转型需要重新定位政府与市场和企业的关系

到目前为止,我国已基本走过了经济发展的追赶期。在这期间,我们主要的是重复工业化国家已经走过的历程,如建设和完善交通、通信等基础设施,提高矿业、能源等的保障能力,奠定基础原材料、基础制造业等行业的发展基础等。这些领域的社会需求可以预测、所缺的技术可以从国外获得。在这种情况下,政府以控制较多的资源配置权,采取举国体制、政府主导、依托国企、大规模投资的增长方式,在较短的时间基本走完了

---

[*] 2013 年 8 月 24 日,由中国上市公司协会和中央电视台联合主办的第三次"CCTV 中国上市公司峰会"在京召开,峰会发布了《中国企业发展环境报告 2013》。100 余位上市公司董事长以及来自国内 50 家基金、券商等大型金融机构代表参会。证监会、上海证券交易所、深圳证券交易所等负责同志出席会议并发表主题演讲。本文是作者在峰会上做的主旨演讲,亦是《中国企业发展环境报告 2013》一书的序言。

这一过程，为进一步工业化奠定了基础。至今，如上领域普遍产能过剩、边际效益递减，明显进入了结构调整和升级的阶段。种种迹象表明，投资拉动的经济增长方式已经走到尽头，恢复和提升产业边际效益的基本途径就是由投资驱动向创新驱动转型。

但是，创新驱动的经济发展期与追赶期不同，存在很大的不确定性，政府很难准确预知未来，创新本身也是风险很大的经济活动。创新发展主要靠企业家的睿智和胆识及不懈的探索，创新的动力来自市场，创新是否成功要由市场评价，创新的试错成本要靠市场消化，创新的溢价收益也得靠市场变现。因此，创新发展所要求的环境条件与追赶期有很大的不同。好的市场环境、较高的竞争强度是重要条件。因此，政府不能用追赶时期的管理方式推动创新以驱动经济发展，必须从主导产业发展的角色中退出，采取有力的政策措施改变发展环境。首要的是重新定位政府、企业与市场的关系。政府是创造环境的主体，通过调节市场引导企业；企业是创新的主体，自主决策并承担风险；市场则为创新提供动力、平台，并使成功的创新获取收益。

二 有怎样的发展环境，企业就会选择怎样的发展模式

近年来，资源、环境和市场的压力日益增大，政府千方百计鼓励企业转型，但是进展仍不尽如人意。重要的原因是市场倒逼企业转型的力量被传统的体制和政策所扭曲，未能充分发挥效力，同时创新发展的环境和条件尚待建立和完善。实际上，企业对传统增长方式存在很强的路径依赖，没有市场力量的倒逼和高回报的吸引，大多数企业不会轻易转型。例如，在生产要素充裕而且价格低廉的情况下，多数企业会选择规模扩张、低成本竞争的战略；若环境成本可以"外部化"，高能耗、高污染企业就会"大行其道"，节能环保的企业就会退缩；如果假冒、仿制现象得不到有效监管，"搞创新的干不过盗版的"，多数企业就不会冒险创新；如果行业标准落后且实施不严，就会导致准入门槛过低，劣质低价产品充斥市场，先进的企业会被落后企业打倒；如果不正当竞争得不到有效治理，"违规成本低、守法成本高"，就会导致劣币驱逐良币；如果选择性执法、寻租机会

时时出现，就会使企业更加注重开发"政府关系"这个"生产力"；如果房地产、金融投资的回报持续远高于社会平均水平，就会造成"干制造业的干不过搞房地产的""干实体经济的干不过搞虚拟经济的"，企业就倾向于远离制造业，转而追逐各种投资热点。

创新和变革是企业家精神的精髓，是企业不竭的追求，但在现实生活中，企业无法改变外部环境，只能适应环境。因此，创新或不创新，是企业应对外部环境的一种选择，有怎样的发展环境，企业就会做出怎样的选择。如果少数企业不愿创新，那是它基于自身条件的决策；如果多数企业缺乏转型动力，那就是发展环境还不太支持创新。从这个意义上说，向创新驱动转型的问题，就是发展环境的转变问题。从如上情况看，目前的体制、政策环境比较适合投资驱动的发展方式，还不太适合创新驱动的经济发展方式。向创新驱动转型，我们还面临许多体制、机制的改革与创新问题。

三 政府既是重要的环境因素，也是改变发展环境的主体

能创造和改变发展环境的是政府，政府的政策和行政方式在很大程度上影响着企业行为。要改变发展环境，必须从转变政府职能、改革行政方式入手。

随着改革的深化，市场配置资源的能力、对市场主体的激励和约束力增强，政府应及时从对微观经济的直接干预转向创造有效率的市场和良好的宏观环境。

重要的是进一步完善基于法律规则的经济治理。政府经济工作的一项核心内容是制定市场规则，减少官员的自由裁量权，并保证规则公开透明、公平公正。当前，一方面要完善规则，另一方面要提高规则的执行力。政府官员应带头遵守规则、执行规则，确保竞争环境的公平性和对各类市场主体一视同仁，确保企业能自主决策进入或退出市场。同时，实施严格的市场监管，使违背市场规则的机构和个人付出应有的代价，以此形成稳定的社会预期，让企业在统一的法律和规则的保护和约束下自主经营，使任何企业都可以通过高水平的产品、营销和管理获得高收益，而不是"靠关系"。

要"使市场在资源配置中发挥基础性作用",政府经济工作的注意力就要放到创造有效率的市场上来,使政府调控经济的有效性,更大程度上通过市场的有效性来体现。政府应制定和实施促进效率提高和鼓励创新的竞争政策,消除市场进入壁垒,提高竞争强度,充分发挥市场的激励和约束作用;应尊重企业的首创精神,尊重市场对产业发展方向和技术路线的筛选,通过有效的竞争,激励产业和企业提高效率、增加创新力度。

应改变政府主导产业发展的模式,反思和调整通过"产业政策"对产业进行的行政干预。政府应从对竞争性项目的经济性管制及时转向针对外部性的社会性管制,如对资源利用、环境保护、安全、卫生以及土地使用等进行社会性审查。在当前情况下,政府制定规划、确定目标、认定项目、选择企业、分配GDP增长指标、实施倾斜政策、进行督导和成果评价等做法,已经不能适应发展形势,更严重的是,这会使企业在不断追随政府而不是追踪市场的过程中丧失自我。另外,市场准入的行政审批制在很大程度上弱化了市场的引导和激励作用。行政性垄断、地方保护和所有制歧视,造成了市场分割、不平等竞争,阻碍了市场的资源配置。政府管得太多,包得太多,优惠太多,企业就会产生依赖,遇到问题不是找市场,而是向政府伸手甚至寻租。以GDP指标考核企业,鼓励的是规模扩张,会抑制效率的提升和创新。

向创新驱动转型是一个十分艰难的过程,外部发展环境的改善是必不可少的关键因素。中国上市公司协会的基本职能是服务上市公司,我们将与有关机构合作,不断深入了解企业的情况,反映企业呼声,积极配合政府部门,为改善企业发展环境做出我们的努力。

国企改革：从管企业到管资本*

(2013 年 12 月 31 日)

国资委管人、管事、管资产，最终管企业的方式，离市场化相对较远，可借鉴汇金模式，既能体现政府意志、有进有退，又不直接干预企业；可效仿社保基金的方式，既能保值增值、增强保障能力，又体现全民所有、全民共享。

党的十八届三中全会关于企业改革有很多亮点，以问题导向，有针对性地提出了当前社会关注的问题和解决方案，对下一步的企业改革有很强的指导性。

中国的改革是渐进式的，所有制理论和政策的突破，也是基于当时发展阶段和社会接受程度而取得的。对民营经济，从"允许存在""有益的补充""一定程度的发展""共同发展"，到"基本经济制度"，再到"两个毫不动摇"的改革过程可以看出，前一段促进发展的理论政策，如果没有后续新的突破，就有可能固化，成为后一阶段发展的障碍。

过去十年，国企改革进展相对缓慢，一时"国进民退"还是"民进国退"的争议此起彼伏。从党的十八届三中全会的决定看，中央显然看到了其中的问题，也有决心突破。国企改革看到了希望。

三中全会打破"所有制鸿沟"

根据党的十八届三中全会审议通过的《中共中央关于全面深化改革若

---

* 本文是作者根据《中共中央关于全面深化改革若干重大问题的决定》中有关企业改革的精神，在 2013 年 2 月 26 日给国务院领导同志的专报基础上，于 2013 年 12 月 12 日补充修改形成的。《财新周刊》2013 年第 51 期刊发全文。

干重大问题的决定》（本文以下简称《决定》），未来将"紧紧围绕市场在资源配置中起决定性作用深化体制改革"。

1993 年，党的十四届三中全会对向社会主义市场经济体制转变作了全面部署，1994 年进行了大力度的改革，很快使我国经济体制由"半计划经济"转向了"半市场经济"。一般商品是市场定价、市场配置，而能源、矿产、资本、土地等要素则是政府定价、政府配置，政府同时通过控制国企、行政审批和直接干预等掌握了较多的资源配置权，并对不同所有制企业实行差异化政策。实践证明，这种半市场的经济体制与"政府主导、投资驱动、依托国企"的策略相配合，大体适应了当时的发展阶段，使我国保持了持续高速的经济增长。我国在通信、交通等基础设施，能源、基础原材料以及基本生活品生产和基础制造业等方面迅速改变了面貌，构筑了工业化和经济社会发展的"铺底经济存量"，用较短时间成功走过了经济发展的追赶期。

但是在新的发展阶段，这种体制的弊端日益显现。

随着形势的发展，按所有制性质区别对待企业的政策未能及时改变。在民营经济逐步壮大的情况下，政府管理方式和许多涉及企业政策的"所有制烙印"越来越深，包括已经上市的公众公司，每家企业都有一个"所有制标签"，分作"体制内"和"体制外"，政府对其有亲有疏。

进入新世纪，民营经济在城市经济总量的比重迅速增长，很快超过了一半。民营经济的总量是不是超越了"红线"？民营企业的再发展还有没有市场准入空间？情况表明，按所有制区别对待企业的政策红利已释放殆尽，主要表现在以下几个方面。

一是所有制政策与现实的矛盾不断显现。例如，各种所有制有的经济总量和市场地位是政府的调控目标，还是市场竞争的结果？两者已经很难兼容，民营经济的增长潜力受到抑制。

二是国家在保持国有经济控制地位与放手发展民营经济之间轮番进行政策调整，出现了较大幅度的政策摇摆，大大强化了政府对不同所有制企业的差异化政策。例如，2003 年党的十六届三中全会为使民营经济进一步发展，提出了非公企业应"享受同等待遇"，实行"非禁即（可）入"的市场准入原则。不久就发布了"非公经济 36 条"。但实施还没有到位，

2006年国资委要求国有企业要在电网电力、石油石化、电信、煤炭等七大行业保持"绝对控制";在装备制造、汽车、电子信息、建筑、钢铁、科技等九大产业保持"较强控制力"。2010年,为扩大民营经济,国务院再次发布非公经济"新36条"。各类企业都没有稳定的预期。

三是在政策信号很不一致的情况下,各种所有制企业比照有关政策规定都感觉自己受到了不公正待遇。民企发展到一定程度就对前景感到迷茫、缺乏安全感;而很多国有企业对政府的过度干预也深感无奈,呼吁让企业"回归本位""二次解放"。面对政府轮番的政策调整,行为短期化的状况迅速蔓延,较大程度上抑制了经济活力。

《决定》把市场提到了足够的政治高度,并进一步提出"让一切劳动、知识、技术、管理、资本的活力竞相迸发,让一切创造社会财富的源泉充分涌流",这就为在实践中破解所有制困境创造了条件。

"市场面前企业平等"在"使市场在资源配置中起决定性作用"中处于基础性地位,其中涉及所有制的进一步改革:消除所有制歧视,填平"所有制鸿沟",使决定企业成败的因素聚焦到竞争力,而不再是背后股东的所有制成分;使获得和保持优势市场地位的决定性因素转向持续的创新,而不再是与政府的关系。

《决定》在涉及所有制问题的几个重要方面都有重要突破。《决定》确认"公有制经济和非公有制经济都是社会主义市场经济的重要组成部分,都是我国经济社会发展的重要基础",这就改变了不同所有制经济差异化的政治地位。

《决定》首次提出"公有制经济财产权不可侵犯,非公有制经济财产权同样不可侵犯"。关键是"同样",并再次强调"健全归属清晰、权责明确、保护严格、流转顺畅的现代产权制度",这就改变了差异化的产权保护。

在经济权利上,《决定》提出"破除各种形式的行政垄断","坚持权利平等、机会平等、规则平等","实行统一的市场准入制度"。重要的是"平等"和"统一",这就改变了差异化的经济权利。

《决定》还提出"实行统一的市场监管","同等受到法律保护"。值得注意的是"统一"和"同等",这就改变了差异化的市场监管。

20世纪90年代初"姓资姓社"问题的破解,大大解放了思想,为建立社会主义市场经济体制扫清了障碍,极大地调动了经济增长潜力。今天,认真贯彻《决定》精神,摘掉企业"所有制标签",消除"所有制鸿沟",突破"姓国姓民"的桎梏,将是新时期生产力的又一次解放。

国企改革下一步

要"使市场在资源配置中起决定性作用",绕不过去的另一个问题是市场主体的再建设。

30多年,特别是提出建立社会主义市场经济体制20年来,国有企业改革有了很大进展。但是,在半市场经济体制下,国有企业是政府调控经济的重要工具、配置资源的重要抓手,属"体制内",有行政级别,无论在市场准入、获得土地和矿业、获得银行贷款和特许经营,还是承担政府项目等方面,都处于优势地位。国家政策显性或隐性地保障国有企业"控制经济命脉""发挥主导作用",同时也以各种形式和途径管理和控制着国有企业。国有企业摆脱与政府的关联关系,以独立主体的身份进入市场,面临再改革。

再改革涉及三个方面:一是进一步改善公司治理;二是与时俱进地调整国有经济的布局和功能;三是改革国有资产实现形式,即国有资产的资本化。目前相对滞后、拖累国企改革全局的是政府仍以控制着一个庞大的国有企业群的形式拥有"国有资产",由此导致政企不分、政资不分,企业不独立,政府也不独立,公司治理难有大的改善,国有资产基本不具流动性。当前国有企业改革的主导方面应当及时由针对"国有企业"自身,转向在国家层面推进"国有资产的资本化"。

进入新世纪,我国在探索国有资产实现形式方面取得了很大进展,国有资产管理出现了多种形式。全国社会保障基金和信达、华融等金融资产管理公司追求财务目标,进行市场化运作;汇金投资控股公司体现政府意志,对金融业进行股权投资。它们的一个共同特点是管理的对象都是"资本",就是"资本化的国有资产"。这些持股机构自身或委托专业持股机构在市场中运作,实现了所有权与经营权分离,较好地实现了与市场的对接。

国资委则以实物形态的"国有企业"作为国有资产的实现形式,"管人、管事、管资产",市场化程度较低。

在半市场经济体制下,政府主导经济增长,国有企业是抓手,政企不能分开,"国有资产实现形式"没有转换,政府与企业也分不开。这是"处理好政府与市场关系,使市场中资源配置中起决定性作用"必须解决的一个问题。

应总结金融国有资产资本化和汇金公司持股国有资本的经验,总结全国社会保障基金持股国有资本进行市场化运作的经验,在产业领域将经营性国有资产资本化,选择可以用财务语言清晰界定、计量,并具有良好流动性、可进入市场运作的资本化的实现形式。国家从管理和控制国有企业,转向拥有并委托专业机构运作国有资本,是深化国有企业改革的突破口。《决定》提出"完善国有资产管理体制,以管资本为主加强国有资产管理","组建若干国有资本运营公司",为深化国有资产的资本化改革、市场化运作铺平了道路。国有资产的资本化可以实现"三个解放"。

一是国有资本投资机构与投资的企业建立股东与公司的关系,有利于股权多元化、所有权与经营权分离,保障企业的独立地位。这解除了政府对企业的直接管理和控制,企业有股东,没有"婆婆",有利于企业聚焦财务目标,改善公司治理,在竞争中做强做大。这对国有企业是又一次解放。

二是资本化后,国有经济布局调整体现在国有资本投向的"有进有退",国有经济的功能调整在于资本收益再分配,不影响企业的经营范围和业务结构。国有资本与其他资本一样追求投资收益,在市场中运作,不影响企业的正常运营。资本化是对国有资产流动性和效率的解放。

三是资本化为从体制上实现政资分开进而为实现所有权与经营权分离创造了条件。政府摆脱了"国有企业"无限责任和关联关系的掣肘,可以站到超脱地位,进行市场监管,提供公共服务,正确处理与市场关系,对政府也是一次解放。

资本化的国有资产的预期效能,主要通过市场运作而不是靠行政力量来实现。这就使国有资本具有"亲市场性",从而可以保障我国在保持较大份额国有经济的情况下,"使市场在资源配置中起决定性作用"。

当前很多国企已上市,但是公司治理缺乏竞争力,原因在于控股股东以及政府通过控股股东与上市公司存在复杂的关联,对上市公司进行着无规制、无边界的干预,使上市公司的重要决策往往通过非正常渠道进行,机制和流程不透明、很特殊,甚至特殊到投资者都无法看清。这一方面增加了公司和资本市场的风险,提高了融资成本;另一方面也已成为国有控股公司进入国际市场进行国际化经营的障碍。

《决定》再次强调"推动完善现代企业制度","健全协调运转、有效制衡的公司法人治理结构"。国有资产资本化可以形成多元的国有资本持股机构,特别是增加追求财务目标的持股机构,这就为竞争性领域企业的国有股权多元持股和发展混合所有制经济创造了条件。股权结构的合理化将形成内生的推动改善公司治理的力量。

《决定》进一步梳理了国有资本的投向,强调服务于国家战略目标,加大对公益性企业投入;提出划转部分国有资本充实社会保障基金,更多用于保障和改善民生。这就为调整国有经济的布局和功能提供了依据。

渐进式改革给我们留下了一笔巨大的国有资本,这是由政府掌控的宝贵资源,它应当发挥非国有经济不可替代的作用,而不产生挤出效应。我国经济发展和社会转型时期国有资本有两大功能:一是作为政府实现特殊公共目标的资源;二是获得财务回报,弥补财政缺口。两者的结构应当与时俱进地调整。

当前,一方面,设立国家投资控股公司,在市场失灵的领域,包括"负面清单"内的产业、天然垄断的行业、涉及国家安全和某些公共服务的领域,以投资为导向,实现政府特定的公共目标。客观地讲,目前这一部分仍不可少。另一方面,很多"重要行业""关键领域"已经变成了竞争的行业和领域,而制约经济社会发展的瓶颈、关系"国民经济命脉"的领域很多也已经转移,社会产品短缺的矛盾不断上升。但是,国有资本不可能,也没有必要"都从竞争性领域退出"。过去国家对国有经济更看重的是对产业和企业的控制,今后则应更加看重资本的投资收益。在竞争性领域,国有资本的公共性表现为投资收益的公共性。按照《决定》的部署将更多的国有资本注入社保基金、扶贫开发基金、教育发展基金、西部大开发基金等，并以此作为公共财政的补充来源，弥补体制转轨中积累的必须由财政支付的历史欠账。这一方面可以弥补社会保障资金的不足，保住社会底线，保障体制转轨的平稳进行；另一方面可以补充社会公益性资金，减少社会不公，促进区域协调发展。

整体改制：国有资产与国有资本[*]

（2014年1月9日）

　　国有资产管理体制改革实际涉及两个层面的问题。底层的改革是国有资产"实现形式"，要由实物形态的"国有企业"，转换为价值形态、具有流动性的"国有资本"。上层的改革是政府要由监管国有企业，转向对国有资本的管理、运作和监督。这是两个相互关联的问题，而前者是基础。党的十八届三中全会提出"管资本为主"，这是国企改革的一个重要突破口。怎么管国有资本？就是要对顶层国有企业的公司制改制，使国家投入企业的净资产转化为国有资本即国有股权。

中央提出建立现代企业制度已有二十年，但这一原则在国资委直接管理的大型和特大型国有企业中没有太多的体现。

实际上，通过"授权经营"，把建立现代企业制度的希望寄托于这些保留了大量旧体制因素的国有企业控股的下一层公司包括上市公司，这种改制模式存在结构性缺陷。上一层的问题是，国资委与这一层企业很难建立责权明晰、约束有力的产权关系；下一层的问题则是国有企业控股上市公司，就犹如"旧体制控制新体制"，从上到下很难建立有效公司治理。

上市是国有企业改制的重要途径，但必须明确两个目标：一是使确有良好前景的企业有机会募集资金，实现更快的发展，并使投资者受益；二是通过股权多元化，改变政企关系，建立和规范公司法人治理结构，转换经营机制。事实上，人们更重视上市后的资金筹措，较少关注机制转换。很多公司的问题恰恰就是从这里开始的。

---

[*] 本文是作者2014年1月9日发表的一篇文章，主要是针对国有企业特别是国有大中型企业整体改革的实际操作问题进行分析。

大型企业改制实行一分为二，核心资产和骨干人员组成有限责任公司，独立出去；再通过"包装上市"引入新的投资者，成为股份有限公司，按新体制和新机制运行，原国有企业成为上市公司国有控股股东。公司存续部分，包括一时处理不了的体制问题、不良资产、"办社会"功能、冗员等历史遗留问题，由控股公司处理。应该说，当时这是一种从旧体制中迅速解放具有发展前景的核心业务，同时又稳妥处理遗留问题的现实途径。

问题的关键在于，经过一分为二的改造后，控股公司的目标如何设定？控股公司如何定位？如果要控股公司一方面背负沉重的遗留问题，另一方面又要着手上市公司的事宜，将产生诸多负面影响。

一方面，在"授权经营"下，国有产权约束松弛，国有股一股独大而且不参与市场流动，产权市场对它的约束也十分有限。这就使一些控股股东实际上处于"内部人控制"状态，对上市公司并没有形成"老板机制"。

另一方面，政府给控股股东（公司）设置了多元目标，而解决存续问题的资源几乎全在上市公司。在控股公司与上市公司存在多渠道关联性的情况下，除分红之外，控股公司还倾向于通过其他更灵活的渠道和手段，包括高管人员交叉任职、关联交易、操纵董事会等，从上市公司得到好处。这些特殊好处透明度极低，不仅可以为控股公司解决存续部分的问题提供支持，而且内部人也可以分享。因此，从利害关系上讲，控股股东并不希望人员、资金、财务"三分开"。

为使公司成功改制上市又不改变与政府机构的关系，也不更多地触动内部人的利益，这种做法一再被复制，几乎变成了一种普遍的"模式"。

控股股东一方面背起了原企业人员和非核心资产，另一方面还以绝对控制权控制着可以从资本市场融得资金的上市公司。一般的做法是，在包装上市时，把"包袱"留在控股公司，上市成功后就倾向于转嫁给上市公司。因此，多数国有控股股东与上市公司形分实合，无论在管理者、业务、公共设施，还是在财务、资金等方面都保留着许许多多不明不白的关系。特别是国有控股股东与上市公司高管人员交叉任职，使控股股东和上市公司都失去了独立性。控股股东身跨两边，控制两方面的公司，内部交易变得更加灵活和方便，渠道更加宽阔，为暗箱操作留出了很大的空间。同时，高管人员也成了"双面人"，他们代表哪一方利益、要实现什么样的目标也变得模糊不清。在现实情况下,由于来自控股股东的压力更加具体和现实,控股公司往往企图通过兼职和关联交易,向上市公司转嫁负担,使存续部分的经济状况得以改善。因此,从本质上讲,这个控股股东并不愿意形成有效的公司治理,而宁愿扭曲公司治理,通过"地下管道"从上市公司"抽血",甚至掏空上市公司。此时,不仅少数股东和债权人处于信息弱势和无奈的地位,而且国家股东也由于信息不对称而难有作为。媒体不断披露的公司丑闻,令人触目惊心。

汲取十多年改制的经验,对大型国有企业进行整体改制重要的企业由国家控股,就是"使股份制成为公有制的主要形式"的这一重要原则在大型国有企业得到体现。国资委直接持有国有股权,或通过专业的投资运营公司"履行出资人职责",是提高国有产权委托代理有效性、建立现代企业制度的重要途径。

国有企业改制益处良多。(1) 重要国有企业由国资委直接控股或持股,缩短了委托代理链条,有利于所有权到位,可以提高国有产权的激励与约束作用,降低委托代理成本,体现国家对某些重要经济领域的控制力。

(2) 重要企业自身股权多元化,有多元股东参与和制衡,有利于公司把目标集中于投资回报,转换经营机制,提高资本效率和公司透明度,建立有效公司治理。

(3) 从制度上改变国家股东不向国有企业收取投资回报的做法,为国资委建立国有资本经营预算制度奠定基础,为增强国有资本流动性创造条件。

(4) 国资委直接运作国有资本,推进国有资本布局调整,有利于体现效益原则和国家所有者意志的统一。

(5) 有了国有资本经营收入和交易收入,国资委处理冗员、非主业资产、不良债务、"办社会"负担等就有了资金来源。

对大型国有企业进行整体改制,有很大的难度,重要的是改制企业的存续问题谁来处理?可汲取国有银行通过资产管理公司处理存续问题的经验,将不良资产、冗员等剥离,在国资委监督下,委托专业公司或托管公司专业化处理,实现企业整体改制。可以考虑的方案如下。

(1) 从改制公司中将存续部分分离出来,由国资委委托一个或几个托管公司处理。

（2）国资委与托管公司建立委托关系，签订委托协议，委托托管公司主要做三件事：

第一，非主营业务和资产的重组；

第二，原国有职工的分流与安置及企业"办社会"职能的转移；

第三，不良债务的处理。

（3）国资委监督托管公司以最低成本处理存续问题，以上市公司获得的红利或国有股减持的资金支付托管公司的成本。

此外，还要处理好以下四方面问题。

（1）进一步界定出资人机构的权能。国有资产管理体制建设的一个核心问题是国有产权委托代理的有效性。委托代理的链条越长，效率越低，多头管理就会失效。作为国有资本运营主体，应有清晰的权力边界，排他性地集中统一行使所有权。

直接持股的企业过多，也会鞭长莫及。可考虑对重要国有企业直接持股，缩短委托代理链条；对其他企业，则可通过若干控股公司持股或控股，保持适当的管理强度，两者结合比较现实。

（2）把握"出资人"的职责定位。国有出资人职责概括地讲主要有五个方面。

①通过编制和执行国有资本经营预算，优化配置国有资本，保证在某些重要行业和关键领域国有经济的控制力，同时提高国有资本配置效率。

②推进投资的企业进行公司制改制，实现股权多元化，建立有效的公司治理，形成内部化的财务预算硬约束机制。

③会同财政部门制定财务会计制度，以资产收益和现金收入处理不良债务、解决冗员、补充职工的社保基金。

④监督国有及国有控股企业财务报告的真实性，建立资产负债总表、现金流量表和损益表，监督和改善资产负债结构，保持国有资本的安全。

⑤接受同级财政和审计部门的监督，向本级政府报告监管工作、监管资产状况和其他重大事项，条件成熟时应向公众披露。

（3）运营国有资本承担两方面责任。国有企业可分作两类，一类是在某些特殊行业承担或部分承担政策目标的骨干企业，如支撑国民经济增长、保障国家安全等政策目标；另一类是竞争性企业，以营利为目标，重视提高国有资本运作效率、提高投资回报。

据此，运营国有资本也应分清侧重点。第一类企业是政府进行公共管理、实现公共目标的重要资源。政府投资的目的不仅是资产的增值，更重要的是履行社会责任。对这类企业，出资人机构应直接持股、控股或独资经营，保持对这类企业的控制力，即进行企业形态的监控。

在一般竞争性行业，出资人机构并不偏爱特定的企业，而是以投资回报最大化为目标运营国有资本，进行有进有退的调整，由"管企业"，逐步转换为"运营资本"。

划分两类形态监管，目的是严格区分各自的监管目标、监管手段和治理机制，两者不能混淆。

（4）明确出资人机构行使所有权的范围。所有权到位，就是出资人机构对该管的人和事有充分的权力去管理，如股东大会对按规定要管的人和事，要理直气壮地管好、管到位，成为"真老板"，强化来自所有者的激励和约束。这是维护所有者权益必须要做到的。

所有权不越位，就是出资人机构只当"老板"不当"婆婆"，只行使股东权力，决不干预企业的经营权、管理权。这是增强公司活力和提高公司运行效率必须做的。

在公司治理中既要防止所有权侵犯经营权、管理权，也要防止经营权、管理权架空所有权、排斥监督权。《中华人民共和国公司法》把公司权力划分为所有权、经营权和管理权。这三项权力分别由股东大会、董事会和经理行使，而且有十分明确的条文加以界定。在国有出资人机构与公司关系尚难厘清的时候，以《中华人民共和国公司法》来界定是一个可行的办法。

国有企业"再改革"八论

(2014年3月31日)

由"管企业"转变为"管资本",对国有企业是又一次解放,对政府也是一次解放。

- 要发挥市场的决定性作用,国有企业就要改变"半政府工具,半市场主体"状态,成为平等的市场竞争的参与者,保障庞大的国有经济能与市场经济很好地相容。
- 这次国有企业再改革的命题,不是政府机构"如何改进对国有企业的管理",而是由"管企业"转变为"管资本"。这是当前深化国企改革的关键节点。
- 这项改革的重要意义在于,资本化和证券化的国有资产的预期效能,主要通过市场而不是行政力量来实现。这就使国有资本具有"亲市场性",从而"使市场在资源配置中起决定性作用"。

党的十八届三中全会审议通过的《中共中央关于全面深化改革若干重大问题的决定》(本文以下简称《决定》)提出,"紧紧围绕使市场在资源配置中起决定性作用深化经济体制改革"。这向社会发出的信号是将加快由"半市场经济"向"市场经济"转型。相应地,国有企业也面临"再改革"。

一论:经济体制转型与国企再改革

我国经济体制改革始终围绕两大主题:一是资源配置方式是计划还是市场;二是财富创造的主体是单一公有制还是多种所有制,非公经济能否以及在多大程度上公平地参与财富的创造和分配。这两者有很强的相关性。

---

* 2014年3月31日,《人民网》人民论坛转载《陈清泰:国有企业"再改革"八论》一文。

较长时期以来，我国处于以投资驱动、产业跟踪为特征的经济发展追赶期，具有明显的政府主导经济增长的"半市场经济"特征。此时，国有企业作为政府调控经济的工具、配置资源和推动经济增长的抓手，始终处于"半政府工具，半市场主体"的状态，政企分不开，也不能分。与此同时，政府对不同所有制企业有亲有疏，实行差异化政策。客观地讲，这种体制大体适应了当时的发展阶段，使我国用很短时间成功走过了经济发展的追赶期。但是超越一定时限后，这种体制的弊端日益显现。

《决定》为向市场经济转型进行了重要的理论和政策突破，并做了全面的部署。政府要处理好与市场的关系，就必须摆脱国有企业的掣肘，政企分开，公平对待各类企业；要发挥市场的决定性作用，国有企业就要改变"半政府工具，半市场主体"状态，成为平等的市场竞争的参与者，保障庞大的国有经济能与市场经济很好地相容。国企改革依然是经济体制改革的重要环节。

二论：国企改革基本命题和当前重点

在确立社会主义市场经济体制改革目标后，国有经济改革的基本命题就是，公有制、国有经济与市场经济能不能结合？如何结合？

党的十四届三中全会以来，中央为破解这一历史性难题提出了三个要点：一是建立现代企业制度，利用"所有权与经营权分离"的特点，在保障国家最终所有的情况下，构造众多独立的市场主体；二是与时俱进地调整国有经济的布局和功能，保障国有经济在不同发展阶段都能有效发挥作用；三是探索适应市场经济的"国有资产实现形式"，在保持较大份额国有经济的情况下，政企分开，保障市场配置资源的作用。就是说，国家拥有的国有资产是实物形态的"国有企业"，还是可以用财务指标清晰界定、计量并具有良好流动性、可进入市场运作的国有资本？

这三大要点相互关联，但进展参差不齐。在国有企业仍是政府"工具"和"抓手"的情况下，在产业领域以实物形态呈现的"国有企业"仍是国有经济的主要实现形式。而政府作为市场的监管者，同时拥有、管理和控制着庞大的国有企业群，并与其保持着复杂的关系。这就造成政府不独立、国有企业也不独立，政府无法正确处理与市场的关系。

这次国有企业再改革的命题，不是政府机构"如何改进对国有企业的管理"，而是由"管企业"转变为"管资本"。即推动国有资产实现形式由实物形态的"企业"，转变为价值形态的资本，包括证券化的资本。这是当前深化国企改革的关键节点。

三论：两类国资管理形式

经过多年的探索，经营性国有资产管理已经有多种形式，大致可分为两类。一类是全国社会保障基金，信达、华融等资产管理公司和中投、汇金投资控股公司等。这类机构的共同特点，一是都属经注册的金融持股机构，管理的对象都是资本化和证券化的国有资产，也就是"国有资本"；二是与投资和持股的公司是股权关系，不是行政关系；三是持股机构是市场参与者，在市场中运作。

国资委则是另一类管理形式。它的特点一是以实物形态的"国有企业"为对象，"管人、管事、管资产"，管理着一个企业群，政府不独立、企业也不独立，这同时也是诸多体制性矛盾的焦点；二是从法律和财务意义上国有产权的委托代理关系并未建立，政府对国企是行政强约束、财务软约束；三是国有产权基本不具有流动性，有进有退的调整很难实质性进行，资本效率低。这类管理形式在诸多方面与市场经济很难相融，是当前改革的重点。

四论：国有资产资本化改革的意义

国有资产的资本化应当实现三个目标。一是建立以财务约束为主线、权责明确的国有产权委托代理关系。国家保持最终所有权，实行所有权与经营权分离；国有资本投资机构运作国有资本，与投资的企业建立股权关系；企业有股东，没有"婆婆"，自主决策、自负盈亏，是独立的市场主体。这对国有企业是又一次解放。二是资本化特别是证券化的国有资产具有良好的流动性，使国有经济布局和功能可以灵活调整。资本化是对国有资产流动性和效率的解放。三是按照所有权与经营权分离的原则,从体制上实现政资分开;通过国有资本投资机构的隔离,实现政企分开。在这种管资本不管企业的制度安排下,政府可站到超脱地位,正确处理与市场的关系。对政府也是一次解放。

这项改革的重要意义在于,资本化和证券化的国有资产的预期效能,主要通过市场而不是行政力量来实现。这就使国有资本具有"亲市场性",从而可以保障我国在保持较大份额国有经济的情况下,"使市场在资源配置中起决定性作用"。

五论:国有经济的功能转换

渐进式改革留下了一笔巨大的国有资本,是保障我国经济体制平稳转型的宝贵资源,它应当发挥不可替代的作用,而不是产生挤出效应。基于我国的特点,国有资本有两大功能:一是政策性功能,即作为政府实现特殊公共目标的资源;二是收益性功能,即获取财务回报,用于公共服务。两者的结构应当与时俱进地调整。

在经济发育程度较低、政府主导经济增长的阶段,国家更加重视它的政策性功能,即国有经济主要作为政府调控经济的工具、配置资源和推动经济增长的抓手的功能。但这一发展阶段正在过去。

在市场起决定性作用的情况下,国家宏观调控将主要依靠发展战略的导向和以财政、货币为主的政策手段。国有经济的政策性功能将限定在某些市场失灵的领域,国有经济作为"工具"和"抓手"的功能应大幅度转向收益性功能。

当前,在国家有需要而非公经济不愿进入或不准进入的领域、天然垄断行业、涉及国家安全和某些公共服务的领域,以国有资本投资实现政府特定的公共目标的功能还不可少。但其所涉及的领域必须经过充分论证和法定程序性审查,避免随意性、不可泛化。

另外,很多曾经的"重要行业、关键领域"已经成了竞争性领域;而制约经济社会发展的瓶颈、关系"国民经济命脉"的很多方面也已变化。应将更多的国有资本注入社会保障、扶贫、教育等公益基金和金融性投资机构，以投资收益作为公共财政的补充来源，弥补体制转轨中积累的必须由财政支付的历史欠账。这一方面可补充社会保障资金的不足，保住社会底线；另一方面可补充社会公益性资金，减少社会不公，促进区域协调发展，并以此保障体制转轨的平稳进行，使国有资本由全民所有回归到全民共享的本性。

六论："从竞争性领域退出"并非关键

到目前为止，产业领域的国有资产基本不具有流动性，在一些领域发挥着"控制力"的作用。资本化后具有流动性的国有资产如果在竞争性领域继续谋求对产业的"控制"，将对市场产生巨大冲击。从这个意义上说，很多人提出"国有经济应当从竞争性领域全部退出"不无道理。但国有经济规模巨大，全部退出是不现实的。

此时，一方面国有资本"应加大对公益性企业的投入，在提供公共服务方面做出更大贡献"；另一方面，关键的不是"退出"，而是在竞争性领域与时俱进地改变国有经济的功能，由过去看重对产业和企业的"控制"，转向现在专注资本投资的收益。

存续在竞争性领域的国有资本的公共性不是表现为"退出"，而是体现在收益分配上。

进入市场的国有资本应当具有一般资本的本性，即逐利性。谋求"控制"，会扭曲市场；投资为了收益，对市场无碍。

实际上，对于资本，不论谁是最终所有权人，只要受法律约束，以平等的身份、遵从市场理性参与竞争，都是市场有效配置资源的积极力量，都与市场经济相融，对其他投资者不会造成不当伤害。资本化的国有资产的绝大部分应当是追求投资回报的具有"收益性功能"的资本。

"政策性功能"的国有资本要实现政府目标，如特定的发展目标或控制目标，但有时会背离收益性目标，不按"市场理性"运行。这类资本应限定在市场失灵的领域和较小的规模，否则就会成为搅乱市场的因素，造成资源错配。

七论：关于国有资本的管理与运营

国有资本的管理属于公共职能，应当由政府部门承担，其职责包括建立国有资本资产负债总表，制定国家所有权政策和推动国有产权立法，组织建立国有资本委托代理关系，分别注入国有资本，组织编制和执行国有资本经营预算，统筹国有资本收益分配，负责国有资本的统计、稽核、监控等。

国有资本运营。设立若干国有资本投资机构和公益性基金，作为政府与市场之间的"界面"。它们一方面受政府之托，接受国家政策指导，管理边界清晰的国有资本；另一方面在市场中独立运营，集中统一行使所有权，并将投资收益上缴委托部门，接受监管部门的监督。

监督机构。对国有资本运营机构进行审计，对运作合规性、资产状况和运作效率进行监督。国有资本的状况、损益、经营预算和收益分配应当向人民代表大会报告，并接受监督。

八论：建立多元制衡的公司治理机制

转向"管资本"之后，国家所有者权益的保障机制发生了变化。此前，国家为保障所有者权益，政府机构在企业之外不断加强干预、控制和监管；现在则由受财务硬约束的投资机构以股东身份进入企业，通过参与公司治理而获得权益保障。

一些国有控股上市公司治理结构失效，往往与"存续公司"滥用控制权、外部无规制的干预有关，由此导致人为地扭曲公司治理，为"内部人控制"留出了空间。实践证明，多元机构投资者相互制衡，有利于公司把目标集中于投资回报和创新、有利于提高公司透明度和增强财务约束、有利于激励管理层创造良好业绩。

在资本化过程中，应将公司国有股权改由多家持有并引进非公投资机构。公司经营状况不仅与非公投资机构相关，而且与国有资本投资机构以及职业投资经理人密切相关，由他们进入董事会和股东大会，决定管理层的激励和去留、拍板公司重大决策和决定收益分配,比在企业之外政府部门的干预和监管更有利于克服信息不对称和内部人控制,保障资本的效率和安全。

随着混合所有制的发展和资本流动性的增加,竞争性领域企业的股权结构将更加复杂,而且动态变化。应当考虑改革相关统计指标体系,保障各类企业"权利平等""机会平等""规则平等"。

在"国有企业改革回顾暨《国有企业改革实录（1998－2008）》出版座谈会"上的讲话[*]

（2014年6月29日）

改革不是在白纸上画画，只能在既有基础上前进。这本书我是很赞赏的，它是由亲身经历的当事人以及参与政策制定的人撰写、编辑的，既接地气，又有高度。内容不仅包括经验，还包括一些教训以及生动的案例。

看这本书温故知新，对于下一步改革很有启示和帮助。

十八届三中全会公报对于国有企业改革表述的文字不多，但内容丰富，影响深远。国有企业改革已经三十多年，一直不到位，有人责怪国资委和国企，其实这种指责是不公平的，因为国企改革不可能离开经济体制改革的大背景。

中国的改革始终围绕两大主题，一个是资源配置究竟是靠市场还是靠计划，另一个是财富创造的主体是单一的国有经济还是多种所有制经济，其中还包括国有经济能不能与市场经济结合及如何结合。

这是中国经济体制转轨的两大根本性问题，这两者之间密切相关。计划经济的支柱是国有经济，国有企业生存的依托是计划体制。改革就像人走路，只能左脚迈一步，右脚迈一步。

1978年之前我国实行的是计划经济，之后很快转变为"有计划的商品经济"。1992年确立了社会主义市场经济体制的改革目标，但不可能一步到位。生活资料是由市场定价、市场配置，生产要素则由政府定价、靠政策配置，这种状况到现在也没有完全改变。

---

[*] 2014年6月29日，中国企业与改革发展研究会召开"国有企业改革回顾暨《国有企业改革实录（1998－2008）》出版座谈会"。出席座谈会的同志在交流探讨中，一致认为国有企业改革一定要有历史观，应以更强的勇气和魄力推动新一轮改革，希望各方能够凝聚共识，扎实推动改革向前迈进。本文是作者在座谈会上的讲话，题目是《国有企业改革应实现四个目标》。

在"国有企业改革回顾暨《国有企业改革实录(1998–2008)》出版座谈会"上的讲话

在政府主导经济增长的情况下,国有企业是政府调控经济的工具、发展战略产业的拳头、配置资源和推动经济增长的抓手。国有企业处于"半市场主体、半政府工具"的状态。政企分不开,也不能分,政府对待不同性质经济体必然有亲有疏。在这样的背景下,国企改革怎么可能到位?

客观地说,在经济追赶期,这样的经济体制基本适应了当时的发展形势,使中国以比发达国家短得多的时间走过这一时期,创造连续多年高速增长的发展奇迹。

但是现在中国已经走过了这一发展阶段,现有的经济体制和国有企业的状况已经不能满足现实发展的需要。因此,中央提出,让市场在资源配置中发挥决定性作用,并把改革政府与市场的关系放到核心地位,这预示我国经济体制将进一步市场化。这就为国有企业由半市场主体向市场主体转变创造了条件。

这一轮改革是在原有基础上的深化,我认为应该重点解决四个问题。

一是国家由管企业为主转变为管资本为主,建立以资本效率约束为主线的国有资产管理体制,发挥国有资本投资公司和运营公司等金融持股机构在政府与企业之间"界面"的功能,实现政资分开、政企分开、所有权与经营权分开。

二是与时俱进地调整国有经济的功能和布局。竞争性领域的国有资本追求投资收益最大化,发挥收益性功能;在某些特定领域的国有资本,在保障资本效率的情况下,发挥政策性功能。对收益性功能和政策性功能的资本实行分类运行和管理。破除各种形式的行政垄断,释放市场活力。自然垄断的行业,放开竞争性业务。

三是积极发展混合所有制,促进权利平等、机会平等、规则平等,促进市场开放。改变资源按所有制和区域"条块化"分割的结构,保障各类投资主体按比较优势和意愿进行资源的配置和重组,既放大国有资本的功能,也发挥民企的市场活力,从总体上提高资源配置效率。

四是适度分散国有股权和引进非公投资者,以优化股权结构,改善公司治理,保障董事会必要的独立性和《中华人民共和国公司法》赋予的权力,保障其在公司中的核心地位。

在这方面,中集集团的公司治理结构可以作为一个好的样本。它的国有股权分别由中远集团、招商局两者持有,而且股权比例基本相当,任何一方要把自己的意志强加给中集集团都会遭到另一股东的制约。中集集团是上市公司,近一半的股权由社会股东持有,加上最近引入了弘毅资本,股权结构进一步优化。另外,除总裁一人之外全部为外部董事,其中有三位独立董事,董事长是外部人。

在这样的股权结构和董事结构下,董事会成了公司的核心。经理人不是由大股东委派,而是由董事会聘请,并决定薪酬。公司高管由经理人提名,董事会批准。中集集团的党组织遵从属地原则。如此等等成为中集集团持续创造良好业绩的基本原因。

我对这次改革是充满期待的。现在的问题是要对两类公司、混合所有制这些内容加深理解。

关于划转国有上市公司股权充实社保基金的几个问题[*]

(2014年7月28日)

党的十八届三中全会《决定》提出"划转部分国有资本充实社会保障基金"。这一决策对解决社保体系历史欠账、保障人民福利、推进国有企业改革和国内资本市场建设都有着重要意义。

一 我国社保体制的发展历程和现状

我国现行的社保体制的整体框架是在1993年党的十四届三中全会确立的。改革开放以来，我国社会保障制度的改革和发展经历了四个阶段：第一阶段是1978~1991年的恢复性改革阶段，这一阶段主要促进"企业保险"向"社会保险"转变；第二阶段是1991~2000年的探索性改革阶段，是我国社保制度框架形成的重要时期；第三阶段是2000~2006年的"做实"试点阶段；第四阶段是2006年党的十六届六中全会提出基本建立"覆盖城乡居民的社会保障体系"的"全覆盖"阶段。

从管理区分上看，我国的社保体系包括全国社保基金、社会保险基金以及企业年金等补充保障基金三类。

（1）全国社保基金，即"全国社会保障基金"，是中央政府专门用于社会保障支出的补充、调剂基金，属于国家战略储备，主要用于弥补我国人口老龄化高峰时期的社会保障需要，由全国社会保障基金理事会管理。基金来源于中央财政预算拨款、国有股减持或转持划入资金、发行各类彩票划拨的一部分资金和投资收益。目前全国社保基金也负责代管部分省份

---

[*] 本文是作者关于党的十八届三中全会《决定》有关政策先行实施的建议。

做实个人养老金中央注资部分。截至 2012 年，全国社保基金总规模达 1.1 万亿元，其投资范围最为灵活，可以进行境外投资，但投资高风险资产的比例上限为 40%。全国社保基金自成立以来年均投资收益率 8.3%，2012 年投资收益率 7.0%，高于通货膨胀率。

（2）社会保险基金，主要包括社会统筹和个人账户部分的保险基金，由各个省级社会保障机构进行管理。其中，由中央财政拨付给试点省份用于做实个人账户的资金由全国社保基金统一管理。截至 2012 年，全国社会保险基金总规模 3.6 万亿元，其投资范围最窄，只能用于投资国债和银行存款，风险虽低但收益也较差。社会保险基金较低的收益率使其在通胀高企的年代有资金缩水的风险。以 2011 年为例，全年 CPI 为 5.4%，而同期银行存款利率和国债利率均在 3% 左右，实际收益率为负。

（3）企业年金是企业及其职工在依法参加基本养老保险的基础上自愿建立的补充养老保险制度，所需费用由企业和职工个人共同缴纳，实行完全积累制，采用个人账户方式进行管理。2012 年，企业年金总规模为 0.5 万亿元。企业年金财产限于境内投资，且投资高风险资产比例上限为 30%。2012 年企业年金加权平均收益率达 5.7%。

二　划转国有资本充实社保基金具有重要的改革意义

（一）有利于破解养老金历史缺口，保障居民基本福利，促进消费和经济转型

虽然我国社保基金占 GDP 的比重逐年攀升，但目前三类社保基金之和仅占 GDP 的 9.9%，其中社会保险基金中的基本养老保险占 GDP 的比重只有 4.6%，仍显著低于世界主要国家平均水平。我国社保基金总体规模仍然较小，同时还存在管理分散、收益率不高等问题。

2011 年我国劳动年龄人口见顶回落。根据联合国预测，到 2050 年，中国老年人口占总人口的比重将升至 24%，人口年龄的中值将达到 46 岁，相当于现在的日本。相应地，养老金缺口问题也将日趋严重。几个有代表性的测算数据如下。2005 年，世界银行估算 2001 年到 2075 年，中国基本养

老保险的缺口将高达 9.15 万亿元。2005 年，劳动和社会保障部向国务院提交了一份专业报告，指出中国未来 30 年养老金的缺口为 6 万亿元。2012年，中国银行研究小组测算，未来 70 年中国的养老金缺口将达 18.3 万亿元[1]。根据 2013 年 12 月 12 日公布的《中国养老金发展报告 2013》，到 2012 年底，基本养老保险个人账户的累计记账额已达到 2.9 万亿元，而基本养老保险基金的累计结余为 2.4 万亿元[2]。这意味着，即使把所有基金全部用于填补个人账户，个人账户仍有 5602 亿元的缺口。

划转部分国有资本充实社保基金，将直接扩大社保基金规模，解决缺口和空账问题。另外，国有资本特别是上市公司的资产质量优良，2012 年央企控股上市公司平均净资产收益率为 10.8%，其股权的划入，将较大程度提高社保基金的收益率水平，保证其长期可持续发展。

社会保障能力的提高，有利于提高居民生活的安全感和幸福感，促进居民消费，促进增长方式的转型。

（二）有利于建立新的公有制实现形式，促进国有企业改革

20 世纪 90 年代前，国企成本中未曾计提职工养老金，这部分资金实际上用在了企业的再投入，那时职工的保障不是依托社会，而是企业。现在要把职工的养老保障责任转向社会，社会养老金就存在一个不小的历史缺口。到目前，不少国有企业"办社会"的问题还没有得到解决或完全解决，企业与职工还没有完全摆脱诸多捆绑关系，这已经成为国有企业改革、提高竞争力的巨大障碍。将部分国有资本划转社保基金，实际上是将过去投给企业的员工的养老金返还给社会。这一措施将在很大程度上解除国企员工的后顾之忧，释放职工的流动性，减少国企改革阻力，赢得民心。

另外，社保基金也属全民所有，是公有制的一种实现形式。不同的是，社保基金受到民众和政府监督、受强财务约束，使其成为国有股持股机构，是国企实现股权多元化的重要途径，有利于完善公司治理、有利于企业把

---

[1]《中国银行首席经济学家曹远征：我国养老金缺口 18.3 万亿》，经济参考网，http://www.jjckb.cn/2012-07/23/content_390626.htm，2012 年 7 月 23 日。

[2]《人社部：2012 年末基本养老保险基金结存 23941 亿》，人民网，http://politics.people.com.cn/n/2013/0528/c1001-21642270.html，2013 年 5 月 28 日。

目标聚焦于投资收益。

（三）有利于改善资本市场投资者结构，促进资本市场健康发展和效率提升

我国 A 股市场一直以散户投资者为主，20% 的市值占据 80% 的交易，堪称全球之最。机构投资者也呈现规模小、数量多的特征。这在一定程度上导致了重博弈、轻投资的风格，市场对相关政策的响应效率也较低。扩大社保基金等长期稳健投资者比重，有利于改善资本市场投资者结构，有助于从博弈投资向价值投资转变，也有利于提高资本市场的效率和社保基金的收益水平，形成良性循环。

从国外经验看，美国固定缴费制的私人养老基金投资于股票和共同基金的比例高达 75%，既受益于成熟资本市场实现了长期增值，又推动了机构投资者的崛起，共同基金管理资产的 30% 都来自养老基金。智利的养老基金实行个人账户由私营养老基金公司竞争管理，投资风险资产的比例逐渐放开至 60% 以上，养老金投资实际收益率年均值高达 10.7%。在获得高收益的同时，这一管理模式推动其证券市场的规模扩大和效率提升，形成了养老基金与资本市场一起成长的局面。

三　可行的操作方案

（一）操作方案设计的几点考虑

（1）国有控股上市公司股权规模大、资产质量相对较好，且已经建立了公司治理结构，个股价格已由市场确定，划转工作易于开展。

到现在，国有控股上市公司集中了国有企业 70% 的资产、60% 的收入和几乎全部盈利。国有控股上市公司的国有股权市值合计 11.2 万亿元（注：2014 年上半年平均值，下同），其中中央企业（含国资委、财政部及部属企业）8.4 万亿元、地方国有企业 2.8 万亿元；从上市地看，境内上市 8.3 万亿元、境外 2.9 万亿元（不含同时在境内上市公司）。从集中度上看，三大石油公司、三大电信公司、四大国有商业银行合计国有股权市值

达到5.3万亿元,将近占50%。

这些国有控股上市公司在上市时均建立了公司治理结构,股权划转社保基金后无须对其进行重大调整。股权价格由市场决定,作为起始计量基础,无须重新评估,划转工作易于开展。

(2) 作为第一步,划转参股权更为现实。

一是部分企业仍拥有政策性功能,政府还需通过集团公司控股管理;

二是全国社保基金作为财务投资者,一方面为避免风险、确保流动性,并无控股的偏好;另一方面也不具备控股管理大型公司的能力,基本以小股东的身份参与投资。为实现向社保基金划入预计的数额,可将多家上市公司的股权划入;为实现上市公司国有股权分散化,可将一家公司的国有股分散划给社保基金和多家国有持股机构。

三是由于历史原因,相当部分国有企业上市后仍保留大量存续资产和负债,但赢利不佳。上市公司股权和收益是其借贷、发债信用评级的重要支撑和偿债资金的主要来源。以央企为例,资产已经有50%以上纳入上市范围的央企,其集团母公司仍有合计超过2万亿元的债务(主要是债券和银行贷款)。在顶层集团公司整体改制和管资本改革不到位的情况下,如一次性划转控股权,将导致该部分负债失去偿债支撑,诱发系统性金融风险。但仅划转参股权,对集团公司和存续部分影响有限。

(3) 划转上市公司参股权符合境内外上市公司监管要求,不影响上市公司独立性和正常运营。

按照境内外上市规则有关规定,划转上市公司参股权不会诱发要约收购,股权变动后不会增加上市公司的同业竞争,不会影响上市公司正常运营和关联交易,不影响上市公司的独立性。

(二) 上市公司股权划转操作方案

(1) 股比和规模。建议统一按照上市股权国有价值的固定比例,比如划转30%。初步测算,划转的股权市值规模约为3.4万亿元。采用统一固定比例主要是考虑相对简单和公平,避免出现攀比和各种规避手段。从管理规模的角度上,该金额尚小于挪威政府全球养老基金8400亿美元的规模,体量合适。值得注意的是,从单个央企而言,上市比例越高,被划走的股权越多，所以这个做法应该在成立资本投资运营公司前完成，避免打击积极性。

（2）划转范围。截至划转基准日，各部委及各地方国资监管部门及其下属各级国有全资和控股企业持有的上市公司股权，不含国有控股上市公司持有的上市公司股权。除央企试点外，应鼓励地方试点，总结经验后推广。

（3）受托主体。股权划入全国社保基金，由全国社保基金负责管理。为扩大资金使用范围、增加绩效考核参照、鼓励相互竞争，可增设一只或几只养老基金，或将扶贫基金、教育等公益性基金作为受托主体。由于本次划转，社保基金持有的风险资产比例将超过40%，此部分资产可暂不计入风险资产计算范围，单独进行核算，未来逐步进行调整。

（4）上市公司董事会改选。股权划转后一定期限内，上市公司应履行有关程序，改选董事会，增补社保基金等受托单位派遣的董事。

（三）划转后原国有股东控制力的考虑

（1）由于我国国有股东控股比例普遍较高，按30%划转，绝大多数上市公司原控股股东仍保持控股地位。初步统计，原控股股东可能失去第一大股东地位的国有上市公司约有100家，市值规模均在100亿元以下，对应的国有股权市值仅为1700亿元，按30%划转比例测算，仅占本次划转股权市值的1.7%。更重要的是，该部分上市公司所在行业均为竞争性行业，不涉及影响国计民生的重要企业。

（2）对潜在其他股东通过收购社保股份抢夺控制权的情况，一旦涉及即触发要约收购，国有股东和相关监管部门有充足的时间根据情况进行应对，决定是否通过市场手段反收购。

（3）对于个别因特殊原因确实需要保持控股地位的，可通过与全国社保基金签署有期限的一致行动函，或直接以现金进行冲抵等方式处理。

（四）专业化管理

股权划转后，全国社保基金等受托单位应参照原社保基金上市公司股权管理经验及国际通行惯例，引入专业的投资管理机构负责管理有关资产，并可引入多个管理机构进行竞争性管理。由于有关上市公司股权涉及多个上市地，可考虑在世界各地选择管理机构、基金经理或产品，进行全球化投资。政府部门的主要职责是制定规则，在管理方面应给予专业的投资机构足够空间。

（五）可进一步持有部分国有资本经营公司股权

在划转上市公司股权基础上，从进一步充实社保基金、丰富国有资本持有主体考虑，也可配合国企分类管理改革的进度，由全国社保基金持有部分国有资本经营公司股权，并派遣董事进入董事会行使其权力。

中集集团发展混合所有制
和改善公司治理的启示[*]

（2014 年 8 月 27 日）

国有企业改制上市，大多是单一国有控股股东一股独大。如何通过建立有效公司治理保护中小股东的权益，是一个很难的问题。中集集团国有股权超过一半，但国有股权由两家公司持有，而且持有的份额大体相当。当国有股东要把自己的意志强加到集团公司时，就会受到另一方国有股东的制约。结果全力支持中集集团做强做大、提高盈利能力就成了大家共同的目标。这点清晰地体现在中集集团的公司治理之中。

中国国际海运集装箱（集团）股份有限公司（本文以下简称中集集团或中集），由招商局和丹麦宝隆商行于 1980 年各出资 150 万美元在深圳设立。经过 30 多年的发展，现已成为世界著名的物流装备和能源装备供应商。在传统的集装箱业务做到全球的近一半后，中集集团又将登机桥和专用车辆做到世界第一。近年其能源装备、海洋工程等业务也开始进入全球领先行列。2013 年中集集团实现销售额 578.74 亿元，净利润 21.8 亿元。中集集团之所以能一直坚守主业并保持良好业绩，与其好的制度设计密切相关。作为国有资本控股的上市公司，中集集团以其均衡的股权结构、现代化的公司治理、市场化的职业经理人制度和薪酬机制、完善的监督机制，为国资与国企改革提供了一个很好的范本。总结中集集团经验，有助于我

---

[*] 本文是国务院发展研究中心"落实三中全会精神，深化企业改革"课题组（课题负责人：陈清泰、吴敬琏）于 2014 年 8 月 27 日完成的《中集集团发展混合所有制和改善公司治理的启示》调研报告的报出稿，由作者和张永伟执笔。

们更好地把握下一步推进混合所有制改革和完善公司治理的方向和要点。

一 合理的股权结构是国有企业发展混合所有制和改善公司治理的重要基础，用国有股权分散化替代一股独大

1987年宝隆商行退出中集集团，中远买下了所有股权，自此形成了两个国有股东均衡持股的结构。后来又经过上市、引入机构投资者等多项改革，目前中集集团的股权结构是招商局持有25.54%、中远持有22.75%、联想弘毅（非国有的机构投资者）占5.16%、社会公众占46.55%。其中，国有股权合计占48.29%。由于国有股是由招商局与中远两家持有，且比例均衡，其结果是，两个股东都处于被潜在制衡的状态，谁也不能把中集集团当作自己的子公司来管，不能把自己的非营利性目标强加给公司。这就有效防止了包括各个股东在内的其他机构对企业经营的干预，进而保障了投资者的所有权与企业法人财产权分离，也保障了公司的独立地位，使董事会成为各个股东维护权益最重要的机制，构成了有效公司治理的基础。下一步推进混合所有制改革，应注意构建合理的股权结构，改变一股独大的格局，引入机构投资者。即使保持国有控股，最好由两家或几家国有机构分散持有。

二 确立董事会在公司的核心地位，由董事会选聘职业经理人代替大股东派遣，董事长由外部人代替内部人

中集集团的董事会由8人组成，两个国有控股机构各有2人，独立董事3人（分别为法律、会计、经济专业人士），来自经营层的执行董事1人。董事长及国有股东派出的董事都是非执行董事，是外部人，用俗话讲就是都不在中集集团管业务、领工资和上班。董事会下设战略委员会、薪酬与考核委员会、审计委员会、提名委员会，分别承担董事会决策的支撑职能。中集集团的重要决策均由董事会做出，如选聘总经理，根据总经理提名决定副总经理；决定公司发展战略、重大投资和红利分配；高管考评、薪酬与激励计划制定、审计监督等。中集集团董事会在运作

中坚持的一个基本原则是确保公司的重大决策掌握在董事会手中，不致出现美国一些公司由于股权过度分散而被内部人控制的问题。由于董事会真正有权决定职业经理人的去留和薪酬激励，因此可确保经理人对董事会负责。由于董事长是外部人，董事长只通过董事会行使职权，而不是通过对日常经营的干预来对公司和管理层施加影响，这既有利于突出董事会的核心作用和战略地位，又明确了董事长与总经理之间的责权关系，保障了总经理的管理权和工作效率。这种制度设计，有效避免了很多国有企业存在的董事会与经营层、董事长与总经理之间职责不清、矛盾不断的问题。国有企业要建立更加现代化、市场化的公司治理，需要通过改善股权结构和董事人员构成，确立董事会的核心地位，规避大股东绕过董事会干预公司的决策或派遣经理人。董事长可外部化，董事会的结构应体现制衡原则。

三 市场化的职业经理人制度和优秀的职业经理团队是确保公司持续发展的关键，职业经理人应是"市场人"，没有行政级别，没有官本位激励

中集集团的总经理和高管团队不是由股东方派出，他们不属于任何股东的一方，这保障了职业经理人的独立身份。在用人程序上，总经理由董事会选聘，而主要高管则由总经理提名，董事会批准；高管不能获批时，总经理再次提名，再提交董事会审议决定，不能由董事会绕过总经理任命其他高管。这就保障了总经理的用人权，形成了步调一致、简明高效的经营管理机制。由于担负公司业绩增长责任的总经理，专注做"商"而不考虑为"官"，其全身心地发展企业。由于没有行政级别，不受体制内保护，总经理干得好了，可以连聘连任，没有期限，使经理人有长期预期，保障了公司的可持续发展；干不好，就会被董事会换掉，这种压力又逼着经理人必须不断地去提高业绩。下一步推动国企改革，必须取消企业和高管的行政级别，把建立经理人制度放在重要位置。在混合所有制的公司，除少数特殊企业外，经理人团队应坚持市场化、社会化、去行政化、去官本位。

四 注重对高管的薪酬激励，采用市场化的考评和股权激励，使管理层远离腐败，保持旺盛的热情

中集集团董事会每年都会对管理层提出目标责任，对收入、利润、净资产收益、资产负债率等专业经济指标提出要求，然后辅之以相应的岗位年薪制。年薪的额度相当于当年利润的3%。达到或超过目标者，领取年薪和相应的奖励；未达到目标的予以重罚；连续两年完不成岗位目标，让出岗位。来自董事会的年度目标和激励，通过管理层在公司内部分解、落实。2009年底，公司向管理层和骨干员工推行股票期权激励计划，包括总经理在内，共187人获得6000万股认购权，占总股本的2.25%，这种长期激励机制可以将股东利益与管理层以及骨干员工利益紧密结合。在国企改革中，须将体制内选派的"干部"与市场化的经理人区分开，后者应可以分享公司发展的成果。只要董事会健全有效，不必担心高管挣得多，他们收入多一点，所有股东的收益也会几十、几百倍地增加。股东以较少的支出换来资产大幅增值之事，何乐而不为。

五 内生的遵纪守法机制与完善的监督机制是国企健康发展的重要保障，以内部与外部互动的监督代替运动式、碎片化的监督

中集集团经多年探索形成了内生的遵纪守法机制，一是董事会掌握公司重大决策权、批准年度目标责任，通过审议经理人的工作报告、考核经营业绩进行监督；二是董事会对高管实行责权利平衡、激励与监督并重的政策，奖惩分明；三是经理人是"市场人"，没有派出机构的保护，始终存在被董事会罢免的可能；四是监事会监督公司财务和经营状况，监督董事、经理和高管履职情况。这就避免了"内部人控制"，在公司内形成了"违规成本高、守法收益高"的态势，相当程度上杜绝了违规贪腐的现象。外部有来自税务、海关、工商、外管、审计等政府部门的监督，更重要是来自银行、律师事务所、会计师事务所等专业机构的监督，这些机构对公

司的评价和监督不仅非常专业，而且实时、公开、透明，直接影响公司在资本市场上的表现和公司的价值、信誉以及融资和商业机会。这使中集集团的管理层时刻都感觉处于"镜子照射"的环境之中，不敢违规违法。一个重要的事实是，成立30多年来，中集集团还没有发生过高管腐败和违法的事件。现在，每个国企都面对多个机构同时或交叉进行的监督、巡视、审计、考核、测评、监督，但仍不断产生企业高管贪腐的现象。中集集团借助两种力量有效防止违规和腐败发生的经验值得重视：一个是形成强有力的董事会，通过建立有效公司治理形成内生的遵纪守法机制，使高管不敢违规、不能违规、不愿违规；另一个是借助外部监督，特别是资本市场上监管部门和专业中介机构的评价和监督。

发展混合所有制经济的几个问题

(2014 年 9 月 19 日)

党的十八届四中全会决定把发展混合所有制放到突出的地位。一个重要的原因是，为国企改革设定的许多项目需要通过混合所有制实现。

一 发展混合所有制的意义和应实现的目标

按照党的十八届三中全会的指引，应当赋予发展混合所有制新的内涵。概括地讲，发展混合所有制是从"管企业"转向"管资本"，实现政企分开的重要措施；是消除"所有制鸿沟"，实现公平竞争的重要步骤；是解放资本流动性，打破行政性垄断的重要途径；是健全公司治理结构，实现企业制度再建设的重要条件。

具体而言应当实现以下目标。

（一）促进建立公平竞争环境

——对混合所有制继续严格界定"国有企业""民营企业"已经失去了政策意义，政府应弱化直至取消按企业所有制成分区别对待的政策，摘掉企业的"所有制标签"，实现各类企业"权利平等、机会平等、规则平等"。

——在股权结构"你中有我、我中有你"，而且在股比动态变化的情况下，政府直接干预企业的依据已经消失，应当通过投资机构运营国有资本，不干预企业，包括通过国有控股股东的"延伸管理"来运营国有资

---

* 本文是国务院发展研究中心"落实三中全会精神，深化企业改革"课题组（课题负责人：陈清泰、吴敬琏）于 2014 年 9 月 19 日完成的《发展混合所有制经济的几个问题》研究报告的再审稿，由作者和杨子茵执笔。

本，保障企业的独立地位。

（二）提高全社会资本的流动性和效率

——为保障各类资本的交叉投资，应打破资本跨所有制、跨行政区划流动的壁垒，改变资本被"板块化""碎片化"的状况，解放资本的流动性，提高资本效率。

——通过市场对接，各类投资主体按各自比较优势和意愿配置资本，既释放国企掌控的资源的效能，也发挥民企的市场活力，增强企业竞争力。

（三）破除行政性垄断和放开市场，通过增量在行业范畴内实现"混合"

——行政性垄断企业应通过引进新的投资者重组业务板块，开放市场，向专业化发展转型，如中石化按混合所有制重组炼化工程公司、石油工程公司、油品销售公司。

——自然垄断行业应将可竞争板块逐个拆分，分别引入新的投资者，在企业层面实现"混合"，如电网公司应将输变电装备、材料、输变电工程等分拆，分别改制为股权多元化公司。

——目前国有企业有14.5万家、中央党政机关管理的企业约6200家，应通过发展混合所有制再一次"抓大放小"，再一次推进党政机构与所办企业脱钩。

（四）促进改善公司治理

发展混合所有制绝不是新一轮的圈钱运动，应将"融资需求"与"转制需求"并重，而机制转换是关键。通过混合所有制改制，实现国有企业的去行政化、民营企业的去家族化，建立有效公司治理，完善现代企业制度。

二 发展混合所有制需要解决的几个问题

到现在，很多国企通过上市实现了股权多元化，但新投资者的进入未能使企业实质性地规范经营。大股东所有权侵犯公司经营权、政府机构干预公司事务已经常态化，导致公司治理形似而神不至。人们所期盼的混合所有制不是停留在股权结构的混合，而是在《中华人民共和国公司法》基础上建立新的企业制度，是在股东所有权与公司经营权分离的条件下，实现治理结构的现代化、治理机制的市场化。

调研发现，这次再提混合所有制引起了企业和投资机构的高度关注，但"混合"的热情并不太高。重要的原因是既有的混合所有制与投资者的期盼有较大差距，在那些体制弊端尚未消除情况下，投资者缺乏信心。

为发展混合所有制，需要在三个方面有新的突破。

第一，改善股权结构，规范大股东行为。国有股占比过高造成了一系列体制性弊端。一方面改制不到位的控股股东有多元目标，包括与财务回报相冲突的资产扩张、解决存续问题、干部和人员任用等目标；另一方面控股股东实现多元目标的主要资源集中在上市公司，并且两者保持广泛、复杂的关联关系。例如，公司高管大多由控股股东派遣、重要人员可以交叉任职；双方存在多层次、数额很大的关联交易；重大事项由控股股东进行实质性决策；激励机制比照大股东，人员能上不能下等。由于股东大会和董事会无力制衡大股东，新体制很大程度上受到旧体制的牵制。这一轮发展混合所有制应通过优化股权结构克服一股独大的弊端。一是在一般竞争性领域应放开国有股权比例限制，国有资本可以控股、可以相对控股、也可以不控股；二是需要控股的，将股比过大的国有股权适度分散给两个或几个国有投资机构持有，彼此形成制衡关系；三是引进养老基金、保险基金、公众基金以及 PE 基金等机构投资者。通过合理的股权结构形成制衡机制，使所有股东的权力统一在股东大会和董事会层面体现，防止任何股东跨过董事会干预公司经营，保障公司的独立地位。

第二，改革国资监管体制，从"管企业"向"管资本"转型，实现政资分开、政企分开，这是发展混合所有制的重要前提。国资监管部门与上市公司并没有直接的产权关系，但它规定"集团公司重要子公司参照国有企业管理"，显性或隐性地赋予子公司行政级别，把"管人、管事、管资产"延伸到了上市公司，资本市场对此也无可奈何。例如，国资股东把"三重一大"制度通过集团公司延伸至上市公司，使上市公司的重大决策实质上通过非正常渠道完成，重要人事任免往往由上级组织决定，董事会走程序；国资部门以大体相同的规模导向的指标考核不同行业的上市公司，影响了公司的个性化发展；政府部门直接管理高管薪酬，并把"工资总额管理"应用到上市公司。国资部门的各种审批、检查、报告和会议延伸到上市公司，使公司被政府机构牵着走。若继续强化这种治理状况，其他投资者恐难以接受。发展混合所有制的意义在于使包括国有资本投资公司在内的公司成为独立的市场主体，回归企业的本位。国资部门应当转向管资本，而且不再越过投资运营公司进行"延伸管理"。另外，从中集集团等发展状况较好的企业的改革经验看，当前将股比过大的国有股权适度分散，是消除国资监管部门越过大股东干预混合所有制公司的可行途径。

第三，妥善解决国有企业"办社会"负担和历史遗留问题。据国资委统计，目前仅中央企业就有医院、学校和管理的社区等"办社会"职能机构8000多个，离退休人员524万人，困难职工100多万人。企业"办社会"、国有职工身份等遗留问题，不仅给企业带来沉重负担，而且使新的投资者望而生畏，新的企业制度很难建立。这是深化企业改革必须面对的一大难题，应以政府为主，企业配合抓紧妥善解决。企业"办社会"的职能绝不应延续到混合所有制公司。

三　混合所有制公司的基本特征

国有投资运营机构之下的企业将越来越多地成为国有资本、集体资本、非公有资本交叉持股的混合所有制公司，这为通过优化股权结构从根本上改变国有企业的治理机制创造了条件。《中华人民共和国公司法》将成为调整股东、经理人、员工及各相关者权利和利益关系的法律依据，为进一步完善公司治理和促进公司走向"现代企业制度"铺平道路。

根据国内已有的经验，混合所有制公司应具备以下特征。

（1）对于竞争性公司，国有股权比例过高的应适度分散给若干国有投资机构；积极引进非公机构投资，构建合理的股权结构。

（2）董事成员以外部董事为主，其中应有相当比例的独立董事。股权董事应为外部人，董事长原则上由外部人担任。

（3）所有股东通过股东大会、董事会行使职权，确立董事会的核心作用和战略地位。董事会牢牢掌握公司重大决策权，如发展战略、重大投资、并购、年度目标、高管薪酬和长期激励、业绩考评以及利润用于再投资还是红利分配等决策权。发挥监事会审计监督作用和董事会专业委员会作用。董事会审议经理人年度报告，考核经营业绩，防止内部人控制。

（4）公司和经理人不属"体制内"，没有"行政级别"。经理人由董事会选聘，他是"市场人"，不是由大股东派遣，不受"体制内"保护，董事会有权罢免。公司高管由经理人提名，董事会批准；若未获批，经理人重新提名，以保障经理人的用人权。

（5）公司必须执行国家法规，接受税务、工商、环保、海关、外管等行政执法部门的监管。上市公司还要接受来自资本市场的监管部门、律师、会计师、分析师的监督。

（6）公司不再与政府保持行政关系，不再直接接受政府的干部人事管理、工资总额管理、责任目标管理，以及巡视、测评等的"延伸监管"和党的关系属地管理。

承担政策性功能那些企业，可根据具体情况区别对待。

四 发展混合所有制的政策和机制

（1）发展混合所有制涉及国有产权的流动，而国有产权流动呈现规模越来越大、频次越来越高的趋势。因此，发展混合所有制只能在建立起责权明晰的管资本的体制、国有资本运作主体受到强财务约束的条件下进行，这是重要的前提。否则，在所有权实质性缺位的情况下任何外部的审批、监管都很难避免国有资产的流失。

（2）发展混合所有制应当把具有收益性功能的国有资本，即把竞争性领域的国有企业，包括行政性垄断的企业和天然垄断行业中可竞争的业务作为重点，先试点，再逐步推广。对那些有政策性目标的企业和投资应当采取更加审慎的态度。

（3）政府应提供政策指导，创造资本流动和股权重组的环境。例如，制定国家所有权政策，确定国有资本必须控股的行业和企业，完善多层次资本市场，清理并废除跨所有制、跨区域资本流动及企业并购重组的障碍和政策规定等。

（4）在竞争性领域，企业"与谁混""如何混""混合的程度"都属于市场化的选择，不可能事事由政府判断和决策，必须由承担产权责任并受到强财务约束的国有资本投资运营机构来判断。政府应尊重投资机构和企业的选择，可以引导和倡导，但不要"拉郎配"。

（5）在确定混合方案时应当注意优化股权结构。在引进非公投资者的同时，可考虑将占比过大的国有股权分散持有，包括社保基金分散持有。

（6）实行员工持股计划是一项重要改革，有关部门曾支持过，也叫停过。就是说，做得好是一种低成本有效的长期激励，搞不好也会带来很大的负面效应。应当总结已有的经验，出台相应政策，审慎地推进。出台的政策应包括消除员工持股的体制性和政策性障碍，打通实施的通道；对持股计划的决策流程、操作程序、股权比例、股权的分配和管理、股权的流通等做出必要规定。还应对股权激励适用的范围，如体制内的企业、垄断行业包括行政性垄断行业、体制内派出的干部是否适用做出规定。

（7）国有企业"办社会"职能、国有职工身份等历史遗留问题应妥善处理后再进行混合所有制改制。因为国有企业没有解决的问题混合所有制企业更加无力解决。旧体制遗留的问题不应带进新体制。

国有资产管理体制改革的几个问题[*]

(2014 年 12 月 20 日)

以管资本为主建立国有资产管理新体制,应精心设计、稳步推进。本文就涉及的目标、途径以及相关的几个问题进行讨论,提出了一些见解和建议。

一 国有企业改革的基本命题和当前的重点

在确立社会主义市场经济体制的改革目标后,国有经济改革的基本命题是,公有制、国有经济与市场经济能不能结合?如何结合?这是涉及新的经济体制能否建立的根本问题。直至今日问题依然如此。

从政策设计和改革实践看,破解这一历史性难题有三个关键点:一是对国有企业进行公司制改制,通过企业制度的变革实现政企分开、所有权与经营权分离,构造独立的市场主体;二是与时俱进地调整国有经济的布局和功能,确保不同发展阶段国有经济都能充分发挥应有效能,并且不对非公经济产生挤出效应;三是寻找适应市场经济的"国有资产实现形式"和管理方式,在保持较大份额国有经济的情况下,保障市场配置资源的基础性作用。

20 多年来,这三方面改革的进展参差不齐。现代企业制度很快被企业认同,通过重组、上市,集团下属企业的公司制改制已经大范围展开。

在结构调整和功能转换方面,90 年代中后期,通过"抓大放小"、企

---

[*] 本文是国务院发展研究中心"落实三中全会精神,深化企业改革"课题组(课题负责人:陈清泰、吴敬琏)于 2014 年 12 月 22 日报送国务院领导同志的《国有资产管理体制改革的几个问题》研究报告稿,由作者和吴敬琏教授执笔。

业转制等有效措施，国有经济在一般行业大幅度退出，向基础设施、基础原材料、能源、重要服务业、重要制造业集中取得了好的成效。通过大规模投资，仅仅用十几年时间，就为我国工业化奠定了较好的基础。

但是，迄今为止，在产业领域实物形态的"国有企业"仍是国有经济的主要实现形式，政府作为市场的监管者，同时拥有、管理和控制着庞大的国有企业群，这就造成政府不独立、企业也不独立，国有经济总体效率较低。这已经成为企业改革和经济体制转型诸多矛盾的焦点。

当前国有企业改革的主导方面应当及时由针对"国有企业"自身，转向在国家层面推进"国有资产的资本化"。这次国有企业再改革的命题不是政府机构"如何改进对国有企业的管理"，而是由"管企业"转变为"管资本"。这是当前深化改革重要的突破口。

二 国有资产资本化改革的意义和应实现的目标

管资本就是改革经营性国有资产的实现形式，由实物形态的国有企业，转向价值形态、可以用财务语言清晰界定、有良好流动性的国有资本。资本化应实现三个目标。

一是国有企业进行整体的公司制改制，国家从拥有企业转向拥有股权（资本），并委托专业投资运营机构代理运作。这就分离了政府与企业直接的产权关系，从体制上为政企分开、建立现代公司治理奠定了基础。有股东没有"婆婆"，对企业是又一次解放。

二是国有资产资本化、证券化后，国有投资机构的所有权与企业法人财产权分离，这就解除了国有资本与特定企业的捆绑关系。企业自主决策做强做大、国有资本追求投资收益有进有退，构成了相关但不受约束的两个维度。资本化是对国有资产流动性和效率的解放。

三是政府在管资本不管企业的体制下，可以站到超脱地位，正确处理与市场的关系。对政府也是一次解放。

资本化的重要意义在于，它将从根本上理顺政府、市场和企业的关系。国有资本的预期效能主要通过市场而不是行政力量来实现，这就使国有资本具有"亲市场性"，从而保障我国在保持较大份额国有经济的情况下，

"使市场在资源配置中起决定性作用"。

"三个解放"是生产力的再解放。

三　国有经济面临功能转换

渐进式改革留下了一笔巨大的国有资本,是保障经济体制平稳转型的宝贵资源。基于我国的特点,国有资本有两大功能:一是政策性功能,即作为政府实现特殊公共目标的资源;二是收益性功能,即获取财务回报,用于民生和公共服务。两者的比例结构应当与时俱进地调整。

在经济发展追赶期政府主导经济增长的情况下,国家特别看重国有经济的政策性功能,国有企业主要作为政府调控经济的工具、发展战略产业的拳头、配置资源和推动经济增长的抓手。这种发展方式大体适应了当时的发展形势,使我们较快地越过经济发展的追赶期。但这一发展阶段已经过去,继续沿袭必定阻碍经济转型。

当前,尽管在国家有需要而非公经济不愿进入或不准进入的领域、天然垄断行业、涉及国家安全和某些公共服务等领域,以国有资本投资实现政府特定公共目标的功能仍不可少,但很多曾经的"重要行业、关键领域"已经成了竞争性领域,而制约经济社会发展的瓶颈、关系"国民经济命脉"的很多方面也已变化。国有资本应当从"工具"、"拳头"和"抓手"的功能中淡出,转向收益性功能。以投资收益作为公共财政的补充来源,一方面可弥补体制转轨中积累的由未来纳税人支付的历史欠账,以增加代际公平;另一方面可用于满足民生需求,减少社会不公,保住社会底线,保障体制转轨的平稳进行,并使国有资本回归全民所有、全民共享的本质。

四　推进从管企业向管资本的改革

目前实际存在两类国有资产管理形式。一类是全国社会保障基金,信达、华融等资产管理公司和中投、汇金投资控股公司等。它们的共同特点,一是都属经注册的金融投资机构,受到强财务约束。管理的对象是资本化和证券化的"国有资本";二是之下的企业都是整体改制的股份制公司，与它们是股权关系，不是行政关系；三是持股机构是市场参与者，所持资本（股权）具有流动性，可在市场中运作。

另一类管理形式是国资委。它的特点，第一，它自身是政府机构，以"管人、管事、管资产"为主要形式，保持着对企业的行政性直接管理；第二，管理对象基本上是未经改制的国有企业，缺乏政企分开、所有权与经营权分离的制度基础；三是管理的国有资产尚未资本化和证券化，国有产权与企业是捆绑关系，国有产权基本不具有流动性，有进有退的调整很难实质性进行。

应总结第一类国有资产管理的经验，进一步完善体制机制，有效推进向管资本的转型。

五　建立国有资本管理体制的几个问题

管资本的核心是实现政企分开、所有权与经营权分离，并保证国有资本的投资运营始终受到强财务约束。为此，在国有资本管理体制设计时有几点值得考虑。

（1）顶层的国有企业除少数向投资运营公司转型外，大多数应重组存续业务、剥离"办社会"职能、引进新的投资者，整体改制为股份制公司。通过这一过程，国有资产实现资本化、股份化、证券化。

（2）分散在多个部门的国有资本公共管理职能应归集于政府，目的是确保从全局出发制定国家所有权政策，并避免各个部门继续将国有企业（资产）作为行使职能的抓手和工具。

（3）国有资本的公共管理职能应与运营职能分开，并委托专业的投资运营机构运作国有资本并保障其必要的独立性。由独立的监督机构对其进行评价和监督。

（4）国有资本应当保持资本的基本属性。收益性功能资本应专注财务收益；政策性功能的资本在实现政策目标的同时应保障投资效率和强财务约束。为此，两类功能的资本应分别由不同的投资运营机构运作，目的是尽量避免为实现相互冲突的目标而造成低效率。

（5）政府指定特定机构对投资运营公司行使出资人职能。收益性投资公司出资人由对资本收益最为关切的机构承担为宜；政策性目标的投资公司由对政策实现最为关切机构，或者与对资本使用效率有较强评价能力的机构共同承担为宜。

（6）在向管资本转型中应更加重视发挥社保基金的作用，在顶层企业整体改制时应将部分股权划转社保基金。

（7）应当重视全国人民作为最终所有者、受益者的知情权和监督权，使国有资本的管理和运营受到强财务约束。国家所有权机构每年向人民代表大会报告，接受审议和监督。

六　国有资本管理体制框架可设计为三层结构

第一层是国家所有权管理，属于公共职能。可考虑在政府层面设立"国有资本管理委员会"（本文以下简称管委会），管委会为非常设机构，由政府主要领导担任主任，负责制定所有权政策、推动国有产权立法、审议国有资本经营预算、统筹国有资本收益分配和任命投资运营公司董事和董事长、批准公司章程等。管委会可委托相关部门作为其办事机构；委托特定部门对国有资本投资运营机构行使出资人职能。管委会办事机构可委托第三方专业机构对投资运营公司进行审计和评估。政府每年向人代会报告国有资本运营情况、国有资本经营预算和收益分配情况，接受审议和监督。

第二层是国有资本的投资运营机构。该类机构应包括已有的国有资本投资运营平台、社会保障基金管理机构，也包括由集团公司转制的国有资本投资公司和运营公司。它们受国家股东委托，进入市场运作国有资本，是独立的金融性商业实体。

第三层是由投资运营机构持股或控股、受《中华人民共和国公司法》调节的股份制公司，其主体是各类混合所有制公司。

政府作为最重要的公共管理部门，管资本就管到投资运营机构，不再向下延伸。

七 投资运营机构的属性和运作机制

转向管资本后，投资运营机构是政府与企业之间的"界面"。政企分开、所有权与经营权分离主要通过投资运营机构的隔离与衔接来实现；国有资本的功能转换和效率提升主要通过投资运营机构的有效运作来实现。因此厘清其属性和运作机制至关重要。

（1）投资运营机构是国有资本注资设立的金融性公司，按照《中华人民共和国公司法》建立公司治理结构，实现所有权与经营权分离；董事、董事长由国家所有权机构任命并管理，以保障董事会必要的独立性。专业的投资经理人在市场中选聘，实行与业绩挂钩的薪酬激励。

（2）国家股东主要通过批准投资运营机构的公司章程、委托合同和召开股东会议等"正常"方式实现自己的意志，尽量避免通过下达"红头文件"进行干预。

（3）投资运营机构按照章程和委托合同运营，以获取最高回报和保障资本效率为主要责任。它没有行政权、行业监管权，借助资本市场的工具而不是靠行政手段运营。投资运营机构不承接政府对其下层企业的市场监管和行政管理。

（4）投资运营机构的投资组合应兼顾效益、避免风险，不刻意追求绝对控股。对国家认为需要绝对控股的公司，投资运营机构可以与其他国有投资机构共同持股。

（5）投资运营机构的下层是设有董事会的股份制公司，公司通过股东大会和董事会行使股东权利，包括选聘董事、总经理，参与公司重大投资、并购、利润分配等重要决策。为此，对重要的投资企业应保持适当股权比例，以便获得在董事会的投票权。

（6）投资运营机构的权能既包括国有股权的管理，也包括股权的转让和买进；资本运作可以由本机构进行，也可以委托有良好诚信记录和业绩的基金公司进行。收益性投资运营公司的业绩评价是基于投资组合的价值，而不是看单个投资项目的盈亏；是基于长期价值，而不是基于易受市场波动影响的短期业绩。

（7）投资运营机构每年向出资人机构（股东）报告工作，投资的分红收益按照章程规定上缴财政，并接受第三方机构的审计和评估。

八　重视发挥社会保障基金的作用

直到 90 年代中后期，国有企业成本中未曾计提职工养老金。这部分资金留在企业，用在了发展再生产。因此，国有企业净资产中有国家投入和积累的部分，也有职工养老金投入和增值的部分。

划拨部分国有资本以偿还国家对老职工的社保欠账，是一件拟议已久但一直未能实现的大事。应合理测算对老职工的历史欠账，在向管资本的转型中如数将国有净资产划入社保基金。由此会带来多方面的好处：第一，偿还职工社保历史欠账，以此弥补社保资金缺口，可以保持社保体制的持续运行，解除老职工的后顾之忧；第二，这是我国应对人口老龄化的重要举措；第三，有助于克服我国资本市场投资者以散户为主的缺陷，将大大增强机构投资者的资本实力；第四，党的十五大曾提出"努力寻找能够极大促进生产力发展的公有制实现形式"，社保基金是一种良好的公有制实现形式，将有力地推动国有资产管理体制的改革和公司治理结构的改善。

九　"管资本为主"不排除管企业

《决定》提出"管资本为主"，就是说不应排除政府直接管理企业，这符合现阶段的国情。

在竞争性领域必须政企分开，保障企业独立、平等地参与竞争；保障政府站到超脱地位监管市场，公平对待各类企业。因此在竞争性领域的国有资产应逐步尽数由管企业转变为管资本，并以平等的身份在市场中运作。

对某些战略性和市场失灵领域的国有企业，政府需要对其保持控制力。这些领域基本不存在竞争，不管怎样管理都对市场不会产生大的影响。政府对这类企业的管理可以有两种选择，一是政府继续直接管理企业；二是通过国有资本投资公司控股目标企业。

十　国有经济并不需要"从竞争性领域退出"

很多人出于担心,提出"国有经济从竞争性领域全部退出"。但国有经济规模巨大,全部退出既不现实也没有必要。

在竞争性领域,国有资本谋求"控制",会扭曲市场;但投资是为了收益,对其他投资者不会造成不当伤害。因此,一方面国有资本应加大对公益性企业的投入,在提供公共服务方面做出更大贡献;另一方面,关键的不是"退出",而是在竞争性领域与时俱进地改变国有经济的功能,由过去看重对产业和企业的"控制",现在转向专注提高资本投资收益。国有资本的公共性不是表现为"退出",而是体现为收益分配的公共性。

设想,在资本市场活跃着一个个追求财务收益的国有资本机构投资者,如同一些国家的养老基金,必将对资本市场产生正面而不是负面的影响。

在《关于深化国有企业改革的指导意见》（征求意见稿）座谈会上的发言[*]

（2015年3月27日）

《关于深化国有企业改革的指导意见》（征求意见稿）（本文以下简称《意见》）是落实党的十八届三中全会决定、深化国企改革的一个非常重要的文件。如何理解三中全会的相关表述？我反复学习后，感到有三个影响全局的重大突破：一个是以管资本为主，完善国有资产管理体制；另一个是发展混合所有制；再有就是划拨部分国有资本充实社保基金。

我很希望《意见》能为这三项重大突破提出实施方案，消除一些障碍。

国有企业改革30多年还没有完全到位，转向管资本为主是必须突破的，也许是最后的一道关口。

一　关于国企改革的观点

（一）国有企业改革的基本命题和当前的重点

党的十四大提出建立社会主义市场经济体制后，国有经济改革的基本命题就是，公有制、国有经济与市场经济能不能结合？如何结合？

党的十四届三中全会以来，中央为破解这一历史性难题提出了三个要点：一是建立现代企业制度；二是与时俱进地调整国有经济的布局和功能；三是建立适应市场经济的"国有资产实现形式"，在保持较大份额国有经济的情况下，能政企分开，保障市场配置资源的作用。

---

[*] 2015年3月27日，国务院征求对《关于深化国有企业改革的指导意见》（征求意见稿）的修改意见，本文是作者在座谈会上的发言。

如上三大要点相互关联，但进展参差不齐。企业集团下层的公司制改制和企业结构调整取得了较大进展。但国有资产管理体制改革由于更为敏感，而被搁置。尽管党的十六大后有了新的进展，但在产业领域实物形态的"国有企业"仍是国有经济的主要实现形式。政府作为市场的监管者，同时拥有、管理和控制着庞大的国有企业群，成为经济体制诸多矛盾的一个焦点。

党的十八届三中全会提出"管资本为主"就是着手解决国企改革最后的一个难题，是国有企业进一步改革的牛鼻子。因此，我很希望这一轮改革应当着重把改革国有资产实现形式、建立管资本的体制机制作为重点，精心设计、稳步推进，千万不要煮夹生饭。这事情做好了，将为政企分开、完善现代企业制度、提高国有资本的配置效率和运营效率、保障国有资产安全等奠定基础。

管资本就是改革经营性国有资产的实现形式，将实物形态的国有企业，转向可以用财务指标计量的金融性资本。在竞争性领域，国家拥有和管理的是资本，不直接管企业，从体制上实现了政企分开；企业有股东但没有"婆婆"，为自主经营、完善公司治理奠定了基础；资本化的国有资产具有良好的流动性，将大大提高国有经济的配置效率和盈利能力，从而保持和发挥国有经济的主导作用。从这个意义上说，这一轮改革在竞争性领域的主要命题不是政府机构"如何改进对国有企业的管理"，而是由"管企业"转变为"管资本"。

（二）国有资本有三大功能，应当分类管理

落实"管资本为主"的《意见》，是对企业进行分类管理，还是对资本进行分类管理？改革后国有企业是独立的市场整体，只要依法经营，政府无权直接管理。而国家对国有资本进行分类和管理具有必要性与合理性。

基于我国的特点，国有资本有三大功能：一是政策性功能，即作为政府实现特殊公共目标的资源；二是收益性功能，即获取财务回报，作为政府预算的补充来源，用于改善民生和公共服务。两者的比例结构应当与时俱进地调整。

迄今为止，政府特别看重政策性功能，但这一发展阶段已经过去。向

在《关于深化国有企业改革的指导意见》（征求意见稿）座谈会上的发言

创新驱动转型、正确处理政府与市场关系，就必须在竞争性领域改变将国有企业作为"工具""拳头""抓手"的行政方式。

当前，在国家有需要而非公经济不愿进入或不准进入的领域、天然垄断行业、涉及国家安全和某些公共服务等领域，以国有资本投资实现政府特定公共目标的政策性功能仍不可少，但很多曾经的"重要行业、关键领域"已经成了竞争性领域，而制约经济社会发展的瓶颈、关系"国民经济命脉"的很多方面也已变化。相应地，国有资本应当弱化政策性功能，及时转向收益性功能。以投资收益作为公共财政的补充来源，一方面可弥补体制转轨中积累的可能由未来纳税人支付的历史欠账，增加代际公平；另一方面可用于民生需求，减少社会不公，保住社会底线，保障体制转轨的平稳进行，并使国有资本回归全民所有、全民共享的本质。

（三）"管资本为主"不排除管企业

《中共中央关于全面深化改革若干重大问题的决定》提出"管资本为主"，就是说不应排除政府仍直接管理企业。这符合现阶段的国情。

竞争性领域的国有资产应逐步尽数由管企业转变为管资本，实行政企分开。

对某些战略性和市场失灵领域的国有企业，政府需要对其保持控制力。这些领域基本不存在竞争，所以政府加强管理对市场也不会产生大的影响。政府对这类企业的管理可以有两种选择，一是政府继续直接管理企业；二是通过国有资本投资公司控股目标企业。

在未来较长一段时间对于政府来说需要"管资本"与"管企业"并行，但两种管理方式存在很大的差异，建议《意见》应对差异的部分分别阐述，不要混淆。

（四）《意见》应当明确国有资本管理体制的构架

改革不可能一步到位。从体制改革角度看，这一轮改革的重点是竞争性领域，也就是实行"管资本"改革的领域。从量上看这是国有经济的大头，这部分改好了，大部分的问题就解决了。为此《意见》应当为"管资本"搭建起管理体制框架。从某种意义上说这是这次改革最重要的任务。

党的十五大明确将国有资产管理体制设定为管理、运营和监督三个相互联系但相对独立的部分。至今这仍是可行的、合理的。

我国有如此庞大的国有资产,这对全国经济和社会的影响也非常大,相应地,国家所有权政策、国有产权立法、审议和批准国有资本经营预算、统筹国有资本收益分配,以及大型投资运营公司董事和董事长的任命、公司章程的批准等都属于国家的公共职能,应当由顶层国家行政机构统筹全局做出决定,并接受人民代表大会的审议和监督。

在竞争性领域政府管资本就管到投资运营机构,不再向下延伸。

投资运营机构是政府与企业之间的"界面"。政企分开、所有权与经营权分离主要通过投资运营机构的隔离与衔接来实现;国有资本的功能转换和效率提升主要通过投资运营机构的有效运作来实现。所以,它在实现管资本中处于核心地位。因此,《意见》应总结国内外成功经验,对投资运营机构的属性和运作机制做出规定。

政府可委托特定部门对国有资本投资运营机构行使出资人职能,承担起监督职能。

(五)应按党的十八届三中全会要求划拨部分国有资本补充社会保障基金

划拨部分国有资本补充社保基金是中央做出的重大决策,《意见》应当对此有所安排。

90年代中后期之前,国有企业成本中未曾计提职工养老金。这部分资金留在企业,用在了发展再生产。因此,国有企业净资产中有国家投入和积累的部分,也有职工养老金投入和增值的部分。

应合理测算对老职工的历史欠账,在向管资本的转型中如数把国有净资产划入社保基金。由此会带来多方面的好处:第一,偿还职工社保历史欠账,弥补社保资金缺口,既可适度减少企业社保缴费,也可保持社保体制的持续运行,解除老职工的后顾之忧;第二,这是我国应对人口老龄化的重要举措;第三,有助于克服我国资本市场投资者以散户为主的缺陷,将大大增强机构投资者的资本实力;第四,党的十五大曾提出"努力寻找能够极大促进生产力发展的公有制实现形式",社保基金是一种良好的公有制实现形式,将有力地推动国有资产管理体制的改革和公司治理结构的改善。

(六)《意见》应对重提混合所有制阐明新意

投资运营机构之下的企业将越来越多的是多元投资、交叉持股的混合所有制公司,《中华人民共和国公司法》(本文以下简称《公司法》)将成为调整股东、经理人、员工及各个相关者权利和利益关系的法律依据。建议《意见》应总结已有混合所有制存在的问题,朝着完善公司治理、走向现代企业制度提出改进方案。例如,注意优化股权结构,在一般竞争性领域放开国有股权比例限制;需要控股的,将股比过大的国有股权适度分散给两个或几个国有投资机构;引进养老基金公司、保险基金公司、公众基金公司等市场机构投资者。通过合理的股权结构形成制衡机制,使所有股东的权力统一在股东大会和董事会层面体现,防止股东跨过董事会干预公司经营,保障同股同权和公司的独立地位。

二 对《意见》文稿的具体修改意见

建议《意见》应提出国有资本管理的体制框架;明确"两类公司"的基本属性;提出划拨部分国有资本充实社保基金的方案。

另外,提几点具体意见。

《意见》对管企业与管资本的管理方式没有区分,造成混淆。

《意见》对"国有企业"应当有明确的界定。因为按《中华人民共和国全民所有制工业企业法》的国企与按《公司法》的国有独资的公司、由国有资本投资的混合所有制公司等与政府的关系有很大的不同,治理结构也有很大差异,笼统按"国有企业"管理缺乏合理性。

一些《决定》未提及但又明显违背《公司法》的内容,如"三重一大"等建议在《意见》中不出现。

"由出资人机构负责制定企业的功能边界","界定企业的功能、划分类别、分类发展、分类监管、分类定责、分类考核"。这似乎是进一步强化对企业的管理,与政企分开、所有权与经营权分离有什么关系?企业的活力在于快速适应市场的应变能力，出资人机构不应固化企业的业务结构。对企业如何分类，建议作为出资人机构的内部规定，仅为改善管理提供参考，而不是捆绑企业手脚。

条文中有些表述建议再斟酌，如一方面讲打造"法制国企"，另一方面却要"强化对子公司落实'三重一大'决策机制的监督"，而不是强化董事会的职能。混合所有制公司有多元股东，党组织在选人用人中如何发挥领导和把关作用？承担什么责任？

叠床架屋的监督已经使企业苦不堪言、意见强烈，《意见》是在缺乏梳理的情况下，进一步强化监督。建议以改革精神深化国有企业改革，《意见》不要固化现有多头监管格局，给改革留出空间。

责任追究部分建议再斟酌。企业在市场经营过程中从创新、产品开发、投资、并购再到经营决策、采购、营销等都有风险，企业不可能在所有环节都没有失误、总是"常胜将军"。所以，对于失误与渎职的界定和把握，对企业积极性有重要影响。

关于"大量推进简政放权"需要说明的是，企业权力是《公司法》赋予的，不是上级下放的。

关于"授权经营"需要说明的是，在建立现代企业制度的情况下，对于有效治理结构来说，所有权、经营权是《公司法》赋予的，都必须到位。所有权不能侵犯经营权，经营权也不能架空所有权，防止内部人控制。

以"管资本为主":国企改革新突破[*]

(2015 年 9 月 13 日)

国企改革近日再度成为舆论关注的焦点。国家发改委主任徐绍史在 2015 夏季达沃斯论坛上回答《财经》记者提问时表示,国有企业改革已经酝酿了一段时间,改革文件近期会陆续出台。

国企改革三十年,一直在管企业的"旋涡"中打转,"一管就死,不管就乱"似乎成为国资监管的咒语。很多国企高管人员的任命、重大投资决策的拍板以及企业经营指标的考核,管理部门都有很大的话语权。然而,一位参与国企改革方案的权威学者透露,即将公布的国企改革指导意见,其中一个亮点就是从主要"管企业"转到"管资本为主"。这是发轫于 2014 年末的新一轮国资国企改革朝着市场化路径持续深入的标志。千头万绪、几经波折的国企改革找准了牵一发而动全身的关键节点。

曾担任国务院发展研究中心副主任、中国上市公司协会会长的陈清泰,是国内较早建言国企改革以管资本为主的学者。他近日接受《财经》记者专访时表示,当前国有企业改革的主导方面应当及时由针对"国有企业"自身,转向在国家层面推进国有资产的资本化;这次国有企业再改革的命题不是政府机构"如何改进对国有企业的管理",而是由"管企业"转为"管资本为主"。这是深化国企改革的突破口。

国资改革和国企改革相互关联,但属于两个范畴。国资改革是推进国有资产资本化,赋予其流动性和布局、功能调整的灵活性,提高资本效率;而国企改革则是完善现代企业制度,激发企业活力和竞争力。

---

[*] 2015 年 9 月 13 日,《财经》刊发记者(翁仕友、周哲,实习生:储楚)对作者进行访谈,本文为访谈内容。

那么，究竟该如何理解"管资本为主"，国资管理体制又该如何设计？在国企改革顶层设计方案公布前夕，本刊记者专访了陈清泰。

"管资本为主"不排除管企业

《财经》：党的十八届三中全会提出了"以管资本为主"，在即将公布的国企改革指导意见中，也多处着墨。那么这一新提法究竟有何重要意义，期望达到什么目标？

陈清泰：管资本就是改革经营性国有资产的实现形式，由实物形态的国有企业，转向价值形态、可以用财务语言清晰界定、有良好流动性、可以进入市场运作的国有资本。据此可以实现三个目标。

一是顶层国有企业进行整体的公司制改制，国家从拥有企业转向拥有资本（股权），并委托专业投资运营机构持有和运作。这就隔离了政府与企业直接的产权关系，从体制上为政企分开、建立现代企业制度奠定了基础。有股东没有"婆婆"，对企业是又一次解放。

二是国有资产资本化、证券化后，国有投资运营机构的所有权与企业法人财产权分离，这就解除了国有资本与特定企业的捆绑关系。企业自主决策做强做大、国有资本追求投资收益有进有退地流动，这就构成了相关但不受约束的两个维度。资本化是对国有资产流动性的解放，将释放出巨大的活力和效率。

三是政府在管资本不管企业的体制下，可以站到更超脱的地位，正确处理与市场的关系，对政府也是一次解放。

资本化的重要意义在于，它将从根本上理顺长期困扰我们的政府、市场和企业的关系，化解体制转轨中的诸多矛盾。国有资本的预期效能主要通过市场而不是行政力量来实现，这就使国有资本具有"亲市场性"，从而保障我国在保持较大份额国有经济的情况下，"使市场在资源配置中起决定性作用"。

《财经》：是不是意味着今后政府只当老板，不当"婆婆"？

陈清泰："以管资本为主"这个提法很重要，就是说不排除政府在某些特殊领域管企业。这符合目前中国的国情，但必须对管企业的领域和范围做清晰界定。

在竞争性领域必须政企分开，保障企业独立、平等地参与竞争；保障政府站到超脱地位监管市场，公平对待各类企业。因此在竞争性领域的国有企业应逐步尽数由管企业转变为管资本，并以平等的身份在市场中运作资本。

对某些战略性和市场失灵领域的国有企业，政府需要对其保持控制力。这些领域基本不存在竞争，政府的管理对市场不会产生大的影响。政府对这类企业的管理可以有两种选择，一是政府继续直接管理企业；二是通过国有资本投资公司控股目标企业。

《财经》：管理有个边界问题，那么管资本的范围或边界在哪？

陈清泰：既然是管资本，当然还是要"管"，管到哪儿呢？就"管"到国有投资公司和运营公司，不能延伸到它们投资的混合所有制公司。对两类公司怎么管呢，就是以股东的方式行使所有权，实行政资分开、所有权与经营权分离。两类公司的上面是国家所有权机构，下面是数量众多的混合所有制公司，包括众多上市公司。两类公司在政府和市场之间，是一个"界面"。政企分开、所有权与经营权分离，主要通过两类公司的隔离与衔接来实现；国有资本的功能转换和效率提升主要通过两类公司的有效运作来完成。

因此，这个"界面"和"隔离层"的属性、治理结构、运作机制特别重要，是改革方案设计时特别值得注意一个方面。

例如，两类公司应当是国有独资的金融性公司，而不是产业性公司。应按照《中华人民共和国公司法》（本文以下简称《公司法》）建立公司治理结构，实现所有权与经营权分离。

两类公司没有行政权、行业监管权，应借助资本市场的工具运营资本而不是靠行政手段。投资运营机构不承接政府对其下层企业的市场监管和行政管理等"漏斗职能"。

具有政策性功能和收益性功能的资本应分别由不同的投资运营机构持有和运作，目的是尽量避免为实现相互冲突的目标而造成低效率。收益性投资运营机构的投资组合应兼顾效益、避免风险，不刻意追求绝对控股；对国家认为需要保持控制力的公司，可以由一个或几个国有投资机构共同持股，避免一股独大的弊端和风险。

两类公司对下层的股份制公司，通过股东大会和董事会行使股东权利，包括选聘董事、选聘总经理，参与公司重大投资、并购、利润分配等重要决策。为此，对重要的投资企业可保持适当股权比例，以便获得在董事会的投票权。

两类公司的权能既包括国有股权的管理，也包括股权的转让和买进；资本运作可以由本机构进行，也可以委托有良好诚信记录和业绩的基金公司进行。收益性投资运营公司的业绩评价是基于投资组合价值的变化，而不是单个投资项目的盈亏；是基于长期价值，而不是易受市场波动影响的短期业绩。

两类公司每年向出资人机构（股东）报告工作，投资的分红收益按照章程规定上缴财政，接受第三方机构的审计和评估。

两类公司上面面对政府，而政府是个特殊的机构，因此开始时两类公司与政府的关系可能会有一些特殊，如党管干部是管到董事，还是管到董事长和总经理，公司高管是否有行政级别，采取怎样的激励机制和决策机制，国家对政府机构的监督方式是否延伸到两类公司，如此等等，这只能在探索中逐渐规范。但是这是政府如何管理国有独资的两类公司的问题，原则上不对市场产生影响。

《财经》：国资管理是一个复杂渐进的过程，与不同时期国有经济的功能有关。

陈清泰：对。渐进式改革留下了一笔巨大的国有资本，这是保障我国经济发展和体制平稳转型的宝贵资源。基于我国的特点，国有资本有两大功能：一是政策性功能，即作为政府实现特殊公共目标的资源；二是收益性功能，即获取财务回报，用于公共服务。两者的比例结构应当与时俱进地调整。

在经济发育程度较低、政府主导经济增长阶段，国家更加重视它的政策性功能。国有经济主要作为政府调控经济的工具、配置资源的抓手、推动经济增长的拳头。但这一发展阶段正在过去。

当前，在国家有需要而非公经济不愿进入或不准进入的领域、天然垄断行业、涉及国家安全和某些公共服务等领域，以国有资本投资实现政府特定的公共目标的功能还不可少。但在市场起决定性作用的情况下，政策性功能应限定在市场失灵的领域，同时应经过充分论证和法定程序制定"负面清单"，避免随意性，不可泛化。

另外，很多曾经的"重要行业、关键领域"已经成了竞争性领域；而制约经济社会发展的瓶颈、关系"国民经济命脉"的很多方面也已变化。相应地，国有经济作为"工具"和"抓手"的功能应大幅度转向收益性功能，以投资收益作为公共财政的补充来源，弥补体制转轨中积累的必须由财政支付的历史欠账。这一方面可补充社会保障资金的不足，保住社会底线；另一方面可补充社会公益性资金，减少社会不公，促进区域协调发展，以此保障体制转轨的平稳进行，并使国有资本回归全民所有、全民共享的本质。

国有资产管理体制改革还不到位

《财经》：显然，"管资本"就是要建立以财务约束为主线的委托代理关系，这将改变目前很多基于行政性约束的做法。在此目标指导下，国有资本管理体制设计时应该考虑哪些问题？

陈清泰：管资本的核心是实现政企分开、所有权与经营权分离，并赋予国有资本流动性，保证国有资本的投资运营始终受到强财务约束。为此，在国有资本管理体制设计时有几点值得考虑。

顶层的国有企业除少数向投资运营公司转型外，应重组存续业务、剥离"办社会"职能、引进新的投资者，整体改制为股份制公司。在这一过程中使国有资产资本化、股份化、证券化。

国有资本的管理属于公共职能，应将分散在多个部门的权能归集于政府。目的是确保从全局出发制定国家所有权政策，避免各个部门继续将国有企业（资产）作为行使职能的抓手和工具。

国有资本的管理职能与运营职能分开，委托专业的投资运营机构运作，实现所有权与经营权分开，保障其独立性。由独立的监督机构对其进行评价和监督。

国有资本应分作两类，但都应保持资本的基本属性。收益性功能的资本应专注财务收益；政策性功能的资本在实现政策目标的同时应保障投资效率、受到强财务约束。

政府指定特定机构对投资运营公司行使出资人职能。收益性投资公司出资人由对资本收益最为关切的机构承担，政策性投资公司由对政策实现最为关切的机构，或者与对资本使用效率有较强评价能力的机构共同承担为宜。

此外，在顶层企业整体改制时将部分股权划转社保基金。重视全国人民作为最终所有者、受益者的知情权和监督权，国家所有权机构每年向人民代表大会报告，接受审议和监督。

《财经》：对国有资本管理体制框架设计，您有何建议？

陈清泰：我认为应该建立一个三层次的国资管理体制框架。第一层是国家所有权管理，属于公共职能。可考虑在政府层面设立"国有资本管理委员会"（本文以下简称管委会），管委会为非常设机构，由政府主要领导担任主任，负责制定所有权政策、推动国有产权立法、审议国有资本经营预算、统筹国有资本收益分配和任命投资运营公司董事和董事长、批准公司章程等。管委会可委托相关部门作为其办事机构；委托特定部门对国有资本投资运营机构代行出资人职能。管委会办事机构可委托第三方专业机构对投资运营公司进行审计和评估。政府每年向人代会报告国有资本运营情况、国有资本经营预算和收益分配情况，接受审议和监督。

第二层是国有资本的投资运营机构。该类机构应包括已有的国有资本投资运营平台、全国社会保障基金，也有集团公司转制的国有资本投资公司和运营公司。它们受国家股东委托，进入市场运作国有资本，是独立的金融性商业实体。

第三层是由投资运营机构持股或控股、受《公司法》调节的股份制公司，其主体是各类混合所有制公司。政府作为最重要公共管理部门，管资本就管到投资运营机构，不再向下延伸。

《财经》：国有资产管理体制的改革在国企改革中处于什么地位？为什么说它事关国企改革成败？

陈清泰：纵观党的十四届三中全会以来国企改革的理论突破和工作实践，破解国有经济与市场体制融合这一历史性难题，有三个关键点：一是建立现代企业制度；另一个是国有经济的布局和功能调整；再有就是改革国有资产实现形式。

建立"现代企业制度",就是借助现代公司制度的特征,确立企业"法人财产权",保障企业独立的地位;实行"有限责任制度",降低国家所有者风险;建立有效的公司治理,提高竞争力。现代企业制度提出后很快被企业认同,目前国有企业集团下属的企业已大都改制成了公司。

关于结构调整。90年代实施"抓大放小"、企业转制、关闭破产、债转股、纺织砸锭和"三年脱困"等重大调整措施,使国有企业从一般行业大幅度退出,向重要行业和关键领域集中。这一轮调整,国有企业赢得了十年的辉煌,保障国家顺利走过了经济发展的追赶期。

资产实现形式的改革由于十分敏感而进展迟缓。尽管2002年党的十六大后成立了国资委,但那时国企背负的人员冗余、沉重负债、"办社会"等历史问题很难一下子解决,改革还不能到位。至今在产业领域的国有资产依然是实物形态的企业。

如上三大要点相互关联。由于国有资产实现形式未能资本化,国有企业整体的公司制改制受阻、国有经济布局和功能调整受限、国有经济潜力有待进一步发挥,已经成为经济体制诸多矛盾的一个焦点。

《财经》:这一轮国企改革,能啃下这块"硬骨头"吗?

陈清泰:我对这一轮改革抱有很大期望。我认为,从体制改革的角度看,国有资产实现形式和管理体制的改革是国企改革的最后一道体制关口。闯过这道关,国有产权的委托代理体制框架建立起来后,后续的问题就好解决。开始的时候我并没有把这项改革看成"硬骨头",因为这项改革主要涉及的是国家层面的调整,国家易于把握;而实体国企大都按《公司法》改制成了公司,资本化后即便公司的股权结构有所变化,对公司的正常经营也不会产生大的影响。而国有股东行为的规范化则会受到企业的欢迎。对如此重大的改革,制定改革方案时多用一些时间酝酿,是必要的。这块"硬骨头"有些难啃,但我相信有了好的方案,改革一定成功。

治理结构掣肘

《财经》:国资委曾力推完善央企的公司治理结构,进行了董事会试点，但是目前来看进展并未达到预期效果，您认为问题的症结是什么？

陈清泰：我认为核心问题是顶层集团公司必须整体改制。现在那么多国有独资的集团公司，它的体制、机制很难有大改变。

另外，以上市公司为代表的公司治理确实有了很大进步。但是也要承认，目前我们依然在"是实行国家所有权委托代理，还是政府直接管企业"中徘徊和纠结。从完善市场经济体制的要求出发，大家都承认必须实行政资分开。但在国有产权委托代理体制尚未建立的情况下，各级政府通过管人、管事、管资产，依然分别管控着一个庞大的企业群。从改革的方向上看，大家都承认所有权与经营权应当分离，但一些部门更加相信自己在企业之外强干预的效果，不太相信公司治理机制的有效性。所以，这些部门为改善企业状况、防止资产流失和腐败，不是改革国有产权的委托代理体制、推进建立有效公司治理，而是叠床架屋式"加强管理"。到目前为止，依然显性或隐性地存在着扭曲公司治理的因素。

党的十八届三中全会提出发展混合所有制经济后一些国有企业热情很高，希望借此做新一轮融资。而民营企业看到这种局势，很快由热变冷。实际上上千家国有企业已经上市，早已经是混合所有制企业了。但是新投资者的进入未能使企业按《公司法》规范行为。大股东所有权侵犯公司经营权、政府机构干预公司事务已经常态化，导致公司治理形似而神不至。今天，人们所期盼的混合所有制不是停留在股权结构的混合，而是在《公司法》的基础上建立新的企业制度，是在股东所有权与公司经营权分离的条件下，实现治理结构的现代化、治理机制的市场化。

《财经》：发展混合所有制能改善公司治理吗？需要什么条件？

股权多元化肯定会促进公司治理的改善，但并不是一混就灵。既有的混合所有制与投资者的期盼有较大差距，在那些体制弊端尚未消除情况下，他们缺乏信心。当前至少在三个方面要有新的突破。

第一，改善股权结构。现在的国有股占比过高确实造成了一系列体制弊端。改制不到位的控股股东有多元目标，而实现多元目标的主要资源集中在上市公司，并且两者保持广泛、复杂的关联关系，如上市公司高管任用、重大决策等都由控股股东实质性决策，董事会走过场。发展混合所有制应当注意优化股权结构，包括将股比过大的国有股权适度分散给两个或几个国有投资机构持有,还可以引进养老基金公司、保险基金公司、公众基金公司以及 PE 基金公司等机构投资者。通过合理的股权结构形成制衡机制,使所有股东的权力统一在股东大会和董事会层面体现,防止任何股东跨过董事会干预公司经营,保障公司的独立地位。

第二,改革国资监管体制。国资监管部门与上市公司并没有直接的产权关系,但国资监管部门将"集团公司重要子公司参照国有企业管理",把"三重一大"等管理方式通过集团公司向下延伸,使上市公司的重大决策实质上通过非正常渠道完成。向管资本转型,就是建立国有产权的委托代理体制,政府机构管资本、不管企业。同时还应切断各个部门跨过国有股东干预混合所有制公司的途径。

第三,要妥善解决国有"企业办"社会等问题,不要把历史问题带到混合所有制公司。

有序推进管资本为主的国企改革[*]

（2016 年 12 月 30 日）

  党的十八届三中全会的文件，写得很好，有很多亮点，但是在执行当中存在一些分歧。已经出台的文件把管资本与管企业的概念、管理方式混杂在一起。监管机构除了管企业，还要管资本，越管越宽、越管越细，使企业不知所措。

2016 年 12 月 6 日午后，在北京东二环附近的一个公寓楼里，多年研究国企改革的专家、国务院发展研究中心研究员陈清泰先生接受了《21 世纪经济报道》记者（本文以下简称《21 世纪》）的专访。

过往的国企改革历程，他如数家珍，因而认识得更加深刻。对于这轮"管资本"改革，他认为应当追本溯源，追溯从《中华人民共和国全民所有制工业企业法》（本文以下简称《企业法》）到《中华人民共和国公司法》（本文以下简称《公司法》）所未完成的转轨任务。而推进"管资本"改革，既是国有资产实现形式的改变，也是遵循《公司法》规定建立现代企业制度的过程。

对于当前的改革，他有所担忧："管资本"改革会不会变成了既管资本，又管企业，结果比以前管得更多、更死？他认为，公司的治理结构的要义是维护股东权益，应遵循国际通行基本的准则，不应当给其贴上所有制的标签。

他认为，"管资本"改革有一把钥匙，就是加快推进顶层国有企业公司化改制，否则就没有"资本"这个对象可供管理。

---

[*] 本文是 2016 年 12 月 30 日《21 世纪经济报道》刊发记者（谭翊飞、夏旭田、高宛童、徐曼妮）对作者的专访。

"这样的情况难以为继"

《21世纪》：2000年之后，以央企为代表的国企效益普遍好转，许多央企也进入世界500强行列。国企似乎很强大，并不需要改革。那么，为什么党的十八大前后会出现比较强的国企改革呼声？这轮国企改革的触发点是什么？

陈清泰：国企改革实际上已经几起几落，20世纪90年代，特别是1992年中央提出建立社会主义市场经济体制之后，国企改革被放在了非常突出的位置，政府也采取了很多改革措施。例如，推进建立现代企业制度试点、加快建设资本市场、减员增效、兼并重组、"抓大放小"、政策性破产以及优化资本结构、施行债转股、"三年脱困"等。经历那一轮改革，国有企业状况有了变化，结构也有所优化。加入WTO之后国家迎来了新一轮经济增长，国有企业出现了十年的辉煌。

那个时候中国正处在经济发展的追赶期，在政府主导的大规模投资中，国企发挥了重要作用，基础原材料、基础设施、基础服务业和制造业等快速发展，我国以较短的时间走过追赶期。

到2011年左右，中国投资驱动高峰期结束，需要向创新驱动转型。但是，政企不分的问题始终未能解决，且每个企业头上都有一个"所有制标签"，被分作体制内、体制外，还有行政级别；在市场准入、获得稀缺资源和银行贷款，以及对政府话语权等诸多方面都有很大差别，公平竞争的市场经济体制无法建立。经济转型、跨越中等收入陷阱必须调动各种所有制企业的内在动力，国有企业被管得缺乏活力、民营经济发展受到制度性阻碍的状况必须改变，企业改革成了经济体制转型的焦点。

《21世纪》：2011年左右是一个节点？

陈清泰：实际上，问题早已存在，只是到经济转型时矛盾更加尖锐了。从体制来看，我们一直坚持"公有制为主体，国有经济为主导"，当非公经济超过一半时是否就碰到了天花板？因此，是国进民退还是民进国退？争论不断。为了改变这个状况，2003年党的十六届三中全会《决定》提了一句狠话，"允许非公有资本进入法律法规未禁入的基础设施、公用事业及其他行业和领域",但是始终没有做到。

后来国务院发了一个"非公36条",没解决。不到五年,又发第二个"36条",还是没解决。其间,国资部门宣布,国有经济在七大行业要保持绝对控制,在九大行业保持较强控制力。这种体制下,市场经济体制怎么建立?

《21世纪》:这背后深层次的体制性问题是什么?

陈清泰:是政府与国有企业的关系。传统国有资产实现形式是实物形态的"国营企业",后来称为国有企业。1987年出台了《企业法》,以此规范国有企业。1993年颁布了《公司法》,为国有资产资本化、向公司制转型创造了条件。至此,国有资产可以有两种实现形式、国有资产下可以有两种企业制度。相应地,政府有"管企业"和"管资本"两种管理方式。

客观地讲政企不分、所有权与经营权不分这些体制性问题几十年得不到解决,不是党和政府不重视,不是政策出得少和文件写得不到位,本质的问题是用政府的行政理念、行政办法管理进入市场的企业,这种制度安排的本身与市场经济不能相容。实践证明,政策性调整改变不了体制性缺陷。

《企业法》的立意是政企不分,《企业法》的主张就是政府管企业,这都是法定的。《公司法》主张的则是公司的独立地位和自我治理。因此,国有企业的"转制"就是由《企业法》规范转向由《公司法》调节;政府要摆脱"管企业",就要落实"管资本为主",推进顶层国有企业的整体改制,从《企业法》变轨到《公司法》。

要正确地理解"管资本为主"

《21世纪》:这轮国资改革提出了"管资本"的改革方向,您也曾提出这方面的建议,"管资本为主"和过去有什么不一样?

陈清泰:党的十八届三中全会提出"管资本为主",是国企改革理论政策的重要突破。它将从根本上理顺长期困扰我们的政府、市场和企业的关系,化解体制转轨中的诸多矛盾。

管资本就是改革经营性国有资产的实现形式,由实物形态的国有企业,转向价值形态、可进入市场运作的国有资本。管资本可以实现三大目标：一是顶层国有企业进行整体的公司制改制，国家从拥有企业转向拥有资本（股权），并委托专业投资运营机构持有和运作。这就隔离了政府与企业直接的产权关系，从体制上为政企分开、建立现代企业制度奠定了基础。二是国有资产资本化、证券化后，国有投资运营机构的所有权与企业法人财产权分离，这就解除了国有资本与特定企业的捆绑关系。企业自主决策做强做大、国有资本追求投资收益有进有退，由此构成相关但不受约束的两个维度。资本的流动性将释放出巨大的活力和效率。三是政府在管资本不管企业的体制下，可以站到超脱地位，正确处理与市场的关系。

资本化的重要意义在于，它将从根本上理顺长期困扰我们的政府、市场和企业的关系，化解体制转轨中的诸多矛盾。国有资本的预期效能主要通过市场而不是行政力量来实现，这就使国有资本具有"亲市场性"，从而保障我国在保持较大份额国有经济的情况下，"使市场在资源配置中起决定性作用"。

《21世纪》：但是这几年落实得似乎并不是太好，为什么？

陈清泰：党的十八届三中全会的文件，写得很好，有很多亮点，但是在执行当中存在一些分歧。已经出台的文件把管资本与管企业的概念、管理方式混杂在一起，监管机构除了管企业，还要管资本，越管越宽、越管越细，使企业不知所措。

一种理解认为，"管资本"是指国家监管机构直接监管的对象由"企业"转变为"资本"。实现这个转变必要的前提是国有资产实现形式要由实物形态的"企业"，转换成价值形态的"资本"。否则就没有"资本"这个对象可供监管。

例如，银行业21世纪初通过整体改制上市实现了国有资产的资本化、证券化。但在产业领域这一过程尚未启动。至今，国资监管机构直接面对的主体依然是实物形态的国有企业。

随着国有资产实现形式的资本化，监管部门应聚焦对国有资本投资运营机构的监管。通过隔离投资运营机构，监管机构与实体企业将不再有直接的产权关系，监管机构也无权跨过投资运营机构干预其投资的公司。监管机构不管企业，政企分开将顺理成章。

对"管资本为主"还有另一种理解。那就是不太理会顶层国有企业的整体改制,以及监管对象向资本的转变,认为"管资本为主"是在继续强化对未转制企业监管的同时,还要把监管扩大到这些企业可以运作的"资本",包括重点管好这些企业的"国有资本布局"等。这种理解的要点是监管机构管企业的体制和机制不变并不断强化。由此带来的结果是长期困扰我们的那些体制性问题仍无法解决,国企改革将继续在"一管就死、一放就乱"中兜圈子。

《21世纪》:您一直在提顶层国有企业公司改制的问题。

陈清泰:中央提出的"管资本为主"引起了大家的高度关注。但向管资本为主转型不是立即可以实现的,需要创造必要的条件。比如"资本"作为管理对象,在哪里?需要从顶层国有企业转制而来。也就是对顶层国有企业进行公司制改制,使国家投入公司的净资产转化为资本即股权,并由受托的投资运营公司或社保基金持有。这一过程就是国有资产实现形式的转换,是企业制度的替代,是企业作为市场主体"属性"的变迁,也是政府管理方式的转型。

"转制"涉及顶层大型企业的业务重组、国有资本投资运营公司的设立、国有股权向社保基金的划拨等重大调整,需要出资人机构听取企业和部门意见,从国家发展战略出发统筹规划,审慎操作。

《21世纪》:如何设计一套"管资本"的体制?

陈清泰:国有资本最终所有人是国家,但是,政府代表国家管理进入市场的国有资本仍是一项挑战。为保证不影响市场配置资源的作用,需要建立一套有效的委托代理体制。委托代理体制包括各自独立又密切相关的管理、监督和运营三个方面,组织管理框架可设计为三个层次。

第一层是国家所有权管理,属于公共管理职能。基于我国国有资本规模之大、对经济社会影响之广,可考虑在中央和地方政府分别设立非常设的"国有资本管理委员会",由政府主要领导担任主任。其职责包括建立国有资本资产负债总表,推动国有产权立法;制定国家所有权政策,决定国有资本重大调整,直接批准设立某些国有资本投资运营公司;审核国有资本经营预算,统筹国有资本收益分配;就年度国有资本的状况、损益、经营预算和收益分配向人民代表大会报告、接受监督,并获得批准。

第二层是履行出资人职责的监管机构。推进顶层国企整体改制，受托组建投资运营公司，并代表国家对其行使股东权能；对国有资本运作合规性、资产状况和运作效率等进行评估和监督。

第三层是国有资本运营机构。设立若干国有资本投资运营机构，在市场中独立运作，对其投资的公司集中统一行使所有权，投资收益上缴，接受出资人机构的监督。

政府和监管机构管资本就管到投资运营公司，不再向下延伸。

《21世纪》：它总是忍不住把手往下伸，有什么办法可以改变这种状况呢？

陈清泰：从根本上讲要靠《公司法》。投资运营公司控股或持股的混合所有制公司与国资监管机构没有直接产权关系，已经没有直接干预的法律依据。政府有关部门应严格依法办事。

《21世纪》："管资本为主"，"为主"是什么意思？

陈清泰：党的十八届三中全会提出"管资本为主"，就是说不应排除政府仍直接管理企业。这符合现阶段的国情。在竞争性领域必须政企分开，保障企业独立、平等地参与竞争；保障政府站到超脱地位监管市场，公平对待各类企业。因此在竞争性领域的国有企业，应逐步尽数由管企业转变为管资本，并以平等的身份在市场中运作资本。

对某些战略性和市场失灵领域的国有企业，政府需要对其保持控制力。这些领域基本不存在竞争，政府如何管理对市场不会产生大的影响。政府对这类企业的管理可以有两种选择，一是政府继续直接管理企业；二是通过国有资本投资公司控股目标企业。

《21世纪》：进行全面的顶层国企公司化改制，您认为这需要多长时间？

陈清泰：开头难一些，因为要建立体制框架、积累经验，之后就会快一些。我看有五年或者八年就差不多了。

"公司治理结构有一些通行的国际规则"

《21世纪》：国企改革有很多问题，提了许多年，现在还在提，比如建立现代企业制度。

陈清泰：是的，1993年，党的十四届三中全会极其深刻地指出，"以公有制为主体的现代企业制度是社会主义市场经济的基础","产权清晰,权责明确,政企分开,管理科学"的现代企业制度是国有企业改革的方向。现在看来,这个提法仍不落后。

时间已经过去20多年,现代企业制度的如上特征在企业中尚未普遍、完整体现,导致一些企业的市场主体地位尚未真正确立,现代企业制度还不健全。另外,政企不分、政资不分依然存在,国有资产监管还存在越位、缺位、错位现象,这些基本问题还在困扰着我们。

今天很多纠结和争论存在的一个原因就是对建立现代企业制度的初衷缺乏理解,把主要精力放在了如何管企业、如何用政府力量推动做大做强,轻视了企业制度转型的重要性,因此顶层国有企业的整体转制一直未能实质性进行。

现在提出了一个"现代国有企业制度"。如果仅指国有独资企业,无可非议。但用在国有资本投资运营公司持股的公司,就不妥当了。企业就是企业,是个以营利为目的的市场组织,应当让它回归本位。公司的股权结构是动态变化的,按《公司法》规范最重要,再给它贴上所有制的标签没有必要,也不应当。

《21世纪》:也就是说,现在对公司治理结构还有一些争论?

陈清泰:企业制度说到底是有怎样的治理结构。这直接影响投资者权益的保障程度,决定投资者的信心、企业的融资成本和企业在市场上的可信度。

公司治理的要义是维护股东权益,特别是小股东权益。基于如上的"要义",尽管各个国家公司法的条文有差别,但公司治理机制总体上是相通的。OECD于2004年颁布了一份被相关国家认可的《公司治理准则》。2015年中国参与了经20国集团峰会通过的《公司治理原则》的制定。这些准则和原则总结了各个国家的经验,经过提炼,归纳出了若干原则。为什么OECD/20国集团如此关注"公司治理"?就是为在经济全球化情况下降低交易成本,促进企业全球融资、跨国投资、跨境并购和全球资本流动。中国企业的国际化程度已经很高,国际广泛认可的公司治理结构对我们有重要的借鉴意义。如果我们的公司治理结构很特殊,特殊到与国际认可的原则相冲突,那么将给我国企业"走出去"带来很大的困难。

在第四届"思想中国论坛"上的主题演讲*

(2018年5月12日)

各位教授、专家、同学：

首先感谢奥利弗·哈特教授所做的精彩演讲。奥利弗·哈特教授参加了1994年的北京京伦会议，非常凑巧，那个时候我在国家经贸委当副主任，我是主持国有企业改革工作的，我作为一个发言人也参加了那个会议。那次会议应该说对后来的国企改革发挥了重要的作用，当时的研讨主要在于两个方面。一个是关于中国的企业，特别是国有企业能不能破产，怎么破产？另外一个就是关于中国要建立现代企业制度，公司治理应该怎么进行？

在那次会议上有两个重量级的教授，一个是奥利弗·哈特，关注的可能是破产，另外一位教授就是青木昌彦，他关注的是公司治理。

中国改革40年了，国有企业也改了40年，但是到现在没有到位，在纪念中国改革开放40周年之际，我们从现代企业理论和中国国企改革实践两个方面进行深度的研究是有重要意义的。

党的十八届三中全会关于国企改革有个三方面值得特别注意，一是管资本为主，二是划拨部分国有资本充实社保基金，三是发展混合所有制。其中管资本为主的改革处于基础地位。

下面我想分为几个小题目讲一讲我的观点，也和大家一起讨论。

一 建立国有资本管理体制的几个问题

转向"管资本"就必须改革既有国有资产管理体制，使之应适应市场

---

* 2018年5月12日，由当代经济学基金会和中国人民大学国家发展与战略研究院联合主办的第四届思想中国论坛在北京举行，论坛主题为"现代企业理论与中国国企改革"。本文是作者在论坛上的主题演讲，题目为《管资本为主改革的几个问题》。

经济的要求。为此应做两个方面的工作：一是国有资产实现形式的资本化、证券化；二是建立以财务约束为主线的有效的国有资本委托代理体制。有以下几点值得考虑。

国有资本委托代理体制可设定为相互关联但权能不同的管理、监督、运营三个层级，并将其严格分开。在制度安排上要做到两点，第一就是要政资分开、政企分开；第二是所有权与经营权分离，所有权到位但不越位、不错位。

第一层是国家所有权管理属于公共职能，如建立国有资本资产负债总表、制定所有权政策、推动国有产权立法、审议国有资本经营预算、统筹国有资本收益分配等。分散在多个部门的国有资本公共管理职能应归集于政府，目的是确保从全局出发制定国家所有权政策，并避免各个部门继续将国有企业（资产）作为行使职能的抓手和工具。

第二层是国有资本的监督管理部门，以国家直接出资设立的国有资本投资公司、运营公司（包括某些国有独资公司）为对象，代表国家行使出资人权能。

第三层是国有资本投资运营机构，可以分作两类，但都应当保持资本的基本属性。一类是收益性投资运营公司，这是国有资本的主体，占绝大部分，应去行政化、去工具化，聚焦投资回报；另一类是实现政策性目标的投资运营公司，应局限于市场失灵的领域，并在实现目标的同时受到强财务约束，以保障投资效率。两类投资运营机构分设的目的是尽量避免为实现相互冲突的目标而造成低效率。

国家所有权机构受政府委托，每年就国有资本运营状况和经营预算向人民代表大会报告，接受其审议和监督。

二　改革国有资产监管方式

国有资产监管机构承担国有资本出资人的职能，应由管人、管事、管资产的行政化管理，转向依法履行出资人职责。有以下几个要点。

一是明确界定监管机构的监管对象，即国有资本投资公司、运营公司和国家认为需要直接管理的少数特殊企业。

二是清晰界定监管机构的职责和履职方式。监管机构代表国家所有者对国有资本独资的投资运营公司以出资人的方式履行出资人职责，在相关法规基础上建立监管权力清单、责任清单并履行相关监管程序，不干预投资运营机构和监管企业的经营权、不越过被监管的公司干预其下层公司事物、也不再承担公共管理的"漏斗职能"。

三是将仍分散在党政机关、事业单位的国有资本纳入经营性国有资产集中统一监管体系，陆续划入国有资本投资、运营公司。

四是每年向政府报告国有资本经营状况；与财政部门合作编制国有资本经营预算，报政府审批；接受政府的审议、监督。

三　投资运营机构的属性和运作机制

投资运营机构是政府与市场的"界面"，政资分开、政企分开、所有权与经营权分离主要通过投资运营机构的隔离与衔接来实现；国有资本的功能转换和效率提升主要通过投资运营机构的有效运作来实现。因此厘清其属性和运作机制至关重要。

（1）投资运营公司是国有资本注资设立的独资金融性公司，按照《中华人民共和国公司法》（本文以下简称《公司法》）建立公司治理结构，董事、董事长由国家所有权机构任命并管理，保持必要的独立性。专业的投资经理人在市场中选聘，实行市场化的薪酬激励制度。

（2）它没有行政权、行业监管权，不承接政府对其下层企业的市场监管和行政管理等权能。出资人机构主要通过批准公司章程、签订委托合同和召开股东会议等正常方式实现自己的意志，尽量避免通过下达"红头文件"进行干预。

（3）以获取最高回报、保障资本效率与安全为主要责任，不刻意追求对产业和企业的"控制"。对国家认为个别需要控股的，可以与其他国有投资机构共同持股。

（4）投资运营活动可以由本机构进行，也可以委托有良好诚信记录和业绩的基金进行。收益性投资运营公司的业绩评价取决于投资组合价值的变化，而不看单个投资项目的盈亏；是基于长期价值，而不是基于短期业绩。

（5）每年向出资人机构（股东）报告工作，投资的分红收益按照章程规定上缴财政，接受第三方机构的审计和评估。

（6）政策性功能的投资运营机构，根据需要可以有所区别。

四　发展混合所有制应实现的目标和进一步的改革

党的十八届三中全会通过的《中共中央关于全面深化改革若干重大问题的决定》（本文以下简称《决定》）把发展混合所有制放到了突出的位置。一个重要的原因是《决定》为国企改革设定的许多目标需要通过发展混合所有制来实现。因此，要发展的混合所有制有别于既有的混合所有制。

发展混合所有制应实现四个目标。

一是混合所有制是从"管企业"转向"管资本"的重要步骤。有国有投资运营机构的隔离，加之股权结构"你中有我、我中有你"，而且在股比动态变化的情况下，政府直接干预实体企业的依据已经消失，从"管企业"转向"管资本"顺理成章。

二是消除"所有制鸿沟"，是实现公平竞争的重要途径。对混合所有制企业继续严格界定"国有""民营"已经失去意义，政府应弱化直至取消按企业所有制成分区别对待的政策，促进实现各类企业"权利平等、机会平等、规则平等"。

三是提高全社会资本流动性和效率。各类资本的交叉持股将打破资本跨所有制和跨区域流动的壁垒，改变资本按所有制和区域被"板块化"的状况，增强资本的流动性。行政性垄断企业也可通过引进新的投资者重组业务板块，开放市场，从总体上提高资本配置效率。

四是健全公司治理结构，实现企业制度再建设。投资运营公司是受到强财务约束的投资机构，它作为混合所有制公司持股人，可以改变"旧体制控制新体制"的局面。在多元股东和利益相关者制衡能力增强的情况下，维护各自权益将主要通过股东大会、董事会实现，这就为建立有效公司治理、完善现代企业制度创造条件。

到现在，很多国企通过上市已经成为混企，但新投资者的进入未能使企业实质性规范经营。大股东所有权侵犯公司经营权、政府机构干预公司事务已经成为常态。人们所期盼的混合所有制不是停留在股权结构的混合，而是在《公司法》的基础上建立新的企业制度，是在所有权与经营权分离的条件下，实现治理结构的现代化。

由于一些体制性、机制性原因未能消除，在现在的混企中所有权与经营权不分、政企不分的现象仍有普遍性。

目前，作为控股股东的集团公司大都是未经改制的国企，尚难成为聚焦投资收益、行为规范的股东。

集团公司有多元目标，包括控制与财务回报相冲突的资产扩张、解决人员冗余、承担"办社会"责任和完成国资部门考核的目标等，但能实现多元目标的有效资产、主要资源已经注入上市公司。因此它总有一种利用绝对控股地位与其保持广泛、复杂的关联关系，从而实现多元目标的倾向。具体措施包括派遣高管、重要人员交叉任职；重大事项由自己实质性决策；保持多层次、数额很大的关联交易；激励机制参照母公司制定；等等。在这种情况下，混企很难获得独立地位，公司治理形似而神不至。

另外，集团公司业务重组上市后，自身基本成了"壳公司"。国资部门管人、管事、管资产要落地，就得让"集团公司重要子公司参照国有企业管理"，如显性或隐性地赋予其行政级别；重要人事任免由上级组织决定，董事会走程序；把"三重一大"的管理延伸到混企，重大决策通过非正常渠道完成；以规模导向的指标进行考核；直接管理高管薪酬，各种审批、检查和会议几乎都等同于国有企业；等等。政企不分的问题以新的形式还在延续和加强。

随着顶层国有企业的整体改制，国有资本投资运营公司、社保基金等将成为混企国有股权的持股机构。

国资部门转向管资本，意味着它的监管对象将转向国有资本投资运营机构。

希望在下一步改革中见到效果。

五 "管资本为主"的两种理解、两种做法、两种结果

管资本为主的改革是一件新事物，在实践中还有一些含混的概念尚需

澄清。在一些文件中把管资本与管企业的概念、管理方式混杂在一起，监管机构除了管企业，还要管资本，使企业不知所措。

实际上目前对"管资本为主"有两种理解。

一种理解认为，"管资本"是指国家所有权机构直接监管的对象由"企业"转变为"资本"。实现这个转变的前提是顶层国有企业进行整体改制，使国有净资产成为股权、转换成价值形态的"资本"，否则就没有"资本"这个对象可供监管。

例如，银行业21世纪初通过整体改制上市实现了国有资产的资本化与证券化。但在产业领域这一过程尚未启动。

资本化后，出资人机构监管的对象就是国有资本投资运营机构，与实体企业不再有直接的产权关系，也无权越过投资运营机构干预其投资的公司，政企分开将顺理成章。

另外，"管资本为主"是指在竞争性领域的国有资产应逐步尽数资本化、证券化，使其富有流动性，解除与特定企业的捆绑关系，企业自主决策做强做大、国有资本追求投资收益有进有退。由此构成了相关但不受约束的两个"自由度"。

顶层国有企业整体公司制改制需要一个过程，在这期间监管部门仍需"管企业"，但主要精力应转向做好两件事。一个是推进顶层国有企业的整体改制；另一个是深入研究管资本的体制框架、实施方案以及政策措施。

对"管资本为主"还有另一种理解。那就是不太理会顶层国有企业的整体改制以及监管对象向资本的转变，认为"管资本为主"是在继续强化对未转制企业的管人、管事、管资产的同时，还要把监管范围扩大到这些企业可以运作的"资本"，包括重点管好这些企业的"国有资本布局"等。这种理解的要点是监管机构管企业的体制不变，范围进一步扩大。带来的结果是长期困扰我们的那些体制性问题无法解决，国企改革将继续在"一管就死、一放就乱"中兜圈子。

管资本为主是中央的重要决策，是解决长期困扰我们的诸多体制性矛盾的一把钥匙。但是两种理解、两种做法会产生截然不同结果。

六 科学界定"国有企业",把握企业转制的方向

目前两种企业制度"并存",但绝不是两种企业制度"并重"。现代企业制度是改革的方向,《中华人民共和国全民所有制工业企业法》(本文以下简称《企业法》)之下的国有企业应逐渐向公司制度转型,在条件具备时要加速转型。因为与管资本对接的不是传统国有企业,而是混合所有制的股份制公司。

目前政府文件和媒体都笼统地把市场主体称作"企业",把与国有资产有直接或间接关系的统称"国有企业"。这种称谓上的混淆,造成了概念混淆、政策混淆。监管部门根据需要不断出台改进和加强国企管理的规定,对所指的"国有企业"却没有准确的界定。这些规定是针对所有"被称作国有企业"的范围,还是只针对按《企业法》注册的那些企业?如果要求国有投资的"公司",或"国有企业"投资或控股的"公司"都照章执行国有企业的相关管理规定,就把现代公司制度拉回到传统"国有企业",使两种企业制度各自清晰的属性变得模糊。

国企"转制"的关键是"转",就是由《企业法》调节转为由《公司法》规范,在这过程中清晰界定两种企业制度十分重要。因为这涉及政企关系的转轨、监管制度的转轨、治理结构的转轨。政策制定和执行中的混淆,搞不好会使国企转制效果大打折扣。

为此,在强化国有资本所有权管理的同时,对市场主体的分类和称谓应按企业制度予以明确:依照《企业法》调节的企业仍称作"国有企业",按《公司法》调节的统称作"公司"。厘清这些概念才能准确把握好政策、把握住改革的方向。

在《新京报》"聚焦民营经济"沙龙上的发言[*]

(2019年3月8日)

"国进民退"还是"民进国退"是个伪命题。党和政府所追求的绝不是谁进谁退,而是鼓励所有企业公平竞争、都努力做强做大,所有资本都能最大限度地发挥潜能。在向创新驱动转型的时期,特别需要释放亿万民众求富创新的内在动力。如果坚持公平竞争、效率优先,突破"姓国姓民"的桎梏,对企业一碗水端平,将是生产力的又一次解放,从而形成经济持续增长的强大动力。

民营企业在中国经济发展中扮演着非常重要的角色。最近民营经济和小微企业发展遇到了困难,引起了中央和国务院的高度重视,也成了这次两会关注的一个热点。国家及时采取和即将采取的一系列政策措施,其力度是空前的。我相信这些措施的到位,将提振民营企业的信心,也会大大缓解融资难、融资贵的问题,民企发展的商业环境也将得到很大改善。

回顾改革的历程可以发现,较长时间以来,随着民营经济的发展,国进民退还是民进国退的争论时隐时现,每一次争论都是对经济的一次伤害。随着改革的进一步发展,我们应该按照党的十八届三中全会《决定》的精神进一步深化改革,消除这些争论的根源,进一步解放生产力。

我想讲三点想法。

---

[*] 2019年3月8日,《新京报》举办"2019全国两会经济政策第二场沙龙",聚焦民营经济。本文是作者在活动上的发言。

在《新京报》"聚焦民营经济"沙龙上的发言

一 所有制理论政策面临新的突破

改革开放之后,个体私营经济的发展是从芜湖"傻子瓜子"、北京"大碗茶"和雇工是不是剥削的争论开始的。经历了民营经济"允许存在"、是"有益的补充"等一系列的理论政策突破,到1997年党的十五大提出了公有制为主体、多种所有制经济共同发展,是我国的一项基本经济制度。这一理论政策的重大突破,推动了90年代国有企业"抓大放小"、产权制度改革,使民营企业快速发展。与此同时,在90年代国有企业进行了一次大规模结构调整,国有经济从轻工纺织、一般服务业退出,为民营经济发展让出了空间。这一时期民营经济得到了迅速发展。

作为改革的成果,"公有制为主体""国有经济为主导"在重要文件中不断出现,有关所有制理论政策基本上定格在了这里。

进入21世纪,国资委成立,很快聚焦于把国有企业做大做强。在这个时候民营经济总量已经逼近经济总量的一半,进一步发展要求有更大的市场发展空间,从此就开始了"国进民退"还是"民进国退"的争论。

我们实行的是渐进式改革,每一次改革的突破程度往往局限于当时社会可以形成共识的水平,而这一时期促进经济发展的改革一旦被固化,它就可能成为后续发展和改革的障碍。

目前的种种迹象显示,此前的所有制理论政策红利已经逐渐释放,亟须进一步改革。这里有两点表现。

(1) 现有理论政策自身的矛盾不断显现。公有制为主体就是指公有资产在社会总资产中占优势;国有经济为主导,指的是国有经济要在重要行业、关键领域保持控制地位。这些政策规定和市场在资源配置中要起"基础性作用"和后来提出的起"决定性作用"的冲突日益明显。

(2) 国家政策在维持既有规定和解决现实问题之间不断摇摆。一方面保障国有企业控制经济命脉、做大做强的政策不断在强化,另一方面保障民营企业平等竞争地位的文件频频出台。比如2003年党的十六届三中全会《决定》为了给民营经济开创一个更好的市场准入环境,写了一句狠话,就是国家非禁止进入的行业和领域,民营经济可以平等进入。按照《决定》的这个精神，2005年国务院发布了"非公经济36条"，但实施还没有到位。2006年政府权威部门宣布国有企业要在七大行业保持绝对控制，在九大产业保持较强控制。如果再加上在金融、出版、传媒等领域国有经济占主导，那么还有多大空间可以让体量已经超过一半的民营经济来发展？全球金融危机之后，2010年为拉动经济增长国务院再次发布"新36条"，但真正落地很难。文件上放开的市场准入被称之"玻璃门""旋转门"，看得见、进不去。可以说，进入21世纪后的十年，几乎是关于所有制进退激烈争论的十年。

二　超越争议，尊重市场

国进民退还是民进国退是个伪命题，但它反映的是市场的割裂。党和政府所追求的绝不是谁进谁退，而是鼓励所有企业公平竞争、都努力做强做大，所有资本都能最大限度地发挥潜能。

争论的实质不是这个问题本身，而是各类市场主体是不是具有平等竞争的地位、能不能公平地开展竞争？各类所有制在经济总量中所占的比重，和哪种所有制在哪个产业处于控制地位，是市场竞争的结果，还是政府政策必须保障实现的政策目标呢？我们应该给出理性的回答。国家的政策不应与发挥市场配置资源的公平效率原则相冲突，各类所有制所占的比重不是问题的实质，发展才是硬道理。除少数特殊领域外，各类企业在各个产业所占的比重高一点低一点是动态的，无须特别关注。我们不能把一些人为规定放到超越经济发展的高度。实践中，为保障经济总量中各类所有制所占的比重，政府实际上显性或隐性在实行差异化政策。各地政府分别管理着一个企业群，承担着国有企业做大做强的责任，就会对不同所有制企业有亲有疏。

现在，社会舆论、政府管理和涉及企业的诸多政策都打上了所有制的烙印，包括已经上市的公众公司，每家企业头上都有一个"所有制标签"，被分作体制内和体制外，国有企业有行政级别，有较强的话语权。不同所有制企业在获取自然资源、市场准入、特许经营权、政府项目、银行贷款、资本市场融资等方面处于不平等的地位。在企业之间也形成了一条很深的

"所有制鸿沟"，国有银行为规避政治风险，对不同企业采取差异化政策。国有企业倾向于在体制内交易，跨所有制的生产要素流动受到阻碍。面对这样的政策环境、舆论环境，民营企业发展到一定程度就感觉受到了不公正的待遇，缺乏信心，缺乏安全感。

三　摆脱"姓国姓民"的纠结，进一步解放生产力

近20年，进退之争一波又一波，为稳定社会预期党和政府的政策文件一再强调平等对待各类企业，但是争论并没有平息。最近，争论再起。种种迹象显示这个争论的背后存在一些深层次的原因。其中最重要的是各级政府作为市场的监管者，同时分别拥有、管理和控制着国有企业群，一方面把所管企业作为行使职能的工具，另一方面承担着国有企业做大做强的责任。这种管理体制造成政企不分，也不可能分。这已经成为政府对不同所有制企业有亲有疏、区别对待的主要原因，成了经济体制诸多矛盾的一个焦点。

当前，需要遵照党的十八届三中全会的《决定》推进改革，从制度体制上实现政资分开、政企分开，既使包括国有资本投资和拥有股份的那些企业成为独立的市场主体，也保障政府站到市场中立的地位，对各类企业能够一碗水端平。这里有几个要点。

（1）改革国有资产实现形式，通过顶层国有企业的整体公司制改制，国家所有者的管理对象从国有企业转向国有资本。国有资本的主体功能应该是获取投资收益，政策性功能要限定在市场失灵的领域。部分国有资本划入社保基金。

（2）要建立有效的国有资本委托代理体制，将国有资本的公共管理、市场运营和所有权监督的权能分别授予不同部门，政府不再承担所管国企做大做强职责。

（3）设立国有资本投资运营公司，作为政府与实体企业的"隔离层"和"界面"，以投资收益为目标，独立市场化运营。投资运营公司持股的实体企业改制为混合所有制公司，政府不越过投资公司干预实体企业的市场活动。

(4) 国有企业以多种形式改制为股权多元化的混合所有制公司，并使其成为公有制主要实现形式。公司是独立法人实体，建立和完善公司法人治理结构。

(5) 国家对企业的统计分类不再按企业股东的所有制属性，而是按企业法定债务责任承担方式分为有限责任公司、合伙公司、独资公司和按《企业法》规范的国有企业。

其中第（1）项和第（2）项是实现政资分开、政企分开必要的制度安排；第（3）项和第（4）项是实现投资者所有权与企业法人财产权分离必要的措施；第（5）项是保障各类企业权利平等、机会平等、规则平等的必要措施。

进入新时期，一些高效民营企业快速成长；一些居民通过创新创业，个人财富不断积累，合法性财产收入在增加。这些因素可能导致非公经济占比进一步上升，但这恰恰是我国壮大中等收入阶层所期望的结果。

90年代初，"姓资姓社"问题的破确，为建立社会主义市场经济体制扫清了障碍，极大地调动了经济增长潜力。今天，在向创新驱动转型的时期，特别需要释放亿万民众求富创新的内在动力。如果坚持公平竞争、效率优先，突破"姓国姓民"的桎梏、对企业一碗水端平，将是生产力的又一次解放，从而形成经济持续增长的强大动力。

中国如何摆脱对国外技术的依赖[*]

（2019 年 5 月 10 日）

"中国的中小企业，正在用他们的生与死，为这个国家的创新探路。"在我们的采访中，这句话为陈清泰重复了许多次。

陈清泰有多重身份，曾经的二汽总工程师，东风汽车董事长、总经理，国家经贸委副主任，国务院发展研究中心党组书记，全国政协常委，经济委员会副主任，中国上市公司协会首任理事长，中国国有企业改革的推动者，中国现代企业制度的拓荒者……当我们坐在这位历经改革开放进程的老人对面聆听他的讲述，常常会感到令人恍惚的时差感。

北京午后的阳光落满这一装潢明亮、充满现代气息的工作室，陈清泰身穿在胸前侧印有"discovery expedition"字样的冲锋衣，使用全面屏手机，看起来随意自在，始终略带温和的微笑，尽管我们的采访历时近三小时，他依然语速轻快。如果不是发现新生长出的银发，你很难相信这是一位已经年至耄耋的"80 后"。

但当他开始沉浸于讲述那个属于过去时代的个人史之时，时空变幻中也倒映着中国改革开放四十年探索的剪影：从军车到民用车的设计、从争取产品销售自主权到建立企业的技术中心再到建立现代的企业管理制度雏形……这些如今看来已经是稀松平常的往事，在当时桩桩件件都是从 0 到 1 的突破。

只有谈到企业发展之困以及曾经经历的几轮产能过剩时，他会眉头略锁，用"悲伤""悲壮"这样的语汇来形容他所经历的改革阵痛。但与此同时，"创新""商业模式""新能源""产业互联网"，那些更多出现在中

---

[*] 本文是 2019 年 5 月 10 日《经济观察报》刊发记者（陈白、陈伊凡）对作者的专访，专访题目是《中国如何摆脱对国外技术的依赖》。

关村、深圳的时代最前沿词汇,交织着"计划思维""下岗分流""结构调整""产能过剩"这样的处于历史语境里方能理解的宏观叙述,不断出现在陈清泰的表达中。

陈清泰的经历基本集中于大型国有企业和经济中枢决策部门,他被认为是优秀的企业家、管理者。但人们第一眼见到他,很难发现他身上的官员气质,而是更像一位工程师。

在他工作室墙柜里摆放着汽车模型,言谈中对于汽车产业发展未来的特别关注,依然表露着这位毕业于清华大学汽车专业、曾经的总工程师的初心。如今在他的工作室里,最引人注目的,是一张被放大冲印并郑重装裱的"中国电动汽车百人会"合影。

这样的工科学术背景使得他习惯用汽车产业的技术以及政策变革来解释他对创新的理解:中国为什么出不了特斯拉?中国的新能源车企为什么不能获得与特斯拉在华一样的待遇?

与此同时,自主创新的重要性被进一步凸显。举国体制、大规模投资、技术靠引进的增长模式,已经走到了终点,经济和产业增长的动力必须由投资—规模扩张,转向技术创新—效率提升。此时,必须把创新放在突出重要的位置,因为创新是效率提升的源泉。"效率提升无止境,创新是可持续的经济增长点。"陈清泰说。

他向我们推荐《创业的国度》,这本书讲述了以色列作为一个资源极度匮乏的国家,是如何通过激活创新来推动经济与社会不断进步。在陈清泰看来,技术变轨会给后发国家带来巨大的机会。在中国经济增长动力转型的重要时期恰逢新一轮产业革命,这对中国是天赐良机。

当下,产业互联网被认为是变轨的机会之一,而变革的力量来自基层、来自企业。陈清泰表示:"像腾讯这样的互联网公司提出了产业互联网的概念,并在教育、医疗很多领域做了大量探索,一些成功'模式'在快速普及推广。产业互联网这个概念我很赞赏,也就是说,我们要超越'工业互联网'的局限。当前,需要互联网公司与一个一个产业协同探索、实践。这类工作需要脚踏实地,一个产业一个产业地推动,不要事还没成就乱忽悠。"

面对当下产业发展的巨大变迁,诸多产业正在发生颠覆变革,如何形成良好的创新生态,陈清泰为此给出的解答是,"鼓励创新、宽容失败,不要害怕犯错,要在试错的过程中寻找答案"。

历史的镜鉴

《经济观察报》:改革开放的 40 年,中国的技术创新发生了哪些迭代和变化?

陈清泰:几个经典案例能够回答这一问题。

在 90 年代中期,随着经济的发展,社会活动越来越多,通信难已经影响到经济发展,成了大家关注的焦点。这个时候,恰逢通信业正从模拟技术向程控技术转型,国内的技术攻关取得了突破,有四家公司在此时表现亮眼,当时被简称为"巨大中华"——巨人、大唐、中兴和华为。它们在技术上的突破,使我国很快摆脱电信装备"七国八制"的局面。华为、中兴继续大步跟进,在移动通信行业赢得了主动,在 2G/3G 升级为 4G、功能手机转向智能手机时,一举改变了全球产业格局,直至今天的 5G 时代。如果没有当年"巨大中华"在技术变轨时的突破和后来持续的创新,很难想象我们今天的状况。

还有一个案例,90 年代中期,我国一些企业以买来的机芯,开发一个界面做录像机,一度十分畅销。当时朱镕基副总理看到后感到与其这样,不如引进一个比较好的机芯产品,规模化本国生产。每个公司做自己的品牌,但是机芯统一生产,总体成本会大幅度降低。后来,我们引进了松下的机芯,在大连建立了华录公司。

但从投资建设一直到关闭,公司从来没有满负荷生产。因为就在我们要大规模生产时,VCD 出来了,紧接着又出来了 DVD,很快产品就全都被替代了。

2000 年之后,我国的玻壳和彩色显像管产销量已稳居世界第一。但 2005 年前后,没有几年,液晶显示器发力,我国彩管、玻壳行业全军覆没,上千亿的存量资产化为乌有。在此之前,我国一些企业在收购外国迫不及待脱手的装备和生产线。这说明我们企业过于关注产业规模,甚至对所在行业面临的重大颠覆性变革都没有感觉。当风暴来临时,没有一点准备。

这类产业惨剧让我们思考，即便在产业高速发展的时候，仍需要紧盯着技术的变革，把握技术发展的方向。这里有机会也有风险。否则规模越大，风险越大。吃一堑长一智，这样的产业惨剧不能再重演了。

较长时期我们采取的是政府主导、依靠引进技术和进行大规模投资的追赶期发展方式。这一时期，技术对外依存度维持在70%~80%，在一些产业甚至更高。但这种增长方式已经走到了尽头。2006年的第三次中国科学技术大会提出了以企业为主体的自主创新。这既是对发展形势的重要判断，也是向创新驱动转型发出的指令。

实际上，在这个激烈竞争的世界，没有免费的午餐。二流、三流技术是可以买的，但核心技术哪个国家和企业也不会转让。

特别对我们这样的大国，必须丢掉一切不切实际的幻想，以最大的决心持之以恒地培育自己的技术。

创新的链条

《经济观察报》：您如何评价当下中国公司在创新方面的进展？

陈清泰：现在总体来说还是令人兴奋的，企业作为创新的主体在逐渐到位，其中一个重要的标志是国家和企业的研发投资强度上升。2017年我国研发强度已经达到GDP的2.17%，其金额仅次于美国。我国研发投资中约70%是企业投资。

在我国，已经有部分企业将研发向前伸展到基础性创新，典型的是部分国防企业和华为这类公司，它们已经走到技术的前沿甚至无人区。要前进就要有原创技术。因此它们必须聚集一些科学家，在基础研究上投资。

但是，要成为创新型国家，仍显不足。我国研发投入强度仍应稳步提高，特别要在基础研究上加大投入。

《经济观察报》：比较理想或成功的创新链条是什么样的？

陈清泰：企业是创新的主体，但绝不是一个个企业单兵独进。重要的是形成一个产学研结合、大企业与中小企业互补的创新生态。

在科研、转化与产业化的链条中，大学、科研机构与企业处于不同位置，大企业与中小企业之间也有分工。大学的科研成果不一定都得自己做技术转化；中小企业的转化成果，并不一定都由自己去产业化；大型企业所需的技术也并非都得"自主开发"。好的创新生态，就是通过市场的对接，各自扬长避短，形成优势互补的利益连接。例如，科技型中小企业吸纳院校的扩散效应，为大型企业的技术集成提供充足的技术来源；大型企业则利用其组织平台和资金实力，将大量、分散的科技成果经集成、整合和再创新，开发出有品牌支撑的市场主流产品。这一过程不断循环，就会出现新产品层出不穷、产业升级不断发生的生动局面。

中小企业是探路者

《经济观察报》：我们能从国外的技术创新领先者身上学到什么？

陈清泰：在我国，中小企业在国家创新体系中的作用被严重低估了。技术创新过程就是试错过程。大企业试错成本高，追求成功率。而中小企业有强烈的产权激励、敏锐的价值发现能力和灵活的决策机制，是最勇于创新的群体。从全社会角度看，科技型中小企业试错成本最低，在国家创新体系中是一支最敢于冒风险的生力军，并以它们自身的生与死充当着新技术探路者的角色。有资料显示，在大公司最发达的美国，大约80%的技术创新成果出自中小企业。实际上世界著名的行业巨头如思科、辉瑞、西门子、飞利浦、苹果等公司等，都是通过不断集成中小企业技术成果占据了全球领先地位。

科技型中小企业在市场中是弱者，它们的发展需要适宜的环境条件。这些企业有创意、有处于萌芽期的技术或商业模式、有创业的冲动，可它们没有资金、没有资产，但它们有极强的正外部性。基于这一点，以色列、美国、日本等都有专门针对这些企业的支持政策，包括设立有政府背景的各类创业投资引导基金，以较大的杠杆效应增加对创新创业的资本供给，成为活跃创新的催化剂。

《经济观察报》：中国在自主创新上有没有走出一条自己的路径？例如去突破一些"后发者劣势"？

陈清泰：创新发展有共同的规律，这是主要的。当然也会有国别特点。

近年我国科学技术有了较快发展，恰恰就是发挥"后发优势"的结果。

但是，"后发劣势"也是明显的，比如对国外技术依赖的惯性、专利壁垒形成的障碍等。较长时期我们处于投资驱动的发展期，主要技术依靠引进，企业资金大都投向生产能力建设。而用于技术的资金主要用于购买技术而不是研发，企业自身研发机构的设置和投入基本局限于消化吸收。在这种情况下，建立企业内外的创新体系尚未提上议程。这就使我们向创新驱动转型必须从创建创新发展生态开始，至今也不过十年左右。

近年，我国研发投入强度在增加，创新活动日益活跃。但创新发展的体系还需要在实践中不断完善，从而进一步提高科技成果转化的效率、提高研发投入的产出率。例如，我国跨所有制的壁垒、大企业与中小企业割裂的状况必须改变。一些垄断企业自行扩展垄断链条；国有企业倾向于在体制内部建立产业联盟，形成配套；一些大企业在研发和创新方面，也倾向搞封闭、大而全、不求人。这种人为割裂带来的结果就是创新体系的碎片化和研发投入的结构性低效率。

例如，在我国往往会碰到"首台首套"和"第一个吃螃蟹"的困惑。中国自己首创的新技术，往往不被中国人接受。只有先拿到国外，被外国人承认了，回过来才能进入本国市场。屠呦呦的研究成果对人类的巨大贡献，国人一度很少知晓。多年后，她拿了诺贝尔奖，但在中国一度并不被认可，这不值得我们反思吗？

《经济观察报》：中国如何才能够成为一个创新的国度？

陈清泰：真正成为一个创新型国家，还需在很多方面努力，包括发展理念的改变。我们在引进技术发展阶段，一再出现皆大欢喜的"一次成功"。但进入创新发展阶段情况则截然不同了。实际上创新的过程就是不断失败的过程，我们不能因为怕失败而不创新。我曾经写了一篇文章《中国为什么出不了特斯拉》。

特斯拉2003年成立并进入了试错和"烧钱"的过程，经历了"创新—融资—失败"，"再融资—再创新—再失败"的五次循环，在亏损的情况下2010年股票上市。到第六次融资，也就是2013年电动汽车产品才批量上市。在这期间公司随时都可能失败。创始人马斯克曾坦言，一觉醒来枕头上都是泪水。可以说特斯拉能闯过一个个险滩是成熟的资本市场推进的结果。那些精于新兴产业研究的分析师,在特斯拉股票上市时评论,特斯拉的创建只有一个目标:用"硅谷的"方式,而非"底特律"的方式彻底改变乃至颠覆传统汽车制造行业。这在一定程度上帮助了投资者理解特斯拉公司的价值。而投资者在市场中练就的价值发现能力,使他们更看重公司未来,而不是眼前的盈利;加之资本市场"宽进入、严监管"和灵活融资的制度设计,资本市场形成了具有远见的资本配置能力。前期的谷歌、后来的脸书和再后来的特斯拉等不断重复着资本推动创新的故事:一方面以强激励促使越来越多的人创新、创业;另一方面投资成功后的超额回报激发 VC、PE 以更高的热情大显身手。

相比于我国对汽车行业实行的产业政策,显然是不同的创新环境。由此看出,我们不能只要创新的成果,而不要试错的过程,重要的就是对失败要有足够的容忍度。

产业互联网的新机遇

《经济观察报》:如今在一些领域出现了从技术创新向模式创新扩展的现象,如腾讯提出的产业互联网,您如何看待互联网巨头提出这个概念?

陈清泰:这是恰逢其时。当前,在全球竞争最激烈的可能就是5G、人工智能和电动汽车。而它们的底层则是科技革命、信息革命、能源革命、交通革命和智慧城市。可喜的是,一方面我们处于向高质量发展的转型期,对此有更高的期待和动力;另一方面在涉及的相关技术和产业方面我们已有较好的基础,并不落后。其中最核心的部分,如新一代移动通信、移动互联网、人工智能、新能源、电动汽车等恰恰是我们在全球有比较优势的部分。这是我国一百多年来不曾有过的。

当下,互联网、大数据、人工智能已经成为一种新型生产力,和其他产业一旦结合,就会产生乘数效应。而变革的力量,来自基层、来自企业。腾讯公司提出产业互联网的概念,我很赞成。互联网、大数据、人工智能不仅仅是一种普适性技术和工具,更是一种全新的概念和思维方式。无论是制造业还是服务业,那些长期困扰我们的痛点、难题、死结,几乎都可以从中找出解决的途径。当前,需要互联网公司与产业协同探索、实践,找出痛点难点问题，通过试错，找出解决方案。经扩大试点的考验，当可以认为是一种"模式"时，逐步推广。这类工作需要脚踏实地、一个产业一个产业地推进，不要事还没成就乱忽悠。

产业互联网的提出使我们跳出了工业互联网的局限，开阔了视野，也把"互联网+"具体化了。各个行业针对存在的问题可以罗列出若干产业，以问题导向，通过几轮的技术迭代，切实解决问题。这个过程就是结构升级的过程。

《经济观察报》：产业互联网会对组织管理会产生什么挑战？

陈清泰：它对企业组织管理影响太大了。企业管理的对象是什么？就是信息流，就是物流。例如，利用大数据、互联网、物联网加上人工智能，可以在企业内精准地传递信息、精准地配置生产要素，将大大减少冗员、减少再制品和库存、减少流动资金、提高生产效率。

平台经济是一场商业模式革命[*]

(2020年7月9日)

中国平台经济发展的底层基础是互联网,特别是移动互联网的普及促进了平台经济的快速发展。根据中国互联网信息中心发布的统计报告,截至2019年6月,我国网民的规模达到了8.54亿,互联网普及率达到了61.2%,和2018年底相比又提升了1.6个百分点。我国手机网民规模达到了8.47亿,和2018年底相比又增加了2984万。与五年前相比,移动宽带平均下载速率提升了大约6倍,而流量资费却下降了90%。用户月均使用移动流量达到7.2GB,为全球平均水平的1.2倍。

截至2019年6月,我国网购用户达到6.39亿,占网民整体的74.8%。我国网络视频用户达到了7.59亿,和2018年相比又增加3391万,占网民整体的88.8%。

与此相对应的是,2019年网上零售额达到了10.6万亿元,这年"双十一"当天,网络零售达到了17.8亿单,金额达到1.48万亿元,相当于全国每人下单一笔以上,人均消费额达到1000元。

平台经济是在信息技术普及、移动互联网广泛覆盖条件下利用大数据、人工智能技术在商业模式上的一种创新,本质是交易活动的数字化、信息化、网联化。这一创新很好地满足了在产品与服务交易中供需双方对掌握更多信息的渴望,是电子商务快速持续发展的一个主要原因。

鉴于在线上平台获得信息的方便性,用户不仅获得信息的数量是线下无可比拟的,而且信息成本接近于零。丰富的信息资源很大程度上降低了

---

[*] 《比较》杂志在跟踪研究平台经济这一新现象,并在介绍相关国内外专家文献、组织开展研讨活动等方面做了大量工作。近期由陈永伟研究员牵头完成了《平台经济与竞争》的研究报告。2020年7月9日举办了"平台经济模式研讨会"。本文是作者在研讨会上的讲话。

交易双方的信息不对称，使交易成本降低、匹配率提高、满意程度上升，促进了消费，使双方受益。例如，我国大型商业平台的买主多达千万甚至上亿，卖主多达几万甚至几十万。这种连接海量交易主体的平台，极大地提高了买卖双方的匹配效率和效益。正是这个原因，我国进入21世纪之后，前十年平台经济逐渐崛起，近十年快速发展，近期又快速扩展到了农村，互联网平台已经成为经济社会、企业、居民不可或缺的基础性生活、生产工具。

从我国的实践看，平台经济有很强的正外部性，其中之一就是降低了营商创业门槛、创新门槛，促进了就业、服务业的发展。平台经济是共享经济的主要商业模式，成为拉动消费增长的一个重要因素。平台经济的颠覆性不仅冲击了传统商业模式，促进了供给侧结构性改革，而且迅速地改变了广大居民获取信息的方式、交易模式、购物模式、出行模式、支付模式，深刻地改变着居民的社会生活习惯。

平台经济带来的一个长期效应，就是从政府到企业，甚至平民百姓都从切身实践中感悟到互联网、数字技术无比强大的渗透力和非凡的重要性。可以说，以电子商务为代表的平台经济是数字中国、数字社会的一个演练场，是数字技术普及的大课堂，为我国迈进数字经济进行了重要的铺垫。

现在，我国已经成为平台经济的大国，但平台经济的发展历程也不过短短十几年，我国在技术、政策、监管等方面仍有很大创新和提升的空间。平台公司是一个新主体，它不是直接提供商品和服务的供应者，而是为购买者和供应商提供一个联系和交易的场合，为购销双方提供个性化的信息、信誉、支付等服务，还承担了平台系统的技术保障和管理责任，对促进双边和多边贸易发挥了匹配和促进作用。

平台公司是企业，但它本身又像"市场"，具有相互矛盾的二重性，这就给传统市场监管体系提出了严峻的挑战。需要重构平台与政府的关系，平台与在线企业的关系，平台与在线消费者的关系。其中有很多问题值得研究，在此列举几个。

第一，在传统商业模式下，企业和消费者是市场活动的参与者，政府是监管者，泾渭分明。但在平台经济中，平台是一个交易市场，平台公司是市场的组织者、管理者和服务者，但它没有执法权。那么，谁来监督、

平台经济是一场商业模式革命

监管平台上的海量交易活动?

第二,在一个平台上,供应方企业越多,越会吸引更多的消费者进入。消费者增加,又会吸引更多的供应商,这就形成一个正反馈,使平台经济的规模效应特别明显,就是说平台规模越大、信息越充分,匹配效率越高。但是这会不会对新创的平台形成壁垒,甚至出现赢者通吃的问题?反垄断与规模效应如何实现再平衡?

第三,平台是企业又是市场,企业与市场之间的边界变模糊了,但这两个角色是有冲突的。作为交易市场,平台就要保障竞争的公平性;作为企业,平台追求自身的利益又无可厚非。但是以怎样的内部治理和外部治理才能防止其为了私利而滥用支配权,扭曲市场呢?

第四,各个平台都会积累巨量有价值的数据,这是全社会的宝贵财富,是走向数字经济的重要资源,无论对政府、企业、还是消费者,都十分宝贵。但是平台上沉淀下来的数据归属于谁,谁有权支配?在洗掉个人隐私的基础上,这些数据能不能作为公共资源被相关方充分利用?

第五,关于政府对平台企业的监管。平台经济是以数据为主要生产资料的经济组织形式,而数据积累有一种"正反馈效应",很容易出现"一企独大"的局面。例如,谷歌拥有大约90%的互联网搜索市场,亚马逊占有全球在线零售近40%的份额,脸书占据全球2/3的社交媒体市场。我国也类似,阿里巴巴在电商市场拥有近60%的份额,腾讯旗下的微信拥有超过10亿的活跃用户,百度在搜索领域则拥有超80%的市场份额。

从现实情况看,这类平台公司的"垄断性"有三个特点。一是推动了经济社会发展,但未给社会造成伤害。二是没有阻止新市场主体的进入。例如,淘宝并未阻止京东、苏宁、拼多多等平台公司的崛起;微信的覆盖率很高,但没有阻止抖音等社交平台的快速发展。三是这类平台公司在技术创新上不仅始终没有懈怠,而且一直发挥着先锋引领作用。

因此,平台经济的"垄断性"不是"行政垄断",也不是"寡头垄断",而是"竞争性垄断"。就是说,在创新的时代,平台企业始终受到潜在竞争对手的威胁。潜在竞争对手一旦在创新上有新的突破,很快就会成为现实的竞争对手。

如此看来,对头部平台企业按反垄断法进行是否有反竞争和阻止创新行为的认定时，应十分审慎。简单按传统产业以产业集中度来评判是否垄断甚至对其强制分拆，已经不合时宜。政府对新兴产业监管时除了研判平台公司发展带来的风险，也必须防止自身监管导致的负效应。

平台经济是新的经济发展模式，有新的属性。最重要的特点就是创新活跃，而创新就离不开试错。平台企业发展中遇到的问题，大多是全新的问题，往往不是政府居高临下发个指令就能解决的。此时监管部门要保持一定的容忍度，给企业留出一定的时间和空间，以合作的态度，既指导它们通过技术、管理，甚至商业模式再创新解决问题，也应在必要时调整政府政策，消除体制政策障碍。曾经电子商务的支付问题、造假问题、冒牌问题等都是在政府指导、政企合作下，通过企业创新得到解决的案例。

近年来，一些学者主张以"适应性的方式"监管新兴产业。政府监督保持一定的政策弹性；鼓励企业、行业协会、消费者参与监督，形成社会各界协同治理的局面。这种意见很值得监管部门研究参考。

总之，平台经济是千百年来最大的一次商业模式革命。展望未来，平台经济将以更大的程度取代传统商业模式，成为交易方式的主体。这是历史性的巨大变革，是向数字经济迈出的重要一步。

在清华大学公共管理学院成立 20 周年庆典上的讲话[*]

（2020 年 10 月 24 日）

尊敬的辜胜阻副主席，陈旭书记、江小涓院长，清华大学公共管理学院的各位老师、同学和兄弟院校的同人们：

2000 年，时任清华大学党委书记的贺美英老师和 21 世纪研究院院长方惠坚老师邀我担任清华大学公共管理学院首任院长。转瞬间已经过去了 20 年。今天再次回到老师和同学们当中，与大家一起参加建院 20 周年庆典，我感到非常高兴，也非常荣幸。

在座的多位老师自建院之初就在学院工作。回想那时的学院的条件，再看看今天学院的风采，让人十分激动。在这里，应该感谢学校历任领导对公共管理学院建设的大力支持，感谢薛澜院长、江小涓院长和全院每一位老师、每一届同学的不懈努力。

20 年前，公共管理在中国还是一个全新的学科，清华公共管理学院也是全国最早设立的公共管理学院。建院后我与时任学院党委书记的田芊老师、副院长薛澜老师一道思考、与全院师生共同讨论最多的问题就是"什么是有中国特色、有清华特点的公共管理学院？"当时，我们考虑要从三个方面进行谋划和布局，即战略定位、建院方针和办学特色。在过去的 20 年间，学院在这些方面不懈努力，大步向前，不断地丰富了它的内涵。

在战略定位上，我们在建院之初的构想就是人才培养、决策影响、学

---

[*] 2000 年 10 月，面对世纪之交我国改革开放的新形势、新挑战，清华大学顺应国家发展需要，在公共管理系和 21 世纪发展研究院的基础上，率先成立国内第一所公共管理学院——清华大学公共管理学院。国务院发展研究中心原党组书记、副主任陈清泰担任首任院长。
本文是作者以首任院长身份，于 2020 年 10 月 24 日出席清华大学公共管理学院成立 20 周年庆典上的讲话。

术研究三个方面，落脚到服务国家改革发展和承担建设一流大学的使命。这也是学院的立院"初心"。公共管理学院今天已经成为学校文科建设的一个"亮点"和清华建设世界一流大学的一支重要力量，这份初心至今未变。

在建院方针上，我们提出了两个方面，一是"理论联系实际"，二是"教学与研究相长"。回顾20年的实践，它符合公共管理学科和学院建设的规律，服务了国家战略，培育了高水平人才，也积累了很好的社会声誉。

在办学特色上，我们提出"高起点、国际化和综合性"。现在看，在"高起点"方面，学院已经达到了较高水平。在"国际化"方面，学院形成了全球视野的办学格局。在"综合性"方面，学院对多学科背景的包容和鼓励多学科交叉始终如一。这些特色成了学院高水平的人才培养和高水平学术成果产出的一块基石。

几天前，我参加了学院新建的院史馆落成仪式，从展陈内容中看到了20年来学院各方面的发展。我们已经建立起了64人的教师队伍，培养了3000余位毕业生，与全球各大洲近40家院校建立了合作交流网络；承担了2000多项各类课题，发表了数千篇高水平的学术论文，出版各类著作330余部，为中央和国家部委提供各类重要咨询报告2300余篇，据不完全统计，获中央和国务院领导批示近300次。成果之丰硕、气象之勃发，令我们这些建院之初的老人无比振奋，也对学院的未来充满信心。

国家治理体系和治理能力的现代化，离不开具有中国特色的现代化公共管理学科，高水平建设世界一流大学也离不开世界一流的公共管理学院。

面向新的20年，清华公共管理学院将开启新的征程。期待学院在新的发展阶段取得更加辉煌的成绩，为学科、为学校、为国家做出新的更大的贡献！

在"《由是之路》新书发布暨企业创新史料研究"座谈会上的讲话[*]

（2021年12月21日）

朱焘同志给我打电话，还在上周五派人送来书。因时间紧，只有半天时间，只看了个大概。我想朱焘同志提前送书，是希望我说两句。

看过书后，有三点想法。

第一点，看了书后，我感到非常亲切。因为我们这一代共同走过的大概就是这么一个过程。虽然我们两个走过的历程，不完全一样。但是，有很强的相似性。他在北大毕业，我在清华毕业；他到了军工大型国企，我到了三线大型国企；他到政府经济部门工作，我也到了政府经济部门工作；在经济部门又基本没有离开企业的工作。所以，朱焘同志刚才所讲"我经历的个人走过的路"，实际上代表一代人。我看就是包括我在内的这一代人走过的路。

这本书有史料价值。不仅仅记录了历史，还有思想、有家国情怀；有对工作有的见解，也有情感，有血有肉，有非常强的可读性。把这样一个很严肃的历史过程，用非常活泼的报告文学的形式描述出来，这也是一大创新。这样带来的一个好处，就如作者讲的在一个"四不像"过程中，把当时的情况、带有敏感性的问题，通过这种形式比较好地表述出来了，书很有可读性。

第二点，这本书实际上把企业改革的变迁几乎都涉及了。不仅如此，实际上把这个阶段经济体制改革的背景，也表述出来了。

朱焘同志从改革开放前到改革开放后的体制变迁，包括企业改革的过

---

[*] 2021年12月21日，"《由是之路：我经历的五十年企业变革》发布暨企业创新史料研究座谈会"在中国企业联合会一楼大会议室举办，本文是作者在座谈会上的讲话。

程都经历了。而且他是在国家经贸委、国家计委等主管体制改革、企业改革等最敏感的部门的政策制定第一线。（朱镕基插话：最重要的经历是价格改革）。所以，对这个阶段的历史，他最有发言权。这本书讲得比较实，因此，确有史料价值。

第三点，读后对我有一些启发，我感觉历史是很容易被淡忘的。你现在再跟年轻人或学校里的学生讲那段历史，他们几乎什么都不知道。但这一段历程，恰恰是我国百年来的一次历史性变革，对我国后续发展正在产生重要影响。如果可能的话，把这一段历史如实地记录下来，是很必要的。

陈洪隽找我谈了两次，他有这种感觉，我也有这种感觉。我现在想做的是，整理一下在国家经贸委那一段时期的企业改革历程，首先是这个过程中节点时期政策的制定、实施推动以及需要配套解决的问题。把这些最实在的东西先记录下来，是很必要的。如果我们这些人"过去了"，有这一段历史记录，就可以作为研究问题的史料，温故而知新呀。

国家经贸委是企业改革政策制定的部门，党中央和国务院批准之后，我们又是负责政策实施推进的部门。在推进过程中遇到了哪些困难？这些问题如何解决的？实施的结果如何？等等。这些情况我们更了解一点。朴实地把它记录下来作为史料，是很有价值的。

把企业改革历史记录下来，是我们的历史责任，也是我们对历史的贡献。陈洪隽在做"企业改革政策研究史库"，我也在支持。我希望大家、有兴趣的同志，也可以参与进来。这是一个很有意义的事情。

朱镕基同志给我们开了个好头。谢谢大家！

图书在版编目(CIP)数据

陈清泰文集：全4卷 / 陈清泰著． -- 北京：社会科学文献出版社，2023.4
　ISBN 978 - 7 - 5228 - 1463 - 6

　Ⅰ.①陈… Ⅱ.①陈… Ⅲ.①企业管理 - 中国 - 文集 Ⅳ.①F279.23 - 53

　中国国家版本馆CIP数据核字（2023）第 027274 号

陈清泰文集（全 4 卷）

著　　者 / 陈清泰
出 版 人 / 王利民
责任编辑 / 恽　薇　陈　荣　宋淑洁　田　康　李真巧
责任印制 / 王京美

出　　版 / 社会科学文献出版社・经济与管理分社（010）59367226
　　　　　　地址：北京市北三环中路甲29号院华龙大厦　邮编：100029
　　　　　　网址：www.ssap.com.cn
发　　行 / 社会科学文献出版社（010）59367028
印　　装 / 三河市东方印刷有限公司

规　　格 / 开　本：787mm × 1092mm　1/16
　　　　　　印　张：145.75　插　页：2　字　数：2297 千字
版　　次 / 2023 年 4 月第 1 版　2023 年 4 月第 1 次印刷
书　　号 / ISBN 978 - 7 - 5228 - 1463 - 6
定　　价 / 698.00 元（全 4 卷）

读者服务电话：4008918866

▲ 版权所有 翻印必究